국제도산법

International Insolvency Law

이연주

박영사

머리말

　　2012년부터 중앙대학교 일반대학원에서 법학 박사 학위 과정을 밟으면서, 국제민사소송법 분야에서 학위 논문 주제를 찾던 중 UNCITRAL 등을 중심으로 기업집단 국제도산에 관한 논의가 국제적으로 활발하다는 사실을 알게 되었다.

　　기업집단 국제도산이라는 주제는 당시에도 생소한 주제였으나, 기업집단에 속한 개별 기업들이 국제적으로 도산하는 일이 발생할 경우 그 파급력이 매우 큰데도 불구하고 적절한 대응책이 없다는 점, 여러 강대국들이 이 주제에 지대한 관심을 가지고 모델법의 제정 등에 영향력을 행사하려고 한다는 점 등을 확인하게 되었고 고민 끝에 논문 주제로 선택하게 되었다.

　　국제사회는 기업집단의 국제도산이라는 문제상황이 발생하였을 때, 개별 국가가 이를 해결하는 데는 한계가 있으며 국제적인 협력을 통해 대응하여야 한다는 사실을 2000년대의 실제 경험을 통해 인식하게 되었다. 사법기관 간 국제적인 연대의 방법으로 공조, 절차조정, 절차적 병합과 실체적 병합 등 여러 방안이 검토되었는데, 2010년대에 이르러 UNCITRAL과 유럽연합을 중심으로 규범의 제정 및 개정을 통해 그 방법론에 관한 일정 정도의 합의를 이루어냈다고 할 수 있다.

　　2017년에 '다국적 기업집단 국제도산절차에 관한 연구'라는 제목의 박사 학위 논문을 완성할 즈음에는 UNCITRAL에서 모델법 성료를 위한 작업이 한창이었다. 마침내 2019년에 '기업집단 도산에 관한 UNCITRAL모델법(The UNCITRAL Model Law on Enterprise Group Insolvency, EGI 모델법)으로 마무리되었고 국제도산에 관한 기본적인 모델법인 CBI 모델법의 시행상의 한계를 보완하기 위한 '도산관련재판의 승인 및 집행에 관한 UNCITRAL 모델법(UNCITRAL Model Law on Recognition and Enforcement of Insolvency－Related Judgments, IRJ 모델법)'도 2018년에 채택되었다.

이 책은 기업집단 국제도산을 주제로 한 필자의 박사 학위 논문을 일반 국제도산 사건을 중심으로 재구성하고 논문 제출 이후 제정된 입법 등 새로운 부분을 반영하였으며 부족한 부분을 수정·보충하였다. 추가된 내용으로 EGI 모델법, IRJ 모델법 및 독일 도산법의 국제도산에 관련된 내용들을 소개하는 부분이 중요한 부분에 해당한다. 2017년 개원한 서울회생법원의 국제도산사건의 실무례 부분도 추가되었는데 우리나라에서 채무자회생법의 국제도산편의 신설된 후 국제도산사건이 어떻게 다루어지고 있는지 확인할 수 있다.

국제도산의 법리가 너무 어려워 포기하려고 할 때마다 바로 잡아주신 함영주 교수님과 석사 및 박사 과정에서 많은 지도를 해주신 중앙대학교의 전병서 교수님, 이규호 교수님, 모교의 정영환 교수님, 국제도산 분야의 연구를 할 수 있는 계기를 만들어 주신 석광현 교수님, 선행연구를 통해 많은 도움을 주신 김용진 교수님 그리고 서울회생법원의 실무례를 이 책에 실을 수 있도록 허락해 주신 김영석 판사님께 감사의 마음을 전한다.

직장일과 더불어 뒤늦은 석·박사 학위를 취득하느라 육아에 소홀할 수밖에 없었음에도 훌륭하게 자라 준 영이와 준이, 언제나 타국에서 큰딸을 응원해 주시는 부모님께도 고마움을 전하고 싶다.

2022. 6.

과천에서 이연주

목 차

제3장 국제도산법상의 주요 개념

제4장 채무자회생법상의 국제도산

제5장 기업집단의 국제도산

제6장 우리나라 법원의 국제도산사건 실무

제1장

국제도산의 기본이론

국제도산의 기본이론

제1절 국제도산의 의의

채무자가 경제적 파탄으로 인해 스스로의 변제능력으로서는 자신의 모든 채권자에 대하여 채무를 변제할 수 없는 상태를 파산이라고 한다. 채무자가 모든 채권자가 아니라 특정 채권자에 대하여만 채무를 이행할 수 없는 경우는 당해 채권자가 채무자에 대하여 강제집행을 신청하여 청구권을 실현하도록 하면 되지만, 총채권자에게 대하여 채무를 이행할 수 없는 파산에 이른 경우에는 이를 채권자들의 사적 자치에만 맡길 수가 없게 된다. 왜냐하면 파산의 경우 채무자가 일부 채권자에게만 변제를 하거나 채권자 가운데 일부가 무리하게 기습적인 채권회수를 하는 등으로 인해 혼란 상태가 발생할 가능성이 높기 때문이다. 이에 법원이 채무자의 재산을 파악하고 확보한 후 채권자들에게 공정한 기준과 절차에 따라 변제를 하도록 하는 제도를 두고 있는데 이것이 파산절차이다. 한편, 채무자를 파산시키기보다 채무의 일부를 탕감하거나 부채를 조정하여, 기업이 사업을 계속할 기회를 제공하는 것이 장기적으로 기업과 채권자 및 국민경제에 유리하다고 판단하는 경우에는 회생계획안을 제출받아 회사의 경영을 유지시키는데, 이를 회생절차라고 한다. 파산과 회생을 아울러 도산이라고 한다.

기업의 도산은 현대자본주의하에서는 하나의 자연스러운 사회경제적 현상이므로 각국은 이에 대비한 법제를 갖추고 있다. 과거에는 한 나라의 영역 안에서 국가별로 도산절차를 진행하는 것으로 족했으므로 외국적 요소를 가진 도산사건에 대해서는 아무런 규정을 두지 않았다. 최근에는 국제거래가 비약적으로 확대됨에 따라 국제도산사건, 즉 채무자나 채권자가 외국인 또는 외국회사인 경우와 동산, 부동산 및 채권 등 재산관계에 외국적 내지 섭외적(涉外的) 요소를 포함하는 사건이 큰 폭으로 증대하였고 기업집단에 속한 개별기업들이 여러 국가에서 도산하게 됨으로써 각국이 국내사건만을 고려한 기존의 속지주의 입장의 도산법제만으로는 대응하는 데 한계가 따르게 되었다.

법체계가 유사하고 언어나 시차도 적은 일부 국가들 사이에 법원들 간 협조가 부분적으로 이뤄지고 이러한 경험이 쌓아면서 각국의 채권자들의 이익을 보호하고 기업이 제대로 회생하기 위해서는 사법기관 간의 국제적 협력이 반드시 필요하다는 인식이 대두되었다. 이에 대한 국제연합 차원의 대응으로 국제연합 산하 국제상거래법위원회(United Nations Commission on International Trade Law, UNCITRAL)가 1997년에 「국제도산에 관한 모델법(Model Law on Cross-Border Insolvency, 이하 'CBI 모델법')」을 성안하였다.

우리나라도 2003년 온세통신 사건, 2005년 삼보컴퓨터 사건 등 국제도산사건이 간간히 발생하였는데, 2006년부터 채무자 회생 및 파산에 관한 법률(이하 '채무자회생법') 제5편 국제도산편에 CBI 모델법의 주요 내용을 받아들여 국제도산에 관한 기본적인 법체계를 갖추고, 2017년도에는 서울회생법원이 개원하여 국제도산사건의 외국도산사건의 승인 및 지원의 업무를 전담하면서 본격적으로 국제도산사건을 다루고 있다.

2003년 온세통신 사건, 2005년 삼보컴퓨터 사건 및 2009년 삼선로직스(Samsun Logix) 사건 등에서는 국내도산절차의 대외적 효력이, 2006년 주식회사 고합사건, 2007년 LPD 홀딩스(LG philips Display Holding BV) 사건, 2009년 리먼 브라더스 아시아(Lehman Brothers Commercial Corporation Asia Limited) 사건, 2012년 삼광기선(산코기센 가부시키가이샤, 三光機船 株式會社) 사건 및 2021년 유엘 팬 퍼시픽 리미티드(UL Pan Pacific Limited) 사건 등에서는 국제도산승인신청과 국제도산 지원결정신청을 통해 외국도산절차의 대내적 효력이 각각 문제된 바 있다. 최근 서울회생법원에서 다루었던 국제도산사건의 보다 자세한 내용은 후술한다.

제2절 국제도산의 입법주의

Ⅰ. 속지주의와 보편주의

어느 국가에서 개시된 도산절차의 효력에 관하여 내국법원이 어떠한 태도를 취하는가, 채무자가 국제적으로 활동하거나 여러 국가에 자산을 보유하는 등의 국제도산 사건에 관하여 개별 국가의 도산법이 어떠한 접근방법을 취하는가와 관련하여 속지주의(屬地主義, principle of territoriality, Territorialitätsprinzip)와 보편주의(普遍主義, principle of universality, Universalitätsprinzip)[1]의 두 입장이 존재한다.

'속지주의적 접근방법'은 하나의 채무자에 대하여 한 국가(채무자의 본국, home country)에서 개시된 도산절차의 효력이 지역적으로 당해 국가에서만 발생하도록 하는 원칙이다. 채무자의 자산 소재지 또는 도산관할을 갖는 모든 국가는 자국의 도산법에 근거하여 도산절차를 개시할 수 있되 당해 도산절차의 효력은 개별국가 내에서만 영향을 미치도록 하는 것이다.

'보편주의적 접근방법'은 한 국가에서 개시된 도산절차의 효력을 해당 국가 외에 세계 어디서나 인정하는 원칙이다. 이는 여러 국가에 소재하는 채무자의 모든 재산을, 채무자의 경제적 이해관계의 중심지·영업소재지·본사소재지·등기된 주사무소 소재지가 있는 국가 등 어느 한 국가(주도국)에서 하나의 도산절차로 관리하고 그 절차에서 이루어진 명령과 처분은 세계 어디서나 효력을 인정하자는 것이다. 주도국법 원은 채무자의 국내외 재산에 대하여 관할권을 갖게 되고, 채권자 간의 우선순위, 채무자에 대한 재건 또는 청산의 결정, 부인권 등에 대하여 주도국의 법을 적용하며, 법원이 선임한 관리인 역시 채무자의 재산에 대한 관리처분권을 보유하게 되어 자산

---

1) 보편주의와 동일한 의미로 보급주의(普及主義)라는 표현을 사용하기도 한다.

소재지국의 법원에 대하여 공조를 요청할 수 있게 된다.

보편주의에 의하면 채권자들에 대해 동일한 준거법을 적용함으로써 채권자들을 평등하게 다루는 것이 가능하지만, 국내채권자들이 외국법원에 소송을 제기하거나 참여하여야 하는 불편이 존재할 수 있다.

속지주의와 보편주의를 각각 도산의 '다양성(Plurality)'과 '통일성(Unity)'의 개념을 대표하는 것으로 설명하는 견해도 있다.[2] 다양성을 중시하면 채권자는 각 도산사건이 개시된 국가에서 지역적으로 해당 국가에 소재하는 자산만으로 만족을 얻는 것으로 족하지만 통일성을 추구하는 입장에 서면 채권자나 채무자의 자산이 어느 국가에 존재하건 전 지구적 차원에서 하나의 절차를 통해 청산절차를 거치는 것을 이상으로 삼게 된다.

한편, 속지주의의 단점을 극복하고자 기업(특히 다국적기업)의 자산 소재지에서 복수의 도산절차의 개시를 허용하고 도산재단 관계인 간의 계약을 통한 국제적 협력을 강조하는 '협력적 속지주의(Cooperative Territoriality)'도 주장된 바 있다.[3] 국제도산 전문가들은 채무자의 본국법이 도산절차에 관한 광범한 관할권을 가진다는 보편주의를 전폭적으로 지지하지만 국제협약의 체결과정에서는 종종 보편주의가 거부되는데, 그 이유는 보편주의가 그 역할을 하기 위한 전제인 도산법제의 유사성이라는 조건이 충족되지 않기 때문이다. 예컨대, 다국적 기업집단이 도산한 경우에 있어서 하나의 본국을 결정하는 것이 쉬운 일이 아님에도 채무자의 신청에 따라 하나의 국가에서 절차가 개시되면 다른 국가들은 채무자의 전략적 선택에 의한 효력을 승인할 수밖에 없게 된다. 이로 인해 기회주의가 만연하게 될 것이기 때문에 과도적인 상태에서는 '협력적 속지주의'가 보편주의의 대안이 될 수 있다는 것이다.[4]

II. 단일주의와 복수주의

국제도산에서 동일 채무자에 대하여 여러 국가에서의 개별적인 파산절차의 개시가 가능한 것이냐 하는 관점에서 단일주의(單一主義, Einheitsprinzip)와 복수주의(複數

---

2) Ian F. Fletcher, Insolvency in Private International Law, Oxford (2011), 15면.
3) 석광현, 국제사법과 국제소송(제5권), 박영사 (2012), 503면.
4) Lynn M. LoPucki, "The Case for Cooperative Territoriality in International Bankruptcy", The Michigan Law Review Association, Michigan Law Review, Vol. 98, No. 7 (2000. 6.), 2216면.

主義, Mehrheitsprinzip) 두 입장이 있다. 어느 한 국가의 법원이 개시한 도산절차에서 여러 국가에 있는 영업활동과 재산을 일괄적으로 처리하여야 한다는 입장이 단일주의이고, 여러 국가에서 복수의 절차가 진행되어도 무방하다는 입장이 복수주의이다.

단일주의는 동일한 채무자의 재산이 수개의 국가에 소재하더라도 하나의 통일된 도산절차만을 인정하고 복수주의는 자산 소재지마다 별도로 도산절차를 개시하는 것을 인정한다. 순수한 보편주의는 한 국가에서 개시된 도산절차의 효력이 세계 어디서나 인정되어야 하고 다른 국가의 도산절차와 충돌되어서는 안되므로 전세계적으로 하나의 도산절차만이 인정되는 단일주의와 논리적으로 결합한다. 따라서 보편주의는 단일주의, 속지주의는 복수주의와 결합하는 것이 자연스러우나, 전 세계적으로 하나의 도산절차만을 인정하는 대신 복수의 도산절차를 인정하면서도 외국도산절차의 승인과 종절차의 병행을 허용함으로써 보편주의의 이상을 실현하는 것도 가능하기 때문에 보편주의가 반드시 단일주의로 귀결하는 것은 아니다. 이러한 입장을 '수정된 보편주의' 또는 '완화된 보편주의(modified universality theory)'라고 한다.[5]

III. 현행법의 태도

우리나라의 경우 채무자회생법으로 통합하기 전에는 구(舊) 파산법, 구 회사정리법 및 구 화의법 등이 모두 속지주의 입법이었다. 즉, 구 파산법 제3조는 파산은 파산자의 재산으로서 한국 내에 있는 것에 대하여서만 그 효력이 있다(1항), 외국에서 선고한 파산은 한국 내에 있는 재산에 대하여는 그 효력이 없다(2항)고 명시적으로 속지주의를 규정하였고, 구 회사정리법 제4조도 동일한 취지의 규정을 두었으며 구 화의법도 파산법 제3조를 준용하였다. 국내의 파산은 한국 내에서 존재하는 파산자의 자산에만 효력이 있다고 한 데 그치지 않고 외국의 파산이 한국 내에 존재하는 파산자의 자산에 효력이 없다는 점도 분명히 하여 '엄격한 속지주의'의 입장을 취하였던 것이다.

이러한 입법의 태도와 관련하여 속지주의로는 국제도산사건에 적절하게 대응할 수 없으며 국제적으로 보편주의에 입각한 다자간 조약이 체결되는 추세에 비추어 문제가 있다는 비판이 가해졌다. 특히 실무적으로 외국에 재산을 갖고 있는 기업의 회사정리절차나 파산절차에서 관리인이나 파산관재인의 권한과 기존 대표이사의 권한

---

5) 석광현, 국제사법과 국제소송(제1권), 박영사 (2001), 442면.

이 충돌하는 문제가 발생하였고 엄격한 속지주의로 인해 외국법원에서 우리나라 절차를 인정받는 데 어려움이 있었다. 이에 2006년 구 파산법, 구 회사정리법 및 구 화의법 등을 채무자회생법으로 통합하면서 기존의 속지주의를 폐지하고 보편주의적인 방향으로 개정하여 제5편에 국제도산편을 신설한 것이다.

채무자회생법의 국제도산절차의 제정 이유를 보면, ⅰ) 기업의 국제적 활동이 비약적으로 늘어나면서 도산한 한국기업이 외국에 자산을 가지고 있거나 반대로 도산한 외국기업이 한국에 자산이나 부채를 가지고 있는 경우가 늘어나고 있는바, 도산절차는 한 나라의 사법권 행사이므로 그 효과가 절차국 내에 그치는 것이 원칙이지만, 너무 엄격히 운영되면 도산기업의 해외재산의 산일(散逸)을 초래하여 채권자에게 결과적으로 피해를 주게 되므로 이를 개선하고, ⅱ) 외국도산절차의 대표자가 외국도산절차와 관련하여 우리나라 법원에 승인이나 지원을 구하는 경우, 외국도산절차의 대표자가 우리나라 법원에서 국내도산절차를 신청하거나 진행 중인 국내도산절차에 참가하는 경우 등에 국제도산신청을 할 수 있도록 하고, ⅲ) 글로벌 스탠더드(Global standard)에 부합하는 국제도산절차를 신설함으로써 국가신인도를 높이는 동시에 채권자의 유효하고 공평한 구제를 도모하고 채무자 기업의 실효적인 회생을 지원하는 데 기여할 것으로 점 등이 제시되었다.

특히 ⅰ)에서 국제도산에 관한 입법주의에 관하여 속지주의 원칙을 밝히고 있는데, 국제도산사건이라고 할지라도 도산절차는 속지주의에 의하여야 하는 것이 원칙이지만 채권자 보호를 이유로 보편주의를 가미하였다는 취지이다. 그러나 앞서 살펴본 바와 같이 학계에서는 채무자회생법상의 국제도산편의 규정들을 수정된 보편주의로 평가하는 것이 일반적인 해석론인 것으로 보인다.

우리 채무자회생법 제5편의 국제도산편은 기본적으로 UNCITRAL이 1997년 5월 채택한 국제도산에 관한 모델법(Model Law on Cross-border Insolvency Law, 이하 'CBI 모델법'이라고 한다)을 수용한 것으로 평가받는다.[6] 그런데 채무자회생법과 모델

---

6) 오수근, 도산법개혁 1998-2007, 두솔 (2007), 284면; CBI 모델법은 이러한 속지주의의 문제가 여러 나라에서 발생하여 국제적인 활동을 하는 기업의 도산사건에서 자주 문제가 되자 보편주의에 입각하여 이러한 문제를 해결하기 위해 채택된 규범이라고 할 수 있다. CBI 모델법은 기본적으로 보편주의에 입각하고 있으나 엄밀하게는 속지주의와 보편주의의 가운데에서 중도적인 위치를 취하고 있다. 즉, 도산사건이 기본적으로 각국법원에서 진행되는 국내법상의 절차라는 전제에서 시작하여 같은 채무자에 대해 국내절차와 외국절차가 조화를 이루는 방법을 규정하고 있다. 따라서 외국도산절차가 국내법원에서 승인되면 국내에 소재하는 당해 채무자의 재산에 대한 권리실행이 금지된다. 외국도산절차의 대표자는 국내법

법은 몇 가지 중요한 점에서 차이가 있다. 첫째, 모델법에서는 외국도산절차의 승인 결정과 동시에 채무자 재산에 대한 권리실행이나 채무자의 변제가 금지되지만(제20조), 채무자회생법에서는 중지명령이나 금지명령 등 별도의 결정이 있어야 그러한 효력이 발생한다. 둘째, 모델법에서는 외국도산절차의 대표자가 언제든지 국내도산절차를 신청할 수 있으나(제11조), 채무자회생법에서는 외국도산절차가 승인된 경우에만 국내도산절차를 신청할 수 있다. 셋째, 모델법에서는 외국도산절차를 주된 외국도산절차와 종된 외국도산절차로 나누어 효력을 달리 규정하고 있으나(제17조, 제19조-제23조, 제28조-제31조), 채무자회생법에서는 원칙적으로 외국도산절차를 주된 절차와 종된 절차로 구별하지 않는다.[7]

　　이러한 점을 고려할 때, 채무자회생법은 CBI 모델법보다는 일본의 '외국도산처리절차의 승인원조에 관한 법률(外國倒産處理手續の承認援助に關する法律, 이하 '승인원조법'이라고 한다, 2001년 4월 발효)'[8]의 영향을 받은 입법으로 볼 수 있다. 채무자회생법은 보편주의적 접근방법을 취하면서도 자동중지제도를 택하지 않고 일본의 승인원조법과 같이 외국도산절차의 승인절차와 그에 기한 지원처분의 '이원적인 방식'을 도입하여, 순수한 보편주의가 아니라 '수정된 보편주의' 내지 '완화된 보편주의'적 입장을 취한 것이다. 속지주의에서 보편주의에로의 변경은 점증하는 국제도산사건에 적절히 대응할 수 있는 틀을 마련하여 대외적으로 절차의 확실성을 보장하고 국가신인도에 기여한다는 면에서도 기본적으로 긍정적인 변화라고 할 것이다. CBI 모델법이 채택한 외국도산절차의 자동승인제[9]를 취하지 않고 일본의 입법을 참고하여 승인과 지원절차의 이원적인 절차를 규정한 점에 대해서는 비판적인 의견도 있다.[10]

　　원에서 외국도산절차의 승인·국내도산절차의 신청·국내도산절차에의 참가 및 외국도산절차를 위한 지원(relief) 신청 등을 할 수 있다.

7) 채무자회생법 제639조는 '채무자를 공통으로 하는 복수의 외국도산절차의 승인 신청이 있는 경우에만 주된 외국도산절차를 정하고 이에 따라 지원을 결정하거나 변경한다'고 규정하여 예외적으로 주절차를 인정하고 있다.

8) 일본의 '승인원조법'은 2000년 11월 29일 공포되어 2001년 4월 1일부터 발표되었다. UNCITRAL은 일본의 '승인원조법'도 모델법을 수용한 입법으로 인정하고 있다. 일본은 국내도산절차의 대외적 효력과 외국도산절차의 대내적 효력을 채무자회생법 제5편 국제도산에 통합적으로 규정하고 있는 우리와는 달리 파산법, 민사재생법 및 회사갱생법에 각 국내도산절차의 대외적 효력을, 승인원조법에 외국도산절차의 대내적 효력을 규정하여 이원적 체계를 가지고 있다.

9) 자동승인제는 결정승인제에 대응하는 개념으로, 유럽연합 내의 회원국 상호간과 같이 특별한 결정절차를 거치지 않고 외국도산절차의 국내적 효력을 인정하는 제도이다.

10) 석광현, 국제민사소송법, 박영사 (2012), 462면; 모델법처럼 외국 주절차의 승인에 의해 채

　　종래 전통적인 영토고권 개념에 따라 각국의 도산법의 입법주의는 속지주의에 의하는 것이 대체적인 모습이었다. 각국은 국제도산사건이 처리에 있어 국제재판관할, 준거법의 결정, 국제적 승인 등의 전통적인 법리를 발전시켜 다양한 방식으로 문제를 해결하여 왔으나, 속지주의하에서는 채무자가 해외로 자산을 빼돌리거나 해외재산에 대한 채권자의 개별적인 강제집행을 허용하게 되므로 결과적으로 도산재단의 충실, 채권의 공정한 취급 및 채무기업의 효과적 재건이라는 도산절차의 목적달성을 저해하는 원인이 되었다. UNCITRAL 등 국제기구는 이같은 입법의 부재상황에 대응하여 보편주의에 입각한 모델법 등의 국제규범을 마련하여 각국의 입법에 참고하도록 권고하여 왔다. 현재는 보편주의적 입법방식을 채택하는 국가가 지속적으로 증가하고 있어 속지주의에서 보편주의로 옮겨가는 과정에 있다.

　　보편주의 입법은 파산절차를 집중시켜 비용을 줄이고 사건을 효율적으로 처리할 수 있고 관리인이 전 세계에 소재하는 채무자의 재산에 대한 권한을 행사하여 채무자의 책임자산의 보호 및 기업가치를 극대화할 수 있으며 단일한 규범하에 채권자를 평등하게 취급할 수 있고 도산절차의 진행 과정과 결과에 대한 예측가능성을 주어 자금흐름과 투자에 긍정적 영향을 주는 등 장점이 있다. 반면, 보편주의 입법은 재판관할권이 침해되는 문제와 더불어, 회사법과 민사실체법이 반영되어 강한 특수성을 가질 수 밖에 없는 개별국가의 도산법체계가 존재함에도 불구하고 입법정책이나 채권의 우선순위 등이 상이한 외국의 도산법을 강제로 적용하게 되는 문제 등의 단점이 존재한다. 이러한 문제들로 인해 어떠한 국가나 협약도 순수한 보편주의를 채택하지 않고 있다.[11]

　　무자회생법이 정한 도산절차개시의 기본적 효력을 자동적으로 부여하는 것이 바람직하고 국제민사소송법상 통용되는 승인(recognition)의 본질에 부합하고, 채무자회생법을 따를 경우 외국의 면책재판(또는 회생계획인가에 따른 면책)에 대해 지원이 필요한지, 필요하다면 어떤 지원이 가능한지, 아니면 이 경우는 예외적으로 자동승인이 가능한지가 불명확하게 된다는 문제가 있다고 한다.

11) 임치용, 국제도산절차에 있어서 사법공조, 사법논집, 법원도서관 (2002), 241면; 1970년 유럽공동체(EC)가 마련한 파산, 화의 및 유사절차에 관한 조약의 예비초안은 단일파산주의와 보편주의에 기한 것이었으나 조약으로 성립되지 못하고 초안의 단계에서 실패하고 말았다. 그 후 유럽평의회가 1990년에 공표한 이스탄불 협약은 채무자의 주된 이익의 중심의 국가에서 개시된 파산절차의 효력 중 관리인에 대해서만 다른 체약국의 승인절차를 거치지 않

우리나라와 같이 속지주의 방식을 폐지하고 국제도산에 관한 규율을 포함하는 보편주의 입법방식을 수용하여 도산법제를 제·개정하는 것이 일반적인 추세이지만, UNCITRAL이 CBI 모델법 수용국으로 평가한 국가가 2022년 6월 현재 51개국(55개 관할권 포함)에 불과한 것을 볼 때 아직까지는 보편주의보다는 속지주의가 우세한 것으로 보인다.12)

순수한 보편주의의 채택은 어렵더라도, 속지주의에서 보편주의로의 변화는 대세적인 흐름이고 나아가야할 방향이라고 할 수 있다. 개별국가가 국제도산법제를 마련하더라도, 국제도산에 있어서 관련 국가의 국내법의 충돌이 문제될 수 있다. 예컨대 국가마다 담보부채권자에 대한 취급, 기존관리인 유지제도(debtor in possession, 이하, 'DIP'라고 한다) 등의 도입에 대해서도 차이가 있으며 외국 도산법원의 조치를 인정할 것인지, 어떠한 효력을 부여할 것인지 등에 대해서도 각기 다른 태도를 취하는 국가들 사이의 구체적 법제가 서로 달라 충돌하는 등 애로사항이 존재할 수 있다. 이러한 국내법의 차이는 채권자의 권리와 우선권 인정, 외국채권자의 취급과 준거법을 결정할 기준의 부재로 연결되어 절차의 투명한 진행에 부정적인 영향을 미치고 종국에는 도산절차의 경제적·사회적 목적을 달성하는 데 장애로 작용할 수 있다.

따라서, 국제도산사건의 처리에 있어서 가장 이상적인 모습은 국제협약에 의거한 도산법제의 국제적 통일일 것이나 이는 현실적인 방안이 되기 어렵다. 현재로서는 UNCITRAL이나 국제도산협회 등이 개별 국가가 국제도산법제를 개정하거나 신설할 경우 참고할 입법가이드라인을 채택하는 등의 활동을 펼쳐 상당수 국가에서 이를 활용하고 있다. 향후에도 지속적인 노력으로 국제적 정합성을 갖춘 국제도산법제를 정

고 그 권한을 행사할 수 있고 주절차와 종절차의 병행파산절차를 인정하는 등 보편주의에서 후퇴하는 내용으로 성립하나 3개국 이상이 비준하지 아니하여 소멸하는 예가 있다.

12) https://uncitral.un.org/en/texts/insolvency/modellaw/cross−border_insolvency/status
Australia(2008), Bahrain(2018), Benin(2015), Brazil(2020), Burkina Faso(2015), Cameroon(2015), Canada(2005), CentralAfrican Republic(2015), Chad(2015), Chile(2013), Colombia(2006), Comoros(2015), Congo(2015), Côte d'Ivoire(2015), Democratic Republic of the Congo(2015), Dominican Republic(2015), Equatorial Guinea(2015), Gabon(2015), Ghana(2020), Greece(2010), Guinea(2015), Guinea−Bissau(2015), Israel(2018), Japan(2000), Kenya(2015), Malawi(2015), Mali(2015), Mauritius(2009), Mexico(2000), Montenegro(2002), Myanmar(2020), New Zealand(2006), Niger(2015), Panama(2016), Philippines(2010), Poland(2003), Republic of Korea(2006), Romania(2002), Senegal(2015), Serbia(2004), Seychelles(2013), Singapore(2017), Slovenia(2007), South Africa(2000), Togo(2015), Uganda(2011), Abu Dhabi Global Market(2015), Dubai International Financial Centre(2019), Great Britain(2006), British Virgin Islands(2003), Gibraltar(2014), United States of America(2005), Vanuatu(2013), Zimbabwe(2018).

비해 나가야 할 것이다. 다만 국제적 정합성의 정도와 그 속도는 다른 국가의 법질서에 대한 신뢰, 각국 도산법의 동질성 확보 수준 등 비례하여 다른 국가들과 보조를 맞추어 점진적으로 개선해 나가는 것이 바람직할 것이다.13)

---

13) 보편주의를 지향하여야 할 것이나 채무자의 주된 영업소 소재지에서 개시되는 하나의 도산절차만을 허용하고 그 효력을 전세계적으로 인정하며 모든 채권자들에게 그 절차에의 참가를 강제하는 순수한 의미의 보편주의는 현실적이지 아니하므로 입법론으로서는 보편주의와 속지주의를 절충한 수정된 또는 완화된 보편주의가 바람직하다는 견해로는, 석광현, 국제사법과 국제소송(제2권), 박영사 (2001), 256면.

제2장

국제도산의 법원(法源)

제2장

국제도산의 법원(法源)

제1절 | 국제도산의 준거법

Ⅰ. 도산법정지법 원칙

준거법(準據法)이라 함은 어떤 법률 관계에 적용될 법률을 말한다. 각종의 법률관계의 준거법을 지정하는 법률이 국제사법이다. 국제도산사건에 어떠한 법을 적용할 것인가하는 문제가 국제도산의 준거법인데, 국제사법이나 채무자회생법에는 이에 관한 규정이 없기 때문에 국제도산의 준거법은 해석론에 의할 수밖에 없다.

회생·파산 등 도산절차는 법원에 의한 간이·신속한 재량적 처리가 바람직한 절차로서 비송사건의 성질을 가진다.[1] 비송사건절차는 일반민사절차와 구별되는 여러 특징이 있지만 절차법으로서의 성질을 가지므로 일반절차법과 마찬가지로 '절차는 법정지법에 따른다(forum regit processum)'는 '법정지법 원칙(lex fori)'이 적용된다.

'도산절차에서의 법정지법 원칙(lex fori concursus)'은 도산사건의 국제재판관할,

---

1) 이시윤, 신민사소송법(제15판), 박영사 (2021), 14면.

도산절차의 개시, 관재인의 선임·권한 및 의무, 도산채권의 신고·확정·배당 등 도산절차의 진행과 종료 및 외국도산절차의 승인 등 도산사건의 절차적인 사항과 대부분의 실체적인 사항에 적용된다.[2]

그런데 도산사건의 실체적인 사항 중 일부, 즉 담보권, 환취권, 별제권, 부인권, 소유권유보부매매, 매매계약·부동산 임대차계약·근로계약 등에 있어서 쌍방미이행의 쌍무계약, 상계 등의 준거법과 관련하여서는 예컨대, 담보권에 있어서 법정지법주의, 담보권의 준거법 소속국의 도산법, 절충설 등 다양한 입장이 있다.[3] 이와 관련해서 도산실체법의 준거법은 민법, 상법 등의 실체법을 무시할 수 없고 오히려 실체법 질서를 존중하여야 하므로 그 기초의 상당 부분이 실체법에 맡겨져 있는 도산채권, 환취권, 별제권(내지는 회생담보권), 상계권 등에 대하여는 일반 국제사법의 접근방법에 따라서 준거법을 따라야 하지만, 실체권에 관계된다고 하더라도 도산절차에 있어서 채권의 순위, 부인권 등의 문제는 도산법의 중심사항으로 오히려 절차개시국의 규율에 따르는 것이 바람직할 수 있다는 견해가 있다.[4]

II. 대법원 판례

대법원은 외국적 요소가 있는 계약을 체결한 당사자에 대한 회생절차가 개시된 경우, 계약이 쌍방미이행 쌍무계약에 해당하여 관리인이 이행 또는 해제·해지를 선택할 수 있는지와 계약의 해제·해지로 발생한 손해배상채권이 회생채권인지에 관한 준거법은 '도산법정지법'이며, 계약의 해제·해지에 따른 손해배상의 범위에 관한 준거법은 '국제사법에 따른 계약의 준거법'이라고 판시한 바 있다.[5]

III. EU도산규정

도산저촉법, 즉 도산국제사법에 관하여 진보적 입법이라고 할 수 있는 EU도산규정을 보면, 2015년의 개정법 제7조 '준거법에 관한 일반규정'에서 절차개시국(state of the opening of proceedings)의 법, 즉 '법정지법주의'를 명시하고 있다.[6]

---

2) 석광현, 국제사법과 국제소송(제5권), 박영사 (2012), 603면.
3) 석광현, 앞의 책, 606면.
4) 전병서, 앞의 책, 582면.
5) 대법원 2015. 5. 28. 선고 2012다104526 판결.

I. 채무자회생법

채무자회생법 제5편 국제도산편에 국제도산에 관한 15개의 조문(제628조 내지 제642조)을 두고 있다. 여기서는 개괄적인 내용만 살펴보고 자세한 내용은 관련 부분에서 후술한다.

1. 국제도산절차의 도입

제628조(정의)에서 외국도산절차, 국내도산절차, 외국도산절차의 승인, 지원절차, 외국도산절차의 대표자 및 국제도산관리인의 개념을 정의하고 있다. 외국도산절차의 승인과 지원이라는 제도를 새로이 도입함으로써 기존의 속지주의를 버리고 국제도산절차를 도입하였다.

제629조(적용범위)에서 외국도산절차의 승인 및 지원, 외국도산절차 대표자의 국내도산절차의 신청 및 참가, 국내도산절차의 관리인 등의 외국법원에서의 활동, 병행도산절차에서의 국제공조 등을 국제도산편의 적용범위로 제시하였다.

2. 국제도산사건의 전속관할

제630조(관할)에서 외국도산절차의 승인 및 지원에 관한 사건을 서울회생법원 합의부의 전속관할로 하였다.

3. 외국도산절차의 대내적 효력

(1) 외국도산절차의 승인

제631조(외국도산절차의 승인신청)에서 외국도산절차의 대표자 승인신청권과 승인신청시 제출하여야 할 첨부서류를 제시하고 있다. 법원은 신청이 있는 때에는 지체없이 그 요지를 공고하도록 하고 있다.

---

6) 제8조 내지 제18조에서 준거법에 관한 특별규정을 두고 있다. 준거법에 관련한 규정들은 개정 전 EU도산규정(Council regulation (EC) No 1346/2000 of 29 May 2000 on insolvency proceedings)과 내용은 동일하나 조문의 위치가 변경되었다. 개정 전 EU도산규정에서 준거법의 일반규정은 제4조, 특별규정은 제5조 내지 제15조이다.

제632조(외국도산절차의 승인결정)에서는 법원이 승인신청을 기각할 수 있는 경우와 승인결정의 송달, 그에 대한 즉시항고를 규정하고 있다.

제633조(외국도산절차승인의 효력) 외국도산절차의 승인결정은 외국도산대표자의 국내도산절차의 개시신청 및 참가에 영향을 미치지 않는 것으로 규정하고 있다.

(2) 외국도산절차의 지원

제635조(승인 전 명령 등)는 외국도산절차의 승인 전에도 외국도산절차의 대표자의 신청이나 법원의 직권으로 외국도산절차에 대한 일정한 지원처분이 가능함을 규정하고 있다.

제636조(외국도산절차에 대한 지원) 외국도산절차의 승인과 동시 또는 승인 후에 이해관계인의 신청이나 법원의 직권으로 가능한 지원처분을 규정하고 있다.

제637조(국제도산관리인) 외국도산절차에 대한 지원처분 중 하나인 국제도산관리인의 선임과 관련하여 국제도산관리인의 권한과 제한 등을 규정한다.

4. 국내도산절차의 신청 및 참가

제634조(외국도산절차의 대표자의 국내도산절차개시신청 등) 외국도산절차의 승인을 조건으로 외국도산절차대표자가 국내도산절차의 개시를 신청하거나 진행 중인 국내도산절차에 참가할 수 있음을 규정하고 있다.

5. 병행도산절차

제638조(국내도산절차와 외국도산절차의 동시진행)에서는 동일한 채무자에 대하여 국내도산절차와 외국도산절차가 동시진행될 경우 외국도산절차에 대한 지원처분을 변경하거나 취소하여 국내도산절차를 중심으로 진행할 수 있음을 규정한다.

제639조(복수의 외국도산절차) 동일한 채무자에게 대하여 복수의 외국도산절차의 승인신청이 있는 경우 병합심리하거나 채무자의 주된 영업소 소재지 등을 고려해 주된 도산절차를 정할 수 있음을 규정한다. 본조에서 우리나라도 주절차(main proceeding)

와 종절차(non-main proceedings)의 개념을 부분적으로 도입한 것으로 볼 수 있다.

6. 국내도산절차의 대외적 효력

제640조(관리인 등이 외국에서 활동할 권한) 국내도산절차의 관리인 등은 법원의 허가를 받아 외국에서 활동할 수 있음을 규정하고 있다.

7. 국제 공조

제641조(공조) 동일한 채무자 또는 상호 관련 있는 채무자에 대하여 진행 중인 병행도산절차에 있어서 외국도산절차의 대표자와 어떠한 국제 공조가 가능한지 규정하고 있다.

8. 배당의 준칙

제642조(배당의 준칙) 병행도산절차에 있어서의 일부 변제를 받은 채권자는 국내도산절차에서 그와 같은 조 및 순위에 속하는 다른 채권자가 동일한 비율의 변제를 받을 때까지 국내도산절차에서 배당 또는 변제를 받을 수 없도록 함으로써 CBI 모델법의 hotchpot 규칙을 도입하였음을 나타내고 있다.

II. 기타-서울회생법원의 실무준칙 제504호

도산사건전문법원인 서울회생법원은 국제도산사건에 있어서의 법원 간 공조에 관한 실무준칙 제504호를 제정하였다. 공조준칙은 서울회생법원에 계속 중인 사건의 실무기준과 업무처리에 필요한 사항을 규정한 법원의 실무준칙으로서 JIN(도산사법네트워크, Judicial Insolvency Network)[7] Guidelines을 참고하였다.[8]

---

7) JIN은 국제적으로 국제도산사건을 담당하는 판사들의 국제적 네트워크로서, 사법적 사고를 바탕으로 한 리더십(JudicialThought Leadership)의 증진, 국제도산사건의 실무 최적화(BestPractices), 법원 간의 소통과 상호협력(Communication & Cooperation)을 목적으로 2016년 10월에 조직되었다. 자세한 내용은 후술한다.
8) 공조준칙 제1조가 밝히고 있는 바와 같이 동 준칙은 채무자회생법 제641조에서 정한 외국 법원 및 외국도산절차의 대표자와의 공조에 관한 구체적인 방법과 절차를 정하여, 병행절차에서 채권자나 채무자를 포함한 이해관계인들의 이익을 보호하고, 국제도산 절차가 효율적이고 효과적으로 관리되도록 하는 것을 목적으로 한다.

I. EU도산규정

1. 개관

EU도산규정[9](Council Regulation (EC) No. 1346/2000 of 29 May 2000 on Insolvency Proceedings)[10]은 유럽연합 유럽이사회(the Council)가 2000년 5월 29일 자로 채택하고, 2002년 5월 31일 자로 발효한 유럽연합 회원국 간의 지역적 국제규범이다. 2008년 7월 24일 자로 부속서와 관련한 내용이 소폭 개정되었고, 2015년 5월 20일 자로 전면적인 개정이 단행된 바 있다.[11]

EU도산규정의 제정목적은 유럽의 도산절차에서 회원국의 국내법 체계 간의 충돌과 회원국 법원 간의 관할권의 충돌을 해결을 위한 것이었다. EU도산규정은 도산법제의 차이로 인해 유럽연합의 시장기능 저해되는 문제를 점진적으로 해결하기 위한 수단이라고 할 수 있다. 동법은 유럽 상법의 통합을 위한 여정에서 'milestone'과 같은 역할을 해왔다고 평가받기도 한다.[12]

---

9) EU도산규정은 국내에서 EU도산규정, EC도산규칙, 유럽연합 도산규정, 유럽도산법 등으로 그 명칭이 통일되어 있지 않다. 필자는 이전에 EC도산규칙이라고 하였으나 본 책자부터 EU 도산규정이라고 한다. EU도산규정은 2019년 7월 20일 발효한 Directive (EU) 2019/1023 of the European Parliament and of the Council of 20 June 2019 on preventive restructuring frameworks, on discharge of debt and disqualifications, and on measures to increase the efficiency of procedures concerning restructuring, insolvency and discharge of debt, and amending Directive (EU) 2017/1132(이하, EU도산지침이라고 한다)과 혼동을 피하기 위한 것이기도 하다.

10) 2008년 7월 24일 자로 개정되었으나(Council Regulation (EC) No 788/2008 of 24 July 2008 amending the lists of insolvency proceedings and winding—up proceedings in Annexes A and B to Regulation (EC) No 1346/2000 on insolvency proceedings and codifying Annexes A, B and C to that Regulation)부속서와 관련된 소폭개정에 불과하였다. 한편, 유럽의회와 유럽연합이사회는 2000년 EU도산규정의 구조와 체계를 전면 개정한 'REGULATION (EU) 2015/848 OF THE EUROPEAN PARLIAMENT AND OF THE COUNCIL of 20 May 2015 on insolvency proceedings'을 2015년 5월 20일에 발효하였다.

11) 도산에 관한 지역적인 다자간 국제조약으로, 1889년과 1940년에 라틴 아메리카에서 채택된 몬테비데오 조약, 1933년에 채택되고 1977년, 1982년에 개정된 덴마크, 핀란드, 노르웨이, 스웨덴 간의 조약이 있다. 이 조약들도 일정한 성과를 내었으나 지역적으로 한정된 조약이었다는 점에서 한계가 있었다.

12) EU도산규정의 성안에 영향을 끼친 입법으로는 1928년 부스타만테 코드(Bustamante Code),

EU도산규정 이전의 국제도산에 관한 최초의 규정은 1957년 유럽경제공동체 조약(The Treaty establishing European Economic Community, ECC 조약)[13] 제220조에서 회원국은 다른 회원국과 상호 간 재판에 대한 승인과 집행에 관하여 협상할 의무가 있음을 명시한 것이다. 1968년 9월 27일 채택된 '민사 및 상사에 관한 재판관할

1933년의 북유럽 도산협약(Nordic Bankruptcy Convention), 1999년의 오하다 통일법전(Uniform Act of OHADA), 2002년의 'ALI 원칙(Principles of Cooperation in Transnational Insolvency cases among the members of the North American Free Trade Agreement, the Principles)' 등이 있다. 부스타만테 코드는 1928년 제6회 범아메리카회의(Pan American Conference)에서 중앙아메리카와 남아메리카 국가 간에 체결된 것으로 이법의 근간은 보편주의에 기초하여 채무자가 하나의 체약국에 'domicile'을 가지면 전체 체약국에 소재하는 자산에 대하여 하나의 도산절차만 개시된다. 채무자가 체약국 내에 경제적으로 여러 'establishment'를 가지면 한 국가마다 하나의 예방적 도산절차(preventative insolvency proceeding)가 개시될 수 있다. 병행적 도산절차는 국내법원이 채권자에 의해 제기된 소송에 관하여 국제재판관할권을 가지는 경우에만 개시될 수 있다. 북유럽 도산협약은 1933년 국내법적 상황이 매우 유사한 덴마크, 핀란드, 노르웨이, 아이슬랜드, 스웨덴 간에 체결된 것으로 하나의 체약국에서 절차가 개시되도록 하고 채무자의 국가에서 절차가 개시되면 이차적 도산절차는 개시될 수 없었지만 선행하는 절차는 계속 유지할 수 있는 등 제한적 보편주의에 의하였다. 도산절차와 그 효력에 대해서도 법정지주의(Lex Fori)가 적용되었고 채권자는 외국에서도 권리를 보장받았으며 특히 다른 체약국에서 공공기관의 지원(assistant of public authorities)을 요청할 권리를 부여받았다. 위 협약은 스웨덴과 핀란드 사이에서는 제44조 (1)(j)항에 따라 EU도산규정으로 대체되었다. 오하다 통일법전은 1933년에 아프리카 국가 간의 비즈니스 법의 조화를 위해 조직된 OHADA(Organisation pour l'Harmonisation en Afrique du Droit des Affaires)가 채택한 법이다. 최초의 회원국은 불어를 공용어로 하는 서아프리카 국가들과 모로코였다. 체약국 간의 법의 조화를 위해 체결된 통일법전은 직접적으로 체약국의 국내에 효력을 미치는 것이었다. 1999년 채무자의 면책을 규정한 Uniform Act가 발효되었는데 국제도산에 관한 10개의 규정을 포함하였다. 이 법은 EU도산규정과 달리 도산법제의 통일법이었기 때문에 국제절차법이나 준거법에 관한 규정이 없었다. 개인에 대해서는 'main establishment의 소재지', 법인인 경우에는 'domicile 또는 registered office의 소재지'에서 주절차를 개시할 수 있고, 다른 체약국에서 이차적 절차를 개시하는 것도 허용되었다. 한편 1994년 북미자유협정(NAFTA)가 체결되자, 미국법조협회(American Law Institute, ALI)가 소위 '국제도산프로젝트(transnational insolvency project)'를 가동하였는데, 2002 '북미자유협정국 간 국제도산 공조에 관한 원칙(Principles of Cooperation in Transnational Insolvency cases among the members of the North American Free Trade Agreement, ALI Principles)'를 간행하였다. '국제도산사건에 관한 법원 간 공조의 가이드라인(Guidelines applicable to Court−to−Court Communications in cross border insolvency)은 위 ALI Principles의 부속서이다. ALI Principles은 회원국 도산국내법의 요약과 비교를 시작점으로 하여 자동적 승인제도 대신 체약국 간의 개별적인 승인절차를 두었고 외국채권자의 권리는 국내법에 자율적으로 규정하도록 하였다; Klaus Pannen, 앞의 책, 14면.
13) 유럽경제공통체 설립을 위한 조약. 프랑스·룩셈부르크·이탈리아·서독·벨기에·네덜란드 등 6개국에 의하여 1957년 3월 25일 로마에서 조인되었으며 1958년 1월 1일 발효되었다.

과 판결의 집행에 관한 EU 협약(Convention on Jurisdiction and the Enforcement of Judgments in Civil and Commercial Matters, 이하 '브뤼셀 협약'이라고 한다)'은 당초 도산절차와 관련한 재판도 협약 대상으로 하여 논의하였으나 합의가 어렵다는 것이 드러나자 1963년 도산에 관한 부분의 협약 체결을 특별위원회로 이양하였다. 1997년 채택된 브뤼셀 협약은 도산절차를 명시적으로 적용 범위에서 제외하였다.[14]

유럽연합 유럽이사회(the Council)는 1963년 전문가 위원회(committee of experts)를 조직하고 도산에 관한 협약을 준비하는 임무를 부여하였는데 도산절차에 관한 협약에 관해 1970년 협약초안을 공간하는 등의 활동을 하다가 1986년도에 공식적으로 해체하였다. 1989년 법무장관위원회(The Minister of Justice of the Community)의 비공식적인 회의에서 도산절차에 관한 협약에 관해 협상을 개시하기로 결정함에 따라 특별위원회(ad hoc community)가 구성되었는데 1995년까지 활동하였다. 동 위원회의 전문가 위원회의 성과를 토대로 1991년 협약 초안을 발표하는데 그 초기 버전이 소위 1990년 이스탄불 협약(Istanbul Convention)이다. 동 협약에는 최소 3개 이상의 국가에서 비준하여야 한다는 조항에 있었는데, 사이프러스만이 비준하여 실패한 협약으로 간주되었다. 1995년 11월에 이르러 아일랜드, 네덜란드와 영국을 제외한 법무장관위원회의 모든 구성원은 특별위원회의 1992년 초안을 토대로 한 이스탄불 협약을 채택하였다. 그러나 당시 EEC 조약의 만장일치 조항이 유효한 상태에서의 영국의 불참으로 조약은 실패로 돌아갔다.

1999년 유럽의회가 유럽이사회에 도산절차에 대한 '규칙(Regulation)' 또는 '지침(Directive)'을 작성해 줄 것을 요청했고 이에 따라 마련된 EU도산규정에 1999년 2월 27일 대다수 국가가 찬성하였다. 이 규정에 대해 독일과 핀란드가 1999년 5월 27일 제안서를 제출했는데 이것이 최종적으로 EU도산규정(European Council Regulation No. 1346/2000 of 29 May 2000 on insolvency proceedings)으로 채택된 것이다.[15]

2015년 개정 EU도산규정은 전문 89개 조항, 본문 92개 조항 및 부속서들로 구성되어 있다. 주요 개정내용은 도산전 회생절차의 도입, 주된 이익의 중심지 개념의 정립, 유럽 도산등록부제도의 도입, 기업집단 국제도산제도의 도입 등이 있다. 구체적인 내용은 해당부분에서 다루도록 하고 여기서는 개괄적인 내용만 살펴보도록 한다.

---

14) 민사 및 상사에 관한 사건에 적용되나, 신분 및 능력, 부부재산관계, 유언 및 상속, 파산·화의 등의 도산절차, 사회보장, 중재절차는 적용되지 않는다.
15) Klaus Pannen, 앞의 책, 8면.

2. 개정법의 주요 내용

(1) 도산전(前)절차로 적용범위 확대

개정 전 EU도산규정은 그 적용범위를 채무자의 관리처분권이 전부 또는 일부 박탈되고 도산관리인 선임된 경우 등에 제한하여 도산전 절차에는 적용할 수 없었으나, 신법은 채무자의 도산이나 채무자의 영업활동의 중단을 피하기 위한 목적으로 개시된 절차에로 적용범위를 확대하고 그에 해당하는 회원국의 구체적인 절차들의 리스트를 부속서A에 명시하였다.[16]

(2) 주(主)된 이익의 중심지 개념의 구체화

2015년 개정 EU도산규정은 개정 전 전문 제13조 COMI 정의규정을 본문 제3조 제1항 제2문에 명시하였다. 또한 도산절차에서 forum shopping, 유리한 법적 지위를 확보의 목적으로 COMI를 물리적·법적으로 이전하는 경우 일정한 제한이 필요하기 때문에, COMI의 예견가능성 및 도산절차 개시 전에 최소유지기간 등의 규정을 두어 COMI의 남용적 이전을 예방할 수 있도록 하였다.[17]

(3) 유럽도산등록부 제도의 도입

채권자와 법원에 대한 정보제공 및 병행도산절차 개시 방지를 목적으로 도산등록부제도를 도입기로 하였다.[18] 도산등록부는 지급 불능 정보를 기록, 분석 및 저장하고 국가단위로 운용되며 일반대중이 무료로 이용할 수 있다. 전용등록부가 있는 국가는 도산절차의 모든 단계와 절차, 당사자에 대한 정보를 게시하나 일부 국가에서는 아직 회사의 이름과 상태 정도를 공개하는 경우도 있다.[19] 향후 유럽전자사법포털(European e-Justice Portal)을 통해 국가별 도산등록부의 EU 전체 상호연결시스템이 구축될 예정이다.

---

16) EU도산규정 제1조 제1항 제2문.
17) 김명수, 유럽연합도산규정 개정안에 대한 고찰, 한양법학 제28권 제3집 통권 제59집, 한양법학회 (2017. 8.), 148면.
18) EU도산규정 제25조.
19) https://e-justice.europa.eu/110/EN/bankruptcy_and_insolvency_registers(2022년 6월 24일 최종확인).

(4) 기업집단 국제도산제도의 도입

개정 EU도산규정은 기업집단(group of companies)의 정의 규정[20])을 두고 회원국 안에서 복수의 절차가 개시된 경우 각 절차의 도산관리인이 '그룹조정절차(group coordination proceedings)'의 개시를 신청할 수 있도록 하였다. 그룹조정절차는 도산 절차 자체의 집중과 단일화를 추구하는 방식이 아니라 개별 도산절차를 그대로 두고 절차조정과 공조를 통해 절차 간의 협력을 추구하는 방식으로서 개별절차와는 별도로 진행되는 조정절차에서 '그룹조정자(group coordinator)'를 선임하고 기업집단의 관점에 입각한 '집단조정계획(group coordination plan)'을 수립하여 개별도산절차에 반영하도록 한 것이다. 자세한 내용은 기업집단 국제도산제도에서 살펴보도록 한다.

II. CBI 모델법

1. 개관

CBI 모델법의 제정배경을 살펴보면, 1990년대 국제적인 경제위기에 직면한 기업들이 해외로 자산을 도피시키자 도산실무가들 간에 외국법원의 지원을 받은 방안에 관해 모색하기 시작하였는데 국가마다 관련 법규가 달라 국제적 규범의 필요성이 대두되었다. 특히 종래의 속지주의 도산법 체계하에서는 국제적 활동을 하는 기업의 도산사건에 합리적 대처가 쉽지 않았다. 특히 UNCITRAL이 외국도산절차의 승인 등을 포함한 국제도산에 관한 규범을 적극적으로 모색한 배경은 1990년대 도산에 직면한 기업들이 해외로 재산을 빼돌리는 것에 대해 국제적 협력을 통한 법적 대응이 필요하였기 때문이었다. UNCITRAL은 1992년 처음으로 도산법 주제를 검토하기 시작하여 1994년 콜로퀴엄 개최, 1995년 도산 실무위원회의 구성, 유엔총회의 승인을 거쳐 1997년 5월 30일 모델법을 채택하였다. 모델법은 EU도산규정에 앞서 제정되기는 하였지만, 유럽연합이 30년 동안 가입국 간에 도산절차의 상호승인제도에 관해 합의를 위해 노력하여 2000년 5월 29일 채택된 EU도산규정의 논의과정과 그 성과에 영향을 받았다.

모델법은 외국도산절차의 승인, 외국법원 및 도산관리인과의 공조 증진, 외국도산절차 관리인과 외국채권자의 접근권 확대 및 병행도산절차의 처리 등이 주요 내용

---

20) EU도산규정 제2조 제13호.

으로 하며 각국의 특수한 수요와 법문화에 따라 수정이 가능하다. 도산실체법의 통일의 관점보다는 상이한 도산절차법을 상호 존중하면서 각국 법원들이 공조하도록 하는 데 중점을 두었다.

2. 주요 내용

(1) 외국대표자 및 외국채권자의 국내도산절차에 대한 접근권

모델법은 외국대표자 및 외국채권자에게 국내법원에 직접적으로 접근할 수 있는 권한을 부여하고 있는데,[21] 외국대표자는 국내도산절차의 개시를 신청할 수 있고, 이미 개시된 절차에 참가할 수 있다.[22] 외국채권자도 국내채권자와 동일한 지위에서 국내도산절차의 개시를 신청하고 참가할 자격이 있다.[23]

(2) 외국도산절차의 대내적 효력

내국법원은 외국도산절차의 주절차와 종절차를 승인할 수 있다. 주절차는 채무자의 주된 이익의 중심지에서 개시된 절차를 말하고, 종절차는 채무자가 영업소를 두고 있는 국가에서 개시된 절차를 말하는데, 승인의 대상이 될 수 있는 종절차는 채무자가 제2조 제f호에 따른 영업소를가진 국가에서 개시된 절차에 국한한다.[24]

모델법은 EU도산규정 제16조와 같은 자동적 승인제도(automatic recognition)를 두지 않고 외국채권자의 신청에 따라 형식적인 승인절차를 의무화하였다. 법원은 승인의 조건이 충족되면 승인하여야 하는데, 외국도산절차의 주절차와 종절차가 승인되기 위해서는 모델법 제2조 a항에 따른 요건을 충족하고, 신청하는 외국대표자는 제2조 제d항이 정하는 일정한 자격을 갖추어야 하며, 외국절차와 대표자의 임명에는 제15조 제2항이 정한 서류가 첨부되어야 하는 등 일정 요건이 충족되어야 한다. 모델법은 상호보증을 승인의 요건으로 하고 있지 않으나 외국도산절차의 승인이 입법국의 공서(public policy)에 명백히 반하는 경우에는 승인을 거부할 수 있다.

내국법원이 외국도산절차 중 주절차를 승인한 경우에는 자동적으로 개별채권자의 채무자에 대한 소송이나 절차의 개시, 채무자의 자산에 대한 집행절차가 중지되

---

21) CBI 모델법 제9조.
22) CBI 모델법 제12조.
23) CBI 모델법 제13조 제1항.
24) CBI 모델법 제17조 제2항, 제20조, 제21조.

고 채무자의 처분권이 정지되고[25] 외국도산절차 중 주절차나 종절차를 승인한 경우 법원은 재량에 의해서도 개별채권자의 채무자에 대한 소송이나 절차의 개시, 채무자의 자산에 대한 집행절차가 중지되고 채무자의 처분권이 정지시킬 수 있고 기타 지원처분을 취할 수 있다.[26]

(3) 국내도산절차의 대외적 효력

외국대표자는 관련 외국법이 허용하는 바에 따라 입법국의 도산절차를 위하여 활동할 권한을 가진다.[27]

(4) 외국도산법원과 도산관재인과의 공조

내국법원은 직접 또는 도산관재인을 통하여 외국법원 또는 외국대표자와 공조하여야 한다.[28] 또한 국내도산관재인은 법원의 감독하에 외국법원 또는 외국대표자와 공조하여야 한다.[29]

(5) 병행도산절차

동일한 채무자에 대하여 국내도산절차와 외국도산절차가 병행적으로 진행될 때에는 국내도산절차가 우선하며[30] 복수의 외국도산절차가 진행될 때에는 주절차가 우선한다.[31] 외국도산절차에서 채권의 일부 변제를 받은 채권자는 동일한 채무자에 대한 내국도산절차에서 동일한 지위에 속하는 다른 채권자들에 대한 배당액이 자신이 이미 받은 배당액보다 작은 때에는 배당받을 수 없다.[32]

---

25) CBI 모델법 제20조.
26) CBI 모델법 제21조.
27) CBI 모델법 제5조.
28) CBI 모델법 제25조.
29) CBI 모델법 제26조.
30) CBI 모델법 제29조.
31) CBI 모델법 제30조.
32) CBI 모델법 제32조.

3. CBI 모델법 전체 규정[33]

국제도산에 관한 UNCITRAL 모델법
(Model Law on Cross-border Insolvency Law)

전 문

이 법의 목적은 다음 사항들의 증진을 위하여 국제도산사건을 다루는 효과적인 메커니즘을 제공하는 것이다.

(a) 국제도산사건에 관련된 입법국과 외국의 법원들과 기타 관할당국들 간의 공조

(b) 무역 및 투자를 위한 법적 안정성의 제고

(c) 모든 채권자 및 채무자를 포함한 기타 이해관계인들의 이익을 보호하기 위한 공정하고 효율적인 국제도산사건의 관리

(d) 채무자의 자산의 가치의 보호 및 극대화

(e) 재정적으로 어려움이 있는 기업의 구제 촉진과 이를 통한 투자 보호 및 고용 유지

제 I 장 총칙

제1조 적용 범위

1. 이 법은 다음의 경우에 적용된다.

(a) 외국법원 또는 외국대표자가 입법국에 외국절차와 관련한 지원을 구하는 경우

(b) [입법국의 도산관련 법률을 특정]에 따른 절차와 관련하여 외국에 지원을 구하는 경우

(c) 동일 채무자에 관하여 외국도산절차와 [입법국의 도산관련 법률을 특정]에 따른 절차가 동시에 진행되고 있는 경우

(d) 외국의 채권자들 또는 기타 이해관계인이 [입법국의 도산관련 법률을 특정]에 따른 절차의 개시를 요구하거나 참여하는데 이익을 가지는 경우

2. 이 법은 [입법국의 특별도산제도의 적용을 받으며 입법국이 이 법률의 적용대

---

33) 한글 조문은 법무부 법무실 국제법무과, UN 국제상거래 규범집 제2권 (2020. 2.), 155면 이하의 번역을 일부 수정하였다.

상에서 제외하고자 하는 은행, 보험회사 등의 주체들의 유형을 지정]에 관한 절차에는 적용되지 아니한다.

제2조 정의

이 법의 목적을 위하여,

(a) "외국절차"란 외국에서 도산관련 법률에 따라 진행되는 집단적인 사법 또는 행정절차(임시절차 포함)로서, 회생 또는 청산을 목적으로 채무자의 자산 및 업무가 외국법원의 통제 또는 감독을 받는 절차를 말한다.

(b) "외국주절차"란 채무자가 그의 주된 이익의 중심지를 두고 있는 국가에서 진행되고 있는 외국절차를 말한다.

(c) "외국종절차"란 채무자가 본조 (f)호 소정의 영업소를 두고 있는 국가에서 진행되고 있는 외국주절차 이외의 외국절차를 말한다.

(d) "외국대표자"란 외국절차에서 채무자의 자산이나 업무의 회생 또는 청산을 관리하거나 외국절차의 대표자로서 활동할 권한을 부여받은 사람 또는 기구(임시로 임명된 경우 포함)를 말한다.

(e) "외국법원"이란 외국절차를 통제 또는 감독할 수 있는 권한을 가진 사법당국 또는 그 밖의 관할당국을 말한다.

(f) "영업소"란 채무자가 인적 수단과 재화 또는 용역을 가지고 일시적이 아닌 경제활동을 영위하는 영업장소를 말한다.

제3조 입법국의 국제적 의무들

입법국이 당사국으로서 하나 또는 그 이상의 국가들와 체결한 조약이나 그 밖의 협약으로부터 발생하는 입법국의 의무들이 이법과 충돌하는 경우에는 그 조약이나 협약상의 의무들이 우선한다.

제4조 [관할법원 또는 당국]

외국절차의 승인과 외국법원과의 공조에 관하여 이 법에 언급된 기능은 [입법국에서 그 기능을 수행할 권한 있는 법원, 법원들, 기관 또는 기관들을 특정]이 수행하여야 한다.

제5조 [입법국의 법률상 회생 또는 청산을 관리하는 사람 또는 기구의 명칭을 기입]의 외국에서의 권한 행사

[입법국의 법률상, 회생 또는 청산을 관리하는 사람 또는 기구의 명칭을 기입]은 관련 외국법이 허용하는 바에 따라 [입법국의 도산 관련 법률을 기입]에 따른 절차를 위하여 외국에서 권한을 행사할 수 있다.

제6조 공서에 따른 예외

입법국의 법원은 이 법에 따른 조치가 입법국의 공서에 명백히 반하는 경우에 그 조치를 행할 것을 거부할 수 있다.

제7조 다른 법률에 따른 추가적 지원

이 법의 어떠한 규정도 입법국의 다른 법률에 따라 외국대표자에게 추가적 지원을 제공하는 법원 또는 [입법국의 법률상 회생 또는 청산을 관리하는 사람 또는 기구의 명칭을 기입]의 권한을 제한하지 아니한다.

제8조 해석

이 법을 해석함에 있어서 이 법의 국제적 기원, 적용의 통일성의 및 신의성실의 준수를 증진할 필요성을 고려하여야 한다.

제2장 외국대표자와 채권자의 입법국 법원에 대한 접근권

제9조 직접적인 접근권

외국대표자는 입법국의 법원에 직접적으로 신청할 권한을 가진다.

제10조 재판관할권의 제한

외국대표자가 입법국의 법원에 이 법에 따른 신청을 한다는 사실만으로는 외국대표자, 채무자의 외국자산 및 업무가 그 신청 외의 목적으로 입법국 법원의 재판관할권에 복종하지 아니한다.

제11조 외국대표자의 [입법국의 도산관련 법률을 특정]에 따른 절차의 개시신청

외국대표자는 [입법국의 도산관련 법률을 특정]에 따른 조건이 충족되는 경우 절차의 개시를 신청할 수 있다.

제12조 외국대표자의 [입법국의 도산관련 법률을 특정]에 따른 절차에의 참가

외국절차가 승인된 때에는 외국대표자는 채무자에 대하여 [입법국의 도산관련 법률을 특정]에 따라 개시된 절차에 참가할 수 있다.

제13조 외국채권자의 [입법국의 도산관련 법률을 기입]에 따른 절차에 대한 접근권

1. 본조 제2항의 유보 하에, 외국채권자는 [입법국의 도산관련 법률을 특정]에 따른 절차의 개시 및 참가에 관하여 입법국의 채권자와 동일한 권리를 가진다.

2. 본조 제1항은 [입법국의 도산관련 법률을 특정]에 따른 절차에서의 채권의 순위에 영향을 주지 아니한다. 단, 외국채권자의 채권은 [일반 비우선채권의 종류를 표시한다. 다만 외국채권과 동등한 내국채권(예컨대, 과징금채권 또는 연지급채권이 일반 비우선채권보다 후순위인 경우, 그 외국채권은 일반 비우선채권보다 후순위로 규정할 수 있다]보다 후순위가 되어서는 아니된다.

제14조 외국채권자에 대한 [입법국의 도산관련 법률을 특정]절차에 관한 통지

1. [입법국의 도산관련 법률을 기재]에 따라 입법국에서 채권자에게 통지를 하는 경우, 입법국에 주소를 두고 있지 아니한 알려진 채권자에게도 동일한 통지를 하여야 한다. 법원은 주소가 알려져 있지 아니한 모든 채권자에게 통지하기 위하여 적절한 조치를 취할 것을 명령할 수 있다.

2. 전항의 통지는 법원이 구체적인 정황에 비추어 다른 형태의 통지를 더 적절하다고 보지 아니하는 한 외국채권자에게 개별적으로 이루어져야 한다. 촉탁서 또는 그와 유사한 형식이 요구되는 것은 아니다.

3. 외국채권자에게 절차개시의 통지를 하는 경우 그 통지서에는,

(a) 상당한 채권신고기간 및 그 신고장소

(b) 담보채권자가 담보부채권을 신고할 필요가 있는지 여부

(c) 입법국의 법률 및 법원의 명령에 따라 채권자 통지에 포함되어야 할 다른 모든 정보가 포함되어 있어야 한다.

제Ⅲ장 외국절차의 승인 및 지원

제15조 외국절차의 승인 신청

1. 외국대표자는 자신이 임명된 외국절차의 승인을 입법국 법원에 신청할 수 있다.

2. 승인신청서에는 다음 중 어느 하나의 서류가 첨부되어야 한다.

(a) 외국절차를 개시하는 결정 및 외국대표자를 임명한 결정의 인증등본

(b) 외국절차의 및 외국대표자의 임명사실의 존재를 확인하는 외국법원의 증명서

(c) (a) 및 (b)에 해당하는 소명자료가 없는 경우, 외국절차의 및 외국대표자의 임명사실의 존재를 법원이 인정할 만한 다른 소명자료

3. 외국대표자는 승인 신청시 자신이 알고 있는 채무자와 관련된 모든 외국절차를 특정하는 진술서를 첨부하여야 한다.

4. 법원은 승인 신청을 위하여 제출된 서류에 대하여 입법국의 공용어에 의한 번역문을 요구할 수 있다.

제16조 승인에 관한 추정

1. 제15조 제2항 소정의 결정서 또는 증명서에 외국절차가 제2조 (a)호 소정의 절차라는 것과 외국대표자가 제2조 (d)호 소정의 사람 또는 기구라는 것이 나타나 있는 경우 법원은 그와 같이 추정할 수 있다.

2. 법원은 승인 신청시 제출된 문서를 그 인증 여부와 관계 없이 진정한 것으로 추정할 수 있다.

3. 반대의 증거가 없으면 채무자가 법인인 경우 등록된 사무소, 자연인인 경우 상거소가 채무자의 주된 이익의 중심지로 추정된다.

제17조 외국절차의 승인 결정

1. 제6조의 유보 하에 다음 요건을 갖춘 외국절차는 승인되어야 한다.

(a) 외국절차가 제2조 (a)호 소정의 절차일 것

(b) 승인을 신청하는 외국대표자가 제2조 (d)호 소정의 사람 또는 기구일 것

(c) 신청이 제15조 제2항의 요건을 충족할 것

(d) 신청이 제4조에 언급된 법원에 제출된 경우일 것

2. 외국절차는 다음의 하나로서 승인되어야 한다.

(a) 채무자가 그 주된 이익의 중심지를 두고 있는 국가에서 진행되고 있는 경우에는 외국주절차일 것

(b) 채무자가 당해 외국에 제2조 (f)호 소정의 영업소를 가지고 있는 경우에는 외국종절차로서 승인되었을 것

3. 외국절차의 승인 신청에 대하여는 가능한 한 신속하게 결정해야 한다.

4. 제15조 내지 제18조의 규정은 승인의 요건 중 전부 또는 일부가 결여되어 있었거나 소멸된 경우에 그 승인을 변경 또는 종료하는 데에 장애가 되지 아니한다.

제18조 후속 통지

외국절차의 승인 신청이 제출된 이후에 외국대표자는 다음 사항을 신속히 법원에 통지하여야 한다.

(a) 승인된 외국절차의 상태 또는 그 외국대표자의 임명의 상태에 대한 모든 실질적 변경

(b) 외국대표자가 알게 된 동일 채무자에 관한 다른 모든 외국절차

제19조 외국절차의 승인 신청시 부여될 수 있는 지원

1. 승인 신청 제출시부터 승인에 관한 결정이 있을 때까지, 법원은 채무자의 자산 또는 채권자의 이익을 보호하기 위하여 지원처분이 긴급히 필요한 경우, 외국대표자의 요청에 따라 다음 사항을 포함하는 임시적인 지원처분을 부여할 수 있다.

(a) 채무자의 자산에 대한 집행의 중지

(b) 그 성질 또는 기타 사정으로 부패하거나 가치가 떨어지기 쉬운 또는 그 밖의 위험한 상태에 있는 자산의 보호 및 그 가치의 보전을 위하여, 입법국에 소재하는 채무자의 자산의 전부 또는 일부를 관리 또는 환가할 권한을 외국대표자에게 또는 법원이 지명하는 자에게 위임

(c) 제21조 제(1)항 (c)호, (d)호 및 (g)호에 언급된 지원처분

2. [통지에 관한 규정을 기입(또는 입법국에서 시행중인 통지에 관한 규정을 언급)

3. 본조에 따라 부여된 지원처분은 제21조 제1항 (f)호에 따라 연장되지 아니하는 한 승인 신청에 관한 결정이 있는 때에 종료된다.

4. 본조에 따른 지원처분이 외국주절차의 관리에 장애가 되는 경우 법원은 그 지원처분의 부여를 거부할 수 있다.

제20조 외국주절차 승인의 효력

1. 외국주절차인 외국절차가 승인된 때에는,

(a) 채무자의 자산, 권리, 의무 기타 책임에 관한 개별 소송 또는 개별 절차의 개시 및 진행은 중지되고,

(b) 채무자의 자산에 대한 집행은 중지되며,

(c) 채무자의 자산을 양도 또는 담보로 제공하거나 기타 이를 처분할 권리는 정지된다.

2. 본조 제1항 소정의 중지 및 정지의 범위와 변경 또는 종료는 [본조 제1항 소정의 중지 및 정지에 관한 예외, 제한, 변경 또는 종료에 적용되는 입법국의 도산관련 법률의 모든 규정을 언급]에 따른다.

3. 본조 제1항 (a)호는 채무자에 대한 채권의 보전에 필요한 범위 내에서 개별 소송 또는 절차를 개시할 권리에 영향을 주지 아니한다.

4. 본조 제1항은 [입법국의 도산관련 법률을 특정]에 따른 절차의 개시를 요구할 권리 또는 그 절차에서 채권을 신고할 권리에 영향을 주지 아니한다.

제21조 외국절차의 승인시 부여될 수 있는 지원

1. 절차의 주종을 불문하고 외국절차를 승인할 때에는, 법원은 채무자의 자산 또는 채권자의 이익을 보호하기 위하여 필요한 경우, 외국대표자의 요구에 따라 다음을 포함한 적절한 지원처분을 부여할 수 있다.

(a) 제20조 제1항 (a)호에 따라 중지되지 아니한 범위 내에서 채무자의 자산, 권리, 의무 기타 책임에 관한 개별 소송 또는 개별 절차의 개시 또는 진행의 중지

(b) 제20조 제1항 (b)호에 따라 중지되지 아니한 범위 내에서 채무자의 자산에 대한 집행의 중지

(c) 제20조 제1항 (c)호에 따라 정지되지 아니한 범위 내에서 채무자의 자산을 이전 또는 담보로 제공하거나 기타 이를 처분할 권리의 정지

(d) 채무자의 자산, 업무, 권리, 의무 또는 책임에 관한 증인신문, 증거의 수집 또는 정보의 교부

(e) 입법국에 소재하는 채무자의 자산의 전부 또는 일부를 관리 또는 환가할 권한을 외국대표자 또는 법원이 지명하는 자에게 위임

(f) 제19조 제1항에 따라 부여되는 지원처분의 연장

(g) 이 국가의 법률에 따라 [입법국의 법률에 따라 회생 또는 청산을 관리하는 사람 또는 기구의 명칭을 기입]가 받을 수 있는 추가적인 지원처분의 부여

2. 절차의 주종을 불문하고 외국절차를 승인할 때에는, 법원은 입법국내의 채권자의 이익이 적절히 보호되어 있음을 확인하는 경우, 외국대표자의 요구에 따라 입법국에 소재하는 채무자의 자산의 전부 또는 일부를 분배할 권한을 외국대표자 또는 법원이 지명하는 자에게 부여할 수 있다.

3. 외국종절차의 대표자에게 본조에 따른 지원처분을 부여함에 있어서는, 법원은 그 지원처분이 입법국의 법률상 외국종절차에서 관리되어야 할 자산과 관련되거나 그 절차에서 필요한 정보와 관계가 있음을 확인하여야 한다.

제22조 채권자 및 그 밖의 이해관계인의 보호

1. 제19조 또는 제21조에 따라 지원처분을 부여하거나 거부함에 있어서, 또는 본조 제3항에 따른 지원처분을 변경 또는 종료함에 있어서는 법원은 채권자 및 채무자를 포함한 기타 이해관계인의 이익이 적절히 보호되는 것을 확인하여야 한다.

2. 법원은 제19조 또는 제21조에 따라 지원처분을 부여할 때 법원이 적절하다고 판단하는 조건을 붙일 수 있다.

3. 법원은 외국대표자 또는 제19조 또는 제21조에 따라 부여되는 지원처분의 영향을 받는 자의 요구에 따라 또는 직권으로 그 지원처분을 변경 또는 종료할 수 있다.

제23조 채권자에게 해로운 행위를 피하기 위한 조치

1. 외국절차가 승인된 때에는, 외국대표자는 [입법국에서 회생 또는 청산을 관리하는 사람 또는 기구가 채권자에게 해로운 행위를 피하거나 그 밖에 이를 실효시키기 위하여 이용할 수 있는 조치의 유형을 언급]을 개시할 적격을 가진다.

2. 외국절차가 외국종절차일 경우, 법원은 전항의 조치가 입법국의 법률상 외국종절차에서 관리되어야 할 자산과 관련됨을 확인하여야 한다.

제24조 외국대표자의 입법국내 절차에의 참가

외국절차가 승인된 때에는, 외국대표자는 입법국의 법률상의 요건이 충족되는 경우 채무자가 당사자인 모든 절차에 참가할 수 있다.

제IV장 외국법원 및 외국대표자와의 공조

제25조 입법국 법원과 외국법원 및 외국대표자 간의 공조 및 의사소통

1. 제1조에 언급된 사항에 관하여, 법원은 직접 또는[입법국의 법률에 따라 회생 또는 청산을 관리하는 사람 또는 기구의 명칭을 기입]을 통하여 외국법원 또는 외국 대표자와 가능한 최대 범위 내에서 공조하여야 한다.

2. 법원은 외국법원 또는 외국대표자와 직접 의사소통할 수 있고 외국법원 또는 외국대표자에게 직접 정보제공 또는 지원을 요구할 수 있다.

제26조[입법국의 법률에 따라 회생 또는 청산을 관리하는 사람 또는 기구의 명칭을 기입]과 외국법원 및 외국대표자 간의 공조 및 의사소통

1. 제1조에 언급된 사항에 관하여 [입법국법상 회생 또는 청산을 관리하는 사람 또는 기구의 명칭을 기입]는 그 역할을 수행함에 있어서 법원의 감독 하에 외국법원 및 외국대표자와 가능한 최대 범위 내에서 공조하여야 한다.

2. [입법국의 법률상 회생 및 청산을 수행하는 사람 또는 기구의 이름을 기입]는 그 역할을 수행함에 있어서 법원의 감독 하에 외국법원 또는 외국대표자와 직접 의사소통할 수 있다.

제27조 공조의 형태

제25조 및 제26조에 언급된 공조는 다음을 포함한 적절한 수단으로 행해질 수 있다.

(a) 법원의 지시에 따라 행동할 사람 또는 기구의 임명

(b) 법원이 적절하다고 판단하는 모든 수단에 의한 정보의 교신

(c) 채무자의 자산 및 업무에 대한 관리와 감독의 조정

(d) 절차 간의 조정에 관한 합의에 대한 법원의 승인 또는 시행

(e) 동일 채무자에 관한 병행절차 간의 조정

(f) [입법국은 공조의 추가적인 형태 또는 사례를 열거할 수 있다]

제 V 장 병행도산절차

제28조 외국주절차의 승인 후의 [입법국의 도산관련 법률을 특정]에 따른 절차의 개시

외국주절차가 승인된 후 [입법국의 도산관련 법률의 특정]에 따른 절차는 채무자가 입법국 내에 자산을 가지고 있는 때에만 개시될 수 있다. 그 절차의 효력은 입법국에 소재하는 채무자의 자산과 입법국의 법률상 제25조, 제26조 및 제27조에 따른 공조 및 조정을 위해 관리되어야 하는 필요한 범위 내에서의 채무자의 자산에 한정된다.

제29조 [입법국의 도산관련 법률을 특정]에 따른 절차와 외국절차의 조정

동일한 채무자에 관하여 외국절차와 [입법국의 도산관련 법률을 특정]에 따른 절차가 동시에 진행되는 경우, 법원은 제25조, 제26조 및 제27조에 따른 공조 및 조정을 시도하여야 하고, 다음을 적용하여야 한다.
(a) 입법국 내의 절차가 외국절차의 승인 신청이 제출된 당시에 진행되고 있는 경우
　(i) 제19조 또는 제21조에 따라 부여되는 지원처분은 입법국 내의 절차에 저촉되지 아니하여야 하고,
　(ii) 그 외국절차가 입법국에서 외국주절차로 승인되는 경우, 제20조는 적용되지 아니하여야 한다.
(b) 입법국 내의 절차가 외국절차의 승인 후 또는 승인 신청의 제출 후에 개시되는 경우
　(i) 법원은 제19조 또는 제21조에 따라 부여된 모든 지원처분을 재심사하여야 하고, 그 지원처분이 입법국 내의 절차에 저촉되는 때에는 이를 변경 또는 종료하여야 하며,
　(ii) 그 외국절차가 외국주절차인 경우, 제20조 제1항 소정의 중지 및 정지가 입법국 내의 절차에 저촉되는 때에는, 법원은 제20조 제2항에 따라 이를 변경 또는 종료하여야 한다.
(c) 외국종절차의 대표자에게 지원처분을 부여하거나 부여된 지원처분을 연장 또는 변경할 때에는, 법원은 그 지원처분이 입법국의 법률상 외국종절차에서 관리되어야 할 자산과 관련이 있거나 그 절차에서 필요한 정보와 관련이 있음을 확인하여야 한다.

제30조 복수의 외국절차의 조정

동일한 채무자에 관하여 2개 이상의 외국절차가 진행되는 경우, 제1조에 언급된 사항에 관하여 법원은 제25조, 제26조 및 제27조에 따른 공조 및 조정을 시도하여야 하며, 다음을 적용하여야 한다.

    (a) 외국주절차의 승인 후에 외국종절차의 대표자에게 제19조 또는 제21조에 따라 부여되는 모든 지원처분은 외국주절차에 저촉되지 아니하여야 한다.

    (b) 외국종절차의 승인 후 또는 승인 신청의 제출 후에 외국주절차가 승인되는 경우, 법원은 제19조 또는 제21조에 따라 부여된 모든 지원처분을 재심사하여야 하고, 그 지원처분이 외국주절차에 저촉되는 때에는 이를 변경 또는 종료하여야 한다.

    (c) 외국종절차의 승인 후에 다른 외국종절차가 승인되는 경우, 법원은 절차간의 조정을 촉진하기 위하여 지원처분을 부여하거나 변경 또는 종료하여야 한다.

제31조 외국주절차의 승인에 기한 지급불능의 추정

반대의 증거가 없는 한 외국주절차의 승인이 있으면 [입법국의 도산관련 법률을 특정]에 따른 절차를 개시함에 있어 채무자의 지급불능이 추정된다.

제32조 병행절차에서의 배당의 준칙

외국에서 도산관련 법률에 따른 절차에서 채권의 일부 변제를 받은 채권자는, 동일한 채무자에 대하여 [입법국의 도산관련 법률을 특정]에 따른 도산절차에서는 그 절차상 동일한 조에 속하는 다른 채권자들에 대한 배당액이 자신이 이미 받은 배당액보다 비례적으로 적은 한, 동일한 채권에 관하여 배당을 받을 수 없다. 다만 담보부채권 또는 물권에 대하여는 그러하지 아니하다.

제3장

국제도산법상의 주요 개념

제3장

국제도산법상의 주요 개념

제1절 | 의의

　국제도산의 주요 법원(法源)인 채무자회생법 제5편은 CBI 모델법과 일본의 승인원조법 등을 참조한 입법이기는 하나, 국제적으로 논의되어 온 국제도산법제의 여러 제도 중 일부만을 받아들인 것이다. 이 장에서는 채무자회생법 제5편을 자세히 살펴보기에 앞서 UNCITRAL의 모델법과 EU도산규정 등을 참고하여 우리나라가 수용하지 않는 부분을 포함한 국제도산법제의 주요 개념을 정리해 보도록 한다.

I. 주절차와 종절차

1. 의의

국제도산사건 즉, 채무자나 채권자가 외국인 또는 외국회사인 경우와 동산, 부동산 및 채권 등 재산관계에 외국적 내지 섭외적(涉外的) 요소를 포함하는 사건이 발생하면 관련된 여러 국가에 도산절차에 관한 국제재판관할이 생기기 때문에 도산절차가 병행적으로 존재하기 쉽다. '주절차(main proceeding)'와 '종절차(non-main proceedings)'란 동일한 채무자에 대해 여러 국가에서 도산절차가 진행되는 경우에 일정한 기준에 따라 주절차를 정하여 우선적 효력을 부여하고 종절차에는 부수적인 효력만을 부여하는 등으로 병행하는 도산절차의 원활화를 기하기 위한 목적에서 고안된 개념이다. 주절차가 한 국가에서 개시되면 그 밖의 국가들에서는 해당국가의 국내법에 따라 종절차를 개시할 수 있다. 주절차와 종절차는 복수의 도산절차 진행가부의 문제이면서 주절차와 종절차를 개시할 수 있는 국가를 결정하는 국제재판관할의 문제이기도 하다. 후자에 대해서는 주절차의 국제재판관할 인정의 기준인 주된 이익의 중심지(center of main interests, COMI)의 개념을 다루면서 상세히 보도록 한다.

국제도산사건에서 동일한 채무자에 대한 도산절차를 주절차와 종절차로 구분한 것은 EU도산규정의 전신인 이스탄불 협약에서 종절차의 개념을 도입하면서부터이다. 동 협약은 '주절차(main insolvency proceeding)'와 종절차인 '선택적·독립적·속지적 절차(optional independent territorial insolvency proceedings)'에 관한 규정을 두었다. 종절차의 개시의 목적은 지역채권자(local creditor)들이 그 지역의 법에 따라 가지는 우월한 지위 또는 비용상의 이점을 보호하기 위한 것이었다.[1]

위 협약의 종절차 개념을 계승한 EU도산규정은 전체 회원국에 대하여 보편적인 성격을 가지는 '주절차(main insolvency proceeding)'와 그 밖의 회원국에서의 다양한 이해관계의 보호를 위해 주절차와 병행할 수 있는 '지역절차(local proceeding)'를 구분하였다.

한편, 주절차와 구별하여할 개념으로 '주도산절차'가 있다. 주절차는 동일한 채무

---

1) Klaus Pannen, European Insolvency Regulation, De Guryter recht·Berlin (2007), 15면.

자에 대하여 여러 국가에서 도산절차가 개시되는 경우를 전제한 개념인데 비하여 주도산절차는 기업집단 국제도산사건에서 여러 국가에 기업집단 소속기업들에 대한 도산절차가 개시되는 경우 어느 한 국가의 법원에 다수의 소속기업을 아우르는 도산절차를 집중하여 진행하는 경우를 말한다. 영어 표현으로는 주도산절차도 '주절차(main proceeding)'라고 하여 양자를 구별하지 않으나, 이 책에서 기업집단 맥락의 주절차임을 나타낼 필요가 있는 경우 일반적인 주절차와 구분하기 위하여 주도산절차라는 표현을 사용하였다.

종절차와 구별하여야 할 개념으로 개정 전 미국 연방파산법 제304조의 '보조절차(ancillary proceedings)'가 있는데 1978년 파산법에 도입되었다. 보조절차는 외국도산절차에 의해 선임된 외국도산관재인이 미국법원에 대하여 외국도산절차에 부수하는 보조절차의 개시를 신청하여 일정한 효력을 부여할 수 있도록 하는 내용을 담고 있다. 현재는 2005년 미국 연방파산법 개정에 의해 제304조가 폐지되고 제15장 '보조절차 및 기타 국제도산사건(Ancillary and Other Cross-Boder Cases)'[2]이 신설되었는데, 제15장은 CBI 모델법상의 보편주의적 원칙들을 전면적으로 수용하는 동시에 종래의 보조절차를 적극적으로 활용하는 것을 특징으로 한다.

2. EU도산규정

EU도산규정은 전체 회원국에 대하여 보편적인 성격을 가지는 주절차(main insolvency proceeding)를 개시하도록 하고, 동시에 그 밖의 회원국에서의 다양한 이해관계의 보호를 위해 주절차와 병행할 수 있는 지역절차(local proceeding)를 개시할 수 있도록 허용하고 있다. 주절차는 보편적인 성격을 가지기 때문에 모든 채권자를 아우르고 전세계를 범주로 채무자의 모든 자산에 그 효력이 미친다.[3] 주절차는 청산형과 재건형 절차가 모두 가능하고 채무자의 주된 이익의 중심지(COMI)가 존재하는 국가에서만 개시할 수 있으며 오직 하나의 주절차(one main set of insolvency proceedings)만이 허용된다. 주절차는 별도의 절차 없이 다른 회원국에 자동적으로 승인되지만,[4] 재판의 집행만은 국내법원의 승인을 얻어야 한다. 이때 국내법원은 조

---

2) 미국 연방파산법 제15장의 입법배경 및 주요 내용에 관하여는, 김영주, "외국도산절차의 대내적 효력에 관한 비교 고찰", 성균관대학교 법학연구소, 성균관법학 제22권 제3호 (2010. 12.), 762면.
3) EU도산규정 전문 제23항.
4) EU도산규정은 승인의 효력에 관하여, 제17조 제1항에서 "제3조 제1항에 따라 채무자의 주된

건 충족시에는 승인을 거부해서는 안 된다. 그 밖에 주절차는 주절차와 지역절차 간에 공조를 이루도록 할 의무를 부담한다.[5]

EU도산규정의 '지역절차(local insolvency proceedings)'는 채무자가 'establishment'를 가지는 회원국에서 개시될 수 있는데 당해 회원국에 소재한 재산에만 미친다. 여기서 'establishment'라 함은 국내법상의 '사업장(place of business)'과 유사한 개념으로서 기업이 사업을 영위하기 위하여 필요한 인적·물적 설비를 갖추고 계속하여 사업을 영위하는 장소를 말한다.[6][7]

지역절차는 그 효력이 회원국 내에서만 미치게 때문에 항상 '속지적(territorial)'인 성격을 가지며, 주절차의 개시 전후를 불문하고 개시될 수 있다. 주절차 개시 전의 지역절차를 '독립적 속지적 절차('independent' territorial insolvency proceedings)', 주절차 개시 후 절차를 '이차적 절차('secondary' insolvency proceedings)'라고 한다. 두 절차는 모두 주절차와의 공조규칙에 따라야 한다.[8]

독립적 속지적 절차의 개시는 국내 채권자와 공공기관 등에게만 일정한 경우에 예외적으로 절차의 개시를 허용한다. 주절차가 개시된 후에는 채무자가 establishment(기업의 사업장)를 가지는 국가에서 속지적 절차와 같은 제한을 받지 않고 이차적 절차를 개시할 수 있다. 독립적 속지적 절차가 개시된 후에 주절차가 개시되면 독립적 속지적 절차는 이차적 절차가 된다. 독립적 속지적 절차와 이차적 절차는 위와 같이 주절차에 앞서 개시되는지 여부에 대해서만 차이가 있다.[9]

한편, 구 EU도산규정에 있어서, 주절차는 청산형(winding up proceedings)과 재건형 절차가 모두 가능하고 채무자의 주된 이익의 중심지(COMI)가 존재하는 국가에

이익의 중심지의 법원이 개시한 주절차는 추가적 요건 없이(with no further formalities), 다른 모든 회원국에서 절차개시국의 국내법에 따라 효력이 발생한 시점부터 국내법에서 부여한 효력과 동일한 효력(same effect in any other Member State as under this law of the State of the opening of proceedings)을 가진다."고 규정한다. 이는 '효력확장설'을 입법한 것으로, 도산절차개시국의 절차를 개시하는 재판은 종국적 재판인지 여부와 관계없이 관할권 밖에서도 효력(extraterritorial effect)을 가지는 것으로 인정한 것이다.

5) Miguel Virgos/Etienne Schmit, "Report on the Convention on Insolvency Proceedings", 1996, paras 15−18.
6) EU도산규정 본문 제3조 제2항, 전문 제23항, 주절차와 이차적 절차가 병행함으로써 발생하는 혼란은 주절차의 공조의무에 의해 관리될 수 있다.
7) 국내법에서 'establishment'와 관련한 규정으로는 현행 부가가치세법 제4조가 있는데, 사업장을 '사업자 또는 그 사용인이 상시주재하여 거래의 전부 또는 일부를 행하는 장소'로 정의하고 있다.
8) Miguel Virgos/Etienne Schmit, 앞의 글, paras 24−26.
9) EU도산규정 전문 paras 37−38 및 본문 제3조 제4항.

서만 개시할 수 있으며 오직 하나의 주절차(one main set of insolvency proceedings)만이 허용되었다. 반면에 종절차는 청산형만이 인정되었다. 2015년 개정법은 주절차를 진행하는 법원에 도산절차 외의 도산사건과 관련된 소송의 관할을 인정함과 아울러 종절차에서 재건형의 절차도 관할할 수 있도록 하였다.[10]

3. CBI 모델법

1997년 채택된 CBI 모델법은 EU도산규정의 주절차(main proceeding)와 종절차(non-main proceedings) 개념을 그대로 수용하였다. CBI 모델법의 주절차와 종절차의 구분은 EU도산규정과 마찬가지로 주된 이익의 중심지(COMI)인데, 주절차(main proceeding)는 채무자의 주된 이익의 중심지에서 개시된 절차이고 종절차(non-main proceeding)는 그 밖의 국가에서 개시된 절차이다.

모델법과 EU도산규정의 차이는 모델법상의 외국도산절차는 주절차이든 종절차이든 승인을 필요로 하지만, 유럽연합의 경우 어느 한 회원국에서 주절차가 개시되면 다른 회원국에서 자동적으로 그 효력이 인정된다는 점이다.[11]

4. 채무자회생법

우리 채무자회생법은 주절차와 종절차의 개념을 전면적으로 도입하지 않았으나, 제639조에서 복수의 외국도산절차가 병행하는 경우 채무자의 주된 영업소 소재지 또는 채권자보호조치의 정도 등을 고려하여 주된 외국도산절차, 주절차를 결정할 수 있도록 하고 있다. 국내도산절차와 외국도산절차가 병행할 경우에는 국내도산절차를 중심으로 절차를 진행하기 위하여 외국도산절차에 대한 지원처분을 변경하거나 취소할 수 있도록 하고, 복수의 외국도산절차가 진행될 경우에는 주절차를 정할 수 있도록 하고 있는 것인데, 국내도산절차와 외국도산절차가 병행할 때는 국내도산절차를 주절차로, 외국도산절차들이 병행할 때는 주된 영업소 소재지 등 일정한 기준을 통해 주절차로 정하는 취지이므로 일응 주절차와 종절차의 개념을 도입한 것으로 풀이할 수도 있을 것이다. 다만, 주된 이익의 중심지(COMI) 개념을 도입한 것은 아니므로 그 의미는 제한적이다.

---

10) EU도산규정 제37조 제1항.
11) Ian F. Fletcher, 앞의 책, 315면; 이와 같이 승인의 요부를 불문하고 주절차에는 우선적 효력을 부여하므로 유리한 법정에서 주절차를 개시하고자 하는 경쟁이 치열하다.

II. 주된 이익의 중심지(COMI)

1. 의의

도산절차를 개시할 수 있는 재판관할에 관하여 전통적으로 영미법은 설립지주의, 대륙법은 주된 영업소 소재지주의를 취하여 왔다. 국제도산분야에서는 설립지주의와 주된 영업소 소재지주의를 절충하여 '주된 이익의 중심지'(center of main interests, 이하에서는 COMI라고 한다)가 국제도산사건의 국제재판관할의 연결요소(connecting factor)로서 새로운 표준이 되고 있다.[12]

모델법과 EU도산규정은 COMI가 존재하는 곳에서 주절차를 개시할 수 있도록 하여 COMI를 주절차와 종절차를 구별하는 기준으로 삼고 있는데, 주절차와 종절차의 구분은 기업집단에 있어서는 유용하지 않으나 개인채무자에 관하여서는 EU도산규정이나 모델법 양자 모두 중요한 요소이다. EU도산규정에서 COMI는 개인 채무자에 대한 도산절차를 개시할 수 있는 적절한 장소를 정하는 문제 및 준거법의 결정에 관련된다. 반면에 모델법에 있어서는 승인절차의 기초를 형성하고 외국도산절차의 승인에 뒤따르는 지원절차를 결정하는 문제와 관련된다.

이 용어를 최초로 사용한 것은 1990년 7월 유럽이사회(the Council)의 주도로 체결된 이스탄불 협약(Istanbul Convention)인데, 이 협약은 EU도산규정 제44조 (1)(k)에 따라 EU도산규정에 흡수되었다.[13] 이하에서는 EU도산규정과 CBI 모델법에서의 COMI 관련 규정에 관하여 살펴보도록 한다.

2. EU도산규정

EU도산규정은 외국도산절차를 주절차와 종절차로 구분하여 전자에 대해서만 국내도산절차에 준하는 강력한 효력을 부여하고 종절차에 대해서는 제한적 효력만을 인정하는 입장을 취하고 있는데, 이때 주절차과 종절차를 구분하는 기준이 COMI이며 채무자에게 있어서 주된 이익의 중심지로 인정되는 곳에서 개시된 도산절차를 주절차로 인정하는 것이다.

개정 전 EU도산규정은 COMI의 개념을 정의하지 않았으나, 전문(recital) 제13조

---

12) 김용진, 유럽연합 도산법제의 발전과 시사점, 법조 제68조 제3권(통권 제753조), 법조협회 (2019. 6. 28.), 341면.
13) Klaus Pannen, European Insolvency Regulation, De Guryter recht·Berlin (2007), 89면.

는 "COMI는 채무자가 정기적으로 이익을 관리하고 그에 따라 제3자가 인식할 수 있는 장소이어야 한다"고 규정하였다.

전문 제13조는 EU도산규정의 전신 'European Convention'에 관하여 작성된 보고서인 1996년의 Miguel Virgos/Etienne Schmit 보고서[14]를 그대로 수용한 것이기도 하다. 위 보고서는 COMI에 관하여 위 전문 제13조와 동일한 취지의 정의 규정을 두면서 그와 같이 정의한 이유에 대해서 '도산절차는 예상이 가능한 위험으로서 국제적 관할은 채무자의 잠재적인 채권자에게 알려진 장소를 기초로 하여야 하기 때문'이라고 설명하였는데, 이는 COMI에 관한 EU도산규정을 해석하는 데 중요한 자료로 이해되고 있다.

보고서에 의하면, COMI에 있어서 '이익(interest)'란 상업적, 산업적 또는 전문적 활동에 의한 이익에 국한하지 않으며 일반적인 경제적 활동뿐만 아니라 예컨대 소비자로서의 활동과 같은 사적인 개인의 활동에 의한 이익을 포함한다고 한다. 또한 회사나 법인에 있어서 채무자의 COMI는 주로 등록된 사무소일 것인데, 등록된 사무소는 '채무자의 본사(debtor's head office)'일 것이라고 한다.[15] 이에 의하면 법인인 채무자는 '법인의 본사 소재지'에서 주절차가 개시된다는 것이다.

COMI 개념의 중요성에 비추어 EU도산규정에 명시적인 정의규정을 두지 않은 것에 대해 비판이 있어 왔는데, 2015년 개정 EU도산규정은 'COMI가 존재하는 회원국의 법원이 주절차를 개시할 수 있다'는 취지의 본문 제3조 제1항 제1문[16]에 이어 제2문[17]에서 위 전문 제13조 및 Virgos/Schmit 보고서와 동일한 내용의 정의규정을 처음으로 도입하였다.

본문 제3조 제1항에 "그의 영토 내에 채무자의 주된 이익의 중심지가 속한 회원국의 법원은 도산절차를 개시할 관할을 가진다. 회사 또는 법인은 반대의 증거가 없는 한 등기된 사무소 소재지가 주된 이익의 중심지로 추정된다"고 규정한다.[18]

---

14) Miguel Virgos/Etienne Schmit, 앞의 글, para 52.
15) Miguel Virgos/Etienne Schmit, 앞의 글, para 75.
16) The courts of the Member State within the territory of which the centre of the debtor's main interests is situated shall have jurisdiction to open insolvency proceedings ('main insolvency proceeding').
17) The centre of main interests shall be the place where the debtor conducts the administration of its interests on a regular basis and which is ascertainable by third parties.
18) 개정 EU도산규정 제3조 제1항 제3문에도, "In the case of a company or legal person, the place of the registered office shall be presumed to be the centre of its main

COMI의 개념을 명확히 하는 것은 COMI의 남용적 이전의 방지를 위한 것이기도 한데, 법인의 경우는 본점소재지, 개인기업의 경우는 주된 영업소, 자연인의 경우는 상거소지를 COMI로 추정함과 아울러 COMI로 인정받기 위한 도산절차가 개시되기 전 일정기간을 그곳에 현존할 것을 추가적 요건으로 요구하여 COMI의 물리적·법적 이전에 따른 forum shopping의 부작용을 예방할 수 있도록 하였다.[19]

3. CBI 모델법

CBI 모델법은 EU도산규정의 영향을 받아 COMI 개념을 도입하였다. 모델법 제17조는 외국도산절차는 주절차와 종절차 중의 하나로 승인되어야 한다고 규정하면서[20] 제2조 (b)에서 외국 주절차(foreign main proceeding)의 개념을 '채무자가 그의 주된 이익 중심지(the centre of debter's main interests)가 소재하는 국가에서 진행하는 외국절차'로 정의하여 COMI의 개념을 주절차와 종절차의 구분의 기준으로 하고 있다.[21]

CBI 모델법도 COMI의 개념을 명시적으로 정의하고 있지는 않으므로 EU도산규정의 정의는 모델법상의 COMI의 개념를 해석하는 유효한 기준이 될 수 있을 것이다.[22] 모델법은 제16조에 추정규정만을 두고 있는데, 반대의 증거가 없는 한 채무자가 법인인 경우에는 등록된 사무소, 자연인인 경우에는 상거소를 COMI로 추정하도록 한다.[23]

EU도산규정의 이차적 절차에 해당하는 것이 CBI 모델법의 종절차(foreign non-main proceeding)인데 채무자가 'establishment'를 가지는 곳에서 개시되어 진행되는 절차이다. establishment란 채무자가 인적자원, 상품과 서비스 등과 관련하여 일시적이지 않은 경제적 활동을 수행하는 장소로서 대체로 '기업의 사업장(place of

---

interests in the absence of proof to the contrary"라고 동일한 취지를 규정하고 있다.

19) EU도산규정 제3조 제1항.
20) UNCITRAL Model Law on Cross-Border Insolvency Law with Guide to Enactment and Interpretation, Part two Enactment and Interpretation, para 31, 주절차는 채무자의 자산과 채권자들이 소재하는 국가의 수를 불문하고 지역적 수요에 상응하는 적절한 공조에 따라 채무자에 대한 도산절차들을 관리할 책임을 수행할 것으로 기대된다.
21) 모델법상의 외국 주절차(foreign main proceeding)는 채무자가 도산절차의 개시일에 채무자의 주된 이익의 중심지(the centre of debter's main interests)의 법원에서 진행하고 있는 도산절차로서 승인(recognition)의 대상이며 승인은 지원(assistance)을 목적으로 한다.
22) A/CN.9/WG.V/WP.74/Add.2, 4.
23) CBI 모델법 제16조 제3항.

business)'을 의미한다.[24] 경제적 활동은 상업적·산업적 또는 전문적인지를 불문하고 시장에서 외부적으로 수행되는 것이면 족하다. 인적자원이 언급된 것은 조직으로서 최소한의 수준(need for a minimum level of organization)이 필요함을 의미하는 것이다. 일시적이지 않은 활동(non-transitory activities)[25]이란 어느 정도의 지속성을 요구하며 아주 가끔 활동한 경우에는 establishment가 존재하였다고 할 수 없다. 중요한 것은 채무자의 의도가 아니라 채무자의 활동이 얼마나 외부로 노출되었는가에 있다.[26]

CBI 모델법은 주절차나 종절차 모두 승인이 가능하도록 하고 있다.[27] COMI나 establishment가 존재하지 않는 곳에서 개시된 절차는 승인적격이 인정되지 않는다. CBI 모델법상 주절차나 종절차가 승인대상인 점에서는 같지만 대내적 효력을 인정함에 있어서 차이가 있다. 즉, CBI 모델법은 주절차에 대해서만 외국도산절차의 승인과 지원 등에 관하여 강력한 효력을 부여하고,[28] 주절차와 종절차가 병행하는 경우에 있어서 주절차를 종절차에 우선시킴으로서 효력상의 차이를 두고 있다.[29]

CBI 모델법상의 외국 주절차(foreign main proceeding)는 채무자가 도산절차의 개시일에 COMI를 가지는 곳의 법원에서 진행하고 있는 도산절차이다.[30] 외국 주절차는 승인(recognition)의 대상이며 승인은 지원(assistance)을 목적으로 한다.[31]

이러한 목적의 차이로부터 COMI의 존부결정에 대한 판단 시점과 판단대상에도 차이가 있는데, EU도산규정하에서는 법원이 도산절차 개시신청의 적부를 판단하는 시점에 당해 법원이 소재한 곳에 COMI가 존재하는지 여부를 판단한다. CBI 모델법 하에서는 외국도산절차가 개시된 이후 종결 전에는 어느 때라도 그 외국도산절차에

---

24) CBI 모델법 제2조 (c), (f).
25) 'non-transitory'라는 요건은 경제적 활동의 지속성 및 경제적 활동이 수행된 장소와 관련된 법적 개념이다.
26) Miguel Virgos/Etienne Schmit, 앞의 글, para 89, establishment(기업의 사업장)에 대해서는 주절차에 있어서 COMI와 같은 추정규정이 존재하지 않는다.
27) CBI 모델법 제17조 제2항 (a), (b).
28) CBI 모델법 제20조 제1항이 승인신청된 외국도산절차가 주절차로 인정되는 경우에는 채무자와 관련된 소송의 중지, 채무자의 자산에 대한 집행 중지 등 자동적 중지의 효력을 부여하고 있는 반면, 제21조 제3항은 일정한 조건하에서만 그와 같은 효력을 인정하고 있다.
29) CBI 모델법 제30조 (a), (b).
30) CBI 모델법 제2조 (b).
31) UNCITRAL Model Law on Cross-Border Insolvency Law with Guide to Enactment and Interpretation, Part two Enactment and Interpretation, para 31, 주절차는 채무자의 자산과 채권자들이 소재하는 국가의 수를 불문하고 지역적 수요에 상응하는 적절한 공조에 따라 채무자에 대한 도산절차들을 관리할 책임을 수행할 것으로 기대된다.

대한 승인신청이 가능하기 때문에 도산절차의 개시 당시 COMI가 존재하였던 법원에서 승인신청된 도산절차가 진행되고 있는지 여부를 판단하게 된다.[32]

한편, CBI 모델법과 EU도산규정의 목적의 차이로 인해 COMI의 기능에도 차이가 존재한다. CBI 모델법은 이미 개시된 외국도산절차를 승인하고 지원하는 것을 원활히 하기 위하여 외국도산절차의 승인 및 집행과 공조 및 병행절차 등을 규정하나 EU도산규정은 위 규정 외에도 '국제재판관할규정'까지 두어 주절차의 개시관할권의 존부, 준거법의 결정 및 다른 회원국에 의한 자동적 승인 등의 기준으로 삼고 있기 때문이다. 이는 CBI 모델법이 외국도산절차의 대내적 효력을 통일적으로 규율하기 위하여 만들어진 반면 EU도산규정은 근본적으로 유럽연합 회원국 내에서 발생하는 국제도산절차에 관한 사항을 지역적으로 통일시키려는 목표를 가지고 만들어졌다는 점에 기인한다. 이에 따라 EU도산규정은 유럽연합 권역 내의 한 회원국에서 이미 개시된 도산절차가 다른 회원국에 승인신청된 경우 그에 관한 처리뿐만 아니라 아직 그 어느 회원국에서도 도산절차가 개시되지 않은 시점에서 어떤 회원국이 채무자에 대한 주도산절차를 개시할 관할권을 가지고 있는지에 관해서까지도 규율하므로 결국 전자에 관해서만 취급하는 모델법과 달리 COMI의 역할이 더욱 큰 것이다. 즉 모델법에서의 COMI가 외국도산절차의 대내적 효력을 인정하는 과정에서 외국도산절차가 주절차인지 종절차인지 그 성질을 결정하는 기준으로만 작용하는 반면에 EU도산규정에서의 COMI는 그러한 역할 이외에 유럽연합 권역 내에서 어느 국가가 주도산절차의 개시관할권을 가지는지를 결정하는 기준으로서도 작용하게 되는 것이다.[33]

4. 정리

개정 EU도산규정에 COMI의 정의규정이 도입되긴 하였지만 여전히 그 의미에 관하여 해석의 여지가 있다. 따라서 EU도산규정의 적용을 받은 회원국에서 COMI의 개념이 일률적으로 확정될 수 있는 것은 아니고 이러한 사정은 EU도산규정을 바탕으로 한 CBI 모델법에 따라 도산법을 개정한 국가도 마찬가지다. 이와 같이 COMI의 개념은 여러 국가에서 판례나 학설을 통해 계속 발전되어 가고 있기 때문

---

32) UNCITRAL Model Law on Cross-Border Insolvency Law with Guide to Enactment and Interpretation, Part two Enactment and Interpretation, para 141.
33) 김영석, "국제도산에서 주된 이익의 중심지(COMI)를 둘러싼 제문제", 석사 학위 논문, 서울대학교 (2012), 46-47면.

에 앞으로 국제적인 논의의 주목할 필요가 있다.

우리 채무자회생법은 국내도산절차로서 주절차와 종절차를 따로 인정하고 있지 않으며 그에 따라 COMI 개념을 도입하고 있지 않다. 다만, 채무자회생법 제639조는 복수의 외국도산절차에 대한 승인신청이 있어 채무자를 공통으로 하는 복수의 외국도산절차가 승인된 때에는 법원은 승인 및 지원절차의 효율적 진행을 위하여 채무자의 주된 영업소 소재지 또는 채권자보호조치의 정도 등을 고려하여 주된 외국도산절차를 결정할 수 있도록 하고 있다. 이러한 규정은 기본적으로 대륙법계의 주된 영업소 소재지주의를 따른 것으로 볼 수 있지만 동 규정의 해석에 있어서 부분적으로 COMI 개념을 반영할 수 있을 것이다.

Ⅲ. 외국법원에의 접근권

1. 개념

외국법원에의 접근권이라 함은 외국채권자 내지 외국도산절차 대표자 등에 부여된 외국도산절차에 대한 승인 또는 국내도산절차의 개시를 신청하거나 진행 중인 국내도산절차에 참가할 수 있는 권한을 말한다. 여기서 '외국도산절차 대표자 등'은 외국법원에 의하여 외국도산절차의 관리자 또는 대표자로 인정된 자를 말한다.[34]

외국법원에의 접근권의 인정 여부는 국제도산에 관한 입법주의에 따라 달라질 수 있다. 채무자의 자산 소재지 또는 국제재판관할을 갖는 모든 국가에서 도산절차가 개시될 수 있되 타국의 도산절차의 효력은 자국에 영향을 미치지 않도록 하는 속지주의하에서는 외국채권자 내지 외국도산절차의 대표자에게 외국도산절차에 대한 승인신청 및 국내도산절차의 개시신청이나 진행 중인 국내도산절차에의 참가신청을 허용하는데 소극적이다. 외국도산절차 대표자로서 국내도산절차에 관여하는 것은 외국도산절차가 유효함을 전제로 하는 것인데 이는 속지주의 원칙상 인정할 수 없기 때문이다.

반대로 보편주의적 접근방법을 취하는 도산법제하에서는 국내도산절차의 대외적 효력과 외국도산절차의 대내적 효력을 인정하는 것을 원칙으로 외국채권자나 외국도산절차 대표자가 국내법이 요구하는 일정한 요건을 갖추는 경우에는 외국도산절

---

34) 채무자회생법 제628조 제5호.

차의 승인신청 및 국내도산절차의 개시를 신청하거나 진행 중인 국내도산절차에 참여할 권한을 폭넓게 인정할 수 있다.

2. CBI 모델법

(1) 외국도산절차 대표자의 접근권

보편주의를 취하는 CBI 모델법을 의하면 외국도산절차 대표자는, ⅰ) 입법국 법원에 대하여 직접적인 접근권을 가지며,[35] ⅱ) 입법국 도산법의 절차개시의 조건을 충족하는 한 그 절차의 개시를 '신청'할 수 있고,[36] ⅲ) 외국도산절차가 승인된 때에는 채무자에 대하여 입법국 도산법에 따라 개시된 절차에 '참가'할 수 있다.[37]

(2) 외국채권자의 접근권

외국채권자도 일정한 유보[38]하에 입법국의 도산법에 따른 절차의 개시 및 참가에 관하여 입법국의 채권자와 동등한 권리를 가진다.[39]

(3) 도산절차 개시신청과 승인 요부

CBI 모델법은 외국도산절차의 대표자가 입법국의 도산법에 따라 이미 진행 중인 절차에 참가하기 위해서는 외국도산절차의 승인을 요건으로 하지만, 도산절차 개시신청을 위해서는 승인절차를 요하지 않는다. 도산절차 개시신청이 소의 제기와 유사하다는 점에서 승인절차 없이도 개시신청을 허용하는 것이 타당하다 할 것이다. 이러한 CBI 모델법과 취지를 같이하여 일본의 회사갱생법·민사재생법·파산법 및 미국의 연방파산법 등도 외국도산절차의 대표자는 승인절차를 거치지 않고 도산절차의 개시를 신청할 수 있도록 규정하고 있다.

---

35) CBI 모델법 제9조.
36) CBI 모델법 제11조.
37) CBI 모델법 제12조.
38) CBI 모델법 제13조 제2항에 따라 외국채권자의 채권은 일반 비우선채권의 종류를 표시하여야 하며 외국채권자과 동등한 내국채권보다 후순위가 되어서는 안 된다.
39) CBI 모델법 제13조 제1항.

3. 채무자회생법

(1) 외국도산절차 대표자의 접근권

제634조는 외국도산절차의 대표자는 외국도산절차가 승인된 때에 국내도산절차의 개시를 '신청'하거나 진행 중인 국내도산절차에 '참가'할 수 있도록 하여 외국도산절차 대표자의 접근권을 인정하고 있다.

채무자회생법은 CBI 모델법, 일본의 회사갱생법·민사재생법·파산법 및 미국의 연방파산법 등이 국내도산절차의 개시신청의 경우에는 외국도산절차의 승인을 요하지 않는 것과 달리 국내도산절차의 개시신청과 국내도산절차에의 참가 모두 외국도산절차의 승인을 요한다.

채무자회생법의 입법과정에서, 도산절차 개시신청이나 절차의 참가를 위해서는 승인절차를 거치도록 하고 있는 점에서 대해서 외국입법례와 균형이 맞지 않는 점, 승인절차를 거치면 신속한 보전처분을 받는 데 장애가 된다는 점 등을 근거로 반대의견이 제시된 바 있으나 현행 규정대로 관철되었다고 한다.[40]

---

40) 이 규정에 대해서는 논란이 많은데 입법과정에서의 논의를 살펴보면 다음과 같다. 제1차 법안에서는 채무자회생법과 마찬가지로 외국도산절차의 대표자가 국내도산절차의 개시 또는 참가를 하려면 사전에 승인을 받도록 하였다. 그 이유는 외국도산절차의 대표자 여부를 서울지방법원 파산부에서 승인하는 것이 효율적이고 신속함을 저해하지 않기 때문이다. 예를 들어 제3세계 어느 국가에서 개시된 외국도산절차의 도산관재인임을 주장하면서 지방의 어느 법원 관내의 국내채무자에 대하여 파산을 신청할 경우 서울중앙지방법원에서 먼저 승인심사를 하도록 하는 것이 위 지방의 법원에서 신청인 주장의 진위를 직접 심사하는 것보다 효율적이다. 서울중앙지방법원에서 한 번 승인을 얻을 경우 전국 각 법원에 효력을 미칠 수 있는 것도 고려되었다. 그러나 법원은 "다만 국내도산절차의 개시를 신청하는 경우에는 승인 없이도 가능하다"는 단서의 신설을 주장하였다. 법원안은 제1차 법안의 지금까지의 외국의 입법례와 맞지 않음을 지적하였다. CBI 모델법과 일본의 회사갱생법, 민사재생법, 파산법, 미국의 연방도산법은 모두 외국관재인에게 직접 절차개시 신청권을 부여하기 때문이다. 일반적으로 소의 제기나 응소시에 승인절차가 필요하지 않음에도 불구하고 같은 소송행위의 일종인 도산절차 개시신청의 경우 승인절차를 요구함이 균형에 맞지 않는다는 것이다. 승인절차를 먼저 거치도록 하면 도산사건의 관할법원에 개시신청을 한 후 신속히 보전처분을 받는데 장애가 될 수 있고 제1차 법안에 의하더라도 승인절차에 수반한 보전처분을 받을 수는 있으나 그것만으로는 부족할 수 있다는 것이 근거였다. 제2차 법원안에서는 법원의 의견이 받아들여져 제623조가 "외국도산절차가 승인된 때에는 외국도산절차의 대표자는 진행 중인 국내도산절차에 참가할 수 있다. 다만 국내도산절차의 개시를 신청하는 경우에는 승인 없이도 가능하다"라고 규정되었다. 그러나 국회 법제사법위원회 소위원회 심의과정에서 제1차 법안이 지지를 받아 단서가 삭제되었다; 오수근, 앞의 책, 289면.

(2) 외국채권자의 접근권

외국채권자의 접근권에 관하여는 채무자회생법 제5편에 아무런 규정이 없다. 다만 채무자회생법 제2조[41])가 '내외국인 완전평등주의'[42])를 밝히고 있으므로 외국국적의 자연인이나 법인도 채무자회생법의 절차개시나 참가에 있어서 내국인·내국법인과 아무런 차별이 없이 '채권자'로서의 권한을 행사할 수 있는 것으로 해석된다.

IV. 외국도산절차의 승인과 지원

1. 개념

속지주의 도산법 체계에 의하면, 도산절차는 일국의 사법권의 행사의 일환으로서 당해 국가 내에서만 효력을 인정하는 것이 원칙이다. 이에 반해 보편주의 도산법체계의 골자는 외국도산절차의 '대내적 효력'과 국내도산절차의 '대외적 효력'을 인정하는 것이다. 외국도산절차의 승인은 외국도산절차의 대내적 효력을 부여하는 수단으로서 외국도산절차가 일정한 요건을 갖춘 경우 '승인'이라는 절차를 통해 그 효력을 인정한다.[43])

'외국도산절차의 지원'이라 함은 채무자가 국내에 보유하고 있는 자산이나 업무와 관련한 집행이나 소송을 정지하거나, 채무자의 자산을 환가·송금하여 외국법원에서 채권자들에게 배당할 수 있도록 하는 등 내국법원에서 승인한 외국도산절차가 원활히 진행되도록 하는 국내법원의 조치를 말한다. 채무자회생법에서는 지원, 지원처분, 지원 등과 같이 국내법원이 외국도산절차 진행에 협조한다는 의미로 '지원'라는 용

---

41) 채무자회생법 제2조(외국인 및 외국법인의 지위) 외국인 또는 외국법인은 이 법의 적용에 있어서 대한민국 국민 또는 대한민국 법인과 동일한 지위를 가진다.

42) 구 회사정리법 제3조는 채무자회생법 제2조와 동일하게 내외국인 완전평등주의를 규정하고 있었으나, 구 파산법 제2조와 이를 준용한 회의법 제11조 제1항은 '본국법에 의하여 한국인 또는 한국법인이 동일한 지위를 가지는 때'에 한하여 내외국인이 평등하다고 하는 '상호주의'의 입장이었다.

43) '외국도산절차의 승인'에 관하여는 승인의 본질에 관한 논의가 없지만, '외국재판의 승인'에 관하여는 독일과 일본에서, ⅰ)효력확장설, ⅱ) 등가설, ⅲ) 누적설 등이 주장되고 있으며, 우리나라에서도 효력확장설, 누적설을 취하는 견해가 있다. 우리나라와 독일에서 다수설 내지 통설적인 견해는 효력확장설인데 승인 요건을 구비한 외국판결은 재판국에서 부여되는 것과 동일한 효력을 국내에서 가진다는 내용이다. '외국도산절차의 승인'에 대해서도 '효력확장설'을 참고할 수 있을 것으로 생각된다. 자세한 것은 석광현, 국제사법과 국제소송(제1권), 박영사 (2001), 338면.

어가 쓰이지만, 지원의 구체적 기능을 의미하는 '구제조치'라는 용어가 혼용되기도 한다. 참고로 지원이나 구제조치는 모두 'relief'를 번역한 것이다.

우리나라는 2006년 채무자회생법에서 보편주의적인 방향으로 개정하면서 CBI 모델법을 수용하여 외국도산절차의 승인 및 지원제도를 최초로 도입하였다. CBI 모델법을 수용하여 국내 도산법을 정비한 국가들 상호 간에는 외국도산절차의 승인 및 지원이 가능하므로 우리나라가 외국도산절차를 승인, 지원하는 것은 물론 외국법원으로부터도 우리나라 도산절차를 승인 및 지원받을 수 있다.[44]

2. 채무자회생법

(1) 법적 성격

채무자회생법상의 '외국도산절차의 승인'은 민사소송법 제217조가 규정하는 '외국재판의 승인'과 같이 외국법원의 '재판'을 승인하는 것이 아니라 당해 '외국도산절차'를 승인하는 것으로서[45] 그 법적 효과는 외국도산절차가 지원결정을 받기 위한 적격을 갖추고 있음을 확인하는 것에 그치는 것이다.

또한 외국도산절차의 승인이라 함은 채무자의 국내영업이나 자산에 관하여 국내법상 도움을 주기 위한 지원처분을 할만한 가치가 있는지 여부를 판단하는 재판에 해당하고, 승인에 의하여 외국도산절차의 효력이 직접 대한민국 내에서 확장되거나 국내에서 개시된 도산절차와 동일한 효력을 가지는 것은 아니다.

---

44) 남성민/현낙희, "UNCITRAL/WORLD BANK/INSOL 제8회 국제도산 사법세미나 및 제8회 INSOL 세계대회 참가 결과 보고", 국제규범의 현황과 전망 2009(하) －2009년 국제규범연구반 연구보고 및 국제회의 참가보고－, 법원행정처 (2010), 14면; 2008년 모델법을 수용한 호주연방법원은 한국의 도산절차를 주절차로서 승인한 바 있다. 사안을 보면, 한국에서 회생절차 중인 삼선로지스틱스 소유의 배가 시드니항에 입항하자 호주의 채권자들이 위 선박을 압류하려 하였다. 이에 삼선로지스틱스의 관리인이 호주 연방법원에 긴급 지원처분을 신청하였고, 그 결과 법원은 2009년 3월 13일 최종적인 심리나 추가적인 명령이 있을 때까지 삼선로지스틱스의 재산에 대하여 집행을 할 수 없다는 명령을 발하였다. 같은 날 관리인은 호주 연방법원에 이 사건의 승인신청을 하였는데 이에 대하여 호주법원은 삼선로지스틱스의 등록된 사무소가 한국에 소재하므로 한국이 COMI로 추정된다고 하면서 호주의 2008년 도산법 Schedule 1의 제17조 제1항에 의해 한국의 도산절차를 외국의 도산절차로 승인하고 같은 조 제2항에 따라 주절차로서 인정하였다.

45) 임치용/박태준/이성용/김춘수, 파산판례해설, 박영사 (2007), 566면; 이에 대하여 전혀 다툼이 없는 것은 아니며 외국파산절차의 승인의 문제에 있어서 승인의 대상이 파산선고 등과 같은 개개의 재판인지 아니면 재판의 근거가 되는 파산절차인지에 대하여 의견 대립이 있다.

또한 외국도산절차의 승인은 우리나라 법원에서 도산절차가 개시되었는지 묻지 않으며 국내도산절차의 진행에도 영향을 미치지 않는다(채무자회생법 제633조).[46] 지원처분도 승인을 받은 외국도산절차를 위해 대한민국 내의 채무자의 업무 및 재산에 관하여 효력을 미치게 하는 것으로서 국내도산절차와는 상관이 없다. 따라서 외국도산절차의 승인과 지원은 국내도산절차와는 관련 없이 외국도산절차의 목적달성을 위한 지원절차로서의 의미를 가진다.

'외국도산절차의 승인'의 법적 성격에 관하여는 이를 넓은 의미의 사법공조로 보는 견해가 있다. 즉, '국가행위의 승인', '사법공조와 협력' 및 '도산절차의 개시결정'이라고 하는 3가지 요소를 가진 혼합적 행위라고 하면서 그 중 '사법공조의 성질'이 가장 강하다고 설명하는 견해이다. 여기서 사법공조란 종래의 협의의 사법공조와는 달리 '특수한 사법공조(광의의 사법공조)를 위한 포괄적 허가'라고 한다.[47] 이러한 점으로 인해 일본의 경우 승인원조법안 심의과정에서 '승인'이라는 용어가 적절하지 않다는 비판이 있었으나 다른 적당한 용어를 찾기 어렵고 원칙적으로 당해 외국도산절차의 내용은 심사하지 않고 관할 및 공서위반 등 일정한 요건의 충족만을 심사하는 점에서 종래의 승인 개념과 공통성이 있어 그대로 '승인'이라는 용어를 사용하였다고 한다.[48]

---

46) 다만 채무자를 공통으로 하는 외국도산절차와 국내도산절차가 동시에 진행하는 경우 법원은 국내도산절차를 중심으로 제635조(승인 전 명령 등) 및 제636조(외국도산절차에 대한 지원)의 규정에 의한 지원을 결정하거나 이를 변경 또는 취소할 수 있다(채무자회생법 제638조). 제635조 제1항에 의한 승인 전 명령은 외국도산절차의 승인결정이 있더라도 당해 채무자의 재산이나 업무에 대한 집행정지나 채무자의 변제금지 효력이 있지 않으므로 법원이 당사자의 신청이나 직권으로 승인결정 전에 금지명령 또는 중지명령을 내릴 수 있도록 한 것이다. 이에 대해서는 제635조가 중지명령이나 금지명령을 한정적으로 열거하고 있으므로 국제도산관리인의 선임과 국제도산관리인의 관리명령 그 밖에 채무자의 업무 및 재산을 보전하거나 채권자의 이익을 보호하기 위하여 필요한 처분은 내릴 수 없다고 보는 해석이 있다; 오수근, 앞의 책, 289면.
47) 山本 和彦, 國際倒産法制, 商事法務 (2002), 30면.
48) 오영준, 앞의 글, 631면; 외국도산절차의 승인·지원절차는 도산절차의 최대의 목적인 채권자에 대한 배당·변제계획 작성을 국내에서 진행시키기 위한 것이 아니라, 이러한 배당·변제계획 작성은 외국도산절차에 위임되어 있으므로 승인·지원절차는 근본적으로 외국도산절차의 부수적인 절차에 불과하고 도산절차로서의 독립·자립성을 갖고 있지 않다고 한다.

(2) 구별 개념[49]

1) 외국재판의 승인

민사소송법 제217조는 외국법원의 확정판결 또는 이와 동일한 효력이 인정되는 재판이 일정한 요건을 갖추는 경우에 외국재판으로서 승인하도록 하는 규정을 두고 있다.[50] 외국재판의 승인은 대부분의 국가에서 도입하고 있는 제도로서 일정한 요건을 갖춘 외국재판에 별도의 승인재판 없이 국내판결과 마찬가지의 기판력을 부여해 주기 위한 제도이다. 외국판결의 승인 및 집행의 이론적 근거로는 영미법계 국가에서는 외국의 주권행사를 존중하여 승인한다는 국제예양설(the doctrine of comity), 재판관할권을 가진 법원의 판결에 의해 피고의 법적의무가 확정되고 그 법적의무에 기초하여 외국판결을 집행하는 소송이 가능하다고 보는 의무설(doctrine of obligation), 기득권은 보호되어야 한다는 기득권이론(vested rights doctrine)[51] 등이, 대륙법계 국가에서는 외국재판에 의해 얻어진 분쟁해결의 종국성 확보라는 실제적 필요성, 국제적인 법률관계의 파행방지와 안정 등이 제시되어 왔다.

---

49) 외국재판의 승인·집행의 의의, 외국도산절차의 승인과의 구별에 관해서는, 이연주, "민사소송법 제217조의 승인대상으로서의 '외국재판'의 개념 －외국법원의 면책재판 등에 관한 논의를 중심으로－", 이화여자대학교 법학연구소, 법학논집 제21권 제2호 (2016. 12.).

50) 민사소송법 제217조는 제소송의 급격한 증가로 승인의 대상이 되는 외국재판의 태양(態樣)이 다양해지고 기존 법조항의 미비점을 보완할 필요성이 대두됨에 따라 2014년 5월 20일자로 상당 부분 개정되었다. 개정민사소송법 제217조 제1항은 외국법원의 판결뿐만 아니라 결정 등의 그 밖의 재판도 승인대상에 포함하기 위해 제217조의 제목을 '외국판결의 효력'을 '외국재판의 승인'으로 수정하고 승인대상을 외국법원의 '확정판결'에서 외국법원의 '확정판결 또는 이와 동일한 효력이 인정되는 재판'으로 확대하였다. 종래 민사소송법 제217조 제1항이 외국법원의 확정 '판결'만을 승인의 대상으로 명시하고 있었으나 판결이 아니라 재판이라도 일정한 경우에는 외국판결의 개념에 포함시키는 것이 타당하다는 것이 다수설과 판례의 입장이었다. 개정법은 이를 명문화하여 미비점을 개선·보완한 것이다. 그 밖에도, ⅰ) 상호보증에 관한 대법원 판례의 판시사항을 반영하여 "상호보증이 있거나 대한민국과 그 외국법원이 속하는 국가에 있어 확정재판 등의 승인요건이 현저히 균형을 상실하지 아니하고 중요한 점에서 실질적으로 차이가 없을 것"으로 변경하고(제217조 제1항 제4호), ⅱ) 국내법원이 외국법원의 확정재판이 제217조 제1항 각 호의 승인 요건을 모두 충족하는지를 직권으로 조사하도록 하는 규정을 신설하였으며(제217조 제2항), ⅲ) 손해배상에 관한 확정재판 등이 대한민국의 법률 또는 대한민국이 체결한 국제조약의 기본질서에 현저히 반하는 결과를 초래할 경우에는 해당 확정재판 등의 전부 또는 일부를 승인할 수 없도록 하는 규정을 신설(제217조의2)하였다.

51) 외국재판에 의해 새로운 권리와 의무가 발생한다는 의미에서 의무설을 기득권이론이라고 설명하기도 한다; 석광현, 국제사법과 국제소송(제1권), 박영사 (2001), 261면.

외국재판의 승인에 있어서는 일정 요건을 충족하면 별도의 절차 없이 자동으로 이를 승인하는 '자동승인제 방식'과 법원의 재판을 통해 승인하는 '결정승인제 방식'이 있는데, 우리나라 민사소송법은 '외국재판'으로서의 대상적격[52]과 제217조 제1항 제1－4호의 승인 요건을 구비하는 경우에는 별도의 승인재판 등의 사법적인 확인절차를 거침이 없이 바로 효력을 인정하는 자동승인제를 취한 입법이다.

외국재판의 대상적격과 승인 요건을 형식적으로 심사하여 특별한 문제가 없다면 당해 외국재판의 효력을 그대로 인정하여야 하며 외국재판이 이유 있는지 여부에 대한 실질적 심사를 할 수 없다(실질재심사 금지의 원칙).[53] 따라서 우리나라 법원은 당해 외국재판이 사실인정이나 법률적용에 문제가 있는 경우라 할지라도 원칙적으로 그러한 사유를 들어 승인을 거부할 수 없다.

외국재판의 승인과 외국도산절차의 승인은 아래의 점에서 차이가 있다. ⅰ) 대상 면에서, 외국재판의 승인은 외국법원의 '재판' 그 자체가 승인의 대상이 됨에 반하여 외국도산절차의 승인은 보전처분과 개시결정 등 여러 종류의 재판의 근원이 되는 '외국도산절절차'가 그 대상이다. ⅱ) 승인결정의 요부의 면에서, 외국재판의 승인은 민사소송법 제217조의 일정한 요건이 구비되면 별도의 승인재판이 필요하지 않으나(자동승인제), 외국도산절차의 승인은 외국도산절차의 대표자의 신청을 통해 우리법원이 승인결정을 하여야 한다(결정승인제). ⅲ) 효력면에서, 외국재판이 승인되면 우리나라 재판과 마찬가지로 기판력 등의 효력을 인정받으나, 외국도산절차는 승인되더라도 외국절차의 효력을 그대로 혹은 수정하여 받아들인다거나 국내의 절차와 동일한 가치를 부여하는 제도가 아니라 채무자의 국내업무나 재산에 대하여 국내법이 정하고 있는 국내법상의 도움을 주기 위한 지원처분의 기초를 구성하는 것에 불과하므로 그 자체로는 실질적 효력을 갖는 것이 아니다.[54]

---

52) 외국법원이 민사사항에 관하여 한 확정판결 또는 확정판결과 동일한 효력이 인정되는 재판이라야 대상적격이 인정된다.

53) 집행판결에 관하여는 민사집행법 제27조 제1항(2002년 1월 26일 민사집행부분이 민사소송법과 분리하여 민사집행법으로 제정되기 전까지는 민사소송법 제477조 제1항)에 "집행판결은 재판의 당부를 조사하지 아니하고 하여야 한다"라는 규정이 존재한다. 외국재판의 승인에 관하여도 명시적인 규정이 없으나 승인에 있어서도 실질재심사는 허용되지 않는다고 해석된다; 석광현, 국제사법과 국제소송(제1권), 박영사 (2001), 263면.

54) 승인을 받은 외국재판의 효력의 본질에 관하여는 독일과 일본에서, ⅰ) 외국재판의 효력이 승인국으로 확장되는 것이라고 보는 효력확장설, ⅱ) 승인된 외국재판은 승인국의 재판과 동일한 효력을 가진다고 하는 동가설, ⅲ) 원칙적으로 재판국법에 의하나 승인국법상 당해 외국재판에 상응하는 효력을 한도로 재판국법의 효력을 인정할 것이라는 누적설 등이 주장

2) 외국판결의 집행

우리나라는 '외국재판의 승인'과 '외국판결의 집행'의 개념을 구별하고 법체계상으로도 외국재판의 승인은 민사소송법, 외국판결의 집행은 민사집행법에 각각 별도의 규정을 두고 있다. 민사집행법 제26조 제1항은 "외국법원의 확정판결 또는 이와 동일한 효력이 인정되는 재판에 기초한 강제집행은 대한민국 법원에서 집행판결로 그 강제집행을 허가하여야 할 수 있다", 제27조 제2항은 "집행판결을 구하는 소가 외국법원의 확정재판 등이 확정된 것을 증명하지 아니한 때 및 외국법원의 확정재판 등이 민사소송법 제217조의 조건을 갖추지 아니한 때에는 각하하여야 한다"고 규정한다. 이 조항의 취지는 외국법원의 확정재판 등의 집행을 위해서는 별도의 재판을 통하여 민사소송법 제217조 제1항 제1 내지 4호의 요건을 갖추었음이 인정되어야 한다는 것으로, 요건의 심사를 집행기관에게 맡기는 것은 적절하지 않으므로 집행에 앞서 미리 소송절차에서 요건 충족 여부를 심사하여 집행을 허가할 것인지 정하도록 한 것이다.[55]

외국판결의 집행에 있어서 집행의 대상은 '집행력 있는 판결'만이 문제되는데, 집행력은 본질적으로 '속지적'인 것으로서 집행력 있는 판결의 채무자가 명해진 급부의무를 행하지 않는 경우에 당해 국가기관이 그 의무내용을 강제적으로 실현시키는 것에 그 실질이 있다. 즉, 외국판결의 집행은 집행력이라는 강제력의 행사가 당해 국가의 영역에 한하는 것이므로 외국판결을 승인하는 것만으로는 우리나라에서 강제집행을 할 수 없기 때문에 우리나라에서 집행력을 부여하여 판결내용의 실현을 원조하기 위한 제도인 것이다.[56]

되고 있으며, 우리나라에서도 효력확장설, 누적설을 취하는 견해가 있다. 우리나라와 독일에서 다수설 내지 통설적인 견해는 효력확장설인데 승인 요건을 구비한 외국판결은 재판국에서 부여되는 것과 동일한 효력을 국내에서 가진다는 내용이다. 또한 외국재판의 효력 발생시기에 관하여는, ⅰ) 자동승인의 취한 결과 당해 외국에서 효력을 발생한 시점에서 한국 내에서도 효력을 발생한다고 보는 것이 논리적이라는 견해와 ⅱ) 심사에 의해 요건의 구비가 확인될 때 비로소 승인이 있다고 보는 견해가 있다. 이에 대한 자세한 내용은 석광현, 국제사법과 국제소송(제1권), 박영사 (2001), 337면.

55) 법원행정처, 법원실무제요, 민사집행법Ⅰ (2014), 187면.
56) 오영준, "채무자 회생 및 파산에 관한 법률 하에서 외국도산절차에서 이루어진 외국법원의 면책재판 등의 승인(2010. 3. 25. 자 2009마1660 결정 : 공2010상, 815), 법원도서관, 대법원판례해설(2010년 상반기), 제83호 (2010), 622면.

(3) 승인과 지원의 체계와 내용

채무자회생법 제628조 제3호는 "'외국도산절차의 승인'이라 함은 외국도산절차에 대하여 대한민국 내에 이 편(제5편)의 지원처분을 할 수 있는 기초로서 승인하는 것을 말한다"고 규정하고 있다. 즉, 외국도산절차의 승인은 그 자체가 목적이 아니라 현재 진행 중인 외국도산절차의 목적달성을 위해 우리법원이 '지원처분'을 내리는 절차라는 것이다. 제628조 제4호는 "'지원절차'라 함은 이 편에서 정하는 바에 의하여 외국도산절차의 승인신청에 관한 재판과 채무자의 대한민국 내에 있어서의 업무 및 재산에 관하여 당해 외국도산절차를 지원하기 위한 처분을 하는 절차를 말한다"고 규정하여 외국도산절차의 승인이 외국도산절차에 대한 지원을 목적으로 함을 명시하고 있다.

승인신청과 관련하여 채무자회생법 제631조는 '외국도산절차의 대표자'에게 외국도산절차의 승인신청권을 부여하고, 법원은 신청일로부터 1월 내에 당해 신청이 '외국도산절차를 승인하는 것이 대한민국의 선량한 풍속 그 밖에 사회질서에 반하는 경우'인지 여부를 심사하여 승인 여부를 결정하도록 하고 있다.

법원이 외국도산절차를 승인함과 동시에 또는 승인한 후 이해관계인의 신청에 의하거나 직권으로 채무자의 업무 및 재산이나 채권자의 이익을 보호하기 위하여 할 수 있는 지원처분은 다음과 같다.

ⅰ) 채무자의 업무 및 재산에 대한 소송 또는 행정청에 계속하는 절차의 중지(제636조 제1항 제1호)

ⅱ) 채무자의 업무 및 재산에 대한 강제집행, 담보권실행을 위한 경매, 가압류·가처분 등 보전절차의 금지 또는 중지(제636조 제1항 제2호)

ⅲ) 채무자의 변제금지 또는 채무자 재산의 처분금지(제636조 제1항 제3호)

ⅳ) 국제도산관리인의 선임(제636조 제1항 제4호)[57]

ⅴ) 그 밖에 채무자의 업무 및 재산을 보전하거나 채권자의 이익을 보호하기 위하여 필요한 처분(제636조 제1항 제5호)

---

57) 오수근, 앞의 책, 289면; 제1차 법안에서는 '국제도산관리인의 임명'이라는 규정 대신 "3. 채무자의 재산·업무·권리·의무 또는 책임에 관한 증인신문 등 증거의 수집 및 정보의 교부, 4. 채무자의 재산에 대한 환가 및 배당권한의 부여, 5. 채무자의 재산을 관리할 수 있는 권한의 부여"라는 규정을 두었는데 구체적인 권한 대신 권한의 주체를 명시하는 방향으로 수정했다.

법원이 지원결정을 하는 때에는 채권자·채무자 그 밖의 의해관계인의 이익을 고려하여야 하고, 만일 지원신청이 대한민국의 선량한 풍속 그 밖의 사회질서에 반하는 때에는 신청을 기각하여야 한다(채무자회생법 제636조 제2항, 제3항). 법원은 승인 전 발령한 지원처분은 직권으로, 승인과 동시에 또는 승인 후에 발령한 지원처분은 이해관계인의 신청 또는 직권으로 변경하거나 취소할 수 있다(채무자회생법 제635조 제2항, 제636조 제6항). iv)의 지원처분에 따라 국제도산관리인을 선임한 경우에는 채무자의 업무의 수행 및 재산에 대한 관리처분권한은 국제도산관리인에게 전속하며, 국제도산관리인은 법원의 허가를 얻어 대한민국 내에 있는 채무자의 재산을 처분 또는 국외로서의 반출·환가·배당 그 밖에 법원이 정하는 행위를 할 수 있다(채무자회생법 제637조 제1항, 제2항).

한편 외국도산절차가 승인되면 외국도산절차의 대표자는 국내도산절차의 개시를 신청하거나 이미 진행 중인 국내도산절차에 참가할 수 있다(채무자회생법 제634조). 외국도산절차의 승인은 지원처분을 받기 위한 요건인 외에 국내도산절차를 신청하거나 참가하기 위한 요건이기도 한 것이다. 이미 진행 중인 국내도산절차의 참가에 대해서만 승인을 요하는 CBI 모델법에 비하여 보수적 태도의 입법이라고 할 수 있다.

또한 우리 채무자회생법은 CBI 모델법과 같이 법원의 승인이 있으면 자동적으로 일정한 지원처분이 따르는 '자동중지제도(Automatic Stay)'[58]를 택하지 않고 외국도산절차의 승인절차와 그에 기한 지원처분의 '이원적인 방식'[59]을 도입한 점에서 일

---

[58] 이상영, 외국파산법, 동국대학교 출판부 (2007), 280면; 자동중지제도와 관련하여, 국제도산뿐만 아니라 국내도산에 있어서도 효율성을 위해 법원의 보전처분을 생략하여 회생절차 개시신청과 동시에 자동적으로 채권자의 집행을 중지하는 완전한 의미의 자동중지제도를 도입하여 회생절차 개시 신청서를 제출함과 동시에 일시적 자동중지의 효과가 발생하도록 하여야 한다는 지적이 있다. 즉, 채무자회생법 제43조 제1항에서는 이해관계인의 신청이 있거나 직권으로 개시결정을 할 때까지 보전처분을 할 수 있는 것으로 규정하고 있으며, 신청이 있더라도 "신청일로부터 7일 이내에 보전처분 여부를 결정하여야 한다."라고 규정하므로써 자동중지제도를 채택하지 않고 있다. 이는 자동중지가 아닌 수동중지로서 이해관계인의 신청에 따른 보전처분이 결정될 때까지뿐만 아니라 법원이 직권으로 보전처분을 명하는 경우라도 회생절차 개시를 신청한 때로부터 개시결정을 할 때까지는 도산기업의 재산이 유실 또는 훼손될 위험에 놓이게 됨으로써 기업의 회생을 어렵게 하는 문제점이 있다. 나아가 채무자회생법에서는 "회생채권자 또는 회생담보권자에게 부당한 손해를 끼칠 우려가 있다고 인정될 때에는 신청에 의하여 이들에 대한 포괄적 금지명령을 배제할 수 있다."고 규정하고 있는데(제47조), 이는 도산기업보다 채권자의 이익만을 우선한 것이라는 취지이다.
[59] 승인원조법은 결정승인제를 취하고 나아가 외국도산절차의 효력이 일본에 그대로 유입되는 것을 막기 위하여 일본법원이 승인결정 후에 재량에 따라 개별적인 원조를 위한 처분을 하는 접근방법을 취하는 점에서 모델법과 커다란 차이가 있다. 이러한 절차는 스위스 국제사

본의 승인원조법으로부터 더 많은 영향을 받은 것으로 평가받는다. 이는 자동중지제도를 채택한 미국 연방파산법, 영국의 2006년 국제도산규정(The Cross-border Insolvency Regulations 2006/1030) 및 호주의 2008년 국제도산법(Cross-border Insolvency Act)과 다른 점이다.

3. CBI 모델법

(1) 의의

외국도산절차의 승인 및 지원은 CBI 모델법의 근간이 되는 주요한 제도에 해당한다. CBI 모델법은 도산실체법적인 내용보다는 국가 간의 공조를 촉진하는 차원에서 외국법원에의 접근권, 외국도산절차의 대내적 효력, 국내도산절차의 대외적 효력, 법원·도산대표자 간의 공조 및 병행절차 상호 간의 절차조정 등 도산절차적인 측면을 내용으로 한다. 외국도산절차의 승인 및 지원에 대하여는 제5장 제15조 내지 제24조에 규정하고 있다.

(2) 체계와 내용

외국대표자(foreign representative)는 법원에 자신이 임명된 외국절차의 승인을 신청할 수 있는데,[60] 외국절차는 외국주절차(Foreign main proceedings)뿐만 아니라 외국종절차(Foreign non-main proceedings)도 포함한다. 모델법은 일정한 요건을 갖춘 신청은 승인되어야 한다고 규정하여 결정승인제 방식을 취하고 있다.[61]

지원처분에 관한 규정은 다소 복잡한데, 이를 정리하면 다음과 같다.

1) 승인신청 제출시부터 승인결정시까지 임시적인 지원처분[62]

- 채무자의 자산에 대한 집행의 중지
- 입법국에 소재하는 자산의 관리 또는 환가에 관한 권한의 위임
- 채무자의 자산의 양도 또는 담보제공, 기타 처분 권한의 정지

법이 승인의 효과로서 스위스 내의 재산에 대해 이른바 스위스 파산법상의 효력을 가지는 미니파산(Mini-Konkurs)을 개시하는 것과 유사하다; 석광현, 국제사법과 국제소송(제3권), 박영사 (2004), 276면.
60) CBI 모델법 제15조 제1항.
61) CBI 모델법 제17조.
62) CBI 모델법 제19조.

- 채무자의 자산·업무·권리·의무 또는 책임에 관한 증인신문, 증거의 수집 또는 정보의 교부
- 입법국 법률에 따라 도산관리인이 받을 수 있는 추가적 지원처분

2) 주절차의 승인에 따른 자동적 지원처분[63]

- 채무자의 자산·업무·권리·의무 또는 책임에 관한 소송, 절차의 개시 및 진행의 중지
- 채무자의 자산에 대한 집행의 중지
- 채무자의 자산의 양도 또는 담보제공, 처분권한의 정지

3) 외국대표자의 신청에 따른 재량적 지원처분(주종절차 불문)[64]

- 채무자의 자산·업무·권리·의무 또는 책임에 관한 소송, 절차의 개시 및 진행의 중지
- 채무자의 자산에 대한 집행의 중지
- 채무자의 자산의 양도 또는 담보제공, 처분권한의 정지
- 채무자의 자산·업무·권리·의무 또는 책임에 관한 증인신문, 증거의 수집 또는 정보의 교부
- 입법국에 소재하는 채무자의 자산의 관리 또는 환가권한의 위임
- 입법국의 법률에 따라 도산관리인이 받을 수 있는 추가적 지원처분
- 임시 지원처분의 연장

(3) CBI 모델법체계를 둘러싼 갈등[65]

1) 배경

CBI 모델법에 대해서는 50개 이상의 국가가 국내법으로 수용하는 등 매우 성공적인 국제규범의 하나라는 긍정적인 평가를 받기도 하나 CBI 모델법의 적용범위를 둘러싸고 국가 간 서로 다른 실무례가 쌓이면서 그 한계를 드러내기도 하였다. 이는

---

63) CBI 모델법 제20조.
64) CBI 모델법 제21조.
65) 김영석, 국제도산에서 도산절차와 도산관련재판의 승인 및 집행에 관한 연구, 서울대학교 박사 학위 논문 (2022. 2.)은 CBI 모델법의 적용범위를 둘러싼 갈등, 주요국가 실무의 충돌 양상 등의 문제점, 그의 해결방안으로서의 IRJ 모델법에 대해 자세히 서술하고 있다.

CBI 모델법 자체가 가진 연성법(soft law)으로서의 성질에서 비롯된 것이기도 하고 모델법 채택 당시 국가 간 이해관계와 입장의 조율을 위해 세밀한 규정을 두는 것을 삼갔기 때문이기도 하다.

2) 외국도산절차의 개념 및 범위

실무례에서의 충돌은 승인의 대상인 '외국도산절차'가 무엇인지를 두고 발생하였는데, 영국법원이 전통적으로 확립되어 온 원칙인 Gibbs Rule[66]과 Dicey Rule[67]에 근거하여 '외국도산절차의 진행과정에서 내려진 재판이 당사자 간의 권리·의무내용을 실체적으로 변경하는 것일 때에는 CBI 모델법에 따른 구제조치로서가 아니라 '외국법원의 승인 및 집행'절차를 거쳐야 한다'는 취지의 입장을 취한 것이 문제가 되었다. 영국법원은 승인의 대상이 되는 '외국도산절차'의 범위를 좁게 해석하여 외국도산절차에서 수립된 회생계획인가, 면책재판 및 외국법원에서 대심구조에 의해 진행된 부인소송 등 당사자의 권리·의무를 실체적으로 변경하는 재판을 승인의 대상에서 제외하였던 것이다. 이에 반해 미국법원은 외국도산절차에서 행해진 채무조정안이나 회생계획인가 등 실체적인 사항이 포함된 재판도 모두 외국도산절차로 보아 승인의 대상으로 인정하여 보편주의의 확대에 소극적인 영국법원과 대비되는 입장을 취하였다. 이러한 운용상의 차이는 CBI 모델법이 승인의 대상이 되는 '외국도산절차'가 무엇인지 아무런 규정도 두지 않았기 때문이라고 할 수 있다.

---

66) 외국절차에서 이루어진 채무의 감면은 해당 절차가 진행된 국가의 법이 적용되는 채무에 대하서만 효력이 있다는 법리이다. 영국법을 준거법으로 지정한 경우 외에 해당 계약이 영국에서 체결되고 영국에서 이행이 이루어지도록 규정된 경우에는 묵시적 지정이나 가장 밀접한 관련이 있는 국가의 법으로 영국법이 적용될 수 있다. 자세한 내용은 김영석, 박사 학위 논문, 114면 이하.

67) 영국의 헌법학자 Dicey가 1896년 보통법에 따라 확립된 국제사법의 원칙에 순번을 붙여 정리한 내용으로 현재까지 책으로 출간되고 있다. 여기서의 Dicey Rule은 최근간 기준 rule 43이 영국 밖에서 내려진 대인재판이 영국에서 승인·집행의 대상이 되기 위해 충족해야 하는 요건 중 하나인 '간접관할권'에 관해 규정한 내용이다. 이에 의하면, i) 승인·집행의 대상이 되는 외국재판의 당사자가 소송이 제기될 당시 그 외국에 현존하였던 경우, ii) 그 당사자가 원고나 반소원고인 경우, iii) 그 당사자가 자발적으로 외국절차에 출석함으로써 해당 법원의 관할권에 복종한 경우, iv) 당해 소송이 제기되기 전부터 특정 소송물에 대해서는 해당 관할권에 복속하기로 이미 합의하였던 경우에는 해당 외국법원이 적법한 간접관할권을 가진 것으로 본다; 김영석, 박사 학위 논문, 132면 이하.

3) 구제조치의 범위

미국은 CBI 모델법상의 구제조치를 넓게 해석하여 회생계획인가재판이나 면책재판 등의 재판도 미연방파산법 제1521(a)(7) 내지 제1507조를 통한 구제조치를 발령하는 방법으로 승인·집행하였다. 이에 따라 캐나다, 영국, 프랑스, 브라질 및 크로아티아 등에서 수립된 많은 채무조정안과 그에 따른 채무감면의 효력이 미국 내에서 대내적 효력을 갖게 되었다. 이에 반해 영국은 CBI 모델법에 의한 구제조치를 통해서는 단순히 절차적인 사항만을 지원할 수 있다는 입장에 서서 소극적인 입장을 취하여 실체적인 내용을 포함하는 경우에는 일반적인 민사재판의 승인·집행절차를 통해서만 대내적 효력을 부여받을 수 있었다. 이에 따라 영국에 주소를 두고 있는 상대방과의 분쟁을 해결해야 하거나 준거법이 영국법으로 지정된 법률관계를 조정해야 하는 외국도산절차의 채무자로서는 사실상 영국법원에 와서 도산절차를 진행할 수밖에 없는 상황에 처하게 되었다.[68]

한편, IRJ 모델법의 입법지침은 영국법원의 실무례(2012년의 Rubin & Anor. v. Eurofinance SA 사건 등) 외에 우리나라 대법원 2009마1600결정을 CBI 모델법상의 국제도산체계의 불확실성 증대시킨 예시로 제시하였다.[69] 그러나 위 대법원 결정은 미국 파산법원의 회생계획안 인가에 따른 면책적 효력이 2005년 5월 18일 자로 발생하고, 채무자회생법 2006년 4월 1일부터 시행되면서 속지주의에 관한 규정을 폐지하는 한편 부칙에서 그에 관한 경과규정을 두지 않자, 미국의 파산법원으로부터 이미 종결된 회생절차가 채무자회생법 시행 이후에 재개결정을 받은 것을 기화로 미국법원의 회생계획인가결정에 따른 면책적 효력이 국내에 미친다고 주장한 사안에 관한 것으로서, 외국판결의 승인신청의 시점이 채무자회생법 시행 후일지라도 외국판결의 시점이 동법 시행 전인 경우에 있어서 당해 회생절차에서의 면책판결이 민사소송법 제217조의 외국판결의 승인의 요건을 갖추었는지 판단한 것이므로, 시기적으로는 CBI 모델법을 수용한 채무자회생법 시행 후의 결정일 지라도 내용상 CBI 모델법상의 외국도산절차의 승인과는 관련이 없다. 위 결정은 외국법원의 면책재판 등에 따른 면책적 효력을 국내에서 인정하게 되면 국내채권자의 권리나 이익을 부당하게 침해하는 등 그 구체적 결과가 선량한 풍속이나 그 밖의 사회질서에 어긋나게 되므로 민

---

68) 김영석, 박사 학위 논문, 322면.
69) https://uncitral.un.org/sites/uncitral.un.org/files/media—documents/uncitral/en/ml_rec ognition_gte_e.pdf, 11면 각주1.

사소송법 제217조 제3호의 요건을 충족하지 못하여 승인이 불가하다고 판시하였다.

4. IRJ 모델법(2018년 도산관련재판의 승인 및 집행에 관한 UNCITRAL 모델법)

(1) 의의

위에서 CBI 모델법의 시행상의 한계로 인해 중 외국도산절차의 승인 및 지원제도를 보완할 필요성이 대두되었는데, UNCITRAL이 수년간의 작업 끝에 2018년에 도산관련재판의 승인 및 집행에 관한 UNCITRAL 모델법(UNCITRAL Model Law on Recognition and Enforcement of Insolvency-Related Judgments, 이하 'IRJ 모델법'이라고 한다)을 채택하였다.

IRJ 모델법은 '외국도산절차'와 구분되는 '도산관련재판(Insolvency-Related Judgemet)'이라는 별도의 개념을 도입하였다. 제2조 제d항에서 도산관련재판이란 도산절차가 종결되었는지 여부를 불문하고 도산절차의 결과로 발생하거나 도산절차와 중요하게 관련된 재판이라고 정의함으로써, IRJ 모델법상 외국도산절차의 종결 후에도 필요에 따라 실체적 부분을 다룬 도산관련 개별 재판을 승인의 대상으로 할 수 있음을 명확히 하였다. 더불어 도산절차를 개시하는 재판은 IRJ 모델법의 승인 대상에서 제외하여 도산절차개시재판 자체는 IRJ 모델법이 아니라 기존의 CBI 모델법의 승인 대상임을 분명히 하였다.

(2) 도산관련재판의 의의 및 범위

IRJ 모델법 제2항 d호는 '그 도산절차가 종결되었는지 여부를 불문하고 도산절차의 결과로 발생하거나 도산절차와 중요하게 관련된 재판으로서, 도산절차의 개시결정과 함께 또는 개시 후에 내려진 재판'이라는 도산관련재판의 의의를 밝힘과 아울러 도산절차를 개시하는 재판은 제외한다는 점을 명시하고 있다.

이와 같은 추상적 기준에 더하여 IRJ 모델법의 Guide to Enactment[70]은 도산관련재판의 예시로서 다음과 같은 6가지 유형의 재판을 제시하고 있다.

(i) 도산재단의 자산의 처분과 구성을 다루는 재판 등
(ii) 도산재단에 속한 자산이나 채무자와 관련된 거래의 부인여부를 결정하는 재판
(iii) 채무자회사의 대표자나 이사의 책임여부를 결정하는 재판

---

70) https://uncitral.un.org/sites/uncitral.un.org/files/media-documents/uncitral/en/ml_rec ognition_gte_e.pdf, 34면 이하.

(ⅳ) (ⅰ) 또는 (ⅱ)에 포함시킬 수 없는 유형으로서 채무자의 배상책임 또는 배
상청구권과 관련있는 재판

(ⅴ) 회생계획안의 인가 및 변경에 관한 재판, 채무자를 면책하거나 채무를 면제
하는 재판 및 당사자간의 채무조정안을 승인하는 재판

(ⅵ) 제3국에 있는 채무자회사 이사의 심사에 대한 재판

이상에 의하면, 기존의 CBI 모델법의 체계상 승인의 대상인지 여부에 대해 국가
간 실무례가 나뉘었던 회생계획인가재판, 면책판결 및 부인소송 등은 새로운 IRJ 모
델법상의 외국법원의 승인의 대상으로 할 수 있는 틀이 마련된 것이다.

(3) CBI 모델법과 IRJ 모델법의 관계

IRJ 모델법은 전문에서, 'IRJ 모델법의 역할이 CBI 모델법을 보완하는 것이며,
CBI 모델법에 의해 제정된 법을 대체하거나 그 적용을 제한하지 않는다'고 밝힘으로
써 CBI 모델법과의 관계에 관하여 혼란이 발생하지 않도록 하였다.

또, 두 모델법을 입법국에서 활용함에 있어서도, 제X조를 통해 기존의 CBI 모델법
따른 지원처분에 IRJ 모델법에 따른 재판의 승인 및 집행을 포함시킬 수 있도록 하는
선택지를 제시함으로써 CBI 모델법과 IRJ 모델법이 조화를 이룰 수 있도록 하였다.

(4) IRJ 모델법 전체 규정[71]

도산관련재판의 승인 및 집행에 관한 UNCITRAL 모델법
(UNCITRAL Model Law on Recognition and Enforcement of Insolvency-Related Judgments)

전 문

1. 이 법의 목적은 다음과 같다.
(a) 도산관련재판의 승인 및 집행을 위한 권리와 구제수단에 관하여 보다 큰 확
실성을 제공하는 것

---

71) 한글 조문은 법무부 법무실 국제법무과, UN 국제상거래 규범집 제2권 (2020. 2.), 132면
이하의 번역을 일부 수정하였다.

(b) 도산절차의 중복을 피하는 것

(c) 시간적·경제적 효율이 높은 도산관련재판의 승인 및 집행을 보장하는 것

(d) 도산관련재판에 관한 재판관할지역(국가) 간의 예양과 공조를 증진하는 것

(e) 도산재단의 가치를 보호하고 극대화하는 것

(f) 국제도산에 관한 UNCITRAL 모델법에 근거한 법이 제정된 경우에는 그 법을
   보완하는 것

2. 이 법은 다음 사항들을 의도하지 아니한다.

(a) 도산관련재판의 승인 및 집행을 허용하는 입법국의 법률 규정을 제한하는 것

(b) 국제도산에 관한 UNCITRAL 모델법에 근거해 제정된 법을 대체하거나 그 법
   의 적용을 제한하는 것

(c) 입법국에 계쟁 중인 도산관련재판을 입법국에서 승인 및 집행하도록 적용하
   는 것

(d) 도산절차를 개시하는 재판에 적용되는 것

제1조 적용 범위

1. 이 법은 승인 및 집행을 구하는 국가 이외의 국가에서 내려진 도산관련재판의
승인 및 집행에 적용된다.

2. 이 법은 [...]에는 적용되지 아니한다.

제2조 정의

이 법에서,

(a) "도산절차(Insolvency proceeding)"는 회생 또는 청산을 목적으로 채무자의 재
   산과 업무가 법원 또는 다른 관할 당국에 의하여 통제 또는 감독을 받고 있
   거나 통제 또는 감독을 받았던 절차로서 도산 관련 법률에 따른 집단적 사법
   또는 행정 절차(임시절차를 포함한다)를 의미한다.

(b) "도산대표자(Insolvency representative)"는 도산절차에서 채무자의 재산 또는
   업무의 회생 또는 청산을 관리하거나 도산절차의 대표자로서 행위할 권한을
   부여받은 사람 또는 단체(임시로 선임된 자를 포함한다)를 의미한다.

(c) "재판(Judgment)"이라 함은 그 명칭을 불문하고, 법원 또는 (행정적 결정이 법원의
   결정과 같은 효력을 가질 경우에는) 행정당국에 의해 내려진 모든 결정(decision)을

의미한다. 여기서 결정이라 함은 판결 또는 명령과 비용 및 경비에 관한 결정을 포함한다.[72] 임시적 보호조치는 이 법에서는 재판으로 보지 않는다.

(d) "도산관련재판(Insolvency-related judgment)"은, (i) a. 그 도산절차가 종결되었는지 여부를 불문하고 도산절차의 결과로 발생하거나 도산절차와 중요하게 관련된 재판으로서, b. 도산절차의 개시결정과 함께 또는 개시 후에 내려진 재판을 의미하고, (ii) 도산절차를 개시하는 재판 자체를 포함하지 아니한다.

제3조 입법국의 국제적 의무들

1. 입법국이 당사자로서 하나 이상의 국가와 체결한 조약 또는 기타 협약으로 발생하는 입법국의 의무가 이 법과 충돌하는 경우에는 그 조약 또는 협약상의 의무가 우선한다.

2. 민사 및 상사 재판의 승인 또는 집행에 관한 조약이 발효되어 있고 그 조약이 재판에 적용되는 경우에는 이 법은 적용되지 아니한다.

제4조 관할 법원 또는 당국

도산관련재판의 승인 및 집행과 관련하여 이 법에 규정된 직무는 [입법국에서 그러한 직무를 수행할 법원, 법원들, 당국 또는 당국들을 명시할 것]과 승인 문제가 방어방법 또는 부수적 문제[73]로서 제기된 그 밖의 다른 법원에 의해 수행되어야 한다.

제5조 입법국에서 내려진 도산관련재판에 관하여 다른 국가에서 행위할 권한의 부여

[입법국의 법률에 따라 회생 또는 청산을 관리하는 사람 또는 기관의 명칭을 기재할 것]은 적용될 외국법이 허용하는 바에 따라, 입법국에서 내려진 도산관련재판에 관하여 다른 국가에서 행위할 권한이 있다.

제6조 다른 법에 의한 추가적인 지원

이 법의 어떠한 규정도 법원 또는 [입법국의 법에 따라 회생 또는 청산을 관리하는 자연인 또는 기관의 명칭을 기재할 것]이 입법국의 다른 법에 따라 추가적인 지

---

72) a decision includes a decree or order, and a determination of costs and expenses.
73) a defence or as an incidental question.

원을 제공하는 권한을 제한하지 않는다.

제7조 공서에 의한 예외

이 법의 어떠한 규정도 이 법에 따른 조치가 입법국의 공서(절차적 공정성의 기본 원칙을 포함한다)에 명백히 반하는 경우 법원이 그러한 조치를 거부하는 것을 방해하지 않는다.

제8조 해석

이 법의 해석에서는 이 법의 국제적인 기원과 적용의 통일성 및 신의성실의 준수를 촉진할 필요성을 고려하여야 한다.

제9조 도산관련재판의 효력 및 집행 가능성

도산관련재판은 원재판국(the originating State)에서 효력이 있는 경우에만 승인되어야 하고, 원재판국에서 집행 가능한 경우에만 집행되어야 한다.

제10조 원재판국에서의 심사가 승인 및 집행에 미치는 효력

1. 도산관련재판이 원재판국에서 심사(review)의 대상이거나 원재판국에서 통상적인 심사를 구하기 위한 기한이 만료되지 아니한 경우에는 그 재판의 승인 또는 집행을 연기하거나 거절할 수 있다. 이 경우 법원은 담보의 제공을 조건으로 승인 또는 집행을 할 수도 있다.

2. 제1항에 따른 거절은 그 재판의 승인 또는 집행에 대한 추후의 신청을 금지하지 아니한다.

제11조 도산관련재판의 승인 및 집행을 구하는 절차

1. 도산대표자 또는 원재판국의 법률에 의하여 도산관련재판의 승인 및 집행을 구할 권한이 있는 그 밖의 자는 입법국에서 그 재판의 승인 및 집행을 구할 수 있다. 승인의 문제는 방어방법 또는 부수적인 문제로서 제기될 수도 있다.

2. 제1항에 의하여 도산관련재판의 승인 및 집행을 구할 때에는 다음을 법원에 제출하여야 한다.

(a) 도산관련재판의 인증 사본

(b) 도산관련재판이 원재판국에서 효력이 있음을 입증하는 문서(해당되는 경우에 그 재판이 집행 가능하다는 것과 원재판국에서 심사 중이라는 사실을 입증하는 문서 포함)

(c) (a) 및 (b)에 규정된 증빙이 없을 경우에는 법원이 수용할 수 있는 그 사항에 관한 그 밖의 증빙

3. 법원은 제2항에 따라 제출된 문서를 입법국의 공식 언어로 번역할 것을 요구할 수 있다.

4. 법원은 제2항에 따라 제출된 문서가 공인된 것인지 여부를 불문하고 그 문서가 진정한 것으로 추정할 수 있다.

5. 승인 및 집행의 상대방당사자는 심리를 받을 권리가 있다.

제12조 임시의 지원처분

1. 도산관련재판의 승인 및 집행을 신청한 때부터 그에 대한 결정이 내려질 때까지, 도산관련재판의 승인 및 집행의 가능성을 보전하는 것이 긴급히 필요한 경우에는, 법원은 도산대표자 또는 제11조 제1항에 의하여 승인 및 집행을 구할 권한이 있는 그 밖의 자의 요청에 의하여 다음을 포함한 임시의 지원처분을 할 수 있다.

(a) 도산관련재판의 상대방당사자의 재산에 대한 처분의 중지

(b) 필요한 경우 도산관련재판의 범위 내에서, 법적 또는 형평적 지원처분의 허용

2. [본조에 따라 통지를 요하는지 여부를 포함하여, 통지와 관련된 규정을 기술할 것(또는 입법국에서 시행 중인 규정들을 언급할 것)]

3. 법원에 의하여 연장되지 아니할 경우, 본조에 따라 제공된 지원처분은 도산관련재판의 승인 및 집행에 관한 결정이 내려지는 때에 종료된다.

제13조 도산관련재판의 승인 · 집행 결정

제7조 및 제14조의 제한하에, 도산관련재판은 다음의 요건들을 충족한 경우 승인 · 집행되어야 한다.

(a) 효력 및 집행가능성에 관한 제9조의 요건을 충족하였을 것

(b) 승인 · 집행을 구하는 자가 제2조 (b)항에 정의된 도산대표자 또는 제11조 제1항에 따라 재판의 승인 · 집행을 구할 수 있는 권한이 있는 그 밖의 자일 것

(c) 신청이 제11조 제2항의 요건을 충족하였을 것

(d) 제4조에 규정된 법원에 승인·집행을 신청하였거나 또는 승인 문제가 그 법원에서 방어방법 또는 부수적인 문제로서 제기되었을 것

제14조 도산관련재판의 승인·집행 거절 사유

제7조에 규정된 사유에 추가하여, 다음 각 호의 어느 하나에 해당되는 경우에는 도산관련재판의 승인·집행이 거절될 수 있다.
(a) 그 재판이 내려진 절차가 개시되었던 상대방당사자가,
    (i) 충분한 시간을 두고 방어 준비가 가능한 방법으로 절차의 개시를 통지받지 못한 경우(다만, 원재판국의 법이 통지에 관하여 다툴 수 있도록 허용하는 경우로서, 그 당사자가 통지에 관하여 다투지 않고 원재판법원에 출석하여 그의 주장을 제기한 경우를 제외한다)
    (ii) 재판이 내려진 국가에서 문서 송달에 관한 입법국의 규정과 양립할 수 없는 방식으로 그 절차의 개시를 통지받은 경우
(b) 소송사기에 의하여 재판을 받은 경우
(c) 그 재판이 동일한 당사자들에 관한 분쟁에서 입법국에서 내려진 재판과 모순되는 경우
(d) 그 재판이 동일한 당사자와 사안에 관한 분쟁에서 다른 국가에서 내려진 선행 재판(승인 및 집행을 위하여 필요한 조건들을 충족하는 재판)과 모순되는 경우
(e) 승인 및 집행이 채무자의 도산절차에 대한 관리를 방해할 경우(입법국에서 승인 또는 집행될 수 있는 중지명령 또는 그 밖의 명령과 충돌될 경우를 포함한다)
(f) 그 재판이,
    (i) 회생계획 또는 청산계획의 인가 여부, 채무자 또는 채무의 면책 허부, 자율적 또는 법정외 채무조정합의에 대한 인가 여부 등에 대한 결정과 같이 채권자 일반의 권리에 중대하게 영향을 미치고,
    (ii) 채권자 및 다른 이해관계인(채무자를 포함한다)의 권리가 그 재판이 내려진 절차에서 적정하게 보호되지 아니한 경우
(g) 원재판법원이 다음의 조건 중 어느 하나를 충족하지 못한 경우
    (i) 그 법원이 그 재판의 상대방당사자의 명시적인 동의에 근거하여 관할권을 행사하였을 것
    (ii) 그 법원이 그 재판의 상대방당사자의 복종에 근거하여 관할권을 행사하

였을 것. 즉, 그 당사자가 원재판국의 법에 규정된 기한 내에 관할권 또는 관할권의 행사에 대하여 이의를 제기함이 없이 그 법원에 본안에 관하여 주장을 한 경우(다만, 그러한 관할에 대한 이의신청이 원재판국의 법에 따라 인용되지 못하였을 것임이 명백한 경우는 제외한다)

   (iii) 그 법원이 입법국의 법원이라면 관할권을 행사할 수 있었던 근거로 관할권을 행사하였을 것

   (iv) 그 법원이 입법국의 법과 양립할 수 없는 것이 아닌 근거로 관할권을 행사하였을 것 [국제도산에 관한 UNCITRAL 모델법에 근거하여 입법을 한 국가들은 (h)호를 규정하는 것을 희망할 수 있다.]

(h) 그 재판이 [국제도산에 관한 UNCITRAL 모델법을 수용한 입법국의 법에 관한 언급을 기재할 것]에 따라 승인될 수 없음이 명백하거나 승인될 수 없을 것으로 예측되는 도산절차를 가진 국가에서 내려진 경우. 다만, (i) [국제도산에 관한 UNCITRAL 모델법을 수용한 입법국의 법에 관한 언급을 기재할 것]에 따라 승인되었거나 승인될 수 있었던 절차의 도산대표자가 원재판국에서 절차에 참가하여 절차와 관련된 소송상 청구원인의 실체적인 본안에 관하여 변론하였고, (ii) 그 재판이 원재판국에서 절차가 개시된 때에 원재판국에 소재한 재산에만 관련된 경우를 제외한다.

제15조 동등한 효력

1. 이 법에 따라 승인되었거나 또는 집행 가능한 도산관련재판은 [원재판국에서 갖는 효력] 또는 [재판이 입법국의 법원에 의해 내려졌다면 갖게 될 효력]과 동일한 효력을 갖는다.

2. 도산관련재판이 입법국의 법에 의하여 제공할 수 없는 지원을 정하고 있는 경우에는, 그 지원은 가능한 범위에서 원재판국의 법에 따른 지원의 효력과 동등한 그러나 그 효력을 초과하지 아니하는 지원으로 조정되어야 한다.

입법국은 위 대괄호 안의 두 가지 대안 중 하나를 선택해야 한다는 점에 유의할 필요가 있다. 이 조항에 관한 설명은 입법지침에서 제15조에 대한 주석에 기술되어 있다.

제16조 분리 가능성

도산관련재판의 분리 가능한 일부분에 대하여 승인·집행이 신청되거나 분리 가능한 일부분의 재판만이 이 법에 따라 승인·집행될 수 있는 경우에는 도산관련재판의 분리 가능한 일부분의 승인·집행이 허용되어야 한다. [국제도산에 관한 UNCITRAL 모델법에 기초하여 법을 제정한 국가들은 동 모델법 제21조에 따라 재판이 승인 및 집행될 수 있는지에 관하여 의문을 제기할 수도 있는 재판들을 인지할 것이다. 그러므로 이들 국가는 다음 조항의 입법을 고려하는 것을 희망할 수 있다.]

제X조 [국제도산에 관한 UNCITRAL 모델법 제21조를 입법한 입법국의 법에 대한 언급을 기재할 것]에 따른 도산관련재판의 승인

종전의 여하한 상반된 해석에도 불구하고, [국제도산에 관한 UNCITRAL 모델법 제21조를 입법한 입법국의 법에 대한 언급을 기재할 것]에 따라 제공될 수 있는 지원처분은 재판의 승인 및 집행을 포함한다.

5. EU도산규정

(1) 승인의 대상과 효력

EU도산규정[74]은 '도산절차를 개시하는 모든 재판(any judgement insolvency proceedings)'을 승인의 대상으로 한다.[75] 또한 도산절차를 개시하는 재판을 한 법원의 '재판'들과 '도산절차의 진행과 종료에 관한 재판', '비록 다른 법원이 한 재판이라도 도산절차로부터 직접적으로 파생하였거나 그와 밀접히 관련된 재판들' 및 '도산절차 개시신청 후 내려진 보전처분(preservation measures)에 관한 재판'도 승인의 대

---

74) EU도산규정은 브뤼셀 협약의 개정 작업 중에, 유럽이사회가 브뤼셀 협약의 법형식을 이사회규정(Council Regulation)으로 전환하면서 개정안의 내용을 반영한 것이다. 브뤼셀 협약에서 EU도산규정에로 변경은 내용적으로는 커다란 변화가 없으나 법의 형식에 따른 변경과 그에 수반하는 권한이 회원국들로부터 유럽연합의 기관으로 이전하였다는 점에서 의미가 있다. 법형식의 변경에 따라, ⅰ) 규범의 수정이 용이하고, ⅱ) 모든 회원국에 동시에 효력이 발생하며, ⅲ) 새로운 회원국이 유럽연합에 가입하는 경우에도 전과 같이 모든 협약의 체약국들이 가입협약을 체결하고 이를 비준할 필요가 없어졌다는 점에서 장점이 있다; 석광현, 국제사법과 국제소송(제3권), 박영사 (2004), 368면.
75) EU도산규정 제16조.

상으로 하였다.76) 이러한 점은 단순히 외국도산절차(foreign proceeding)'를 승인의 대상으로 규정한 CBI 모델법과 다른 부분이다.

EU도산규정은 승인의 효력에 관하여, 제17조 제1항에서 "제3조 제1항에 따라 채무자의 주된 이익의 중심지의 법원이 개시한 주절차는 추가적 요건 없이(with no further formalities), 다른 모든 회원국에서 절차개시국의 국내법에 따라 효력이 발생한 시점부터 국내법에서 부여한 효력과 동일한 효력(same effect in any other Member State as under this law of the State of the opening of proceedings)을 가진다"77)고 규정한다. 이는 '효력확장설'을 입법한 것으로, 도산절차개시국의 절차를 개시하는 재판은 종국적 재판인지 여부와 관계없이 관할권 밖에서도 효력(extraterritorial effect)을 가지는 것으로 인정한 것이다.78)

(2) 검토

EU도산규정이 승인의 대상을 '도산절차를 개시하는 모든 재판'으로 하고, 그 효력에 대해서도 승인의 효력이 발생한 시점부터 회원국에서 도산절차개시국상의 효력을 그대로 인정한 것은 '즉각적이고 자동적인 승인의 원칙(the principle of immediate, automatic recognition)'을 규정한 것으로서 어느 회원국에서 도산절차를 개시한 시점과 다른 회원국에서 승인이 이루어진 시점 간에 있을 수 있는 간격을 없애버리기 위한 것이다.79)

개정 EU도산규정은 승인의 효력에 관하여는 자동승인제를 전제로 효력확정설의 입장에서 보편주의에 충실한 것이라고 할 수 있다(자동승인제, 자동적 구제). 이에 반하여 일본의 승인원조법은 결정승인제를 전제로 일본법원의 재량적인 구제를 부여하는 점에서 그와 대비되고(결정승인제, 재량적 구제), 모델법은 결정승인제를 전제로 자동적 효력확장과 재량적 또는 자동적 구제를 결합한 것으로(결정승인제, 제20조에 의한 자동적 구제와 제21조에 의한 재량적 구제) EU도산규정과 승인원조법의 중간에 위치한 것이라고 평가할 수 있다.80)

---

76) EU도산규정 제25조 제1항, 제15조.
77) EU도산규정 제17조 제1항; 다만 예외적으로 EU도산규정이 달리 규정하는 경우와 제3조 제2항에 따라 2차적 절차가 개시된 회원국에서는 그러한 효력이 제한될 수 있다.
78) Ian F. Fletcher, 앞의 책, 421면; 제17조 제1항이 명시적으로 효력이 확장됨을 밝히고 있으며, 등가설이나 중첩설로 해석하면 승인국마다 달리 효력을 인정할 수 있다는 것인데 이는 즉각적이고 자동적인 승인의 효력을 규정한 EU도산규정의 취지에도 맞지 않는다.
79) Ian F. Fletcher, 앞의 책, 420면.

외국도산절차의 승인제도는 기본적으로는 보편주의에 입각하여 외국도산절차를 인정하기 위한 제도이지만 다른 한편으로는 승인과 지원의 요건을 어떻게 정하고 운용하느냐에 따라서 각국의 도산법제가 다른 현재의 시스템하에서 보편주의의 수용 정도를 조절할 수 있을 것이다.

개정 EU도산규정은 유럽연합의 법제정 목적에 따라 회원국 간에 장벽을 낮춘 개방적 모형이라 할 수 있고, UNCITRAL 모델법은 중간적 모형, 우리 채무자회생법은 승인에 의해 자동중지를 인정하지 않는 점, 지원처분도 법원의 별도의 결정이 필요하다는 점에서 상대적으로 폐쇄적인 모형이라고 할 수 있다.

V. 기업집단의 국제도산

1. 의의

다국적 기업집단 또는 그 소속기업들이 도산에 처하였을 때, 각 기업마다 COMI를 가진 국가의 도산법원에서 국내법에 따라 개별적으로 국제도산절차를 진행하는 경우 여러 문제점이 발생할 수 있다. 관련국가의 법원들의 협력을 통해 기업집단의 관점을 반영하여 각국 도산절차를 효율적이고 공정하게 진행할 필요가 있는데, 이에 관한 논의를 기업집단 국제도산의 문제라고 한다.

2. 기업집단 국제도산의 처리 모델

기업집단 국제도산의 문제는 복수에 국가에서 개별적으로 진행되는 소속기업들에 대한 도산절차들을 어떠한 방식으로 원활화 할 것인가에 중점이 있다.

여기서는 공조, 절차조정, 실체적 병합 및 절차적 조정 등 각 처리 모델을 간략히 소개하고 자세한 내용은 후술한다.

기업집단 국제도산절차의 '공조(cooperation)'는 기업집단 소속기업에 대한 도산절차가 복수의 국가에서 병행적으로 진행되는 경우, 도산법원 간, 도산절차 대표자 간 또는 도산법원과 도산절차 대표자 간에 정보와 의견의 상호 교환, 국제도산약정의 체결 등을 통해 개별적인 도산절차가 효율적이고 공정하게 진행될 수 있도록 하

---

80) 석광현, 앞의 책, 335면; 참고로 채무자회생법상의 외국도산절차의 승인은 결정승인제를 취하는 반면에 민사소송법상의 외국재판의 승인(민사소송법 제217조)은 자동승인제, 민사집행법상의 외국판결의 강제집행(민사집행법 제26 – 27조)은 결정승인제이다.

는 국제적인 협력을 의미한다.

공조의 종류로는 정보·의견교환, 채무자의 업무와 자산의 관리·감독, 공통의 도산대표자의 선임에 의한 공동관리, 국제도산약정의 체결, 공동심문 등이 있다.

기업집단 국제도산절차의 조정은 기업집단 소속기업에 대한 도산절차가 복수의 국가의 도산법원에서 병행적으로 진행될 때, 그중 일부법원이나 별도로 선임된 조정자가 전체 기업집단의 차원에서 개별 도산절차가 상호 공조하도록 조율하거나 도산관리인 간의 분쟁을 해결하거나 집단조정계획을 수립하는 등의 방법을 통해 복수의 도산절차가 통일적으로 처리되도록 도모하는 제도를 말한다.

절차조정도 국제적인 사법협력으로서 넓은 의미의 공조에 해당하지만, 공조가 개별 도산절차 단위의 수평적인 사법협력인 것에 비해 절차조정은 개별적인 도산절차와는 독립된 여러 도산절차를 아우르는 절차라는 점에서 공조와 차이가 있다. 기업집단 국제도산의 절차조정은 조정자가 기업집단의 관점에 입각하여 개별 도산절차를 조율하는 것이므로 공조에 비해 통합적인 처리의 면에서 한 단계 진전된 형태에 해당한다.

둘 이상의 기업집단 소속기업 또는 전체 기업집단이 동시에 도산한 경우, 하나의 법원에서 하나의 절차로 전체 도산사건을 진행하는 것 또는 전체 기업집단이 공동으로 도산신청(joint insolvency filing)을 하여 하나의 법원에서 하나의 절차로 전체 기업집단의 도산사건을 진행하는 것을 '병합적 처리(consolidation)'라고 한다.

기업집단 국제도산사건의 병합적 처리에는 개별 기업이 법인격을 무시하고 각 기업의 자산과 채무를 통합하여 하나의 회사가 도산한 것과 같이 처리하는 '실체적 병합(substantial consolidation)'과 자산과 채무를 통합하지 않고 절차만을 병합하는 '절차적 병합(procedural consolidation)'이 있다.

절차적 병합은 일정한 관할법원에서 기업집단 소속기업 소속 소속기업들에 대한 도산절차를 개시하고 전체 기업집단의 도산절차를 주도하는 것이다. 실체적 병합은 미국 판례를 통해 인정된 방식으로 미국 내에서도 절차적 병합에 비하여 매우 드물게 행해진다고 하므로 기업집단 도산의 병합처리는 대체로 절차적 병합이다.

여러 국가에서 진행되는 복수의 도산절차에 관하여 절차적 병합이나 공조를 통하여 조율을 하더라도 채무자들의 자산과 부채는 분리된 채로 존재하므로 채권자들의 실체법·절차법상의 권리에는 원칙적으로 아무런 영향을 미치지 못하는 한계가 있는데 실체적 병합(substantial consolidation)은 도산절차를 병합하는 데 그치지 않고 소속기업들의 자산과 부채, 책임재산을 단일한 법인체가 보유하고 있는 것과 같이 하나의 재단으로 통합하는 방식을 말한다.

실체적 병합은 일정한 경우 기업집단 소속 개별 회사들의 법인격을 무시하여 기업집단의 모든 자산과 부채가 하나의 회사에 속하는 것처럼 통합하여 처리함으로서 모든 채권자들을 위하여 단일한 도산재단을 구성하는 효과를 가지는데, 기업집단 간의 조직적·업무적 및 재정적으로 매우 긴밀히 연결되어 있거나 지적재산권과 같이 전체 기업집단에 공통되는 자산이 있는 등의 이유로 채권자들에게 돌아갈 자산가치가 증대될 수 있는 경우에 적합한 제도이다. 실체적 병합은 미국 도산법원의 판례에 의해 형성된 제도로서 주로 미국과 캐나나 등에서 일부 제한된 국가에서만 활용되고 있다.

3. 기업집단 국제도산사건의 준거법

기업집단 국제도산절차의 원활화를 국제도산공조, 절차적 병합, 실체적 병합의 세 가지 영역으로 구분할 때, 국제도산공조와 절차적 병합은 절차적인 사항을 대상으로 하므로 법정지법주의에 의하면 될 것이다. 따라서 기본적으로 우리나라에서 개시된 도산절차에는 채무자회생법을, 외국에서 개시된 절차에는 해당 국가의 도산법을 적용하면 될 것이다. 그러나 실체적 병합과 국제도산공조에 있어서 국제도산약정 중에 실체적인 내용을 다루는 경우와 절차적 병합에서 기업집단 차원의 회생계획을 작성하는 경우 등에는 도산법정지주의가 적당하지 않을 수 있다. 국재도산약정과 회생계획의 내용으로 준거법을 정하면 될 것이다.

이때 기업집단 국제도산의 절차적 병합으로 인해 다른 국가에서 개시된 도산절차에 참여하는 경우가 있게 되는데 동일한 채무자가 아니라 서로 다른 채무자들에 대한 도산절차를 묶어 진행하는 점에서 이해관계가 중첩되어 더욱 복잡한 양상을 띠게 때문에 채권자들의 신뢰보호나 예측가능성 측면을 세밀하게 고려할 필요가 있다.

현재 국내에서 기업집단 국제도산의 준거법에 관한 논의가 존재하지는 않지만 우리나라 법원에서 절차적 병합이 이뤄지는 경우에는, ⅰ) 법정지법, ⅱ) 채무자가 속한 국가의 법(속지법), ⅲ) 문제된 권리의 준거법, ⅳ) 법정지법·속지법·권리의 준거법 등 여러 준거법 가운데 채권자가 선택한 법 등을 적용하는 방안이 가능할 것이다.

일반적인 도산국제사법에 관한 논의가 충분하지 않은 현상태에서 한걸음 더 나아가 기업집단 국제도산에 적용될 준거법을 결정하는 것은 어려운 과제로 보인다. 향후 국제재판관할에 관한 각칙규정이 입법에 반영되는 경우, 국제도산사건에 관하여는 원칙적으로 법정지법주의가 적용된다는 점을 명시하는 정도가 적절할 것으로 보인다. 실무에 있어서는 기업집단, 국제도산절차에 있어서는 대체로 국제도산약정을 체결하는 것이 대부분인데 약정의 한 내용으로 준거법에 관한 조항을 포함시키는 것으로 문제를 해결할 수 있을 것이다.

제4장

채무자회생법상의 국제도산

제4장

채무자회생법상의 국제도산

제1절 │ 의의

채무자회생법은 2006년 구 파산법, 구 회사정리법 및 구 화의법 등을 채무자회생법으로 통합하면서 속지주의를 폐지하고 보편주의에 입각하여 제5편에 국제도산편을 신설하였다.

채무자회생법은 기본적으로 CBI 모델법상의 외국도산절차의 승인과 지원제도의 틀을 수용하여, ⅰ) 외국도산절차의 국내적 효력, ⅱ) 국내도산절차의 대외적 효력, ⅲ) 외국도산절차와 국내도산절차가 병행하는 병행파산절차 등 세 가지 중요한 문제를 통합하여 제5편에 규정하고 있다.

다음의 몇 가지 사항에 있어서는 채무자회생법과 모델법이 구별된다. ⅰ) 모델법은 외국도산절차의 승인결정과 동시에 채무자의 재산에 대한 권리실행이나 채무자의 변제를 금지하지만,[1] 채무자회생법에서는 중지명령 또는 금지명령 등 별도의 결정이

---

1) CBI 모델법 제20조.

있어야 그러한 효력이 발생하도록 하고, ⅱ) 모델법은 외국도산절차의 대표자가 언제든지 국내도산절차를 신청할 수 있으나,[2] 채무자회생법에서는 외국도산절차가 승인된 경우에만 국내도산절차를 신청할 수 있으며, ⅲ) 모델법은 외국도산절차를 채무자의 주된 이익의 중심지(Center of Main Interests, 'COMI')가 위치한 국가에서 진행되는 도산절차인 주절차(foreign main proceeding)와 종절차(foreign non-main proceeding)로 나누어 효력을 달리 규정하고 있으나,[3] 채무자회생법에서는 원칙적으로 외국도산절차를 주절차와 종절차로 구별하지 않고 예외적으로 채무자를 공통으로 하는 복수의 외국도산절차의 승인 신청이 있는 경우에만 주된 외국도산절차를 정하고 지원을 결정하거나 변경하도록 하는 점에서 차이가 있고, 그 밖에도 외국도산절차의 대표자 외에 국내재산의 처분권한을 가지는 '국제도산관리인제도'를 두고 있다.[4]

위의 모델법과의 차이점을 살펴보면, 외국도산절차를 인정하되 외국판결의 승인과 지원의 각 단계에서 법원의 재판이라는 수단을 통해 즉각적인 효력 발생을 차단하고(ⅰ, ⅱ항), 우선적 효력이 부여되는 주절차제도를 도입하지 않음으로써 유리한 법정에서 주절차를 개시하고자 하는 경쟁을 차단하여 상대적으로 우리나라 법원의 관할권을 방어하겠다는 의도가 있는 것으로 해석된다(ⅲ항).[5]

이러한 입법의 태도는 기본적으로는 보편주의를 취하되 속지주의를 가미한 것으로서 모델법보다는 일본의 승인원조법과 기본적인 입장을 같이하는 '수정된 보편주의'를 채택한 것이라고 할 것이다.

모델법이 채택한 외국도산절차의 자동승인제를 취하지 않고 일본의 입법을 참고하여 승인과 지원절차의 이원적인 절차를 규정한 점에 대해서 국제민사소송법상 통용되는 승인(recognition)의 본질에 부합하지 않는다는 타당한 비판이 있으나,[6] 엄격한 속지주의에서 보편주의로의 급격한 제도변화에 따른 충격을 줄이기 위한 입법으로 평가할 수 있을 것이다.

채무자회생법 제5편은, 제628조(정의), 제629조(적용 범위), 제630조(관할), 제635조

---

2) CBI 모델법 제11조.
3) CBI 모델법 제17조, 제19조 - 제23조, 제28조 - 제31조.
4) 채무자회생법 제639조.
5) COMI가 존재하는 국가의 도산절차를 '주절차'로 인정하는 것은 모델법과 EU도산규정이 동일하나, 모델법은 외국도산절차는 주절차이든 종절차이든 승인을 필요로 하지만, EU도산규정의 경우 어느 한 회원국에서 주절차가 개시되면 다른 회원국에서 자동적으로 그 효력이 인정된다는 점에서 차이가 있다. 어느 쪽이든 주절차로 결정되면 우선적 효력을 갖는다.
6) 석광현, 국제민사소송법, 박영사 (2012), 462면.

(승인 전 명령 등), 제636조(외국도산절차에 대한 지원), 제637조(국제도산관리인), 제638조(국내도산절차와 외국도산절차의 동시진행), 제639조(복수의 외국도산절차), 제640조(관리인 등이 외국에서 활동할 권한), 제641조(공조), 제642조(배당의 준칙) 등 모두 15개 조문으로 구성되어 있다.

제2절 │ 주요 내용

Ⅰ. 일반규정

1. 국제도산절차의 도입

기업의 국제적 활동이 비약적으로 늘어나면서 도산한 한국기업이 외국에 자산을 가지고 있거나 반대로 도산한 외국기업이 한국에 자산이나 부채를 가지고 있는 경우가 늘어나고 있는바, 도산절차는 한 나라의 사법권 행사이므로 그 효과가 절차국 내에 그치는 것이 원칙이지만, 너무 엄격히 운영되면 도산기업의 해외재산의 산일(散逸)을 초래하여 채권자에게 결과적으로 피해를 주게 되므로 이를 개선하기 위해 국내도산절차를 도입하였다.

외국도산절차의 대표자가 외국도산절차와 관련하여 대한민국 법원에 승인이나 지원을 구하는 경우, 외국도산절차의 대표자가 대한민국 법원에서 국내도산절차를 신청하거나 진행 중인 국내도산절차에 참가하는 경우 등에 국제도산신청을 할 수 있도록 하였다.

글로벌 스탠더드(Global standard)에 부합하는 국제도산절차를 신설함으로써 국가 신인도를 높이는 동시에 채권자의 유효하고 공평한 구제를 도모하고 채무자 기업의 실효적인 회생을 지원하는 데 기여할 것으로 기대할 수 있다.

2. 정의(제628조)

(1) 외국도산절차

"외국도산절차"라 함은 외국의 도산법제가 국내법과 그 내용과 체계가 다를 수 있기 때문에 그 절차 진행의 주체로서 외국법원뿐 만이 아니라 이에 준하는 당국, 즉 행정기관 등을 포함하는 것으로 규정하고 있다. 도산절차의 개념도 국내법과 동일하게 회생절차·파산절차 또는 개인회생절차만을 의미하는 것이 아니라 외국 도산법의 규정에 유연하게 대응할 수 있도록 이와 유사한 절차 및 임시절차를 포함한다. 채무자회생법은 외국도산절차에 관한 정의만을 두고 있으며 외국도산절차를 주절차와 종절차로 구분하지 않는다. 다만, 후술하는 바와 같이 복수의 외국절차가 병행할 때에만, 외국도산절차의 승인 및 지원절차의 효율적 진행을 위하여 채무자의 주된 영업소 소재지 또는 채권자보호조치의 정도 등을 고려하여 주된 외국도산절차를 결정할 수 있으며 주된 외국도산절차를 중심으로 지원처분을 결정할 수 있도록 하고 있다.

(2) 국내도산절차

"국내도산절차"는 국내도산법인 채무자회생법에 따라 대한민국 법원에 신청된 회생절차·파산절차 또는 개인회생절차를 말한다.

(3) 외국도산절차의 승인

"외국도산절차의 승인"이라 함은 외국도산절차에 대하여 대한민국 내에 채무자회생법 제5편에 규정된 지원처분을 할 수 있는 기초로서 승인하는 것을 말한다. 여기서의 "승인"이라 함은 민사소송법 제217조가 규정하는 외국판결의 '승인'과 같이 외국법원의 재판을 승인하는 것이 아니라 절차를 승인하는 것인데, 그 법적 효과는 외국도산절차가 지원결정을 받기 위한 적격을 갖추고 있음을 확인하는 것에 그치며 승인에 의하여 외국도산절차의 효력이 직접 대한민국 내에서 확장되거나 국내에서 개시된 도산절차와 동일한 효력을 인정하는 것은 아니다. 즉, 외국재산의 승인제도는 일정한 요건이 구비되는 것을 전제로 별도의 승인재판 없이 외국판결의 기판력 등의 효력을 인정하여 주는 것임에 반하여, 외국도산절차의 승인은 외국도산절차의 효력을 국내에 그대로 인정해 주는 것이 아니라 채무자의 국내업무나 재산에 대하여 국내법상 도움을 주기 위한 지원처분을 할 만한 가치가 있는지 여부를 판단하는 재판에 해당한다.[7] 채무자회생법상의 외국도산절차의 승인은 모델법이 외국도산절차가 주절차라고 인정되는 경우에 채무자나 채무자의 재산에 관하여 계속 중인 소송, 강제집행을 자동적으로 중지하는 효력을 인정하고 있는 것과 구별된다. 다만, 후술하는 바와 같이 회생법원은 외국도산절차를 승인하는 경우에 승인 전 명령이나 직권에 의한 지원처분 등을 통해 절차를 중지하는 등의 실무운용을 하고 있어 사건에 따라서는 자동중지를 규정한 모델법과 같은 효력을 부여하고 있다. 법원이 구체적 사건의 조건을 검토하여 필요에 따라 재량으로 중지명령을 내리는 현행 채무자회생법의 태도가 모델법과 비교하여 국내의 채권자나 이해관계자를 보다 더 보호할 여지가 있을 것으로 보인다.

(4) 지원절차

"지원절차"라 함은 채무자회생법 제635조, 제636조 등 채무자회생법 제5편에 규정한 바에 따라 외국도산절차의 승인신청에 관한 재판과 채무자의 대한민국 내에 있어서의 업무 및 재산에 관하여 당해 외국도산절차를 지원하기 위한 처분을 하는 절차를 말한다.

(5) 외국도산절차의 대표자

"외국도산절차의 대표자"라 함은 외국법원에 의하여 외국도산절차의 관리자 또는 대표자로 인정된 자를 말한다. 대표자는 자연인이나 법인 모두 가능하다. 외국도산절차의 대표자는 외국도산절차의 승인신청을 할 수 있는 자격이 인정된다.

(6) 국제도산관리인

"국제도산관리인"이라 함은 외국법원이 선임한 외국도산절차의 대표자 외에 외국도산절차의 지원을 위하여 대한민국 법원이 채무자의 재산에 대한 환가 및 배당 또는 채무자의 업무 및 재산에 대한 관리 및 처분권한의 전부 또는 일부를 부여한 자를 말한다. 국제도산관리인이 담당하는 업무는 우리나라 법원이 승인한 외국도산절차의 지원을 위한 것이므로 외국도산절차의 국내적 효력에 관한 규정이라 할 수 있다.

---

7) 서울중앙지방법원 파산부 실무연구회, 회생사건실무(하) 제4판, 박영사 (2014), 329면(주55).

3. 국제도산법의 적용범위(제629조)

채무자회생법 제5편은 ⅰ) 외국도산절차의 대표자가 외국도산절차와 관련하여 대한민국 법원에 승인이나 지원을 구하는 경우, ⅱ) 외국도산절차의 대표자가 대한민국 법원에서 국내도산절차를 신청하거나 진행 중인 국내도산절차에 참가하는 경우, ⅲ) 국내도산절차와 관련하여 관리인·파산관재인·채무자 그 밖에 법원의 허가를 받은 자 등이 외국법원의 절차에 참가하거나 외국법원의 승인 및 지원을 구하는 등 외국에서 활동하는 경우, ⅳ) 채무자를 공통으로 하는 국내도산절차 및 외국도산절차가 대한민국법원과 외국법원에서 동시에 진행되어 관련 절차 간에 공조가 필요한 경우에 적용되며, 제5편에 규정이 없을 경우에는 채무자회생법의 다른 편의 규정도 보충적으로 적용된다.

Ⅱ. 관할

외국도산절차의 승인 및 지원에 관한 사건은 원래는 서울중앙지방법원 합의부의 전속관할이었으나 2017년 서울회생법원의 설치 후 서울회생법원 합의부의 관할로 변경되었다. 서울회생법원 합의부 전속관할이다. 서울회생법원이 관할을 가지는 것이 원칙이나, 예외적으로 절차의 효율적인 진행이나 이해당사자의 권리보호를 위하여 필요한 때 서울회생법원은 당사자의 신청에 의하거나 직권으로 외국도산절차의 승인결정과 동시에 또는 그 결정 후에 제3자가 규정하는 관할법원으로 사건을 이송할 수 있다.

채무자회생법 제630조는 외국도산절차의 대내적 효력과 관련한 승인 및 지원에 관한 사건에 관하여만 규정하고 있고 대한민국법원이 어떠한 경우에 대외적 효력을 가지는 도산사건을 개시할 수 있는지에 관하여는 언급하고 있지 않다.[8] 이는 EU도산규정이 채무자의 주된 이익 중심지에 해당하는 회원국에만 보편적 효력을 갖는 주절차를 개시할 있고, 지점 소재지 회원국에서는 종절차(청산형 절차만 가능)만 가능하

---

[8] 채무자회생법 제630조가 간접관할에 관하여만 규정하고 직접관할에 관하여서는 규율하고 있지 않다고 해설하는 경우도 있으나(예컨대, 한충수, 국제도산절차에 관한 몇 가지 문제점－채무자회생 및 파산에 관한 법률안을 중심으로－, 변호사 제34집, 2004, 410면 이하), 간접관할이란 승인의 조건으로서 외국도산절차를 진행한 외국법원이 국내법에 비추어 국제재판관할이 존재하는 것으로 인정될 수 있는가의 문제이므로, 직접관할의 일부인 승인 및 지원사건에 관한 관할과는 구별해야 한다.

며(EU도산규정 제3조 제1항 내지 제3항), 개정 독일도산법도 위 EU도산규정을 따르도록 하고 있는 것과 대비된다.

채무자회생법의 제630조는 조문의 제목이 '관할'로 되어 있으나, 실질은 국내법원의 관할이 아니라 '국제재판관할'에 관한 규정에 해당한다. 동규정은 국제사법 제2조의 특별규정으로서 국제사법 제2조에 우선적용되나, 승인 및 지원에 관한 사건 외의 국제도산사건에 관하여는 원칙으로 돌아가 국제사법 제2조가 적용되어야 할 것이다.[9]

Ⅲ. 외국도산절차의 대내적 효력

1. 외국도산절차의 승인

(1) 승인신청(제631조)

외국도산절차의 대표자는 외국도산절차가 신청된 국가에 채무자의 영업소·사무소 또는 주소가 있는 경우에 ⅰ) 외국도산절차 일반에 대한 법적 근거 및 개요에 대한 진술서, ⅱ) 외국도산절차의 개시를 증명하는 서면, ⅲ) 외국도산절차의 대표자의 자격과 권한을 증명하는 서면, ⅳ) 승인을 신청하는 그 외국도산절차의 주요내용에 대한 진술서(채권자·채무자 및 이해당사자에 대한 서술 포함), ⅴ) 외국도산절차의 대표자가 알고 있는 그 채무자에 대한 다른 모든 외국도산절차에 대한 진술서 등의 서면을 첨부하여 법원에 외국도산절차의 승인을 신청할 수 있다. 외국도산절차의 대표자는 외국도산절차의 승인을 신청한 위의 내용이 변경된 때에는 지체 없이 변경된 사항을 기재한 서면을 법원에 제출하여야 하며, 법원은 위 신청이 있는 때에는 법원은 지체 없이 그 요지를 공고하고, 신청에 관한 서류는 이해관계인의 열람을 위하여 법원에 비치하여야 한다.

(2) 승인결정(제632조)

서울회생법원 합의부는 외국도산절차의 승인신청이 있는 때에는 신청일부터 1월 이내에 승인 여부를 결정하여야 한다. 법원은 ⅰ) 법원이 정한 비용을 미리 납부하지 아니한 경우, ⅱ) 신청시 제출해야 하는 서면을 제출하지 아니하거나 제출한 서

---

9) 채무자회생법 제3조는 국내법원의 관할권에 관한 규정으로서 국제재판관할과 구분하여야 하므로 국제도산사건에는 적용되지 않는 것으로 해석하여야 한다.

면이 그 성립 또는 내용의 진정을 인정하기에 부족한 경우, iii) 외국도산절차를 승인하는 것이 대한민국의 선량한 풍속 그 밖에 사회질서에 반하는 경우에는 외국도산절차의 승인신청을 기각하여야 한다. 법원은 외국도산절차의 승인결정이 있는 때에는 그 주문과 이유의 요지를 공고하고 그 결정서를 신청인에게 송달하여야 한다. 외국도산절차의 승인신청에 관한 결정에 대하여는 즉시항고를 할 수 있다.

(3) 외국도산절차승인의 효력(제633조)

외국도산절차의 승인은 외국도산절차의 효력을 국내에 그대로 인정해 주는 것이 아니라 채무자의 국내업무나 재산에 대하여 국내법상 도움을 주기 위한 지원처분을 할 만한 가치가 있는지 여부를 판단하는 재판에 불과하고 자동중지의 효력도 없다. 외국도산절차의 승인결정은 이 법에 의한 절차의 개시 또는 진행에 영향을 미치지 아니한다.

2. 외국도산절차의 지원

(1) 의의

외국에서 도산절차가 진행 중인 외국기업의 국내자산에 대한 동결 등 구체적인 이행조치가 필요하므로 이를 반영하려는 것이다.

외국도산절차의 승인이 있을 경우 대한민국 법원은 채무자의 업무 및 재산이나 채권자의 이익을 보호하기 위하여 채무자의 재산에 대한 소송이나 절차의 중지, 채무자의 재산에 대한 강제집행이나 보전절차의 중지, 채무자의 변제금지 또는 채무자 재산의 처분 금지와 같은 지원결정을 할 수 있도록 하였다.

외국도산절차에 대하여 실효성 있는 지원을 하고, 국제적인 협력체제를 구축하는데 기여할 것으로 기대된다.

(2) 승인 전 명령(제635조)

법원은 승인 전의 명령으로서 외국도산절차의 대표자의 신청에 의하거나 직권으로 외국도산절차의 승인신청이 있은 후 그 결정이 있을 때까지 일정한 처분을 내릴 수 있는데, 여기서 처분이란 제636조 제1항의 채무자의 업무 및 재산이나 채권자의 이익을 보호하기 위하여 채무자의 업무 및 재산에 대한 소송 또는 행정청에 계속하는 절차의 중지, 채무자의 업무 및 재산에 대한 강제집행, 담보권실행을 위한 경매, 가압류·가처분 등 보전절차의 금지 또는 중지, 채무자의 변제금지 또는 채무자 재산의 처분금지를 의미한다. 즉, 승인결정 전에도 국제도산관리인의 선임 및 그 밖에 채무자의 업무 및 재산을 보전하거나 채권자의 이익을 보호하기 위하여 필요한 처분 등을 제외한 모든 지원처분이 가능하다. 법원이 직권으로 승인 전 명령을 내리는 경우에는 마치 승인결정에 자동중지의 효력이 있는 경우와 마찬가지의 효력이 인정되는 것이다.

(3) 지원처분(제636조)

제636조 제1항에 따라 외국도산절차를 승인함과 동시에 또는 승인한 후 이해관계인의 신청에 의하거나 직권으로 채무자의 업무 및 재산이나 채권자의 이익을 보호하기 위하여 채무자의 업무 및 재산에 대한 소송 또는 행정청에 계속하는 절차의 중지, 채무자의 업무 및 재산에 대한 강제집행, 담보권실행을 위한 경매, 가압류·가처분 등 보전절차의 금지 또는 중지, 채무자의 변제금지 또는 채무자 재산의 처분금지, 국제도산관리인의 선임 및 그 밖에 채무자의 업무 및 재산을 보전하거나 채권자의 이익을 보호하기 위하여 필요한 처분 등 일정한 지원처분을 할 수 있다. 법원은 지원처분에 관한 결정을 하는 때에는 채권자·채무자 그 밖의 이해관계인의 이익을 고려하여야 한다. 또한 법원은 지원신청이 대한민국의 선량한 풍속 그 밖의 사회질서에 반하는 때에는 신청을 기각하여야 한다.

IV. 외국도산절차 대표자의 접근권

외국도산절차의 대표자는 회생법원이 외국도산절차를 승인한 후에 우리나라 법원에 국내도산절차를 신청하거나 이미 진행 중인 절차에 참가[10]할 수 있다. 실제 사례로서 네덜란드 법원에서 진행하고 있던 엘지필립스 디스플레이즈 홀딩 비브이(LG Philip Display Holings BV)에 대한 도산절차에 대하여 국내법원의 승인을 받은 후(서울회생법원 2008하합8), 네덜란드의 법원이 파산절차를 공정하게 진행하지 않는다는 이유로 이탈리아의 채권자가 국내법원에 파산절차를 신청한 사례가 있다(서울

---

10) 외국도산절차 대표자가 국내도산절차에 참가하는 이유는 주로 채무자 재산의 환가나 배당 등에 관하여 의견을 제출하거나 이의를 제기하기 위한 것으로 예상할 수 있다.

회생법원2007국승1).[11]

외국도산절차의 승인으로 대한민국법원의 지원처분을 받을 자격이 있는지 여부를 판단하는 것외에, 승인을 지원처분과 상관없는 국내도산절차의 개시신청 및 참가의 조건으로 삼을 필요가 있을지, 국내채권자에 비해 외국채권자가 이익을 침해당하는 것이 아닌지 의문이 있을 수 있다.

이와 관련하여 모델법은 외국도산절차의 대표자가 입법국의 도산법에 따라 이미 진행 중인 절차에 참가하기 위해서는 외국도산절차의 승인을 요건으로 하지만, 도산절차 개시신청을 위해서는 승인절차를 요하지 않으며, 일본의 회사갱생법·민사재생법·파산법 및 미국의 연방파산법 등도 외국도산절차의 대표자는 승인절차를 거치지 않고 도산절차의 개시를 신청할 수 있도록 규정하고 있다.

입법론으로는 개시신청과 관련해서 도산절차 개시신청이 소의 제기와 유사하다는 점에서 승인절차 없이도 개시신청을 허용하는 것이 타당하다 할 것이다. 그러나 한편으로 외국도산절차의 대표자가 국내도산절차에 참가한다는 것은 외국도산절차와 국내도산절차를 조정을 위한 것이므로 승인을 조건으로 하더라도 부당하지 않다. 승인 전에 국내도산절차에서 채무자의 자산을 보호하여야 하는 등의 급박한 사정이 있어 참가를 허용하여야 필요성이 존재할 수 있는데, 그러한 경우에는 승인신청을 한 뒤 승인 전 명령을 받을 수 있고 대개의 경우 승인여부 판단에 시일이 오래 소요되는 것도 아니므로 현실적으로는 문제가 되지 않을 것이다.

한편, 현행법하에서도 외국도산절차의 대표자가 아니라 개별 외국채권자는 외국도산절차의 승인신청이나 결정에 상관없이 채권자의 지위에서 절차의 개시신청이나 참가가 가능하다.

V. 국내도산절차의 대외적 효력

1. 국내도산절차의 승인 및 지원

외국법원에서 국내도산절차를 승인 및 지원을 구하는 경우 그 요건과 절차 등에 관하여는 외국도산법에 의하여야 하므로 채무자회생법에 이에 대한 규정은 없다.

---

11) 김영석, "국제도산에서 주된 이익 중심지(COMI)를 둘러싼 제문제", 서울대학교 석사 학위 논문 (2012), 143면.

2. 국제도산관리인의 선임 및 외국에서 활동할 권한(제637조, 제640조)

회생법원은 필요한 경우 국제도산관리인을 선임할 수 있다. 국제도산관리인은 국내법원에서 선임하는 자로서 외국법원이 선임한 '외국도산절차의 대표자'와는 구별된다. 국제도산관리인을 선임하는 경우, 국제도산관리인의 주 업무는 국내도산절차가 진행 중인 채무자기업의 해외재산이 산일되지 아니하도록 관리하는 데 있다. 채무자의 업무의 수행 및 재산에 대한 관리·처분권한은 국제도산관리인에게 전속하나 다만 관리인이 대한민국 내에 있는 채무자의 재산을 처분 또는 국외로의 반출, 환가·배당 그 밖에 법원이 정하는 행위를 하는 경우에는 법원의 허가를 받아야 한다. 국제도산관리인은 파산관재인 그 밖에 법원의 허가를 받은 자 등과 함께 외국법이 허용하는 바에 따라 국내도산절차를 위하여 외국에서 활동할 권한이 있다. 회생법원은 국제도산관리인에게 외국법원에서 국내도산절차에 대한 승인을 신청하고 지원을 구하는 권한을 부여할 수 있을 것으로 해석된다. 책임재산보전을 통하여 국내도산기업의 채권자구제에 충실을 기하고 해외에 재산을 보유하고 있는 기업에 대한 도산절차 진행의 효율성을 제고하는 데 기여할 것으로 기대된다.

VI. 병행도산절차

1. 국내도산절차와 외국도산절차의 동시진행(제638조)

하나의 채무자에 대하여 국내도산절차와 외국도산절차가 병행하는 경우에는 법원은 국내도산절차를 중심으로 제635조의 승인 전 명령 또는 제636조에 의한 외국도산절차에 대한 지원결정을 할 수 있다.

2. 복수의 외국도산절차(제639조)

외국도산절차가 병행하는 경우에는 제639조에 따라 복수의 외국도산절차가 승인된 때에는 법원은 승인 및 지원절차의 효율적 진행을 위하여 채무자의 주된 영업소 소재지 또는 채권자보호조치의 정도 등을 고려하여 주된 외국도산절차를 결정할 수 있으며 주된 외국도산절차를 중심으로 제636조의 규정에 의한 지원을 결정할 수 있다.

수개의 외국도산절차가 동시에 진행 중일 때에는 주된 절차를 결정하지 아니하는 경우에는 절차가 지연되는 등 비효율이 초래되므로 이를 개선하려는 것이다. 외국도산절차의 승인 및 지원절차의 효율적 진행을 도모하는 데 기여할 것으로 기대된다.

Ⅶ. 국제 공조

일반적인 국내도산절차의 공조에 관하여 채무자회생법은 동법에 의한 절차에서 법원 간의 법률상의 협조를 규정하고 있다(채무자회생법 제5조). 기업집단 소속의 복수의 기업이 국내도산한 경우 각 기업단위로 도절절차가 진행되고 기업집단의 재판관할에 의하지 않을 경우 복수의 법원에서 복수의 절차가 진행될 것인데, 이때 위 법원 간의 법률상 공조에 관한 규정이 적용될 수 있다.

국제도산절차의 공조에 관해서는 채무자회생법 제641조가 독립하여 규정하고 있는데, "법원은 동일한 채무자 또는 상호 관련이 있는 채무자에 대하여 진행 중인 국내도산절차 및 외국도산절차나 복수의 외국도산절차 간의 원활하고 공정한 집행을 위하여 외국법원 및 외국도산절차의 대표자와 의견교환, 채무자의 업무 및 재산에 관한 관리 및 감독, 복수 절차의 진행에 관한 조정 및 그 밖에 필요한 사항에 관하여 공조하여야 한다"고 규정한다(법 제641조 1항).

채무자회생법 제641조 제1항은 동일한 채무자뿐만 아니라 '상호 관련이 있는 채무자'에 대한 도산절차들로 공조의 대상을 규정하고 있다. 여기서 '상호 관련이 있는 채무자'라 함은 다양한 해석이 가능하겠지만, 부부지간인 채무자, 불가분채무, 연대채무, 보증채무 등이 포함될 수 있으며, 기업집단 소속기업들도 '상호 관련이 있는 채무자'에 해당되는 것으로 풀이된다.[12] 따라서 기업집단 소속기업에 관한 도산절차를 진행하는 법원은 다른 소속기업에 대한 도산절차를 진행하는 외국법원 및 외국도산절차의 대표자와 공조의무를 부담하며 동시에 권한도 가진다고 볼 것이다(채무자회생법 제641조 제1항 및 제2항).

또한, 국내도산절차의 관리인 또는 파산관재인도 '법원의 감독하에' 공조를 위하여 외국법원 또는 외국도산절차의 대표자와 직접 정보 및 의견을 교환할 수 있고(채무자회생법 제642조 제3항), '법원의 허가를 받아' 외국법원 또는 외국도산절차의 대표자와 도산절차의 조정에 관한 합의를 할 수 있도록 규정하고 있다. 여기서 '도산절차의 조정에 관한 합의'란 국제도산사건에서 그 역할이 부각되고 있는 국제도산약정(cross-border insolvency agreement, cross-border insolvency protocol)[13]을 의미하

---

12) 동지(同旨), 심영진, 국제규범의 현황과 전망 - 2104년 국제규범연구반 연구보고 및 국제회의 참가보고 -, 법원행정처 (2015), 298면.

13) 국제도산약정(cross-border insolvency agreement, cross-border insolvency protocol)은 둘 이상의 국가에서 진행되는 복수의 국제도산절차에서 각 절차의 도산관리인, 채무자 등이 공조(cooperation)와 조율(coordination)을 촉진할 목적으로 체결하는 약정을 의미한다.

는 것이다. 참고로 법원은 채무자회생법 제641조 제1항 제4호(그 밖의 필요한 사항)에 의거해 외국법원 또는 외국도산절차 대표자와 국제도산약정을 체결할 수 있다.

VIII. 배당의 준칙

채무자를 공통으로 하는 국내도산절차와 외국도산절차 또는 복수의 외국도산절차가 있는 경우 채권자는 외국도산절차 또는 채무자의 국외재산으로부터 변제받을 수 있다. 이때는 채권자 간의 공평한 배당을 위하여 소위 'hotchpot 원칙'[14]을 수용하여 채권자가 국내도산절차에서 그와 같은 조 및 순위에 속하는 다른 채권자가 동일한 비율의 변제를 받을 때까지 국내도산절차에서 배당 또는 변제를 받을 수 없도록 규정하고 있다.[15]

---

14) 'hotchpot 원칙'은 영국 민사법상 이혼이나 상속에 있어서 재산을 배분하는 경우에 재산을 평등하게 배분하기 위한 전제로서 재산을 통합하는 것에서 유래하였다고 한다.
15) 채무자회생법 제642조.

제5장

기업집단의 국제도산

제5장

기업집단의 국제도산

제1절 　기업집단 도산법제 도입의 필요성

　다국적 기업집단들은 평소 모기업의 현실적인 지배력에 근거하여 평소 고도로 통합된 방식으로 복수의 국가에서 사업을 영위하는 경우가 많고 기업집단 소속기업은 평소 사업적·재정적 영역에서 자신에 대한 평가하락을 피하거나 신용을 유지하기 위해 추가 재원을 제공하는 등의 방법으로 다른 소속기업의 도산을 피하는데 도움을 제공하기도 하며,1) 기업집단 소속기업 간의 상호보증(cross guarantees), 상호배상(cross indemnities) 등도 소속기업의 도산 위협을 최소화하기도 한다.

　그러나 기업집단에 속한 한두 개의 기업 또는 전체 기업집단이 재정적 파탄에 직면하게 되면 기업집단의 공고함에 균열이 일어나고 기업집단이 법적으로는 개별 기업을 단위로 한다는 점으로부터 여러 문제점이 발생한다. 형식적으로는 기업집단을

---

1) 앞서 살펴본 다중대표소송제도는 모기업의 주주가 자회사 이사에 대한 책임 추궁을 허용하는 제도이므로 간접적으로 자회사의 도산을 방지하는 기능을 한다.

구성하는 개별 기업임에도 실질적으로는 그룹차원의 의사결정이 이루어짐으로써 개별 기업의 위기가 전체로 전파될 위험이 증가할 가능성이 있다.[2]

1990년대 초반 BCCI(The Bank of Credit &Commerce International), Maxwell Communication Corp., 자동차부품제조기업 Federal Mogul Global Holdings Inc., 금융서비스기업 Lehman Brothers Holdings Inc. 등의 다국적 기업집단이 줄지어 도산하는 일이 발생하였다.[3]

이들 다국적 기업집단들은 모기업의 현실적인 지배력에 근거하여 평소 고도로 통합된 방식으로 복수의 국가에서 사업을 영위하였으나 도산절차에서는 개별 기업별로 도산절차가 진행되면서 여러 문제점이 발생하였다. 기업집단이 사업적·재정적 연관, 기업의 내부적 지배관계 등이 도산의 발생 원인이었던 경우 기업집단 차원의 재건계획수립 등 도산 상태에서 벗어나기 위한 해결책에 있어서도 통합적인 방식이 유효할 수 있는데, 회사법과 채무자회생법이 기업집단이 아니라 개별 기업을 단위로 하고 있기 때문에 도산절차에서 기업집단에 대한 절차적 취급이나 사법적(司法的) 재량의 개입이 쉽지 않았던 것이다.

기업집단 소속기업들에 대해 복수의 국가에서 국내외도산절차가 병행하는 경우에는, 보편주의에 따른 도산법제가 적용되더라도 개별 국내법이 기업집단이 국제도산을 특별히 규율하지 않는 이상 법인격 독립의 원칙에 의하여 각 도산법원마다 도산관리인 등을 선임하여 독자적으로 도산절차를 진행하게 된다. 각 도산절차가 개별적으로 진행되어 국내외 도산법원 간 정보제공이나 의사소통의 필요가 있는 경우에도 복수의 도산법원 중 어떤 국가의 법원도 중심적인 역할을 수행할 권한을 보유하지 못하고 준거가 되는 지침도 없기 때문에 체계적인 대응이 어렵다.

이는 단일한 채무자에 대한 도산절차가 자산이 외국에 소재하는 등의 사유로 여러 국가에 병행하는 경우 외국도산절차의 승인과 지원제도 등을 통하여 도산절차 상호 간에 영향을 줄 수 있는 것과 대비된다.

1990년대 이래 발생한 기업집단 국제도산 사례 중, 글로벌 통신그룹인 KPNQwest 사건 등에서 소속기업에 대한 도산절차를 개별적으로 진행한 경우 기업집단 재건이 실패로 돌아간 반면, 국제적 공조 등을 활용한 자동차부품제조회사 Collins & Aikman

---

2) 하준/이은정, "기업집단의 부실 심화 및 구구조정 절차상의 주요 쟁점 검토", 산업연구원 (2014. 12.), 24면.
3) 기업집단의 구조를 형성한 내부적 지배관계는 도산에 직면한 상황에서 일부 소속기업에게 위험을 전가시키는 등의 방식으로 가혹하게 작용할 수 있다.

사건[4] 등에서 도산절차가 성공적으로 종료되는 등 기업집단 맥락의 처리 방식의 유효성이 결과로 실증되면서 기업집단 맥락의 도산절차 처리의 필요성에 대한 인식이 확산되는 계기가 되었다.[5]

국내에서는 기업집단 국제도산의 문제가 크게 부각된 바 없으나, 2008년 글로벌 금융위기 여파로 장기 불황 상태에서 회복하지 못하고 기업의 생존가능성 및 성장을 낙관할 수 없는 경제상황이 지속되는 가운데,[6] 기업집단을 이루는 해운·조선산업, 건설산업, 철강산업이 취약산업으로 손꼽히며 구조조정의 대상으로 언급되고 있어 향후 기업집단 국제도산사건이 발생할 가능성을 배제할 수 없다. 생산과 성장의 핵심적인 역할을 담당하고 있는 기업집단의 도산이 현실화 될 경우 국민경제에 차지하는 비중과 계열사 간의 순환출자·총수일가의 사실상 지배 등 경영방식의 특수성을 고려할 때 사회경제적으로 더욱 큰 충격을 줄 수 있기 때문에 관련 국내법제도의 정비에 관심을 기울일 필요가 있는 것이다.

기업집단 국제도산의 쟁점은 다국적 기업집단 또는 그 소속기업들이 도산에 처하였을 때 각 기업들이 관할권을 가진 국가의 도산법원이 국내법에 따라 개별적으로 국제도산절차를 진행하는 경우 발생할 수 있는 여러 문제점을 어떻게 해결할 것이냐에 있다. 외국에서는 1990년대 이래 기업집단 국제도산 사례가 증가하면서 2010년대 이후에는 UNCITRAL이나 유럽연합 등을 중심으로 기업집단 국제도산의 문제를 집중적으로 다루고 있으며 개정 EU도산규정 등 일부는 입법에 반영하기도 하였다.

기업집단 맥락의 국제도산절차의 필요성은 크게 효율성과 공정성을 측면에서 논의되고 있다.

현행법 체계하에서는 법인격 독립의 원칙을 관철하는 방향으로 도산절차를 운용하여 국가마다 기업집단 소속기업을 독립된 기업으로 보고 개별적으로 도산절차를 진행할 수밖에 없는데 이러한 경우에는 예컨대 모기업이 기업집단 맥락에서 해결책을 마련하고자 하여도 시간적인 측면에서나 비용적인 측면에서 엄청난 낭비를 초래하게 된다.

---

4) High Court of Justice Chancery Division Companies Court, 15. 7. 2005, No. 4717-4725/2005.

5) http://www.europarl.europa.eu/RegData/etudes/note/join/2011/432762/IPOL-JURI_NT (2011)432762_EN.pdf, (2022. 7. 30. 확인).

6) 파산 및 회생절차 신청법인의 수가 2011년 1,024건; 2012년 1,198건; 2013년 1,296건; 2014년 1,411건; 2015년 1,512건 등으로 증가일로 있다.

청산이나 기업재건을 위해 효율적이고 합리적인 도산절차를 운영한다는 측면에서도 그러하지만, 기업집단 전체 또는 모기업 성장을 위한 통합적 활동으로 인해 소속기업의 재정이 파탄에 이르게 되었다면, 소속기업의 채권자 보호의 관점에서 기업집단을 단위로 한 접근법을 고려하는 것이 자기책임의 원리에도 부합한다. 가령 모기업이 기업집단 확장을 위해 불법적인 방식으로 자회사로부터 자금을 조달하는 등의 행위를 하였음에도 일부 소속기업에 재정파탄의 위험이 전가되고 해당기업들에 대해서만 도산절차가 개시된다면 매우 불공정하며 책임원리에 반하는 결과가 될 것이다.

나아가 효율성이나 자기책임의 원리의 문제를 차치하더라도 기업집단 스스로가 자발적으로 기업집단 차원의 도산계획을 작성하고 소속기업 채권자들의 동의를 얻는 경우에는 법원으로서도 그러한 해결책을 거부할 이유가 없다. 영미법계에서는 이미 기업집단이 주도적으로 도산계획을 마련하여 성공한 사례가 집적됨에 따라 개정 EU도산규정에 반영한 바 있고, UNCITRAL도 기업집단 국제도산에 관한 모델법을 채택하였다. 우리나라는 대륙법계 국가로서 명시적인 규정 없이 법원의 재량에 의해 기업집단 주도의 도산계획을 인정하기 곤란하기 때문에 전체 채권자의 이익 보호와 기업의 회생의 관점에서 해외의 논의를 참고하여 근거 규정을 마련할 필요가 있는 것이다.

제2절 기업집단의 문제

I. 기업집단의 의의

1. 현황과 배경

현행 회사법 체계는 독립된 법인격을 가진 '회사(corporation)'를 기본 단위로 하지만, 현실에 있어서는 개별 회사가 아니라 기업집단(corporate group, group of companies, enterprise group)이 가장 보편적인 비즈니스 모델로서 국내·외경제에서 매우 큰 비중을 차지하고 있다. 일반적으로 '기업집단' 또는 '그룹'이라 함은 '한 회사 (지배회사, 모회사 또는 지주회사)가 지분의 소유, 임직원 파견, 경영관련 계약 등을 통해 다른 회사에 영향력을 행사하는 관계에 있을 경우 그러한 관계에 있는 회사들의 집합체'를 가리킨다. 이러한 기업집단화는 전세계적 현상으로서 일반적으로 통합적 경영(unified managerial control), 주식의 공동소유(commonality of share holdings) 등의 특성을 나타낸다.[7]

　　기업에 법인격을 부여한 것은 고대 로마시대까지 거슬러 올라간다고 하나, 법인이 다른 법인의 주주가 됨으로써 모자회사 관계가 성립하고 이를 기초로 기업집단을 형성한 것은 19세기 말 이후이며 회사법 차원에서 법인의 주주자격을 인정한 것은 1889년 미합중국(이하 '미국'이라고 한다) 뉴저지 주가 최초라고 한다.[8] 따라서 기업집단 현상은 비교적 길지 않은 100여 년 남짓한 역사를 가짐에도 불구하고 기업집단은 그 합법성이 인정되자마자 경제활동의 핵심적인 주체로 급속히 확산되었다.[9] 기업집단은 20세기 이후 현대자본주의의 발전과정에서 중심적 역할을 해왔으며 추후에도 막강한 영향력은 유지할 것으로 보인다.[10]

　　기업집단이 형성된 이유에 관하여는, ⅰ) 조직화의 비용보다 자산의 활용이나 재

---

7) 김건식/송옥렬/노혁준, "기업집단 규율의 국제비교－우리나라 기업집단의 변화추이와 관련 법제의 국제적 정합성 검토－", 서울대학교 금융·법센터 (2008. 11.), 21면.

8) Irit Mevorach, Insolvency within Multinational Groups, Oxford University Press (2009), 10면, 미국 각 주(州)는 1889년부터 1993년까지 회사에게 주주자격을 부여하는 법안을 발효시켰는데 그 이전에는 다른 기업의 주식을 소유하는 행위는 제한된 기업 목적의 부적절한 확장으로 간주하였다. 19세기 전반에 걸쳐 미국에서는 반 기업정서가 존재하였는데, 이는 단순한 투자목적뿐만 아니라 다른 회사 또는 시장에 대한 지배력을 얻기 위한 독점에 대해 반감을 갖고 있었기 때문이었다. 미국에서는 위 법 시행 후 급속하게 기업집단이 산업에서 지배적인 역할을 차지하게 된다.

9) 김상조, "유럽의 기업집단법 현황과 한국 재벌개혁에의 시사점", 민주정책연구원 (2012. 7.), 15면.

10) 일본의 기업집단은 일반적인 패턴과 다른 변화 과정을 거쳤는데, 전후 미 점령군은 일본의 재벌이 군부에 협력하면서 경제력 집중을 가져왔다고 판단하여 재벌본사를 해체하였다. 일본의 독점금지법 정책은 우리나라의 독점규제법의 모델이 되면서 상당한 영향을 미쳤으나 1966년 산업의 국제경쟁력 강화를 목적으로 지주회사의 설립을 전면 허용하였다. 은행이 대기업을 재건하기 위한 자금을 공급하면서 메인뱅크가 기업의 최대채권자인 동시에 주요 주주가 되어 은행을 중심으로 대기업 집단이 형성되었으나 90년대 이후 기업이 금융시장으로부터 직접 자금 조달이 가능해 지면서 메인뱅크에 의한 지배가 서서히 약해졌고 기업집단도 사실상 그 의미가 무색해지면서 해체되었다. 2000년대 들어 일본의 기업집단은 산업구조가 중화학 공업에서 소프트화, 정보화, 서비스화 되는 과정에서 적응에 실패하여 경제적 기능이 약화되었고 은행의 합병 등의 변화로 무너지기에 이르렀다. 일본에서도 계열사 간 순환출자나 상호출자가 행해지지만 사전 규제가 없을 뿐 아니라 학계나 정치계 어느 쪽에서도 이에 대한 규제가 필요하다는 논의가 없는 상태라고 한다; 강철구/윤일현, "한일 간 기업집단 경제력 집중 배경과 논쟁", 한국일본근대학회, 일본근대학연구 제41집 (2013), 389면.

무위험의 분산과 같은 다각화의 이익이 크기 때문이라는 견해, ⅱ) 시장이 완전하게 발전하지 않은 상태에서 자금 조달, 중간재 공급, 제품 판매 및 인력 관리 측면에서 거래비용을 줄이는 방편으로 활용되었다 견해, ⅲ) 기업인수를 통한 확장의 결과라는 견해, ⅳ) 법인격이 회사별로 부여되는 것을 이용하여 세법상 혜택을 누리기 위한 것이라는 견해 등이 제시되고 있다.[11]

2. 용어의 정리

기업집단을 지칭하는 용어로는 corporate group, group of companies, enterprise group 등이 있다. 기업집단의 계열회사가 국내회사로만 구성되는 경우와 구별하기 위해 계열회사가 복수의 국가에 소재한 기업집단을 '다국적 기업집단(multinational enterprise)'이라고 한다.

'다국적 기업집단'과 비교가 필요한 개념으로서 '다국적 기업(multinational corporate)'[12]이 있다. 다국적 기업은 경영·경제학 분야에서 주로 논의되는 개념인데, "2개 이상의

---

11) 김건식/송옥렬/노혁준, 앞의 글, 21면; 박민우, 앞의 글, 1374면; 기업집단 중 금융업의 경우 개별 기업 단위로는 자산의 축적과 고령화로 인해 특정권역의 상품·서비스만으로 고객의 다양한 욕구를 충족시킬 수 없고 기업집단의 구조화를 통해 IT시설 구축을 통한 설비투자 감소, 계열사와 자회사 간 데이터베이스 공유, 공동마케팅 및 유통으로 일정 수준의 규모까지 비용을 절감할 수 있어 규모의 경제, 범위의 경제를 누릴 수 있었다. 이와 같이 금융회사의 대형화겸업화로 시장집중도가 높아져 매출이 향상되는 반면 평균비용은 감소하여 규모의 경제를 실현하여 소비자의 입장에서도 탐색비용과 정보비용을 절약하는 기능을 하였다.

12) Perter T. Muchlinski, Multinational Enterprises and the Law, second edition, Oxford University Press (2007), 5면; 'Multinational'이라는 표현을 기업과 관련지어 처음 사용한 것은 David E Lilienthal이 1960년에 카네기 기술연구소(Carnegie Institute of Technology)에 제출한 보고서 'Management and Corporation 1985'에서였는데 이 보고서는 후에 'The Multinational Corporation(MNC)'라는 제목으로 출간되었다. '다국적 기업'이라는 용어는 초기에는 외국에서도 활동하는 미국의 국내기업을 지칭하기 위한 것이었다. 이후 경제학자들이 'multinational enterprise'를 '하나 이상의 국가에서 수익을 창출하는 자산을 소유하거나 통제하는 기업'으로 정의함에 따라, multinational enterprise는 외국에서의 재정적 위험과 경영상의 통제를 부담하는 직접적 투자(direct investment)와 재정적 위험만을 부담하는 간접투자(portfolio investment) 중에 모국과 외국에서 직접투자(foreign direct investment, FDI)를 하는 기업으로 정의되었다. 1970년대에는 UN을 중심으로 '초국적(transnational corporate)'과 '다국적(multinational corporate)'의 개념에 관한 논쟁이 있었는데, 다국적 기업은 '통합적인 소유나 통제(jointly owned and controlled)'를 의미하므로 보다 더 다양한 형태의 기업을 포함하기 위해서 초국적 기업이라는 표현이 더 낫다는 주장에 따라 UN경제사회이사회(ECOSCO)가 'transnational corporation'이라는 용어를 정식으로 채택하기도 하였으나 현재는 그러한 구분 없이 일반적으로 'multinational'을 사용한다.

국가에서 생산활동을 하는 다수의 해외 자회사를 소유하거나 통제하며, 이들의 국경을 넘는 활동을 1개국에 위치한 의사결정센터에서 총괄하는 기업"을 말한다.[13]

다국적 기업의 개념요소로는, ⅰ) 다국적성, ⅱ) 해외자회사에 대한 경영통제권, ⅲ) 의사결정센터의 존재를 꼽는다.[14] '다국적성' 요건으로 인해 다국적 기업의 자회사는 외국법에 기초하여 설립된 외국회사일 것이므로, 다국적 기업은 법적으로 다국적 기업집단과 별반 차이가 없는 것으로 보인다. 다만 '다국적 기업'이라는 용어는 경제의 범세계화라는 현대사회의 세계경제질서 하에서, 자회사에 대한 모회사의 경영통제·의사결정의 중앙집권화 등을 특징으로 하는 경제적 주체를 의미하는 것으로서 관점에 따라 그 역할[15]이나 귀속성[16]에 관해 이론상의 가치평가가 다양하게 나타날 수 있는 경제학적 또는 사회학적 개념으로 사용된다.

이에 비해 '기업집단'은 법적 개념으로서 상대적으로 가치중립적 표현이다. 기업집단은 다국적 기업과 같이 모회사의 경영통제나 의사결정의 중앙집권화를 개념요소로 하지 않으며 지분의 소유·임직원 파견 또는 경영관련 계약 등에 따라 다양한 형태의 관계가 가능한 회사들의 집합체를 의미한다.

---

13) Irit Mevorach, 앞의 책, 12면; '다국적' 기업의 기원은 16세기 유럽의 식민지무역회사로 거슬러 올라갈 수 있으나 현대적 의미의 다국적 기업은 세계경제의 성장·산업적 생산을 배경으로 19세기에 등장하였다. 새로운 시장의 발굴 및 자원의 획득을 위해 협력하던 식민지의 현지 회사들이 점차 본국의 모회사로부터 직접적 통제를 받는 계열회사들로 대체되었다.

14) 안세영, 다국적기업 경제학(제3개정판), 박영사 (1998), 4면; 다국적 기업의 특징으로는 거대한 경제력, 거대한 기술력, 범세계적 가치사슬(Global Value－Chain), 피라미드 계층조직, 집권화(Centralization), 내부화(Internalization), 무국적성(Super－nationality), 이동성(Mobility) 등이 있다. 다국적 기업은 통상적으로 세계기업(World Enterprise), 초국적 기업(Transnational Corporate), 국제기업(International Enterprise), 지구기업(Global Firm) 등과 명확한 기준이 없이 동일시되거나 학문적 필요에 의해서 구분되기도 한다.

15) 김철, 다국적기업론, 법문사 (1996), 132면; 안세영, 앞의 책, 52면; 예컨대, 킨들버거(Charles Poor Kindleberger), 케이브스(Richard E. Caves) 등 신고전학파에 속하는 경제학자들은 다국적 기업의 역할과 관련해 세계경제에 있어서는 기술혁신의 주도자이고 현지국에 대해서는 산업화에 기여한다는 긍정적인 평가를 내리는 반면, 스위지(Paul Marlor Sweezy), 바란(Paul Baran) 등 네오－마르크시스트 계열의 경제학자들은 다국적 기업은 세계경제를 구조적으로 착취한다고 비판한다.

16) 안세영, 앞의 책, 346면; 자국에 진출한 외국기업의 국내기업과 똑같이 내국민대우를 해주는 것을 범세계주의(globalism)이라고 하고, 속인주의적 입장에서 내국인이 소유하고 자국 국기를 휘날리는 기업(nation－owned and falg－flying firm)만을 자국기업의 범주에 포함시키는 국가주의(national flaggism)의 대립이 있는데, 클린턴 행정부의 노동부 장관인 라이시(Robert Bernard Reich)와 대통령 경제자문회의 회장인 타이슨(Laura Tyson) 간의 범세계화 논쟁이 대표적이다.

3. 개념

(1) 국내법 규정

1) 상법

기업집단은 기업의 지배 구조, 즉 기업의 '조직'과 관련된 사항이므로 상법의 회사편에 규정을 두는 것이 적절하나 현행 상법에는 그에 관한 규정이 없다. 다만 상법은 제360조의2에서 주식의 포괄적 교환에 의한 완전모회사·완전자회사에 관한 규정을 두고 있을 뿐이다.

2) 공정거래법

현재로서는 공정거래법 제2조 제2목이 유일하게 아래와 같은 기업집단의 정의 규정을 두고 있다.

공정거래법 제2조 2. "기업집단"이라 함은 동일인이 다음 각목의 구분에 따라 대통령령이 정하는 기준[17]에 의하여 사실상 그 사업내용을 지배하는 회사의 집단을 말한다.

---

[17] 공정거래법 시행령 제3조(기업집단의 범위) 법 제2조 제2호 각 목 외의 부분에서 "대통령령이 정하는 기준에 의하여 사실상 그 사업내용을 지배하는 회사"란 다음 각 호의 어느 하나에 해당하는 회사를 말한다.
1. 동일인이 단독으로 또는 다음 각 목의 어느 하나에 해당하는 자(이하 "동일인관련자"라 한다)와 합하여 해당 회사의 발행주식(「상법」 제344조의3 제1항에 따른 의결권 없는 주식을 제외한다. 이하 이 조, 제3조의2, 제17조의5, 제17조의8 및 제18조에서 같다) 총수의 100분의 30 이상을 소유하는 경우로서 최다출자자인 회사
   가. 배우자, 6촌 이내의 혈족, 4촌 이내의 인척(이하 "친족"이라 한다)
   나. 동일인이 단독으로 또는 동일인관련자와 합하여 총출연금액의 100분의 30이상을 출연한 경우로서 최다출연자가 되거나 동일인 및 동일인관련자중 1인이 설립자인 비영리법인 또는 단체(법인격이 없는 사단 또는 재단을 말한다. 이하 같다)
   다. 동일인이 직접 또는 동일인관련자를 통하여 임원의 구성이나 사업운용 등에 대하여 지배적인 영향력을 행사하고 있는 비영리법인 또는 단체
   라. 동일인이 이 호 또는 제2호의 규정에 의하여 사실상 사업내용을 지배하는 회사
   마. 동일인 및 동일인과 나목 내지 라목의 관계에 해당하는 자의 사용인(법인인 경우에는 임원, 개인인 경우에는 상업사용인 및 고용계약에 의한 피용인을 말한다)
2. 다음 각목의 1에 해당하는 회사로서 당해 회사의 경영에 대하여 지배적인 영향력을 행사하고 있다고 인정되는 회사
   가. 동일인이 다른 주요 주주와의 계약 또는 합의에 의하여 대표이사를 임면하거나 임원의 100분의 50이상을 선임하거나 선임할 수 있는 회사
   나. 동일인이 직접 또는 동일인관련자를 통하여 당해 회사의 조직변경 또는 신규사업에의 투자등 주요 의사결정이나 업무집행에 지배적인 영향력을 행사하고 있는 회사

가. 동일인이 회사인 경우 그 동일인과 그 동일인이 지배하는 하나 이상의 회사
　　의 집단

나. 동일인이 회사가 아닌 경우 그 동일인이 지배하는 2이상의 회사의 집단

　　가.항은 하나의 회사가 다른 하나 이상의 회사에 대해 '사실상의 지배력'을 가지는 경우이고, 나.항은 회사 이외의 법인격이 2개 이상의 회사에 대해 사실상 지배력을 가지는 경우이다.

　　공정거래법은 기업집단과 관련하여 지주회사, 자회사, 손회사 및 계열회사에 대한 규정을 두고 있다. 주식의 소유를 통하여 국내회사의 사업내용을 지배하는 것을 주된 사업으로 하는 회사[18]로서 자산총액이 대통령령이 정하는 금액[19]이상인 회사를 '지주회사',[20] 지주회사에 의하여 대통령령이 정하는 기준[21]에 따라 지배를 받는

다. 동일인이 지배하는 회사(동일인이 회사인 경우에는 동일인을 포함한다. 이하 이 목에서 같다)와 당해 회사 간에 다음의 1에 해당하는 인사교류가 있는 회사 (1) 동일인이 지배하는 회사와 당해 회사 간에 임원의 겸임이 있는 경우 (2) 동일인이 지배하는 회사의 임·직원이 당해 회사의 임원으로 임명되었다가 동일인이 지배하는 회사로 복직하는 경우(동일인이 지배하는 회사 중 당초의 회사가 아닌 회사로 복직하는 경우를 포함한다) (3) 당해 회사의 임원이 동일인이 지배하는 회사의 임·직원으로 임명되었다가 당해 회사 또는 당해 회사의 계열회사로 복직하는 경우

라. 통상적인 범위를 초과하여 동일인 또는 동일인관련자와 자금·자산·상품·용역 등의 거래를 하고 있거나 채무보증을 하거나 채무보증을 받고 있는 회사, 기타 당해 회사가 동일인의 기업집단의 계열회사로 인정될 수 있는 영업상의 표시행위를 하는 등 사회통념상 경제적 동일체로 인정되는 회사

18) 공정거래법 시행령 제2조(지주회사의 기준) ② 법 제2조(정의) 제1호의2 후단에 따른 주된 사업의 기준은 회사가 소유하고 있는 자회사의 주식(지분을 포함한다)가액의 합계액(제1항 각 호의 자산총액 산정 기준일 현재의 대차대조표상에 표시된 가액을 합계한 금액을 말한다)이 해당 회사 자산총액의 100분의 50 이상인 것으로 한다.

19) 공정거래법 시행령 제2조(지주회사의 기준) ① 공정거래법 제2조(정의) 제1호의2 전단에서 "자산총액이 대통령령이 정하는 금액 이상인 회사"란 다음 각 호의 회사를 말한다.

1. 해당 사업연도에 새로이 설립되었거나 합병 또는 분할·분할합병·물적분할(이하 "분할"이라 한다)을 한 회사의 경우에는 각각 설립등기일·합병등기일 또는 분할등기일 현재의 대차대조표상 자산총액이 1천억원 이상인 회사

2. 제1호 외의 회사의 경우에는 직전 사업연도 종료일(사업연도 종료일 이전의 자산총액을 기준으로 지주회사 전환신고를 하는 경우에는 해당 전환신고 사유의 발생일) 현재의 대차대조표상의 자산총액이 1천억원 이상인 회사

20) 공정거래법 제2조(정의) 1의2. "지주회사"라 함은 주식(持分을 포함한다. 이하 같다)의 소유를 통하여 국내회사의 사업내용을 지배하는 것을 주된 사업으로 하는 회사로서 자산총액이 대통령령이 정하는 금액이상인 회사를 말한다. 이 경우 주된 사업의 기준은 대통령령으로 정한다.

국내회사를 '자회사',[22] 자회사에 의하여 대통령령이 정하는 기준[23]에 따라 지배받는 회사를 '손회사',[24] 2 이상의 회사가 동일한 기업집단에 속하는 경우에 이들 회사는 서로 상대방의 '계열회사'라 한다.[25]

(2) 외국의 법제

1) 독일

① 독일 주식법

독일은 성문의 단일법에 의해 기업집단을 규율하는 방식, 즉 '단일체 접근법'을 취하는 대표적인 국가에 속한다.[26] 독일 주식법과 독일 상법에서 기업집단에 관한 명문 규정을 두고 있는데, 통상 독일의 기업집단법으로 불리는 소위, '콘체른법'이라 함은 1965년 입법된 '독일 주식법(Aktiengesetz, 이하 'AktG'라고 한다)'상의 콘체른 관련 규정을 지칭한다.[27]

독일 주식법 제17조 제1항[28]은 지배회사(herrschendes Unternehmen)가 하나 이상

---

21) 공정거래법 시행령 제2조 ③ 법 제2조(정의) 제1호의3에서 "대통령령이 정하는 기준"이란 다음 각 호의 요건을 충족하는 것을 말한다.
  1. 지주회사의 계열회사(「중소기업창업 지원법」에 따라 설립된 중소기업창업투자회사 또는 「여신전문금융업법」에 따라 설립된 신기술사업금융업자가 창업투자 목적 또는 신기술사업자 지원 목적으로 다른 국내회사의 주식을 취득함에 따른 계열회사를 제외한다)일 것
  2. 지주회사가 소유하는 주식이 제11조(특수 관계인의 범위) 제1호 또는 제2호에 규정된 각각의 자중 최다출자자가 소유하는 주식과 같거나 많을 것
22) 공정거래법 제2조(정의) 1의3. "자회사"라 함은 지주회사에 의하여 대통령령이 정하는 기준에 따라 그 사업내용을 지배받는 국내회사를 말한다.
23) 공정거래법 시행령 제2조
④ 법 제2조(정의) 제1호의4에서 "대통령령으로 정하는 기준"이란 다음 각 호의 요건을 충족하는 것을 말한다.
  1. 자회사의 계열회사일 것
  2. 자회사가 소유하는 주식이 제11조(특수 관계인의 범위)제1호 또는 제2호에 규정된 각각의 자 중 최다출자자가 소유하는 주식과 같거나 많을 것
24) 공정거래법 제2조(정의) 1의4. "손자회사"란 자회사에 의하여 대통령령으로 정하는 기준에 따라 사업내용을 지배받는 국내회사를 말한다.
25) 공정거래법 제2조(정의) 3. "계열회사"라 함은 2이상의 회사가 동일한 기업집단에 속하는 경우에 이들 회사는 서로 상대방의 계열회사라 한다.
26) 독일 이외에 브라질, 포르투갈, 체코, 슬로베니아 등 소수의 국가만이 이 방식을 취한다.
27) 김상조, "기업집단의 규율체계의 새로운 패러다임 모색-재벌의 양극화 현황 및 기업집단 법적 대안-", 한국경제발전학회 (2014), 31면.
28) 독일 주식법 제17조 제1항.

의 종속회사(Abhängige Unternehmen)에 직·간접적으로 '지배적 영향력(beherrschenden Einfluß)'을 행사할 때 이들 지배회사와 종속회사를 '기업집단'으로 규정한다.[29]

독일 주식법상 '형태'에 따른 기업집단의 분류로서, '수평적 콘체른(Gleichordnungskonzern)'과 '수직적 콘체른(Unterordnungskonzern)'의 두 가지 유형이 있다. 전자는 지배기업의 통일적인 지도 아래 지배기업과 한 개 이상의 피지배기업이 결합되어 있는 경우의 기업집단을 말하고,[30] 후자는 동등한 지위에 있는 기업 간에 통일적인 지도아래 결합한 기업집단을 의미한다.[31] 여기서 '통일적인 지도(Einheitlicher Leitung)'라 함은, ⅰ) 지배하는 기업이 종속회사의 정책에 실제로 영향력을 행사하며, ⅱ) 결집된 기업의 정책을 지속적으로 조율하는 목표를 가진 경우를 뜻한다.[32]

그 밖에 법적으로는 다른 기업의 지배를 받지 않는 독립적인 기업들이지만 상호 의존적인 관계에 있는 형태의 기업집단도 인정된다.[33]

기업집단의 '결합의 근거'에 따른 분류로서, ⅰ) 지배회사와 종속회사의 주주총회 특별결의에 따라 지배회사가 종속회사의 지분을 95% 이상 보유하면서 종속회사를 사실상 지배회사의 한 사업부처럼 경영하는 '통합 콘체른(Eingliederung)',[34] ⅱ) 두 회사 간의 계약에 의한 '계약 콘체른(Vertragskonzern)'[35] ⅲ) 명시적인 지배계약이 없이 한 회사가 다른 회사에 사실상의 지배적 영향력을 행사하는 '사실상의 기업집단(faktisher konzern)'[36]의 세 가지 유형이 있다.[37]

② 독일 상법

독일 상법 제290조 제1항은 독일 국내에 소재하는 모기업이 다른 기업에 대해 지배적 영향력을 행사할 수 있는 경우, '계약에 의한 기업집단'을 형성할 수 있다고 규정하고 있다. 독일 상법상의 기업집단은 독일 주식법과 달리 실제로 지배적 영향

---

29) 종속기업은 법률상 독립된 기업으로서 그 기업에 대하여 다른 기업(지배기업)이 직접 또는 간접으로 지배적 영향력을 행사할 수 있는 기업을 말하며, 과반수 피참가기업은 그 기업에 과반수 참가한 기업에 종속된 것으로 추정한다; 이형규, 독일 주식법, 법무부 (2014), 11면.
30) 독일 주식법 제18조 제1항.
31) 독일 주식법 제18조 제2항.
32) 김용진, 앞의 책, 186면.
33) 독일 주식법 제18조 제2항.
34) 독일 주식법 제319 – 320조.
35) 독일 주식법 제291 – 299조.
36) 독일 주식법 제311 – 318조.
37) 독일 주식법은 자회사가 주식회사 또는 주식합자회사인 경우만 적용되므로, 독일기업 대부분이 해당하는 유한책임회사에 대해서는 명문의 규정이 없다. 따라서 이 경우는 판례에 의해 규율된다.

력을 행사함이 없이 '행사할 가능성이 있는 경우'도 기업집단으로 인정한다는 점에 특색이 있다.

③ 독일 도산법

개정전 독일도산법은 '단일 법인격, 단일 재단, 단일 도산(eine Person, ein Vermögen, eine Insolvenz)'을 원칙으로 하였다. 개정 도산법에 기업집단을 의미하는 콘체른도산에 관한 규정들이 추가되었는데 기업집단도산 관련 규정을 일명 콘체른 도산법(Gesetz zur Erleichterung der Bewältigung von Konzerninsolvenzen)이라고 한다. 개정 도산법 제3e조는 기업집단의 정의 규정을 두고 있는데 이에 의하면 콘체른 도산법이 적용되기 위하여서는 기업집단이, ⅰ) 법적으로 독립된 기업으로 구성되어야 하고, ⅱ) 기업들의 주된 이익의 중심지(COMI, Mittelpunkt ihrer hauptsächlichen Interessen)[38]가 독일 국내에 존재하여야 하고, ⅲ) 직접적으로나 간접적으로 '지배적 영향력의 가능성(Möchlichkeit der Ausübung eines beherrschenden Einflusses)' 또는 '통일적 지도하의 통합(eine Zusammenfassung unter einheitlicher Leitung)'에 의해 상호 연결되어야 한다.

여기서 ⅲ)항의 '지배적 영향력의 가능성'은 앞서 살펴본 독일 상법의 기업집단 개념에서, '통일적인 지도하의 통합'은 독일 주식법으로부터 각각 유래한 것으로 해석된다. 또한 기업집단의 주된 이익의 중심지(COMI)가 독일 국내에 존재하여야 한다는 요건은 유럽 내의 국제도산사건의 경우 EU도산규정 등이 적용된다는 점을 고려한 것으로 보인다.[39]

2) EU도산규정

EU도산규정(European Council Regulation No. 1346/2000 of 29 May 2000 on insolvency proceedings, 이하 'EU도산규정'이라고 한다)[40]은 제정 당시에는 기업집단에 관한 규정을 포함하지 않았다. 2013년 개정법에 기업집단(group of companies)의 정의 규정을 비롯해 법원 간의 공조 등에 관한 규정 등을 추가하였다.

---

38) 주된 이익의 중심지(COMI)는 EU도산규정상의 개념인데 해당 부분에서 자세히 후술한다.
39) 이와 관련하여 주된 이익의 중심지(COMI)가 외국에 소재하는 경우 독일법은 사건을 외국으로 이송하도록 되어 있어 모든 독일 자회사가 그 외국의 도산법의 적용을 받게 되는 불리한 사태가 발생한다는 견해로는 김용진, 앞의 책, 187면.
40) 정식명칭은 Regulation (EU) 2015/848 of the European Parliament and of the Council of 20 May 2015 on insolvency proceedings이다.

개정 EU도산규정 제2조 제1호 제13항[41]은 '기업집단(group of companies)'을 '모기업과 모든 종속기업', '모기업(parent undertaking)'을 '하나 또는 그 이상의 종속기업에 대해 직·간접적으로 지배력을 행사하는 기업'으로 정의하고 있다. 제14항에는 유럽의회(the Parliament)[42]와 유럽이사회(the Council)[43]가 결의한 Directive 2013/34/EU상의 연결재무제표(consolidated financial statements)[44]에 의한 기업도 모기업으로 간주한다는 규정을 두고 있다.[45]

---

41) (13) 'group of companies' means a parent undertaking and all its subsidiary undertakings.

42) 유럽연합(European Union, EU)의 입법부로 1962년 설립되었다. 2015년 현재 751명의 구성원이 있는데 EU 구성원들은 EU 시민의 이익을 대변하기 위하여 5년에 한 번씩 직접 선거로 선출된다. 유럽의회의 주요 역할은, ⅰ) 유럽이사회(the Council)와 함께 법을 통과시키는 입법의 권한, ⅱ) 유럽연합 집행위원회를 중심으로 모든 EU기관에 대한 민주적인 감독의 역할을 하며 집행위원회 회장(the President)이나 위원들의 임명을 승인하거나 거절할 수 있는 권한, ⅲ) 유럽이사회와 함께 EU 예산에 대한 심의 및 지출에 관한 권한, ⅳ) EU에 관련된 문제 공개토의, ⅴ) EU에 대한 신규가입 거부 등의 권한을 가진다; 대법원 사법정책연구원, EU사법재판소(CJEU)와 유럽인권재판소(ECtHR)에 관한 연구 (2016), 24면.

43) 유럽연합(EU) 회원국 정부의 정상들과 EU위원회 위원장의 모임으로 1974년에 설립된 EU의 최고기관이다. EU의 주요 정책들을 결정하며 회원국의 이해관계를 조정하는 정부 간 협력체(inter-governmental cooperation)로서 정치적 중요성을 가진다. 유럽이사회는 논의되는 주제에 따라 다른 구성으로 모이는데 현재 유럽이사회 안에 10개의 다른 이사회가 있다. 이 중 총괄이사회(the General Affairs Council)가 다른 이사회들의 업무를 조정하여 통일성을 유지하는 일을 한다. 외무이사회(the Foreign Affairs Council)는 EU의 외교적 행위에 대한 책임을 지며, 방위와 안보, 무역, 국제협력개발, 인도적 지원에 대한 문제를 담당한다. 유럽이사회와 EU의 정책결정을 담당하는 정상회의(the European Council)와 혼동하여서는 안 된다; 대법원 사법정책연구원, EU사법재판소(CJEU)와 유럽인권재판소(ECtHR)에 관한 연구 (2016), 24면.

44) 연결재무제표란 지배·종속 관계에 있는 2개 이상의 회사를 단일 기업집단으로 보아 각각의 개별 재무제표를 종합하여 작성하는 재무제표로서 연결결산시에 작성되는 연결대차대조표·연결손익계산서 등이 포함된다. 법률적으로는 별개의 독립된 기업이라도 경제적으로 상호 밀접하게 연결되어 있는 기업집단이 존재할 때에는 그들을 하나의 조직체로 간주하여 재무제표를 작성하는 것이 경제적 통일체로서의 기업의 실태를 파악하는 데 유리하다. 이 때문에 연결재무제표가 제도화되었으며, 또한 이 제도는 지배회사가 종속회사의 경리를 이용하여 분식을 하는 등의 비리를 막는 데에도 유효하다. 작성은 각 회사의 재무제표를 연결하여 시행되므로, 동종 계정잔고의 집계, 회사 상호 간의 채권·채무의 상계, 내부이익의 제거 등이 필요하다. 미국에서는 20세기 초 지주회사가 성행하면서 일반화 되었고 한국은 상장법인 등의 회계처리에 관한 규정, 재무제표에 관한 규칙 등에 규정하는 바에 따라 연결재무제표를 작성하도록 되어 있다.

45) (14) 'parent undertaking' means an undertaking which controls, either directly or indirectly, one or more subsidiary undertakings. An undertaking which prepares consolidated financial statements in accordance with Directive 2013/34/EU of the

3) UNCITRAL 도산법 입법지침

국제연합상거래법위원회(UNCITRAL, United Nations Commission on International Trade Law)는 1997년 국제도산 모델법(UNCITRAL Model Law on Cross－Border Insolvency)를 채택한 이래 그 후속으로 2004년 6월 25일 도산법 입법지침 제1－2편(UNCITRAL Legislative Guide on Insolvency Law),[46] 2010년 7월 1일 도산법 입법지침 제3편(UNCITRAL Legislative Guide on Insolvency Law, Part three: Treatment of enterprise groups in insolvency, 이하에서는 'UNCITRAL 도산법 입법지침 제3편'이라고 한다), 2013년 8월 18일 도산법 입법지침 제4편(UNCITRAL Legislative Guide on Insolvency Law, Part Four: Directors' obligations in the period approaching insolvency)을 채택하였다.

UNCITRAL 모델법은 기업집단에 대해 아무런 언급이 없었고 2004년 도산법 입법지침 제2편[47]에서 최초로 기업집단(corporate groups)의 문제를 다루었다. 그러나 도산법 입법지침 제2편은 기업집단에 속한 하나의 회사가 도산한 경우 초과채무에 대한 그룹 차원의 책임 등이 문제될 수 있음을 초보적인 차원에서 간략히 언급함에 그치고 기업집단의 정의 규정도 두지 않았다.

2004년의 도산법 입법지침 제1－2편은 원칙적으로 단일한 채무자의 국내외도산절차를 다루는 것이었기 때문에 기업집단 소속기업들에 대해 진행되는 복수의 도산절차

European Parliament and of the Council shall be deemed to be a parent undertaking.

46) 1990년대 중반 이후 남미와 동남아 지역에서 발생한 금융위기를 배경으로 각국의 도산실체법의 조화를 목표로 하는 규범을 제정하는 것에 대한 논의가 대두되어 그 결과로 UNCITRAL에서 1997 국제도산 모델법이 채택되었고, 1997년부터 도산 실무위원회가 활동하여 2004년에 도산법 입법지침을 완성하였다. 2004년 도산법 입법지침은 전 세계의 도산법 개혁과 각국의 입법기관이 도산법 제·개정을 함에 있어 참고할 정보와 자료를 제공하여 개도국과 후진국의 도산실체법을 국제적 수준으로 개정하는 데 도움을 주기 위한 목적으로 제정되었다. 따라서 주로 도산절차법을 다룬 국제도산 모델법과는 달리 기업집단 내부거래의 부인 등의 도산실체법에 관한 방대한 권고사항을 내용으로 한다. 도산법 입법지침의 구체적인 내용을 살펴보면, 도산법의 핵심 목표, 도산법과 다른 법과의 관계와 같은 법의 구조와 관련된 주제, 채무자의 재정적 곤란을 해결하기 위해 이용 가능한 메커니즘의 종류, 효과적인 도산법 체계를 위한 제도적 틀 등 도산법 전반에 관한 포괄적 내용을 담고 있는 제1장(part one: Designing the key objectives and structure of an effective and efficient insolvency law)과 도산의 개시로부터 종결까지 각 단계에 있어서 효과적인 도산법의 주요 특성과 요소들을 다루고 있는 제2장(part two: core provisions for an effective and efficient insolvency law)으로 이루어져 있다.

47) http://www.uncitral.org/pdf/english/texts/insolven/05－80722_Ebook.pdf, 276면(2022. 7. 30. 최종확인).

를 어떻게 처리할 것인가에 대한 추가적인 작업이 필요하다는 주장이 제기되었다.

2006년 제39차 UNCITRAL 본회의에서 정식으로 '도산절차에 있어서 기업집단의 취급(treatment of corporate groups in insolvency)'을 의제로 정한 이래 수년간의 작업을 거쳐 2010년 제43차 본회의에 도산법 입법지침 제3편을 채택하였다.

2012년의 도산법 입법지침 제3편은 본격적으로 기업집단의 도산처리 문제를 다루기 위한 목적으로 작성된 것으로서, 기업집단을 지칭하는 용어로 'corporate groups' 대신 'enterprise group'을 채택하고 기업집단의 정의 규정도 두었다. 위 도산법 입법지침 정의 규정 제4조는 '기업집단(enterprise group)'이란 '지배력(control) 또는 현저한(유의미한) 소유관계(significant ownership)에 의해 상호 연결된 둘 또는 그 이상의 기업들'을 의미한다[48]고 정의하고, '기업(enterprise)'이 '그 법적 형태를 불문하고 경제활동에 관여하는 독립된 조직(entity)'에 해당하면 도산법의 규율대상이 될 수 있다고 하였다.[49] '여기서 '지배력'이란 '직·간접적으로 기업의 경영과 재정정책을 결정하는 능력'을 말한다.[50]

이러한 정의는 상당히 포괄적인 것인데 도산법 입법지침의 성격상 여러 국가의 다양한 회사법 규정을 아우르기 위한 것으로 이해된다.[51]

4) 국제도산협회 지침(MEG Guidelines)

국제도산협회(International Insolvency Institute)[52]는 2012년 5월 '다국적기업의 도산절차의 공조에 관한 지침(Guidelines for Coordination of Multinational Enterprise Group solvencies, MEG Guidelines)'[53]을 채택하였다. 국제도산협회가 미국법협회

---

48) UNCITRAL 도산법 입법지침 제3편 Glossary 4(a).
49) UNCITRAL 도산법 입법지침 제3편 Glossary 4(b).
50) http://www.uncitral.org/pdf/english/texts/insolven/05-80722_Ebook.pdf, 5(fn1)(2022. 7. 30. 최종확인).
51) 제45차 도산 실무위원회 회의에서도 산출된 텍스트는 '선견적(forward-looking)'일 필요가 있고 협소한 개념 정의로 작업을 제한하는 것은 도움이 되지 않으므로 폭넓은 개념정의를 채택하는 것이 바람직하다는데 의견이 수렴된 바 있다; 심영진, 국제규범의 현황과 전망 -2014년 국제규범연구반 연구보고 및 국제회의 참가보고-, 법원행정처 (2015), 275면.
52) 도산영역에 있어서의 국제적 협력과 조화를 목적으로 조직된 비영리의 제한적 회원 조직이다. 본 기관의 회원 자격은 세계상위의 경험 많고 존중받는 실무가, 학자, 판사 그리고 금융산업 전문가들로 제한되어 있다. 본 기구의 16개 공식위원회는 UNCITRAL의 초청에 의해 도산에 관한 지침의 연구에 동참하는 등 긴밀한 업무관계를 발전시켜 왔고 그 밖에도 전 세계적으로 국내 도산법 절차를 위한 추천할만한 원칙들에 대한 연구 등 여러 프로젝트들을 진행하고 있다.

(American Law Institute)와 공동으로 같은 해 채택한 '법원 간 의사교환 가이드라인 (Court-to-Court Communications Guidelines)'과 구별하여 'MEG Guidelines' 이라고 불린다. 미국과 캐나다는 위 지침을 실제 사건에 활발히 사용하고 있다.

동 지침은 '다국적 기업집단'을 '직·간접적 지배 또는 소유관계에 의해 결합되거나, 영업이 중앙집권적으로 통제되거나 조직화됨으로써 결합된 하나 이상의 국가에서 설립된 회사들'로, '계열회사(Affiliate)'를 다국적 기업집단의 구성원으로 정의하였다.[54]

II. 기업집단의 규율

1. 개관

현행 회사법 체계는 독립된 법인격을 가진 '회사(corporation)'를 기본 단위로 한다.[55] 개별 회사는 '법인격 독립의 원칙'에 근거해 회사의 소유자, 경영자 및 근로자와는 분리되어 권리·의무의 주체가 된다. 기업집단 자체는 권리능력이 인정되지 않고 소송능력도 없으며 도산법에 있어서도 개별 회사만이 도산능력의 귀속주체이다.[56] 기업집단의 실체가 엄연히 존재하고 적법한 것으로 간주됨에도 불구하고 현행 회사법은 법인격 독립의 원칙에 근거하여 독립된 법인만을 상행위 주체로 인정하고 법적 규율의 대상으로 삼고 있는 것이다.

현실에 있어서는 경제의 가장 큰 영역을 차지하고 영향력을 행사하고 있는 실체로서의 '기업집단'을 법과 제도는 제대로 수용하지 못하여 법과 현실의 괴리가 나타나고 있을 뿐만 아니라,[57] 지배회사와 지배주주가 기회주의적으로 법인격 독립의 원칙과

---

53) https://www.iiiglobal.org/sites/default/files/draftmultinationalcorporaqtegroupguidelines.pdf(2022. 7. 30. 최종확인).

54) 그룹센터(Group Center)는 통합된 다국적 기업집단을 운용이 지시되는 장소의 관할로 정의하였다.

55) 상법 제169조(회사의 의의) 이 법에서 "회사"란 상행위나 그 밖의 영리를 목적으로 하여 설립한 법인을 말한다.

   제170조 (회사의 종류) 회사는 합명회사, 합자회사, 유한책임회사, 주식회사와 유한회사의 5종으로 한다.

56) Ian F. Fletcher, 앞의 책, 139면; 채무자회생 법은 파산신청권자로서 채권자 또는 채무자(제294조 제1항), 민법 그 밖에 다른 법률에 의하여 설립된 법인에 대하여는 이사, 합명회사 또는 합자회사에 대하여는 무한책임사원이, 주식회사 또는 유한회사에 대하여는 이사가 파산신청을 할 수 있다(제295조 제1항).

57) 하준/이은정, 앞의 글, 60면.

및 유한책임 원칙이라는 회사법의 기본 원리를 남용함으로써 종속회사의 소액주주·채권자·근로자 등의 권익을 침해하는 등의 더 큰 문제를 야기하고 있기도 하다.[58]

우리나라의 기업집단은, ⅰ) 소수 기업집단이 국민경제에서 차지하는 비중이 절대적이고, ⅱ) 소수지분으로 강력한 지배력을 행사하는 지배주주가 존재하여 소유와 지배의 괴리가 크고,[59] ⅲ) 대규모 기업집단에 속하는 회사들이 매출의 상당 부분을 같은 기업집단 소속 계열사를 상대로 실현하여 기업집단 내부거래 비중이 높으며, ⅳ) 개별 회사를 넘어 기업집단 차원의 의사결정이 행해지는 경우가 많다[60]는 특징을 가지는 것으로 지적되고 있다.[61]

이는 경제력 집중으로 인한 경제법적 쟁점뿐만 아니라,[62] 거래 상대방의 보호,

---

58) 기업집단은 국내적 상황에서 재벌기업의 확장이라는 배경과 맞물려 경제민주화 논의를 촉발시키기도 하였다. 특히 1997년 외환위기 당시 IMF는 개발금융 지원의 대가로 초고금리 정책과 더불어 대기업집단 해체를 요구하여 한국 정부는 공정거래법을 통한 규제 강도를 심화하였으나 2008년 글로벌 금융위기 이후 기업집단에의 경제력 집중현상은 더욱 증가하고 있다; 최준선, "주요국의 기업집단 지배구조에 대한 비교분석", 한국비교사법학회, 2016년 하계 국제학술대회 발표문, 2, IMF의 대기업해체 정책에 따른 정부의 강력한 구조조정 기조 속에서 정리해고 및 일자리 감소 등의 요인의 영향으로 오히려 분배구조가 악화되었다고 평가되기도 한다; 김상조, "기업집단의 규율체계의 새로운 패러다임 모색―재벌의 양극화 현황 및 기업집단법적 대안―", 한국경제발전학회 (2014); 통계에 따르면 2007년과 2012년을 비교해 볼 때 동 기간 중 30대 기업집단의 GDP대비 자산총액 점유 비중이 52.37%에서 94.02%로 1.8배 증가하였으며, 소위 범4대 재벌기업(범삼성, 범현대, 범LG 및 범SK그룹이 포함된다)은 33.78%에서 64.43%로 1.91배 증가하였다.

59) 특히 총수가 있는 기업집단에서는 순환출자구조 및 피라미드구조를 통해 실제 경제적 지분보다 훨씬 큰 의결권을 누리고 있다는 점이 특징으로 지적된다; OECD, Corporate Affairs Division, Directorate for Financial and Enterprise Affairs, "Lack of Proportionality between Ownership and Control" (2017), 18면; 소유와 지배의 괴리는 외국에서도 기업집단의 폐단으로 지적되고 있다.

60) 중장기 투자 전략 및 계획 수립, 신사업 진출, 경영임원의 인사, 기업인수·분할·합병 등의 기업구조 개편 등 중요사항이 개별 기업 단위가 아니라 비서실·기획조정실·경영기획실·구조조정본부·경영전략본부 등의 계열회사 임직원으로 구성되고 그룹총수를 보좌하는 별도 조직에서 결정되는 예가 많다.

61) 천경훈, 기업집단의 법적 문제 개관, 서울대학교 금융법센터, Business, Finance & Law 제59호 (2013. 5.), 7면.

62) 우리나라에서 경제력 집중에 대한 인식은 재벌의 형성과 급성장하는 과정에서 정부와 밀착하여 대형화하였다는 점과 이후 내실을 기하기보다는 외형확정에 경영목표를 두면서 재무구조의 악화, 대재벌에 대한 집중적인 금융혜택, 부채규모의 확대, 재벌의 부동산 취득 및 비생산적 부분에의 투자활동, 그리고 경제력 우위를 바탕으로 중소기업형 산업부분을 잠식한다는 점에서 국민 대부분이 부정적 태도를 갖고 있으며 이것이 사회적 긴장감과 양극화를 조성하고 있다는 지적을 받고 있다. 그 밖에도 부의 세습과 소득분배의 불공평성, 전문성 저하, 중소기업과의 균형적 발전 저해 등 경제적 비효율성을 초래하는 구조적인 문제점이

지배회사 또는 종속회사 이사 등의 의무와 책임의 확대, 주주 등 이해관계자의 보호 등 여러 국면에서 회사법, 거래법, 노동법 및 도산법 등에서 다양한 법적 쟁점을 야기하고 있다.

기업집단은 개별 기업으로는 불가능한 다양한 시너지 효과를 제공하여 기업집단 차원에서 국민경제 차원에서도 경제력의 원동력이 되어왔다는 점에 이론의 여지가 없으나,63) 앞서 지적한 여러 문제점으로 인하여 기업집단을 구성하는 개별 기업에 대한 규제를 넘어 기업집단 자체를 별도의 체제로 규율할 필요가 있다는 주장이 광범한 공감대를 얻고 있다.64)

드러나면서 오늘날 한국경제발전에 제약요인이 되고 있다는 주장도 있다. 그러나 이러한 현상은 대기업집단의 계열기업 간 자원을 공유하고 규모의 경제를 실현하여 포괄적인 상승 효과를 얻을 수 있기 때문에 고스란히 장점으로 인식될 수도 있는 부분이다, 강철구/윤일현, "한일 간 기업집단 경제력집중 배경과 논쟁", 한국일본근대학회, 일본근대학연구 제41집 (2013), 403면.

63) 김상조, "유럽의 기업집단법 현황과 한국 재벌개혁에의 시사점", 민주정책연구원 (2012. 7.), 2면; 김현종, "한국기업집단의 소유지배구조에 대한 역사적 영향요인 고찰 및 시사점", 한국경제연구원 (2012), 55−85면; 국내 기업집단의 발전과정을 살펴보면 국내 대기업의 성장에 있어서 중요한 역사적 요인은 일제의 귀속재산의 불하를 통한 기반마련과 1950년대 외국의 외화원조에 의한 재정확보이다. 식민지하에서 일본은 한국 전체 기업의 94%를 점유하고 있었기 때문에 일본 식민지시절 귀속재산의 불하는 한국의 기업형성, 특히 대규모 기업형성에 큰 역할을 수행하였다. 1950년대 300인 이상의 대기업 중에서 불하된 귀속사업체의 비중이 전체 40%를 차지하였으며, 50대 기업집단 중 13개 그룹이 귀속재산을 불하받았다. 이러한 귀속재산 불하는 SK, 두산, 한화, 동양그룹, 하이트, 쌍용그룹, 해태그룹 등 이후 대규모기업집단으로 성장할 수 있는 기반을 제공했다. 또한, 한국전쟁 이후 투융자의 재원은 거의 대부분 외국의 원조에 의존하고 있었는데, 외환의 초과수요로 외환은 정부의 인위적인 배급정책에 따라 전쟁복구과정에서 섬유, 화학, 기계분야에 집중되었다. 이 시기에 삼호, 삼성의 제일모직 등 방직회사들이, 락희 등 화학산업이 성장기반을 마련했다. 외국의 원당 소맥 등 물자원조는 제일제당, 대한제분, 조선제분이 성장하는 원천이 되었다. 1960년대 이후에는 정부의 산업육성정책추진과 금융지원이라는 배경 속에서 정부정책에의 적응, 사업다각화 및 재무적 위기관리 등을 통해 지속적 성장을 달성한 기업이 대규모 기업집단으로 자리 잡았다.

64) 기업집단의 규제의 논거로는 주요하게, i) 기업집단 대리인 비용의 문제와 ii) 일반집중의 문제가 제시되고 있다. 기업집단의 대리인 비용이라 함은 기업집단의 지배주주 내지 지배기업이 일부 기업의 이익을 다른 기업의 이익보다 우선시하여 자신의 이익을 극대화하고 그 과정에서는 계열사의 소수주주나 채권자들이 피해를 입게 되는 문제를 말한다. 이는 지배주주의 순환출자, 주식피라미딩(Pyramiding, 여러 단계의 순환출자시 단계가 내려갈수록 소유과 지배의 괴리가 심화되는 현상) 등에 의해 더욱 악화되는 경향이 있다(소유ㆍ지배의 괴리도와 기업가치의 상관관계에 대한 실증분석을 살펴보면, 괴리도가 커질수록 기업가치에 부정적이라는 분석도 있으나 별 관련이 없다는 연구결과도 있다). 일반집중이라 함은 특정 대기업 또는 기업집단이 국민경제 전체 또는 제조업에서 점하는 비중이 높은 상태를 의미하는데, 경제력이 소수에 집중됨으로써 소수자의 영향력이 부당하게 높아지고 사업력 격

2. 국내법의 태도

(1) 공정거래법

현행법상 기업집단에 대한 법제는 매우 제한적인데, 기업집단의 시장지배적 지위의 남용과 과도한 경제력의 집중을 방지하기 위한 공정거래법상의 행정규제가 대표적이다. 공정거래법 제14조 제1항에 따라 공정거래위원회는 전체 자산 5조원 이상인 기업집단의 직전사업년도 결합재무제표를 참고하여 매년 4월 1일 상호출자제한 기업집단을 지정·발표한다. 상호출자제한 기업집단으로 지정되면 계열사 간 상호출자 및 채무보증이 금지되며, 비상장 계열사의 공시의무가 발생하는 등 여러 가지 행정상의 제약이 가해진다.

(2) 채무자회생법

도산법제에 있어서는 채무자회생법에서 국제도산에 관한 규정들을 신설하면서 기업집단에 대한 부분은 규율의 대상에서 제외하였다. 이에 따라 채무자회생법의 국제도산편에 기업집단에 관한 규정이 부재하나 총칙편에 기업집단 재판관할의 특칙을 두었다(채무자회생법 제3조 제3항 제1호).

즉, 채무자회생법은 회생사건, 간이회생사건 및 파산사건 또는 개인회생사건에 관한 일반관할로서 채무자의 보통재판적이 있는 곳 또는 채무자의 주된 사무소나 영업소가 있는 곳 및 채무자가 계속하여 근무하는 사무소나 영업소가 있는 곳 또는 채무자가 계속하여 근무하는 사무소나 영업소가 있는 곳을 관할하는 지방법원 본원을 전속관할로 하고(제3조 제1항), 회생사건 및 파산사건은 채무자의 주된 사무소 또는 영업소의 소재지를 관할하는 고등법원 소재지의 지방법원 본원에도 신청할 수 있도록 하여 일반관할에 관한 규정을 두고 있으면서(제3조 제2항), 같은 법 제3조 3항 제1호에 「독점규제 및 공정거래에 관한 법률」 제2조 제3호에 따른 계열회사에 대한 회생사건 또는 파산사건이 계속되어 있는 경우 계열회사 중 다른 회사에 대한 회생절차개시·간이회생절차개시의 신청 또는 파산신청은 그 계열회사에 대한 회생사건

차로 인해 경쟁제한 효과가 발생하여 경제적 후생에 부정적 영향을 미치게 된다(일반집중을 근거로 한 기업집단의 규제에는 논란의 소지가 많은데, 일반집중이 경제적 후생에 미치는 부정적 영향이 명확히 검증되지 않았고 부당한 공동행위, 끼워팔기 등의 개별적 일반경쟁행위 외에 일반집중 자체를 규제할 필연성을 분명하게 설명하기 어렵기 때문이다); 김건식/송옥렬/노혁준, 앞의 글, 23면.

또는 파산사건이 계속되어 있는 지방법원 본원에도 할 수 있도록 규정하고 있어 기업집단의 관할에 관한 특칙을 규정하고 있다.

이상에 의하면 기업집단 소속의 계열회사에 대해서는 채무자회생법 제3조 제1항의 일반관할, 제3조 제2항 및 제3항의 특별관할이 경합하는 것이므로 신청자는 관할법원을 선택하여 정할 수 있다. 또한, 법원은 손해나 지연을 피하기 위한 직권으로 제4조 제3항에 규정한 지방법원본원에 사건을 이송할 수 있다. 따라서 기업집단의 특별관할로 관할이 정해지는 경우는 신청자가 제3조 제3항 제1호에 의해 선택하는 경우와 법원이 제4조 3호에 의해 직권으로 재량이송하는 경우의 두 가지이다.

(3) 은행업 감독규정

한편 금융감독원은 은행업 감독규정 제82조 제3항, 감독업무 시행세칙 제52조 제4항에 근거하여 '주채무계열'을 선정하고 재무구조를 평가하여, 재무구조개선약정 또는 정보제공약정, 약정이행점검을 통한 사전적·예방적 구조조정 등을 실시하고 있다. 주채무계열제도는 법적 근거가 미비하다는 한계가 지적되기 하지만, 현행 구조조정제도상 유일하게 기업집단을 대상으로 한 제도이다.[65]

우리나라에서는 기업집단법에 관한 논의가 최근에서야 활발하게 진행되고 있으나 유럽에서는 1960년대 이후 기업집단법의 내용, 방향 및 입법 방식 등을 둘러싸고 EU 등을 중심으로 지속적인 논의가 있었고 부분적으로 법제화도 되어 있는데 이에 관하여 항을 바꾸어 살펴본다.

3. 유럽에서의 논의와 시사점[66]

기업집단법은 유럽을 중심으로 발전하였는데 EEC(유럽경제공동체, European Economic Community),[67] EC(유럽공통체, European Community),[68] EU(유럽연합,

---

65) 하준/이은정, 앞의 글, 52면; 한시법의 성격을 가진 기업구조조정촉진법은 금융권 총신용공여액 500억원 이상인 기업 중 부실징후기업에 해당되나 경영정상화가 가능한 기업에 대한 워크아웃제도를 규정하고 있다. 주채무계열제도를 기업구조조정촉진법에 통합하여 기업집단에 대한 선제적 구조조정과 그 소속 주요 계열사에 대한 본격적인 구조조정 간의 연계성을 높이자는 주장으로는 김상조, "기업집단의 규율체계의 새로운 패러다임 모색-재벌의 양극화 현황 및 기업집단법적 대안-", 한국경제발전학회 (2014), 82면.
66) 김상조, "기업집단의 규율체계의 새로운 패러다임 모색-재벌의 양극화 현황 및 기업집단법적 대안-", 한국경제발전학회 (2014), 65-75면.
67) 2차 세계대전 이후 초강대국으로 떠오른 미국을 견제하고 유럽 지역의 경제 통합을 위해

European Union)[69] 등으로 이어진 유럽의 경제적 단일시장 구상 과정에서 1960년
대 미국의 다국적 기업들이 유럽에 대거 진출하자, 서로 다른 법적 전통과 체계를
가진 회원국 간의 회사법을 조화시키는 것이 과제로 부상하였다.[70] 경쟁의 위협에
봉착한 유럽의 재계, 정책담당자뿐만 아니라 유럽의 전통적인 노동자 경영참여 관행
에 위기를 느낀 노동계도 유럽기업집단법의 성립에 적극적으로 참여하였다.

초기의 논의는 독일의 회사법 체계, 특히 독일 특유의 콘체른법 및 공동결정 제
도[71] 등을 모델로 하였는데 영국이 비토권을 행사하고 프랑스가 침묵을 지키는 양
상이 계속되었다. 독일 콘체른법을 기반으로 한 유럽연합 집행위원회(the European
Commission)[72]의 1980년 기업집단법 초안(Draft of the 9th Directive on corporate
group law)이 철저히 무시되면서 유럽연합 차원에서 아무런 성과를 내지 못하는 '유
럽 회사법의 위기' 상황이 1990년대 후반까지 이어졌다.

이후 세계화에 따른 국제 경쟁의 압력이 가중되는 가운데 유럽의 경쟁력이 날로
저하되자 유럽 회사법 조화 문제를 더 이상 방치할 수 없게 되었다. 이에 하나의 성
문법에 기업집단에 관한 규율 체계를 모두 포괄하는 독일식 접근 방식을 공식적으로
폐기하고 그 핵심 원리만을 회사법 · 세법 · 회계법 · 경쟁법 · 금융법 · 노동법 · 도산법
등의 다양한 법 영역에서 부분적 · 상호보완적으로 채택하는 절충적 접근방식이 도입

1958년 세워진 기구이다. 프랑스, 서독, 이탈리아, 벨기에, 네덜란드, 룩셈부르크 등 여섯
개 나라로 구성되었으며, 관세동맹 결성, 수출입 제한 철폐, 역외 국가에 대한 공동 관세와
공동 무역정책 수행, 역내 인력과 자본의 자유로운 이동 등을 추구하였다.

68) 유럽경제공동체(European Economic Community, EEC), 유럽석탄철강공동체(European Coal and
Steel Community, ECSC), 유럽원자력공동체(European Atomic Energy Community, EURATOM)
이 평화와 경제 번영을 목적으로 통합하여 설립한 기구로 1967년 7월 1일 출범했다.

69) 유럽의 정치 · 경제 통합을 실현하기 위하여 1993년 11월 1일 발효된 마스트리히트조약에
따라 유럽 12개국이 참가하여 출범한 연합기구이다.

70) 김상조, "유럽의 기업집단법 현황과 한국 재벌개혁에의 시사점", 민주정책연구원 (2012.
7.), 17면; 유럽의 경우에는 미국 기업이 1960년대 공세적인 M&A를 통해 거대 기업집단을
형성하고 유럽시장을 잠식하면서 현지법인이나 지점 설치 등의 방식으로 다국적 기업화하
자 이를 심각한 위협으로 받아들여 기업집단에 대한 규율을 논의하기 시작한 것이 기업집
단법의 계기가 되었다.

71) 근로자대표자가 일정한 기업의 의사결정과정에 참여하는 제도를 말한다.

72) 유럽연합 집행위원회는 유럽연합의 행정부(executive)의 역할을 한다. 유럽사법재판소의 관
할하에 있는 유럽연합의 법이 잘 적용되었는지를 감독하고 예산을 집행하며 여러 계획을 수
행한다. 또한 조약에 규정된 바와 같이 기획조정, 행정, 운영 등의 역할을 한다(TEU Art, 17
(1)). 유럽연합의 입법(legislative acts)은 유럽연합 집행위원회가 제안한 안(proposals)을 기
반으로 하여 유럽의회와 유럽이사회가 채택하는 것이다(TEU Art, 17(2)); 대법원 사법정책연
구원, 유럽연합 사법재판소(CJEU)와 유럽인권재판소(ECtHR)에 관한 연구 (2016), 25면.

되었다. 사전적 규제를 위주로 하는 독일법에 비해 보다 유연하고 실용적인 영국·프랑스의 법규와 판례73)가 선례가 되었다.

초기의 기업집단법 논의가 종속회사의 소액주주·채권자·근로자 등을 보호하기 위해 지배회사의 책임을 강화하는 것에 초점을 맞추었다면, 1990년대 후반 이후에는 그룹 경영의 편익을 균형 있게 고려하는 것도 동일한 비중의 목적으로 부각되었다.

유럽의 기업집단에 관한 논의 과정을 살펴볼 때, 독일과 같이 기업집단에 대한 기본 관점을 세우고 단일한 법으로 규율하는 것이 이상적일 수는 있으나, 그와 같은 방식은 합의를 도출해 내야 하는 영역이 그만큼 넓기 때문에 의견조율이 쉽지 않음을 알 수 있다. 우리나라에서도 회사법이나 경쟁법 분야에서 진행되고 있는 논의의 양상을 볼 때 정치경제적 관점에 따라 기업집단제도에 관한 매우 다양한 스펙트럼이 나타나고 있어 현실적으로 단일법적 접근법의 수용이 쉽지 않을 것으로 예상된다. 더욱이 도산법 분야는 법 목적의 특수성과 국제적 정합성을 고려하여야 하는 점에서 다른 법과 별개로 다루어져야 할 필요성이 있다. 따라서 근래의 대세적인 방식이라 할 수 있는 개별적 접근법에 따라 기업집단법제에 대한 기본적인 논의를 토대로 도산법의 독자적인 관점에서 기업집단 도산법제의 입법에 관한 논의를 진행하는 것이 바람직하다고 할 것이다.

현재 유럽연합도 개별적인 접근법이라고 할 수 있는 EU도산규정에 의해 기업집단 도산법 영역을 규율하고 있는데, 동 규칙은 2015년 개정을 통해 여러 국가의 도산절차는 그대로 두고 공조와 절차조정을 통해 절차를 원활화하는 방식을 채택한 바 있다. 자세한 내용은 후술한다.

---

73) 가장 대표적인 판례로는 프랑스 대법원의 'Rozenblum 원리'가 있다. 특수관계인들 간의 거래로 인해 특정 계열사에 손해가 발생한 경우에도, 이를 상쇄하는 간접적 이익이 존재하거나 직접적 보상이 이루어진다면 그 손해발생 행위에 대해 형사적·민사적 책임을 묻지 않는다는 것을 그 내용으로 한다. 이는 그룹 공통의 이익을 인정할 것인가의 문제로서, 이사 또는 지배회사의 행위가 그룹공통의 이익을 위한 것으로 인정되면 면책을 인정한다는 의미이다. Rozenblum 원리를 남용하면 총수 일가의 불법행위에 면죄부를 주는 역효과가 있을 수 있으나 프랑스 법원은 Rozenblum 원리를 매우 엄격하게 해석하여 제한적으로만 면책을 인정하고 있다(1985년 이래 75건 중 9건만 면책 인정).

제3절 │ 기업집단 국제도산의 처리 모델

I. 개관

다국적 기업집단 또는 그 소속기업들이 도산에 처하였을 때, 각 기업마다 관할권을 가지는 국가의 도산법원에서 개별적으로 국제도산절차를 진행하는 경우 여러 문제점이 발생할 수 있다. 관련국가의 법원들의 협력을 통해 기업집단의 관점을 반영하여 각국 도산절차를 효율적이고 공정하게 진행할 필요가 있는데, 이에 관한 논의를 기업집단 국제도산의 문제라고 한다. 기업집단 국제도산의 문제는 복수에 국가에서 개별적으로 진행되는 소속기업들에 대한 도산절차들을 어떠한 방식으로 원활화할 것인가에 중점이 있다. 원활화의 방식으로 여러 모델이 논의되어 왔는데, 개별 도산절차 자체는 그대로 두고 법원 간의 절차조정(coordination)과 공조(cooperation)를 통해 절차를 조율하는 방안과 복수의 도산절차 자체를 하나로 통합 내지 단일화하는 방안(consolidation)등 두 가지 입장으로 대별될 수 있다.

후자의 방식을 병합적 처리 방식이라고 한다. 여기에는 절차적 병합과 실체적 병합이 포함된다. 각 처리 모델을 간략히 소개하고 자세한 내용은 후술한다.

II. 모델별 소개

1. 공조

기업집단 국제도산절차의 '공조(cooperation)'는 기업집단 소속기업에 대한 도산절차가 복수의 국가에서 병행적으로 진행되는 경우, 도산법원 간, 도산절차 대표자 간 또는 도산법원과 도산절차 대표자 간에 정보와 의견의 상호 교환, 국제도산약정의 체결 등을 통해 개별적인 도산절차가 효율적이고 공정하게 진행될 수 있도록 하는 국제적인 협력을 의미한다.

공조(cooperation)는 절차조정(coordination)과 함께 기업집단 국제도산절차의 원활화에 있어서 모회사와 자회사들에 대해 개별적으로 개시된 도산절차가 기업집단 차원에서 효율적으로 관리될 수 있도록 하는 방식으로서 도산절차 자체의 집중과 단일화를 추구하는 방식과 구별된다. 공조는 개별적으로 진행되는 도산절차 간의 협력을 의미하는 데 그치나, 절차조정은 각 도산절차와는 별개로 조정절차를 진행하여 절차조정의 결과를 개별 도산절차에 반영하는 이원적 구조를 가진다.

공조의 종류로는 정보·의견교환, 채무자의 업무와 자산의 관리·감독, 공통의 도산대표자의 선임에 의한 공동관리, 국제도산약정의 체결, 공동심문 등이 있다.

2. 절차조정

기업집단 국제도산절차의 조정은 기업집단 소속기업에 대한 도산절차가 복수의 국가의 도산법원에서 병행적으로 진행될 때, 그중 일부법원이나 별도로 선임된 조정자가 전체 기업집단의 차원에서 개별 도산절차가 상호 공조하도록 조율하거나 도산관리인 간의 분쟁을 해결하거나 집단조정계획을 수립하는 등의 방법을 통해 복수의 도산절차가 통일적으로 처리되도록 도모하는 제도를 말한다.

절차조정도 국제적인 사법협력으로서 넓은 의미의 공조에 해당하지만, 공조가 개별 도산절차 단위의 수평적인 사법협력인 것에 비해 절차조정은 개별적인 도산절차와는 독립된 여러 도산절차를 아우르는 절차라는 점에서 공조와 차이가 있다. 기업집단 국제도산의 절차조정은 조정자가 기업집단의 관점에 입각하여 개별 도산절차를 조율하는 것이므로 공조에 비해 통합적인 처리의 면에서 한 단계 진전된 형태에 해당한다.

절차조정에서 살펴볼 내용은 개정 EU도산규정에 규정되고 UNCITRAL 도산법 입법지침 개정권고안에서 논의되고 있는 집단조정절차, 그룹회생계획의 절차조정, 의제절차 및 주절차와 참가제도 등이다.

3. 절차적 병합

둘 이상의 기업집단 소속기업 또는 전체 기업집단이 동시에 도산한 경우, 하나의 법원에서 하나의 절차로 전체 도산사건을 진행하는 것 또는 전체 기업집단이 공동으로 도산신청(joint insolvency filing)을 하여 하나의 법원에서 하나의 절차로 전체 기업집단의 도산사건을 진행하는 것을 '병합적 처리(consolidation)'라고 한다.

기업집단 국제도산사건의 병합적 처리에는 개별 기업이 법인격을 무시하고 각 기업의 자산과 채무를 통합하여 하나의 회사가 도산한 것과 같이 처리하는 '실체적 병합(substantial consolidation)'과 자산과 채무를 통합하지 않고 절차만을 병합하는 '절차적 병합(procedural consolidation)'이 있다.

절차적 병합은 일정한 관할법원에서 기업집단 소속기업 소속 소속기업들에 대한 도산절차를 개시하고 전체 기업집단의 도산절차를 주도하는 것이다. 실체적 병합은 미국 판례를 통해 인정된 방식으로 미국 내에서도 절차적 병합에 비하여 매우 드물게 행해진다고 하므로 기업집단 도산의 병합처리는 대체로 절차적 병합이다.

병합적 처리 방식은 하나의 법원에서 단일한 절차로 기업집단 도산사건을 다룬다는 점에서 복수의 법원에서 진행되는 도산절차들을 그대로 두는 법원 간의 공조 및 절차조정과는 다르다.

절차적 병합은 하나의 절차를 상정하므로 절차를 공통으로 하는 방법이 중요한데, 이와 관련하여 도산절차개시의 공동신청과 참가, 기업집단 국제도산의 국제재판관할 등이 주요논점에 해당한다.

4. 실체적 병합

여러 국가에서 진행되는 복수의 도산절차에 관하여 절차적 병합이나 공조를 통하여 조율을 하더라도 채무자들의 자산과 부채는 분리된 채로 존재하므로 채권자들의 실체법·절차법상의 권리에는 원칙적으로 아무런 영향을 미치지 못하는 한계가 있는데 실체적 병합(substantial consolidation)은 도산절차를 병합하는데 그치지 않고 소속기업들의 자산과 부채, 책임재산을 단일한 법인체가 보유하고 있는 것과 같이 하나의 재단으로 통합하는 방식을 말한다.

실체적 병합은 일정한 경우 기업집단 소속 개별 회사들의 법인격을 무시하여 기업집단의 모든 자산과 부채가 하나의 회사에 속하는 것처럼 통합하여 처리함으로서 모든 채권자들을 위하여 단일한 도산재단을 구성하는 효과를 가지는데, 기업집단 간의 조직적·업무적 및 재정적으로 매우 긴밀히 연결되어 있거나 지적재산권과 같이 전체 기업집단에 공통되는 자산이 있는 등의 이유로 채권자들에게 돌아갈 자산가치가 증대될 수 있는 경우에 적합한 제도이다. 실체적 병합은 미국 도산법원의 판례에 의해 형성된 제도로서 주로 미국과 캐나다 등에서 일부 제한된 국가에서만 활용되고 있다.

제4절 ┃ 기업집단 국제도산의 원활화

I. 배경

1990년대 초반 BCCI(The Bank of Credit &Commerce International),[74] Maxwell Communication Corp.,[75] 자동차부품제조기업 Federal Mogul Global Holdings Inc.,[76] 금융서비스기업 Lehman Brothers Holdings Inc.[77] 등의 다국적 기업집단이 줄지어 도산하였는데, 기업집단 소속기업들이 재정적인 위기를 맞으면서 순차적으로 또는 동시다발적으로 도산하는 도미노 현상이 나타났던 것이다.[78] 이와 같이 기업집단 소속기업들이 비슷한 시기에 도산하는 일이 잦은 이유는 기업집단 소속기업들이 사업적·재정적으로 연관되어 있거나 기업집단 내부적 지배관계를 통한 의사결정 등이 소속기업에 영향을 미치기 때문이다.

---

74) 1990년대 초 서구의 일류 다국적기업이라 할 수 있는 BCCI(The Bank of Credit & Commerce International), Maxwell Communication Co. 등이 예상치 못한 가운데 줄지어 도산하는 사건이 발생하였다. 1991년 BCCI은행은 아랍계 다국적은행으로서 세계 각국의 불법무기거래 및 주요 정보기관의 비밀공작에 관여한 사실이 드러나 1991년 7월 영국 정부가 불법자금관여 회계부정 등의 혐의로 영업정지와 자산동결명령을 내리고 미국 등 여러 나라가 잇따라 같은 조치를 취해 세계적 파문을 일으키며 도산하였다. 50개국 이상에서 청산인들(liquidators)이 선임되었으며 실질적인 본부소재지이며 기업집단의 통제가 이루어진 런던, 형식적 본부소재지인 룩셈부르크 및 케이만 제도에서 3개의 주절차가 진행되었다. 청산인들은 다른 시간대의 절차를 조율하기 위해 매우 높은 비용과 시간을 소비하였고 결국 1995년에 BCCI Bank가 재차 도산하는 원인을 제공하였다, Irit Mevorach, The Road to a Suitable and Comprehensive Global Approach to Insolvencies Within Multinational Corporate Groups (2006), 36면.
75) Maxwell Communication Co.은 1991년 세계 최대의 언론왕국을 구축하고 있던 맥스웰 그룹의 소속기업으로서 총수인 유태계 영국인 Maxwell의 급작스런 사망 후에 대출회수에 대한 불안감으로 투자자들이 자금을 회수하면서 도산하였다. 맥스웰 그룹은 기업을 인수·합병하는 과정에서 변칙적으로 자금을 조달하고 제3국 등지에 유령회사를 활용하였으며 미러 그룹 등 방계회사 퇴직연금 일부를 기업인수자금으로 사용한 사실 등이 폭로되었다.
76) Ontario Court of Justice, Toronto, Case No. 32−077978 (1995); United States Bankruptcy Court for the Southern District of New York, Case No. 95 B 45405 (1995).
77) Ontario Superior Court of Justice, Toronto, Case No. 09−CL−7950 (2009); United States Bankruptcy Court for the District of Delaware, Case No. 09−10138 (2009).
78) 기업집단의 구조를 형성한 내부적 지배관계는 도산에 직면한 상황에서 일부 소속기업에게 위험을 전가시키는 등의 방식으로 가혹하게 작용할 수 있다.

복수의 국가에서 국내외도산절차가 병행하는 경우에는, 각국의 기업은 형식적으로 상호 독립한 채무자이기 때문에 법인격 독립의 원칙에 의하여 각국의 도산법원마다 도산관리인 등을 선임하여 독자적으로 도산절차를 진행하게 된다. 앞서 살펴본 국제도산에 관한 여러 해결책은 '동일한 채무자'에 대하여 국제적으로 복수의 도산절차가 진행될 경우에 대비한 제도이므로 각국이 보편주의에 따른 국제도산법체계를 가지고 있다고 하더라도 법적으로 다른 주체인 기업집단 소속기업들이 도산한 경우에는 도움이 되지 않는다.

　이에 국제 공조를 비롯해 기업집단 국제도산의 문제를 해결하기 위하여 여러 방안이 제시되었는데, 다국적 소속기업들이 도산하는 경우에 기업집단의 관점을 반영하여 각국 도산절차들을 상호협력을 통해 효율적이고 공정하게 진행하기 위한 일체의 방안을 '다국적 기업집단의 국제도산의 원활화(facilitating the cross-border insolvency of multinational enterprise group)'라고 한다. 원활화의 구체적인 방식으로는 도산법원 간의 절차조정과 공조, 절차의 공동개시, 절차적·실체적 병합 등이 논의되어 왔다.

II. 원활화 방식에 관한 견해

1. 문제의 소재

　다국적 기업집단의 소속기업에 대하여 독립적으로 진행되는 각국 도산절차를 어떠한 방식으로 조율하거나 집중할 것인가에 관해서 여러 입장이 존재한다.

　기본적으로, ⅰ) 복수의 도산절차 자체를 하나로 통합 내지 단일화하는 방안(consolidation), ⅱ) 개별 도산절차 자체는 그대로 두고 법원 간의 절차조정(coordination)과 공조(cooperation)를 통해 절차를 조율하는 방안 등 크게 두 가지 입장으로 대별된다. 국제도산 원활화에 대한 견해 대립을 이해하는 것은 기업집단 국제도산을 둘러싼 국가 간 대립의 배경과 이해관계를 파악하는 데 도움이 되므로 간략히 소개하도록 한다.

2. 각 견해의 소개[79]

(1) 도산절차 자체의 집중과 단일화를 추구하는 입장

복수의 절차를 병합하는 방법으로서 기업집단 도산계획을 어느 한 국가에 집중시켜 '주도산절차(主導節次, coordinating proceeding)'[80]를 진행하고 그 국가에 COMI가 없는 소속기업들도 주도산절차에 '참가(participation)'할 수 있도록 하자는 의견으로 UNCITRAL에서 기업집단 국제도산에 관한 모델법을 성안하는 과정에서 개진되었던 미국이나 영국 대표단의 입장이었다. 기업집단 도산계획에 참가하는 소속기업들에 대하여는 다른 국가에 COMI나 establishment가 존재하여 관할이 인정되는 경우라도 주도산절차의 대표자가 다른 소속기업들을 위하여 승인 및 지원처분을 받을 수 있도록 하여 그 국가에서 별도의 국내도산절차가 개시되지 않도록 하고 자는 것이다. 이 입장에 따르면 별도의 절차로 진행될 수 있는 도산절차를 주도산절차로 통합하여 진행함으로써 국제도산의 원활화를 꾀할 수 있다.

이 견해에 대해서는 많은 국가들이 우려를 표명하며 반대했는데, ⅰ) '참가'의 개념과 절차가 불투명하고, ⅱ) 참가의 방법에 따라 COMI나 establishment가 없는 국가에서 사실상 개별 기업의 도산절차가 개시되는 것과 같아 소속기업의 도산절차 관할이 있는 법원의 재판권이나 채권자들의 권리를 침해할 우려가 있고,[81] ⅲ) 참가와 승인을 통한 절차의 통합에 사실상의 어려움 있으며, ⅳ) 비용이 증가될 가능성 있다는 점을 근거로 하였다.

---

79) 민지현, "UNCITRAL 도산 제47차 회의 참가보고서 —Working Group Ⅴ(Insolvency Law) 47th session—", 국제규범의 현황과 전망 —2015년 국제규범연구반 연구보고 및 국제회의 참가보고—, 법원행정처 (2016), 170면.

80) 주절차는 동일한 채무자에 대하여 여러 국가에서 도산절차가 개시되는 경우를 전제한 개념인데 비하여 주도산절차는 기업집단 국제도산사건에서 여러 국가에 기업집단 소속기업들에 대한 도산절차가 개시되는 경우 어느 한 국가의 법원에 다수의 소속기업을 아우르는 도산절차를 집중하여 진행하는 경우를 말한다. 영어 표현으로는 주도산절차도 '주절차(main proceeding)'라고 하여 양자를 구별하지 않는 경우가 대부분이다. 일부 'coordinating proceeding'라고도 하나 이를 직역하면 조정(調整)절차로 대체적인 분쟁해결수단인 조정(調停)절차와 혼동의 우려가 있다. 이 책에서는 기업집단 맥락의 주절차임을 나타낼 필요가 있는 경우 일반적인 주절차와 구분하기 위하여 '어느 한 국가에서 기업집단 도산계획을 주도하는 절차'라는 의미로 주도산절차라는 표현을 사용하였다.

81) 이에 대한 대비책으로 유럽도산협회(INSOL Europe)은 주도산절차에 참가하고자 하는 소속기업의 참가 요건으로 그 기업의 COMI 소재국 법원의 사전승인을 받도록 하자고 제안한다.

(2) 도산절차의 절차조정과 공조를 통해 해결하려는 입장

각 소속기업의 COMI 소재국에서 국내도산절차를 각각 개시한 후에 절차조정 및 공조를 통하여 국제도산의 원활화를 도모하자는 견해로 독일, 프랑스 대표 등이 주장하였다. 이 입장은, ⅰ) 주도산절차가 개시된 국가에서 그 국가와 관련성이 없는 소속기업에 대한 도산절차를 개시할 수 있도록 하는 것이 곤란하다는 점, ⅱ) 관할국에서의 집행을 위해서 승인 및 지원처분은 해당 소속기업에 대한 도산절차에서 각각 따로 받아야 한다는 점, ⅲ) 주도산절차의 대표자가 다른 소속기업의 도산대표자를 대신하여 승인 및 지원처분을 받을 수 있도록 하는 것은 부적절하다는 점을 논거로 하였다.

(3) 절충적 입장

우리나라 대표단의 입장이다. 기본적으로는 도산절차 자체를 주도산절차로 집중하는 것은 적절하지 않다는 전제 하에, 특히 미국 및 영국 대표단이 제안한 주도산절차에의 참가는 실질적으로 해당 소속기업에 대한 도산절차 개시와 다를 바 없다는 입장이다. 예컨대 기업집단 도산계획에 참가하려면 해당 소속기업에 대한 회생계획 수립과 채권자들의 의결권 행사가 전제되고 인가된 회생계획안은 채권자 등 이해관계인에게 구속력이 있게 되는 것이므로, 이러한 주도산절차에의 참가는 사실상 주도산절차에 참가한 소속기업들의 회생절차 자체를 의미한다는 것이다.

그러나 국제도산의 원활화라는 목적을 고려할 때 개별 국가들이 자발적으로 주도산절차의 집중이라는 방법을 선택하는 것을 막을 필요는 없으므로 보다 유연한 접근법을 택할 수 있다고 한다. 기업집단 소속기업의 외국도산절차는 해당 소속기업의 COMI나 establishment에서 개시되는 것을 원칙으로 하되, 국내법이 해당 소속기업의 COMI나 establishment가 아니더라도 자산의 현존(presence of assets of the foreign group member) 또는 자발적 복종(voluntary submission) 등을 근거로 기업집단의 주도산절차에 참가하는 것을 허용하는 경우에는 그러한 방법으로 기업집단 소속기업의 외국도산절차가 개시되더라도 그 절차를 승인할 수 있도록 하자는 것이다.

Ⅲ. 검토

미국과 영국 대표단의 견해에 따르면, 외국에서 주도산절차가 개시되어 국내 소속기업이 이에 참가하는 경우 우리나라 법원에서 소속기업에 대한 도산절차가 개시되는 것을 막기 위해 주도산절차의 대표자가 승인 및 지원처분을 받을 수 있게 된다. 이에 따라 국내도산절차의 개시와 속행이 중지되면 외국도산절차로 절차가 단일화되는 결과가 된다.

그런데 이러한 방안은 주도산절차에서의 회생계획 등에 대해서는 소속기업의 채권자들의 의결권 행사를 거쳐야 하는데, 이는 외국도산절차가 실질적으로 회생절차 자체를 의미하게 되므로 도산절차의 개시와 다를 바 없기 때문에 국내법원의 사법권을 침해하는 문제가 있다.

또한 주도산절차제도는 국제적인 입법지침으로서는 의미가 있을 수 있으나 보편적으로 다른 국가에서도 동일한 취지의 입법이 마련되기 전까지의 상황에서는 현실적으로 국내법의 입법론으로 채택하기 어려운 문제가 있다.

절충적 입장은 원칙적으로 절차조정이나 공조의 방식에 의하지만 승인국(enacting state)이 소속기업의 참가를 허용하는 경우에는 이를 막을 이유가 없으므로 허용하자는 취지이다. 승인국은 미국이나 영국과 같이 주도산절차에의 참가제도에 우호적인 국가가 될 것인데, 승인국과 소속기업의 국내법이 참가를 허용하는 입법인 경우에 소속기업이 참가신청을 할 수 있을 것이다.

미국이나 영국 등이 선구적으로 주도산절차에의 참가제도를 인정한다면 그러한 경우를 대비하여 관련입법을 마련할 필요가 있다. 국내법원에 관할권이 있는 소속기업이 외국법원의 주도산절차에 참여하는 것이 유리하다고 판단할 경우 외국법이 인정하는 대로 참가신청을 하면 될 것이나 이때 우리나라 사법권 침해 또는 국내채권자의 이익보호가 문제될 수 있으므로 국내법원 또는 채권자집회의 사전승인을 얻도록 하는 것이 좋을 것이다.

한편 국내법원에 관할권이 없는 외국의 소속기업이 국내도산절차를 주도산절차로 하여 자발적으로 참가하고자 하는 경우에는, ⅰ) 우리나라 법원의 주도산절차에서 기업집단 맥락의 회생계획에 따라 단일한 도산절차를 진행하는 것이 각 소속기업들이 외국법을 적용받으며 개별적으로 외국도산절차를 진행하는 것에 비해 전체 기업집단의 재건에 더 유리할 수 있을 것이므로 자발적 참여를 허용하는 것이 바람직하고, ⅱ) 국제재판관할에 있어서 '합의관할', '변론관할'[82]을 인정하는 취지에 비추어 우리나라 법원의 재판에 복종할 의사가 있을 경우[83] 이를 막을 이유가 없으므로 주도산절차와 참가제도의 도입을 적극적으로 검토할 필요가 있을 것으로 보인다. 이 경우에도 외국법원의 사법권 침해 및 외국채권자의 이익보호의 문제가 있으므로 관할국 법원이나 채권자집회의 사전승인을 요건으로 할 필요가 있다.

요컨대, 기업집단 국제도산의 원활화에 있어서 국제적 입법지침이나 국내법의 입법론으로서, 공조와 절차조정을 원칙으로 하고 예외적으로 자발적 신청에 의한 절차적 병합 등을 허용하는 정도의 입법이 현재의 상황에서는 적절할 것으로 보인다. 이상의 논의와 관련하여 UNCITRAL은 이 추진하고 있는 개정 작업 등을 통해 기업집단 국제도산에 관하여 단일화 방식의 입법이 국제적 차원에서 보편적으로 채택되는 경우에는 국내법의 입법론으로서도 단일화 방식을 수용하는 것을 긍정적으로 고려할 수 있을 것이다. 이상의 논의에 관하여 UNCITRA은 2019년 기업집단 도산에 관한 UNCITRAL모델법(The UNCITRAL Model Law on Enterprise Group Insolvency)에서 대체적으로 절충설과 근접한 제도를 채택한 바 있다.[84]

---

82) 변론관할에 관한 판례로서, 대법원 2014. 4. 10. 선고 2012다7571 판결은 일본국에 주소를 둔 재외동포 갑이 일본국에 주소를 둔 재외동포 을을 상대로 대여금채무에 대한 변제를 구하는 소를 대한민국 법원에 제기한 사안에서 당사자 또는 분쟁이 된 사안과 법정지인 대한민국 사이에 실질적 관련성이 있다고 볼 수는 없지만 변론관할에 의하여 대한민국 법원에 국제재판관할권을 인정한 바 있다.
83) 대법원 1989. 12. 26. 선고 88다카3991 판결은 "외국법인이 우리나라에 사업소나 영업소를 가지고 있지 않거나 우리 민사소송법상의 토지관할에 관한 특별재판적이 국내에 없더라도 우리나라 법원에 민사소송법상의 보전명령이나 임의경매를 신청한 이상 그러한 행위는 우리나라의 재판권에 복종할 의사로 한 것이라고 여겨야 할 것이므로 위와 같은 신청채권에 관계된 소송에 관하여는 우리나라의 법원이 재판권을 가진다고 보는 것이 국제민사소송의 재판관할에 관한 조리에 비추어 옳다"고 하여 자발적 복종에 의한 재판권을 인정한 바 있다.
84) EGI 모델법 제18조는 절충설의 주장이 반영된 대표적인 조항이다.

Ⅰ. EGI 모델법

1. 개관

CBI 모델법은 기업집단에 대해 아무런 언급이 없었고 2004년 도산법 입법지침 제2편이 최초로 기업집단(corporate groups)의 문제를 다루었다. 그런데 도산법 입법지침 제2편도 기업집단의 정의규정 조차 두지 않은 채 기업집단에 속한 하나의 회사가 도산한 경우 초과채무에 대한 그룹 차원의 책임 등이 문제될 수 있음을 초보적인 차원에서 간략히 언급함에 그쳤다.

2004년의 도산법 입법지침 제1, 2편은 원칙적으로 단일한 채무자의 국내외도산절차를 다루는 것이었기 때문에 기업집단 소속기업들에 대해 진행되는 복수의 도산절차를 어떻게 처리할 것인가에 대한 추가적인 작업이 필요하다는 주장이 제기되었다.

이후 '다국적 기업집단의 국제도산의 원활화'에 대한 논의는 UNCITRAL이 중심적인 역할을 수행하여 왔다.[85] UNCITRAL 도산 실무위원회는 2006년 제39차 본회의에서 '도산절차에서 기업집단의 취급(treatment of corporate groups in insolvency)'을 의제로 채택하였고 이후 2010년 제43차 본회의에서 본격적으로 기업집단 도산처리 문제를 다루기 위한 도산법 입법지침 제3편을 채택하였다. 제44차 도산 실무위원회 회의에서 다국적 기업집단의 국제도산의 원활화와 관련된 16개 논점을 정하였으며,[86] 2015년 EU도산규정이 개정되어 기업집단에 관한 규정이 추가되자 UNCITRAL

---

85) UNCITRAL은 기업집단 국제도산의 원활화에 있어서, ⅰ) 기업집단 소속기업의 독자적인 법인격 유지, ⅱ) 기업집단 도산에서 주절차와 종절차의 구별, ⅲ) 의제절차 등 기업집단 해결책(group solution)을 적용할 때 따라야 할 지도원리로서 전체 순편익을 개별적인 절차들보다 우선적으로 고려하는 것과 현지 채권자들에 대하여 현지절차가 별개로 개시되었을 경우보다 더 불리하게 취급해서는 안 된다는 것을 '기업집단 국제도산의 지도원리(guiding principles)'로 삼았다; 심영진, 앞의 글, 276면.

86) 논의 결과는 새로운 별도의 독립된 결과물로 채택되기 보다는 기존의 모델법과 도산법 입법지침에 추가되는 형식을 취할 것으로 예상된다. 참고로 당초 채택된 16개 주제는 다음과 같다. (a) 기업집단 소속기업이 관련된 도산절차에 있어서 외국 대표자와 채권자의 외국법원에의 접근 규정, (b) 여러 기업집단 소속기업에 대해 개시된 외국도산절차를 포함한 외국도산절차와 외국 대표자의 승인, (c) 기업집단 맥락에서 주절차와 종절차의 구별이 유용하지 않을 가능성, (d) 적절한 조건에서 하나의 외국절차를 조정절차로 승인하는 문제, (e) 회생계획의 마련 등의 역할 수행을 위한 모기업과 주된 소속기업의 식별, (f) 기업집단에 소속

도 이를 참고하여 각 절차 간의 공조와 절차조정을 기본적인 원활화의 방식으로 삼아 논의를 진행하여 왔다. 2016년 5월 제49차 회의부터 구체적인 입법규정(legislative provision)을 논의하기 시작하였고, 최종적으로 2019년 7월 20일 '기업집단 도산에 관한 UNCITRAL모델법(The UNCITRAL Model Law on Enterprise Group Insolvency, 이하 'EGI 모델법'이라고만 한다)'이 채택되었다.

EGI 모델법은 제1장 총칙, 제2장 공조 및 조정(Cooperation and Coordination), 제3장 입법국의 계획절차에서 받을 수 있는 지원처분(Relief available in a planning proceeding in this State), 제4장 계획수립절차와 지원결정에 대한 승인(Recognition of foreign planning proceeding and relief), 제5장 채권자들의 보호(Protection of creditors), 제6장 외국채권의 취급(Treatment of foreign claims) 등 모두 32개 조항으로 구성되어 있다.

전체적인 구조를 살펴보면, 기본적으로는 공조와 조정의 방식을 따르되, 일정한 조건하에 참가를 허용하여 도산절차를 단일화하는 것도 배제하지 않고 있다. 즉, 제18조에 따르면, 입법국에 주된 이익의 중심지를 둔 기업집단구성원에 대하여 도산절차가 개시된 경우, 다른 기업집단구성원도 그 다른 국가의 법원이 금지하지 않는 것으로 조건으로 자발적으로 입법국의 도산절차에 참가할 수 있고, 그 도산절차에 참가하고 있다는 사실만으로 그 참가와 관련이 없는 목적으로 입법국 법원의 관할에 복속되지 않으며 그 도산절차의 어느 단계에서나 탈퇴할 수 있도록 하고 있다.

된 하나의 기업이 도산절차에서 모든 소속기업들을 위해 당사자 적격을 가지는지에 관한 규정, (g) 다른 소속기업과 관련된 도산절차를 위한 도산 대표자의 공동선임, (h) 모기업의 도산절차에서 대한 자발적인 참가와 재판권 복종에 관한 동의, (i) 비용절감을 위한 의제절차(synthetic proceeding)의 활용, (j) 기업집단 소속기업 간의 공동의 자금조달, (k) 법원과 도산 대표자들 간의 접근과 조정의 허가, (l) 절차와 역할에 대한 분명한 정의를 위한 국제도산약정의 사용, (m) 공동의 공시보고서와 회생계획에 관한 규정, (n) 기업 정체성의 확인과 소속기업의 독립, (o) 동일한 법원에서 개시된 여러 소속기업에 대한 도산절차에서 절차를 주관할 도산 대표자를 승인하는 방식에 의한 지원처분, (p) 조정절차를 주관할 도산 대표자를 승인하는 방식에 의한 지원처분;
A/CN.9/798 − Report of Working Group V (Insolvency Law) on the work of its forty−fourth session (Vienna, 16−20 December 2013);
https://documents−dds−ny.un.org/doc/UNDOC/GEN/V14/001/48/PDF/V1400148.pdf ?OpenElement, 6면(2022. 7. 30. 최종확인).

2. EGI 모델법 전체 규정[87]

기업집단 도산에 관한 UNCITRAL 모델법
(Model Law on Enterprise Group Insolvency)

A. 핵심 규정
제 I 장 일반 규정

전문

이 법의 목적은 다음 사항들의 증진을 위하여 기업집단구성원에게 영향을 미치는 도산사건을 다루는 효과적인 메커니즘을 제공하는 것이다.

(a) 사건에 관여된 입법국과 외국법원들 및 기타 관할당국들 간의 공조

(b) 입법국과 다른 국가에서 선임된 도산대표자 간의 공조

(c) 기업집단의 전부 또는 일부를 위한 집단도산해결책(group insolvency solution)의 수립과 복수의 국가에서 그 해결책의 국제적인 승인 및 집행

(d) 기업집단구성원의 모든 채권자 및 그 밖의 이해관계인(채무자를 포함한다)의 이익을 보호하기 위한 기업집단구성원의 도산에 대한 공정하고 효율적인 관리

(e) 도산에 의해 영향을 받는 기업집단구성원들의 자산 및 영업의 전체적인 결합된 가치와 전체로서의 기업집단의 자산 및 영업의 결합된 가치의 보호 및 극대화

(f) 재정적으로 어려움이 있는 기업집단의 구제 촉진과 이를 통한 투자 보호 및 고용 유지

(g) 집단도산해결책에 참가하는 각 기업집단구성원의 채권자 및 그 밖의 이해관계인의 이익의 적정한 보호

---

87) 한글 조문은 법무부 법무실 국제법무과, UN 국제상거래 규범집 제2권 (2020. 2.)의 번역을 일부 수정하였다.

제1조 적용 범위

1. 이 법은 하나 이상의 기업집단구성원에 대하여 복수의 도산절차가 개시된 경우 기업집단에 대하여 적용되고, 그 도산절차들의 수행 및 관리와 그 도산절차들 간의 공조를 다룬다.

2. 이 법은 [은행, 보험회사 등과 같이 입법국에서 특별한 도산제도의 대상이 되고 입법국이 이 법으로부터 배제하려고 하는 모든 유형의 실체를 지정할 것]에 대한 절차에는 적용되지 않는다.

제2조 정의

이 법에서;

(a) "기업"은 그 법적 형태를 불문하고 경제적 활동에 종사하고 도산법에 의하여 규율될 수 있는 모든 실체를 의미한다.

(b) "기업집단"은 지배 또는 현저한 소유에 의하여 서로 연결된 둘 이상의 기업을 의미한다.

(c) "지배"는 기업의 영업 및 재무 정책을 직접 또는 간접적으로 결정할 수 있는 능력을 의미한다.

(d) "기업집단구성원"은 기업집단의 일부를 구성하는 기업을 의미한다.

(e) "집단대표자"는 계획절차의 대표자로서 행위할 권한을 부여받은 사람 또는 단체(임시로 선임된 자를 포함한다)를 의미한다.

(f) "집단도산해결책"은 하나 이상의 기업집단구성원의 전체적인 결합된 가치를 보호, 보전, 실현 또는 증진하기 위한 목적으로 그 기업집단구성원의 자산 및 영업의 전부 또는 일부에 대한 회생·매각 또는 청산을 위하여 계획절차에서 수립된 하나 또는 일련의 제안을 말한다.

(g) "계획절차"는 기업집단구성원에 대하여 개시된 주절차로서 다음 요건들을 갖춘 것을 의미한다.

  (i) 하나 이상의 다른 기업집단구성원이 집단도산해결책의 수립 및 수행을 위하여 그 주절차에 참가할 것

  (ii) 주절차가 개시된 기업집단구성원은 그 집단도산해결책에 필요불가결한 참여자가 될 가능성이 있을 것

  (iii) 집단대표자가 선임되었을 것

(g) (i) 내지 (iii)의 요건의 충족을 조건으로, 법원은 기업집단구성원의 주절차에 대하여 관할권을 가진 법원이 이 법에 규정된 집단도산해결책의 수립을 목적으로 승인한 절차를 계획절차로 인정할 수도 있다.

(h) "도산절차"는 도산에 관련된 법에 따른 집단적 사법 또는 행정 절차(임시절차를 포함한다)로서 기업집단구성원인 채무자의 재산 및 업무가 회생 또는 청산을 목적으로 법원 또는 다른 관할당국의 통제 또는 감독 하에 있거나 있었던 절차를 의미한다.

  (i) "도산대표자"는 도산절차에서 기업집단구성원인 채무자의 재산 또는 업무의 회생 또는 청산을 관리하거나 도산절차의 대표자로서 행위할 권한을 부여받은 사람 또는 단체(임시로 선임된 자를 포함한다)를 의미한다.

  (j) "주절차"는 기업집단구성원인 채무자의 주된 이익의 중심지가 있는 국가에서 진행되는 도산절차를 의미한다.

(k) "종절차"는 기업집단구성원인 채무자가 이 조 (l)에 정의된 영업소를 둔 국가에서 진행되는 주절차외의 도산절차를 의미한다.

(l) "영업소"란 기업집단구성원인 채무자가 인적 수단과 재화 또는 용역으로 일시적이지 아니한 경제활동을 실행하는 모든 영업장소를 의미한다.

제3조 입법국의 국제적 의무들

입법국이 당사국으로서 하나 또는 그 이상의 국가와 체결한 조약이나 그 밖의 협약으로부터 발생하는 의무들과 이 법이 충돌하는 경우에는 그 조약 또는 협약상의 의무들이 우선한다.

제4조 입법국의 재판관할

기업집단구성원이 입법국에 주된 이익의 중심지를 가지는 경우에는 이 법은 다음 어느 것도 의도하지 않는다.

(a) 그 기업집단구성원에 대한 입법국 법원의 관할을 제한하는 것

(b) 그 기업집단구성원이 다른 국가에서 수립되고 있는 집단도산해결책에 참가하는 것에 대하여 입법국에서 요구되는 여하한 과정 또는 절차(허가, 동의 또는 승인을 포함한다)를 제한하는 것

(c) 입법국에서 직권 또는 신청에 의해 도산절차의 개시가 필요한 경우, 그 도산 절차의 개시를 제한하는 것

(d) 기존의 법에 의하면 도산절차를 개시할 의무가 존재하지 아니하는 때에 그 기업집단구성원에 대하여 입법국에서 도산절차를 개시할 의무를 새로이 규정 하는 것

제5조 관할법원 또는 당국

외국계획절차의 승인과 법원·도산대표자 및 선임된 집단대표자와의 공조와 관련 하여 이 법에 규정된 직무는 [입법국에서 그러한 직무를 수행하는 관할 법원, 법원 들, 당국 또는 당국들을 명시할 것]에 의하여 수행된다.

제6조 공서에 따른 예외

입법국의 법원은 이 법에 따른 조치가 입법국의 공서에 명백히 반하는 경우 그 조치를 행할 것을 거부할 수 있다.

제7조 해석

이 법을 해석함에 있어서 이 법의 국제적인 기원과 그 적용의 통일성 및 신의성 실의 준수를 증진할 필요성을 고려하여야 한다.

제8조 다른 법률에 의한 추가적인 지원

이 법의 어떠한 규정도 입법국의 다른 법률에 따라 도산대표자가 집단대표자에게 추가적인 지원을 제공하는 권한을 제한하지 아니한다.

제Ⅱ장 공조와 조정

제9조 입법국의 법원과 다른 법원·도산대표자 및 집단대표자 간의 공조 및 의사소통

1. 제1조에 언급된 사항에 관하여, 법원은 직접 또는 입법국에서 선임된 도산대 표자나 법원의 지시에 따라 행위하기 위하여 선임된 사람을 통하여, 다른 법원·도 산대표자 및 선임된 집단대표자와 가능한 최대 범위에서 공조하여야 한다.

2. 법원은 다른 법원·도산대표자 또는 선임된 집단대표자와 직접 의사소통할 수 있고 그들에게 직접 정보제공 또는 지원을 요구할 수 있다.

제10조 제9조에 따른 가능한 최대 범위의 공조

제9조의 목적을 위하여, 가능한 최대 범위의 공조는 다음을 포함한 적절한 수단에 의하여 실행될 수 있다.

(a) 법원이 적절하다고 인정하는 수단에 의한 정보의 교환

(b) 다른 법원·도산대표자 또는 선임된 집단대표자와의 의사소통에의 참여

(c) 기업집단구성원의 업무에 대한 관리 및 감독의 조정

(d) 기업집단구성원들에 대하여 개시되어 동시에 진행되는 도산절차들에 대한 조정

(e) 법원의 지시에 따라 행위할 사람 또는 단체의 선임

(f) 둘 이상의 기업집단 구성원과 관련한 도산절차들(집단도산해결책이 수립되고 있는 경우를 포함한다)의 조정에 관한 합의의 승인 및 실행

(g) 공조 및 의사소통에 관련된 비용의 배분 및 제공 방법에 관한 법원 간 공조

(h) 채권에 관한 기업집단구성원 간 분쟁의 해결을 위한 조정 또는 (당사자들이 동의하는) 중재의 이용

(i) 기업집단구성원 간의 채권에 대한 취급 및 신고의 허가

(j) 기업집단구성원과 그 채권자가 직접 또는 대표를 통해 제기한 교차청구의 승인

(k) [입법국은 공조의 추가적인 형식 및 예를 열거할 수 있다].

제11조 제9조에 따른 의사소통의 효력 제한

1. 제9조에 따른 의사소통에 관하여, 법원은 법원에 제시된 사안과 법원에 출석한 당사자들의 행위에 대하여 언제나 그의 독립적인 관할권과 권한을 행사할 수 있다.

2. 법원이 제9조 제2항에 따른 의사소통에 참여하는 것은 다음 어느 것도 시사하지 아니한다.

(a) 법원에 의한 권한·책무 또는 지휘권의 포기 또는 양보

(b) 법원에 계류 중인 사안에 대한 실체적 결정

(c) 당사자에 의한 실체적 또는 절차적 권리의 포기

(d) 법원이 내린 결정의 효력 감축

(e) 의사소통에 참여하는 다른 법원의 재판관할에의 복종

(f) 참여 법원들의 관할의 제한, 연장 또는 확장

제12조 심리의 조정

1. 법원은 다른 법원과 조정하여 심리를 진행할 수 있다.

2. 당사자들의 실체적·절차적 권리 및 법원의 관할권은 당사자들이 조정된 심리를 규율할 조건들에 관하여 합의를 하고 법원이 그 합의를 승인함으로써 보호될 수 있다.

3. 심리의 조정에도 불구하고, 법원은 계류 중인 사안에 대하여 여전히 그 자신의 결정을 내릴 책임이 있다.

제13조 집단대표자와 도산대표자 및 법원 간의 공조와 의사소통

1. 입법국에서 선임된 집단대표자는 그의 직무 수행시 법원의 감독 하에 집단도산해결책의 수립 및 수행을 용이하게 하기 위하여 다른 법원 및 다른 기업집단구성원의 도산대표자와 가능한 최대 범위로 공조하여야 한다.

2. 집단대표자는 그의 직무 수행시 법원의 감독 하에 다른 법원과 다른 기업집단구성원의 도산대표자와 직접 의사소통을 하거나 그들에게 정보 또는 지원을 직접 요청할 수 있다.

제14조 입법국에서 선임된 도산대표자와 다른 법원·다른 집단구성원의 도산대표자 및 집단대표자 간의 공조와 의사소통

1. 입법국에서 선임된 도산대표자는 그 직무 수행시 법원의 감독 하에 다른 법원·다른 기업집단구성원의 도산대표자 및 선임된 집단대표자와 가능한 최대 범위로 공조하여야 한다.

2. 입법국에서 선임된 도산대표자는 그 직무 수행시 법원의 감독 하에 다른 법원·다른 기업집단구성원의 도산대표자 및 선임된 집단 대표자와 직접 의사소통을 하거나 그들에게 정보 또는 지원을 직접 요청할 권한이 있다.

제15조 제13조 및 제14조에 따른 가능한 최대 범위의 공조

제13조 및 제14조의 목적을 위하여, 가능한 최대 범위의 공조는 다음을 포함한 적절한 수단에 의하여 수행될 수 있다.

(a) 기밀정보의 보호를 위한 적절한 조치가 취하여진 경우, 기업집단구성원에 관한 정보의 공유 및 개시

(b) 둘 이상의 기업집단구성원과 관련된 도산절차들(집단도산해결책이 수립되고 있는 경우를 포함한다)의 조정에 관한 합의를 위한 협상

(c) 입법국에서 선임된 도산대표자·다른 기업집단구성원의 도산대표자 및 선임된 집단 대표자 간의 책무 분배

(d) 기업집단 구성원의 업무에 대한 관리 및 감독의 조정

(e) (해당되는 경우) 집단도산해결책의 수립 및 수행에 관한 조정

제16조 도산절차의 조정에 관한 합의를 할 권한

도산대표자 및 선임된 집단대표자는 둘 이상의 기업집단구성원에 대한 도산절차들(집단도산해결책이 수립되고 있는 경우를 포함한다)의 공조에 관한 합의를 할 수 있다.

제17조 하나의 또는 동일한 도산대표자의 선임

법원은 동일한 기업집단의 구성원들에 대한 도산절차들을 관리·조정하기 위하여 하나의 또는 동일한 도산대표자의 선임 및 승인에 관하여 다른 법원과 조정할 수 있다.

제18조 입법국에서 개시된 도산절차에 대한 기업집단구성원의 참가

1. 제2항의 제한 하에, 입법국에 그의 주된 이익의 중심지를 둔 기업집단구성원에 대하여 입법국에서 도산절차가 개시된 경우에는, 다른 기업집단구성원은 이 법에 의한 공조 및 조정을 용이하게 할 목적(집단도산해결책의 수립 및 수행을 포함한다)으로 그 도산절차에 참가할 수 있다.

2. 다른 국가에 그의 주된 이익의 중심지를 둔 기업집단 구성원은 그 다른 국가의 법원이 금지하지 아니하는 경우 제1항에 규정된 도산절차에 참가할 수 있다.

3. 다른 기업집단구성원이 제1항에 규정된 도산절차에 참가하는 것은 자발적이다. 기업집단구성원은 그 도산절차의 어느 단계에서도 그의 참가를 개시하거나 참가로부터의 탈퇴를 선택할 수 있다.

4. 제1항에 규정된 도산절차에 참가하는 기업집단구성원은 그 기업집단구성원의 이익에 영향을 미치는 문제에 관하여 그 도산절차에 출석하고, 서면을 제출하며, 심리를 받고, 집단도산해결책의 수립 및 수행에 참여할 권리를 갖는다. 기업집단구성

원이 그 도산절차에 참가하고 있다는 사실만으로 그 참가와 관련이 없는 목적으로 입법국 법원의 관할에 복속되지 않는다.

5. 집단도산해결책의 수립에 관하여 취해진 조치는 참가 기업집단구성원에게 통지되어야 한다.

제III장 입법국의 계획절차에서 받을 수 있는 지원처분

제19조 집단대표자의 선임 및 지원을 구할 권한

1. 제2조 (g) (i) 및 (ii)의 요건을 충족한 때에, 법원은 집단대표자를 선임할 수 있다. 그 선임시, 집단대표자는 집단도산해결책의 수립 및 수행을 추진하여야 한다.

2. 집단대표자는 집단도산해결책의 수립 및 수행을 위하여 입법국에서 이 조 및 제20조에 따른 지원처분을 구할 권한이 있다.

3. 집단대표자는 계획절차를 위하여 외국에서 행위할 권한, 특히 다음의 행위를 할 권한이 있다.

(a) 집단도산해결책의 수립 및 수행을 지원하기 위하여 계획절차의 승인 및 지원을 구하는 것

(b) 계획절차에 참가하고 있는 기업집단구성원과 관련된 외국절차에 참가를 구하는 것

(c) 계획절차에 참가하지 아니한 기업집단구성원과 관련된 외국절차에 참가를 구하는 것

제20조 계획절차에 대하여 제공할 수 있는 지원처분

1. 집단도산해결책을 수립하거나 수행할 가능성을 보전하기 위하여 또는 계획절차가 개시되거나 계획절차에 참가하고 있는 기업집단구성원의 재산의 가치 또는 그 기업집단 구성원에 대한 채권자의 이익을 보호, 보전, 실현 또는 증진하기 위하여 필요한 범위에서, 법원은 집단대표자의 요청에 의하여 다음 각 호의 처분 등 적절한 지원처분을 할 수 있다.

(a) 기업집단구성원의 재산에 대한 집행의 중지

(b) 기업집단구성원의 재산을 이전하거나 그에 대하여 담보를 설정하거나 그 밖의 처분을 할 권리의 유예

(c) 기업집단구성원의 재산, 권리, 채무 또는 책임에 대한 개별적인 소송 또는 절차의 개시 또는 속행의 중지

(d) 재산 가치의 보호, 보전, 실현 또는 증진을 위하여 기업집단구성원의 입법국 소재 재산의 전부 또는 일부에 대한 관리 또는 환가를 집단대표자 또는 법원이 지정한 다른 사람에게 위임하는 처분

(e) 기업집단구성원의 재산, 업무, 권리, 채무 또는 책임에 대한 증인신문·증거수집 또는 정보개시를 위한 처분

(f) 참가 기업집단구성원에 대한 도산절차의 중지

(g) 기업집단구성원의 자금조달에 관한 합의의 승인과 그러한 자금조달 합의에 따른 금융제공의 승인

(h) 입법국의 법에 따라 도산대표자에게 제공할 수 있는 추가적인 지원처분

2. 계획절차에 참가한 기업집단구성원에 대하여 도산절차가 개시되지 아니한 경우에는 그 기업집단구성원의 입법국 소재 재산 및 영업에 대하여 이 조에 의한 지원처분을 할 수 없다. 다만, 이 법에 따라 도산절차의 개시를 최소화하기 위한 목적으로 도산절차가 개시되지 아니한 경우에는 그러하지 아니하다.

3. 다른 국가에 그의 주된 이익의 중심지를 둔 기업집단구성원의 입법국 소재 재산 및 영업에 대하여는 그 다른 국가에서 진행되는 도산절차의 관리를 방해하지 아니하는 경우에 한하여 이 조에 의한 지원처분을 할 수 있다.

제IV장 외국계획절차의 승인 및 지원

제21조 외국계획절차의 승인 신청

1. 집단대표자는 집단대표자로 선임된 외국계획절차(foreign planning proceeding)의 승인을 입법국에서 신청할 수 있다.

2. 승인 신청에는 다음을 첨부하여야 한다.

(a) 집단대표자를 선임하는 결정의 인증된 사본

(b) 집단대표자의 선임을 확인하는 외국 법원의 증명서

(c) (a) 및 (b)에 규정된 증빙이 없는 때에는 법원이 수락할 수 있는 집단대표자의 선임에 관한 다른 증빙

3. 승인 신청에는 다음의 것들도 첨부되어야 한다.

(a) 외국계획절차에 참가한 모든 기업집단구성원에 대한 진술서

(b) 모든 기업집단구성원과 외국계획절차에 참가한 기업집단구성원에 대하여 개시된, 집단대표자가 알고 있는 모든 도산절차에 대한 진술서

(c) 외국계획절차가 개시된 기업집단구성원이 그 계획절차가 진행되는 국가에 그의 주된 이익의 중심지를 두고 있고, 그 계획절차는 그 절차가 개시되거나 그 절차에 참가하고 있는 기업집단구성원들의 전체적인 결합된 가치를 증대시키는 결과가 될 것이라는 취지의 진술서

4. 법원은 승인 신청을 뒷받침하기 위하여 제공된 문서를 입법국의 공식 언어로 번역해 줄 것을 요구할 수 있다.

5. 집단대표자는 그가 입법국의 법원에 이 법에 따른 신청을 하였다는 사실만으로 신청 이외의 여하한 목적으로도 입법국 법원의 관할에 복속되지 아니한다.

6. 법원은 승인 신청을 뒷받침하기 위하여 제출된 문서가 공인된 것인지 여부를 불문하고 그 문서가 진정한 것으로 추정할 수 있다.

제22조 외국계획절차의 승인 신청시 내릴 수 있는 잠정적 지원처분

1. 외국계획절차의 승인 신청시부터 신청에 대한 결정이 있을 때까지, 집단도산 해결책의 수립 또는 수행 가능성을 보전하기 위하여 또는 계획절차의 대상이 되거나 계획절차에 참가하고 있는 기업집단구성원의 재산의 가치 또는 그 기업집단구성원의 채권자의 이익을 보호·보전·실현 또는 증진하기 위하여 긴급히 필요한 경우, 법원은 집단대표자의 요청에 의하여 다음 각 호의 처분 등 잠정적 성질의 지원처분을 할 수 있다.

(a) 기업집단구성원의 재산에 대한 집행의 중지

(b) 기업집단구성원의 재산을 이전하거나 그에 대하여 담보를 설정하거나 그 밖의 처분을 할 권리의 유예

(c) 기업집단구성원에 대한 도산절차의 중지

(d) 기업집단구성원의 재산, 권리, 채무 또는 책임에 대한 개별적인 소송 또는 절차의 개시 또는 속행의 중지

(e) 그 성질상 또는 그 밖의 사정으로 인하여 멸실될 수 있거나 가치가 하락할 우려가 있거나 달리 위험에 처한 재산의 가치를 보호, 보전, 실현 또는 증진하기 위하여 기업집단구성원의 입법국 소재 재산의 전부 또는 일부에 대한

관리 또는 환가를 입법국에서 선임된 도산대표자에게 위임하는 처분(그 도산 대표자가 기업집단구성원의 입법국 소재 재산의 전부 또는 일부를 관리 또는 환가할 수 없는 경우에는 집단대표자 또는 법원이 지정한 다른 사람에게 그 업무를 위임할 수 있다)

(f) 기업집단구성원의 재산, 업무, 권리, 채무 또는 책임에 대한 증인신문·증거수 집 또는 정보개시를 위한 처분

(g) 기업집단구성원의 자금조달에 관한 합의의 승인 및 그러한 자금조달 합의에 따른 금융제공의 승인

(h) 입법국의 법에 따라 도산대표자에게 제공될 수 있는 추가적인 지원처분

2. [통지에 관한 입법국의 규정을 기술할 것]

3. 제24조 제1항 (a)에 의하여 연장되지 아니할 경우, 이 조에 의하여 한 지원처 분은 승인 신청에 대한 결정이 있는 때에 종료된다.

4. 외국계획절차에 참가하고 있는 기업집단구성원에 대하여 도산절차가 개시되지 아니한 경우에는 그 기업집단구성원의 입법국 소재 재산 및 영업에 대하여 이 조에 의한 지원처분을 할 수 없다. 다만, 이 법에 따라 도산절차의 개시를 최소화하기 위 한 목적으로 도산절차가 개시되지 아니한 경우에는 그러하지 아니하다.

5. 이 법에 의한 지원처분이 외국계획절차에 참가하고 있는 기업집단구성원의 주 된 이익의 중심지에서 진행되고 있는 도산절차의 관리를 방해할 경우에는 법원은 이 조에 의한 지원처분을 하지 아니할 수 있다.

제23조 외국계획절차의 승인

1. 외국계획절차는 다음의 경우 승인되어야 한다.

(a) 신청이 제21조 제2항 및 제3항의 요건을 충족하고,

(b) 그 절차가 제2조 (g)에 정의된 계획절차에 해당되며,

(c) 신청이 제5조에 규정된 법원에 제출된 경우

2. 외국계획절차의 승인 신청에 대하여는 가능한 가장 이른 시기에 결정이 내려 져야 한다.

3. 승인을 할 근거가 전부 또는 일부 결여되었거나 더 이상 존재하지 않는 것으 로 밝혀진 경우 승인은 변경 또는 종료될 수 있다.

4. 제3항의 목적을 위하여, 집단대표자는 승인 신청 후에 외국계획절차의 상황

또는 그 자신의 선임 상황에 발생한 중요한 변동사항 뿐만 아니라 승인에 기하여 내려진 지원처분에 관련될 수 있는 변동사항을 법원에 알려 주어야 한다.

제24조 외국계획절차의 승인시 내릴 수 있는 지원처분

1. 외국계획절차가 승인된 때에는 집단도산해결책의 수립 또는 수행 가능성을 보전하기 위하여 또는 계획절차가 개시되거나 계획절차에 참가하고 있는 기업집단구성원의 재산의 가치 또는 그 기업집단구성원의 채권자의 이익을 보호·보전·실현 또는 증진하기 위하여 필요한 경우, 법원은 집단대표자의 요청에 의하여 다음 각 호의 처분 등 적절한 지원처분을 할 수 있다.

(a) 제22조 제1항에 의하여 부여된 지원의 연장

(b) 기업집단구성원의 재산에 대한 집행의 중지

(c) 기업집단구성원의 재산을 이전하거나 그에 대하여 담보를 설정하거나 그 밖의 처분을 할 권리의 유예

(d) 기업집단구성원에 대한 도산절차의 중지

(e) 기업집단구성원의 재산, 권리, 채무 또는 책임에 관한 개별적인 소송 또는 절차의 개시 또는 속행의 중지

(f) 집단도산해결책의 수립 또는 수행 목적으로 재산의 가치를 보호·보전· 실현 또는 증진하기 위하여 기업집단구성원의 입법국 소재 재산의 전부 또는 일부에 대한 관리 또는 환가를 입법국에서 선임된 도산대표자에게 위임하는 처분 (그 도산대표자가 기업집단구성원의 입법국 소재 재산의 전부 또는 일부를 관리 또는 환가할 수 없는 경우에는 집단대표자 또는 법원이 지정한 다른 사람에게 그 업무를 위임할 수 있다)

(g) 기업집단구성원의 재산, 업무, 권리, 채무 또는 책임에 대한 증인신문·증거수집 또는 정보개시를 위한 처분

(h) 기업집단구성원의 자금조달에 관한 합의의 승인과 그 자금조달 합의에 따른 금융제공의 승인

(i) 입법국의 법에 따라 도산대표자에게 제공될 수 있는 추가적인 지원처분

2. 기업도산해결책의 수립 또는 수행을 목적으로 재산의 가치를 보호, 보전, 실현 또는 증진하기 위하여 기업집단구성원의 입법국 소재 재산의 전부 또는 일부에 관한 배당을 입법국에서 선임된 도산대표자에게 위임할 수 있다. 그 도산대표자가 기업집

단구성원의 입법국 소재 재산의 전부 또는 일부에 관한 배당을 할 수 없는 경우에는 집단대표자 또는 법원이 지정한 다른 사람에게 그 업무를 위임할 수 있다.

3. 외국계획절차에 참가하고 있는 기업집단구성원에 대하여 도산절차가 개시되지 아니한 경우에는 그 기업집단구성원의 입법국 소재 재산 및 영업에 대하여 이 조에 의한 지원처분을 할 수 없다. 다만, 이 법에 따라 도산절차의 개시를 최소화하기 위한 목적으로 도산절차가 개시되지 아니한 경우에는 그러하지 아니하다.

4. 이 법에 의한 지원처분이 외국계획절차에 참가하고 있는 기업집단구성원의 주된 이익의 중심지에서 진행되고 있는 도산절차의 관리를 방해할 경우에는 법원은 이 조에 의한 지원처분을 하지 아니할 수 있다.

제25조 입법국의 절차에 대한 집단대표자의 참가

1. 외국계획절차가 승인된 때에는 집단대표자는 외국계획절차에 참가하고 있는 기업집단구성원에 대한 모든 절차에 참가할 수 있다.

2. 법원은 집단대표자가 외국계획절차에 참가하지 아니한 기업집단구성원에 대한 입법국의 도산절차에 참가하는 것을 허가할 수 있다.

제26조 집단도산해결책의 허가

1. 집단도산해결책이 입법국에 그의 주된 이익의 중심지 또는 영업소를 둔 기업집단구성원에게 영향을 미치는 경우, 그 기업집단구성원에 영향을 미치는 집단해결책의 해당 부분은 입법국의 법에 따라 요구되는 허가 및 인가를 받은 때에 입법국에서 효력이 있다.

2. 집단대표자는 입법국의 법원에 집단도산해결책의 허가 및 수행과 관련된 문제에 관하여 직접 심리를 직접 신청할 수 있다.

제Ⅴ장 채권자 및 그 밖의 이해관계인의 보호

제27조 채권자 및 그 밖의 이해관계인의 보호

1. 이 법에 의한 지원처분을 인용, 기각, 변경 또는 취소하는 때에, 법원은 계획절차가 개시되거나 계획절차에 참가하고 있는 각 기업집단구성원의 채권자와 그 밖의 이해관계인(지원처분의 대상이 된 기업집단구성원을 포함한다)의 이익이 적정하게 보

호되는지를 고려하여야 한다.

　2. 법원은 이 법에 의한 지원처분에 법원이 적절하다고 인정하는 조건(담보의 제공을 포함한다)을 붙일 수 있다.

　3. 법원은 집단대표자 또는 이 법에 의한 지원처분에 의하여 영향을 받은 사람의 신청에 의하거나 직권으로 지원처분을 변경하거나 취소할 수 있다.

제VI장 외국채권의 취급

제28조 외국채권의 취급에 관한 확약: 종절차

　1. 종절차의 개시를 최소화하기 위하여 또는 기업집단도산에서 채권의 취급을 용이하게 하기 위하여, 다음 각 호의 요건들을 충족하는 경우, 기업집단구성원의 채권자가 다른 국가에서 종절차가 진행된다면 그 종절차에서 행사할 수 있을 채권은 입법국에서 개시된 주절차에서 그 종절차에서 받을 수 있을 취급과 일치되게 취급할 수 있다.

　(a) 그러한 취급에 대한 확약이 입법국의 주절차에서 선임된 도산대표자에 의하여 제공될 것. 집단대표자가 선임된 경우에는 그 확약은 도산대표자와 집단대표자가 공동으로 제공하여야 한다.

　(b) (해당되는 경우) 그 확약은 입법국의 형식적 요건을 갖출 것

　(c) 법원이 주절차에서 부여할 취급을 허가할 것

　2. 제1항에 따라 제공된 확약은 주절차의 도산재단에 대하여 집행가능하고 구속력이 있다.

제29조 제28조에 따른 확약에 대한 입법국 법원의 권한

　주절차가 계속 중인 다른 국가에서 선임된 도산대표자 또는 집단대표자가 제28조에 따른 확약을 제공한 경우, 입법국의 법원은 다음 각 호의 조치를 취할 수 있다.

　(a) 입법국에서 종절차가 진행되었더라면 제공될 수 있었을 채권의 취급과 일치되도록 외국주절차에서 제공되는 채권의 취급에 대한 허가

　(b) 종절차 개시의 중지 또는 거절

B. 보충 규정

제30조 외국채권의 취급에 관한 확약: 주절차

주절차의 개시를 최소화하기 위하여 또는 다른 국가의 도산절차에서 채권자가 행사할 수 있을 채권의 취급을 용이하게 하기 위하여, 입법국에서 선임된 기업집단구성원의 도산대표자 또는 집단대표자는 입법국의 도산절차에서 그 채권에 대하여 그 다른 국가의 도산절차에서라면 받을 수 있을 취급을 부여하기로 확약할 수 있고, 입법국의 법원은 그러한 취급을 허가할 수 있다. 그러한 확약은 필요한 경우 공식적 요건을 갖추어야 하고, 도산재단에 대하여 집행가능하고 구속력이 있다.

제31조 제30조에 따른 확약에 대한 입법국 법원의 권한

도산절차가 계속 중인 다른 국가에서의 도산대표자 또는 집단대표자가 제30조에 따른 확약을 제공한 경우, 입법국의 법원은 다음 각 호의 조치를 취할 수 있다.

(a) 입법국에서 종절차가 진행되었더라면 제공될 수 있었을 채권의 취급과 일치되도록 외국도산절차에서 제공되는 채권의 취급에 대한 허가

(b) 주절차 개시의 중지 또는 거절

제32조 추가적 지원처분

1. 외국계획절차가 승인된 때에는 영향을 받는 기업집단구성원에 대한 채권자의 이익이 그 계획절차에서 적정하게 보호될 것이라고 법원이 인정하는 경우, 특히 제28조 또는 제30조에 따른 확약이 제공된 경우에는, 법원은 제24조에서 규정된 지원처분에 추가하여, 외국계획절차에 참가하고 있는 기업집단구성원에 대한 입법국 도산절차의 개시를 중지하거나 거절할 수 있다.

2. 제26조에도 불구하고, 집단대표자가 집단도산해결책안을 제출한 때에는 영향을 받는 기업집단구성원에 대한 채권자의 이익이 적정하게 보호되고 있고 보호될 것이라고 법원이 인정하는 경우, 법원은 집단도산해결책의 해당 부분을 허가하고 집단도산해결책의 수행을 위하여 필요한 제24조의 지원처분을 할 수 있다.

II. 개정 EU도산규정

유럽연합 집행위원회(the European Commission)는 1975년 기업집단에 대한 체계적 규율의 필요성이 대두되는 분위기 속에서 1965년에 제정된 독일 주식회사법의 콘체른 조항을 모델로 한 9th Directive on corporate group law의 시안을 발표하였으나 독일을 제외한 다른 회원국의 지지를 받지 못하여 입법에 실패하였다.[88]

이후 유럽연합의 정치적 통합 수준의 미흡함, 영미법과 대륙법계 국가 간의 이해부족 및 노동자 경영참가를 둘러싼 이견 등 여러 가지 이유로 입법을 미루다가 2000년 5월 29일 EU도산규정(European Council Regulation No. 1346/2000 of 29 May 2000 on insolvency proceedings)[89]을 채택하고 2002년 5월 31부터 시행하였으나 제정 당시에는 기업집단에 관한 규정이 배제되었다.

개정 전 EU도산규정 시행 이후 다국적 기업집단의 국제도산에 관한 다수의 사례가 축적되면서 기업집단 관련 규정의 부재 등을 비롯해 일부 규정에 문제점이 있다는 지적이 있었다. 이에 유럽연합 집행위원회(the European Commission)는 2012년 12월 12일 자로 개정 제안서(Proposal for a REGULATION OF THE EUROPEAN PARLIAMENT AND OF THE COUNCIL amending Council Regulation (EC) No 1346/2000 on insolvency proceedings)[90]를 채택하고 이를 토대로 수년간 논의를 거듭한 끝에[91] 2015년 5월 20일 자로 개정 EU도산규정(Regulation (EU) 2015/848 of the European Parliament and of the Council of 20 May 2015 on insolvency proceedings)을 채택하였다.[92]

2015년 개정 EU도산규정은 여러 국가의 도산절차는 그대로 두고 공조와 절차조정을 통해 절차를 원활화 하는 방식을 채택하였다. 기업집단 소속기업의 국제도산절차에 대한 장(제5장)을 별도로 두고 기업집단(group of companies)의 개념이 최초로 도입하였으며, 기업집단 국제도산에 대한 공조(cooperation and communication, 제

---

88) 김상조, "유럽의 기업집단법 현황과 한국 재벌개혁에의 시사점", 민주정책연구원 (2012. 7.), 20면.
89) 정식명칭은 Regulation (EU) 2015/848 of the European Parliament and of the Council of 20 May 2015 on insolvency proceedings이다.
90) http://eur-lex.europa.eu/legal-content/EN/TXT/?uri=COM:2012:0744:FIN, (2022. 7. 30. 확인).
91) http://eur-lex.europa.eu/legal-content/EN/HIS/?uri=CELEX:32015R0848&qid=1484915 010584, (2022. 7. 30. 확인).
92) 영국과 북아일랜드는 European Council Regulation No. 1346/2000 of 29 May 2000 on insolvency proceedings 제정 당시 가장 보편적인 비즈니스 모델의 형태인 기업집단에 관한 규정을 도입하자고 주장하였으나 수용되지 못하였다.

56−60조)와 절차조정(coordination, 제61−77조)에 관한 절을 두었다. 공조에 관한 규정은 모두 5개 조항으로, 도산참가인 간의 공조(Cooperation and communication between insolvency practitioners, 제56조), 법원 간의 공조(Cooperation and communication between courts, 제57조), 도산참가인과 법원 간의 공조(Cooperation and communication between insolvency practitioners and courts, 제58조), 비용부담(Costs of cooperation and communication in proceedings concerning members of a group of companies, 제59조) 및 도산참가인의 권한 (Powers of the insolvency practitioner in proceedings concerning members of a group of companies, 제60조)에 관한 규정으로 이루어져 있다.[93]

개정법 제2조 제1호 제13항[94]은 기업집단을 '모기업과 모든 종속기업', 모기업을 '하나 또는 그 이상의 종속기업에 대해 직간접적으로 지배력을 행사하는 기업'으로 정의하고 있으며, 유럽의회(the Parliament)와 유럽이사회(the Council)가 결의한 Directive 2013/34/EU상의 연결재무제표(consolidated financial statements)[95]에 의한 기업도 모기업으로 간주한다는 규정을 두고 있다.

---

93) 기업집단에 관한 규정 외에도, ⅰ) COMI의 개념을 명시하고 기업 채무자의 COMI 이동에 대응하여 COMI추정원칙을 배제하는 규정을 신설하였고, ⅱ) '도산 전 구조조정절차(pre−insolvency rescue proceedings)'를 주절차에 포함시켜 경제적으로 회생가능한 채무자의 구조조정촉진을 도모하고. ⅲ) 영국법원의 판례에 따른 '의제 종절차(synthetic secondary proceeding)'를 도입하여 주도산절차의 효율성을 저해하는 이차적 절차의 폐해를 방지하는 동시에 이차적 절차가 개시되지 않으면 권리를 보호받을 수 없었던 채권자들의 필요를 반영할 수단을 마련하는 등의 내용을 담고 있다; EU도산규정의 주요 개정내용을 정리한 것으로는, 이제정/민지현/심영진/김영석, 앞의 글, 5면.

94) (13) 'group of companies' means a parent undertaking and all its subsidiary undertakings; (14) 'parent undertaking' means an undertaking which controls, either directly or indirectly, one or more subsidiary undertakings. An undertaking which prepares consolidated financial statements in accordance with Directive 2013/34/EU of the European Parliament and of the Council (1) shall be deemed to be a parent undertaking.

95) 지배 ·종속 관계에 있는 2개 이상의 회사를 단일 기업집단으로 보아 각각의 개별 재무제표를 종합하여 작성하는 재무제표로 연결결산시에 작성되는 연결대차대조표 · 연결손익계산서 등이 포함된다. 법률적으로는 별개의 독립된 기업이라도 경제적으로 상호 밀접하게 연결되어 있는 기업집단이 존재할 때에는 그들을 하나의 조직체로 간주하여 재무제표를 작성하는 것이 경제적 통일체로서의 기업의 실태를 파악하는 데 유리하다. 이 때문에 연결재무제표가 제도화되었으며, 또한 이 제도는 지배회사가 종속회사의 경리를 이용하여 분식을 하는 등의 비리를 막는 데에도 유효하다. 작성은 각 회사의 재무제표를 연결하여 시행되므로, 동종 계정잔고의 집계, 회사 상호 간의 채권 · 채무의 상계, 내부이익의 제거 등이 필요하다. 미국에서는 20세기 초 지주회사가 성행하면서 일반화 되었고 한국은 상장법인 등의 회계처리에 관한 규정, 재무제표에 관한 규칙 등에 규정하는 바에 따라 연결재무제표를 작성하도록 되어 있다.

제6절　기업집단 맥락의 외국법원에의 접근권

Ⅰ. 의의

　　모델법이나 채무자회생법상의 '일반적인 외국법원에의 접근권'은 외국도산절차에서의 채무자와 '동일한 채무자'에 관한 국내도산절차에 대하여 외국도산절차의 대표자 또는 외국채권자에게 인정되는 접근권을 말한다. '기업집단 맥락의 접근권'은 기업집단 소속기업의 외국도산절차의 대표자 또는 채권에게 다른 소속기업에 대한 국내도산절차에의 접근권을 허용할 것인가의 문제이다. 전자는 단일한 채무자 및 도산재단(insolvency estate)과 연관되어 있는데 반해 후자는 여러 나라에 있는 복수의 기업집단 소속기업 및 복수의 도산재단과 연관되어 있다는 점에서 양자는 구별된다.[96]

Ⅱ. 목적에 따른 분류[97]

1. 공조나 절차조정을 접근권

　　기업집단 국제도산의 공조나 절차조정를 넓은 의미의 국제공조로 보아 일반적인 국제공조에 관한 규정에 의해 규율하는 것이 가능하다. 향후 개별 국가의 도산입법례에 따라서는 외국법원과의 공조(cooperation)나 절차조정(coordination)를 위해서 반드시 외국도산절차로서 승인을 요구할 수 있다. 이러한 경우 기업집단 소속기업의 외국도산절차 대표자 또는 집단대표자는 입법국으로부터 공조 또는 절차조정을 위한 협조를 얻기 위해서는 입법국의 도산법이 동일한 채무자에 대한 외국도산절차 대표자에게뿐만 아니라 기업집단 소속기업의 외국도산절차 대표자에게도 외국도산절차의 승인신청을 위한 자격을 부여하고 있어야 할 것이다.[98]

　　채무자회생법 제641조 제1항은 동일한 채무자 외에 '상호 관련이 있는 채무자'에 대하여 진행 중인 국내도산절차 및 외국도산절차나 복수의 외국도산절차 간의 원활하고 공정한 집행을 위하여 외국법원 및 외국도산절차의 대표자와 공조의무를 규정하고 있으므로 해석상 기업집단 소속기업과의 공조도 가능한데 이를 위해 외국도산절차의 승인을 요건으로 하고 있지는 않다.

---

96) 심영진, 앞의 글, 278면.
97) 심영진, 앞의 글, 287면.
98) UNCITRAL 도산법 입법지침 제3편, 87면.

UNCITRAL 도산법 입법지침은 기업집단 국제도산의 공조나 절차조정을 위해 외국도산절차의 승인을 요건으로 할 수 있음을 예정한 바 있으나, 2019년 성안된 EGI 모델법은 승인을 조건으로 하고 있지 않다.

2. 지원처분을 위한 접근권

CBI 모델법 제20조, 제21조에 규정된 '중지(stay)'는 오로지 채무자의 자산에 대한 개개의 법적 조치(individual action)만을 다루고 있기 때문에 기업집단 맥락의 외국도산절차의 승인 및 지원과는 직접적인 관련이 없다. 기업집단 맥락의 지원을 위해서는 별도의 규정이 필요한데, 주도산절차 등과 같은 기업집단의 해결책(group solution)에 해를 끼치는 지역 채권자들에 의한 법적 조치를 억제하는 중지신청 (application of the stay)등 이 가장 명백한 기업집단 맥락에서의 지원처분의 형태일 수 있다. 채무자를 달리하는 외국도산절차의 대표자가 외국법원에 이와 같이 강력한 지원처분을 구하기 위해서는 사전에 그러한 외국도산절차의 승인이 이루어져야 할 필요가 있다. EGI 모델법은 입법국에서 진행되는 계획절차나 외국의 계획절차에서 제공할 수 있는 지원처분들을 규정하고 있다.[99]

3. 도산절차의 단일화를 위한 접근권

(1) 주도산절차의 결정

소속기업에 대한 도산절차의 개시를 제한하여 도산절차를 단일화하기 위한 방안으로서 기업집단 소속기업에 대한 외국도산절차로 승인받은 경우에, 외국도산절차 대표자에게 승인국의 현지채권자들의 현지 도산절차의 개시를 신청을 제한하거나 이미 진행 중인 절차의 중지를 신청할 권한을 부여하는 방안을 생각해 볼 수 있다. 특히 기업집단 소속기업이 속한 국가의 법원(A법원)에서 도산절차가 개시된 경우 다른 국가의 법원(B법원)에서의 절차를 대신하여 A법원에서 의제절차 등 의제적 처리 방식(synthetic arrangement)에 의해 현지 채권자들의 이익을 다루기 위해서는 A법원에서 선임된 도산절차 대표자가 B법원에 외국도산절차의 승인신청을 하여 B법원에 이차적 절차 등이 개시되지 않도록 중지신청 등이 가능하도록 할 필요가 있다. 이 경우 외국도산절차와 현지 도산절차의 채무자가 다르기 때문에 기업집단 맥락의 복

---

99) EGI 모델법 제20조, 제22조, 제24조.

수의 도산절차 개시신청 간에 갈등이 있는 것이 보통일 것이다. 그러한 상황하에서 외국도산절차 대표자의 현지절차의 개시를 제한하는 신청을 현지 채권자들의 신청보다 우위에 두기 위해서는 명확한 규정이 필요하다. ⅰ) 기업집단에 속한 모든 기업들 전체의 최선의 이익(global best interests of members of the group)과 현지 채권자들의 이익의 보호를 고려하여 현지 채권자들의 신청을 인용하는 경우에 비해 채권자의 이익이 축소되지 않을 것, ⅱ) 기업집단의 회생에 도움이 될 것 등을 요건으로 하는 방안을 고려할 수 있을 것이다. EGI 모델법은 ⅰ) 하나 이상의 다른 기업집단 구성원(소속기업)이 집단도산해결책의 수립 및 수행을 위하여 그 주도산절차에 참가할 것, ⅱ) 주도산절차가 개시된 기업집단구성원은 그 집단도산해결책에 필요불가결한 참여자가 될 가능성이 있을 것, ⅲ) 집단대표자가 선임되었을 것을 요건으로 하고 있는데, 앞에서 제시된 요건에 비해 기준이 구체적이고 명확한 점에서 장점이 있는 것으로 보인다. 주도산절차가 되지 못한 국가의 채권자들에게 대해서는 제6장에 외국채권의 취급에 관한 확약제도를 통해 일종의 의제절차를 보장하여 그들의 이익이 침해되지 않도록 규정하고 있다.

(2) 승인제도의 도입

UNCITRAL에서 EGI 모델법이 성안되는 과정에서 복수의 절차 중 어느 하나의 절차를 '조정절차(coordinating proceeding)'로 이용하거나 '기업집단 조정자(group coordinator)'로 지정하는 것과 관련하여 단일한 절차를 담당할 관할법원을 정하는데 있어서 외국도산절차의 승인을 활용할 가능성이 논의한 바 있다.[100]

이와 관련하여 개정 EU도산규정은 '집단조정절차(group coordination proceeding)'라는 개념을 신설하였는데, 각 개별도산절차의 도산관리인들이 조정절차에 참여하여 그곳에서 조정자의 주도하에 '집단조정계획'을 수립하고 수립된 계획을 반영하여 각 개별도산절차를 진행함으로써 기업집단 소속기업들에 대한 개별적 도산절차가 기업집단의 차원에서 통일적인 방향으로 나아갈 수 있도록 하였다.[101]

구체적 내용을 살펴보면, 개정 EU도산규정은 개별도산절차에서 선임된 도산관리인이 집단소속기업에 대한 개별도산절차를 개시할 수 있는 권한을 가진 법원에 집단조정절차를 신청할 수 있도록 하고,[102] 집단조정절차의 개시신청을 받은 법원은 동

---

100) 심영진, 앞의 글, 286면.
101) 이제정/민지현/심영진/김영석, 앞의 글, 15면.

일한 개시신청을 먼저 받은 다른 회원국이 있는 경우에는 그 신청을 거부하도록 하고 선행 신청이 없는 경우에는 기업집단 소속기업들의 도산관리인들에게 이와 같은 신청사실 등을 고지하도록 하고 있다.[103]

이는 집단조정절차를 개시할 수 있는 법원에 관해 달리 요건을 정하지 않고 '우선주의 원칙'을 입법한 것으로서 집단조정절차의 관할을 정한 것으로 관할의 결정과 다른 관할의 절차개시 방지를 외국도산절차의 승인제도와 관련 없이 규정한 것이다.

이와 같은 '우선주의'를 취할 수 있는 것은 유럽연합 회원국 간의 EU도산규정의 공통적인 적용, 국내법의 동질성 등으로 인해 집단조정절차의 관할에 관해 이해관계의 대립이 상대적으로 적기 때문인 것으로 보인다. 유럽연합 회원국 이외의 국가들 간에는 'forum shopping[104]의 우려', '사법권의 제한 문제' 등의 문제가 있기 때문에 우선주의를 도입하는 데 현실적인 어려움이 있을 수 있다.

EGI 모델법은 주절차에 해당하는 계획절차에서 선임된 집단대표자에게 외국법원에 대하여 집단도산해결책의 수립 및 수행에 관한 지원을 받기 위해 계획절차의 승인을 요청할 권한을 부여함으로써 우선주의가 아니라 승인제도를 도입하였다.[105]

한편, UNCITRAL은 도산 실무위원회의 초안에는 기업집단 소속기업의 외국대표자가 기업집단 소속기업의 외국도산절차의 승인을 법원에 신청하는 '기업집단 소속기업의 외국도산절차의 승인' 관련하여 승인신청서에, ⅰ) 기업집단 도산해결책(group insolvency solution)이 기업집단의 전체 또는 일부에 대하여 진행된다는 점, ⅱ) 기업집단 도산해결책의 수행에 관한 합리적인 전망이 있다는 점, ⅲ) 기업집단 소속기업의 외국도산절차가 기업집단 도산해결책에 참가하는 데 있어 필수적이거나 주요한 부분이라는 점에 관한 증거들을 첨부하도록 하였었다.[106]

EGI 모델법에서 실제 성안된 내용을 보면, 집단대표자가 외국법원에 계획절차의 승인을 위해 첨부하는 서류로 집단대표자임을 소명할 수 있는 자료, 계획절차에 참가한 기업집단구성원들의 진술서 외에 외국계획절차가 개시된 기업집단구성원이 그 계획절차가 진행되는 국가에 그의 주된 이익의 중심지를 두고 있고, 그 계획절차는

---

102) EU도산규정 제61조.
103) EU도산규정 제63조.
104) 원고가 소송을 제기하는 데 있어서 다수의 국가 또는 주(州)의 법원 가운데 자신에게 가장 유리한 판단을 받을 수 있는 법원을 재판소를 선택하는 현상을 말하는데, 때로는 사건과 무관하거나 관련이 희박한 국가의 법원에 소를 제기하여 종종 문제가 되기도 한다.
105) EGI 모델법 제19조 제3항, 제21조 제1항.
106) 민지현, 앞의 글, 164면.

그 절차가 개시되거나 그 절차에 참가하고 있는 기업집단구성원들의 전체적인 결합된 가치를 증대시키는 결과가 될 것이라는 취지의 진술서 등을 요구하고 있다.[107]

III. 관련 규정

1. UNCITRAL 도산법 입법지침[108]

UNCITRAL 도산법 입법지침 제3편 권고규정 제239조 (a)는 기업집단 맥락에서 외국대표자 및 채권자에게 국내법원에 대한 접근권을 인정한도록 권고 규정을 두었었다.

UNCITRAL 제45차 도산 실무위원회 회의가 2014년 4월 이 문제에 대해 논의한 결과를 소개하면,[109] ⅰ) 기업집단에 영향을 미치는 도산절차의 본질에 따라 각기 다른 당사자에 대해서 접근권의 범위를 달리할 필요가 있다는 점(기업집단 내에 공동으로 자금조달을 하였거나 서비스와 종업원을 공유하는 경우에는 그렇지 않은 경우보다 더 폭넓은 접근권을 인정할 필요가 있을 수 있음), ⅱ) 기업집단 맥락에서 변제자력 있는 (solvent) 기업의 대표자도 CBI 모델법 제9조와 유사한 접근권을 가져야 하고, 그러한 기업의 채권자도 그 기업이 도산상태 있던지 혹은 변제자력이 있든지 상관없이 일정한 경우 접근이 가능해야 한다는 점, ⅲ) 의제절차(synthetic proceeding)가 이용되는 경우 외국채권자들의 이익이 충분히 보호되도록 그들의 접근권을 확대할 필요가 있다는 점 등이 언급되었다. 특히 ⅱ)항과 관련하여 기업집단 내 일부 기업이 도산상태에 있다고 하여 전체 기업집단이 반드시 도산상태에 있는 것은 아니고 변제자력이 있는 소속기업들과 다른 소속기업들 사이에 경제적 연관이 있는 경우에는 변제자력이 있는 기업들이 채택된 도산해결책에 기여할 수 있는 등 가치 창출이 가능하기 때문이라고 하였다.

---

107) EGI 모델법 제21조 제2항.
108) http://www.uncitral.org/pdf/english/texts/insolven/Leg－Guide－Insol－Part3－ebook－E.pdf, 87－89면(2022. 7. 30. 최종확인).
109) 심영진, 앞의 글, 277면.

2. 채무자회생법

(1) 공조를 위한 접근권

채무자회생법 제641조 제1항은 동일한 채무자 또는 상호 관련이 있는 채무자에 대하여 진행 중인 국내도산절차 및 외국도산절차나 복수의 외국도산절차 간의 원활하고 공정한 집행을 위하여 외국법원 및 외국도산절차의 대표자와 공조의무를 규정하고 있다. 여기서 '상호 관련이 있는 채무자'라 함은 다양한 해석이 가능하겠지만, 부부지간인 채무자, 불가분채무, 연대채무, 보증채무 등이 포함될 수 있으며, 기업집단 소속기업들도 '상호 관련이 있는 채무자'에 해당되는 것으로 풀이된다.[110]

(2) 지원처분을 위한 접근권

법원은 외국도산절차를 승인함과 동시에 또는 승인한 후 이해관계인의 신청에 의하거나 직권으로 채무자의 업무 및 재산이나 채권자의 이익을 보호하기 위하여 채무자회생법 제636조 제1항에서 정한 지원처분을 결정할 수 있는데 지원처분을 위해서는 전제조건으로서 외국도산절차 대표자가 우리법원에 외국도산절차의 승인을 받아야 한다.

기업집단 맥락에서 지원처분을 위한 접근권을 인정한다는 것은 지원의 형태가 어떻든 기업집단 맥락의 도산절차를 진행하고 있는 외국법원이 우리법원에 지역 채권자들에 의한 법적 조치를 억제하는 지원처분 등을 하기 위한 신청권을 부여한다는 의미가 된다. 이는 국내 채무자와는 다른 법인격인 기업집단 소속기업의 채권자 및 이해관계인 등의 이익을 위하여 예컨대, 국내채무자에 대한 집행 등을 정지한다든지 하는 처분을 인정한다는 것인데, 현행법의 해석상 그러한 신청권이 인정된다고 보기는 어렵다. 앞으로 2019년 기업집단 도산에 관한 UNCITRAL 모델법을 내국법으로 수용하는 사례가 발생할 경우를 대비하여 입법론으로서 검토가 필요한 부분이다.

---

110) 동지(同旨), 심영진, 앞의 글, 298면.

Ⅰ.공조

1. 의의

기업집단 국제도산절차의 '공조(cooperation)'라 함은 기업집단 소속기업에 대한 도산절차가 복수의 국가의 법원에서 병행적으로 진행될 때 도산법원 간, 도산절차 대표자 간 또는 도산법원과 도산절차 대표자 간에 정보와 의견의 상호 교환, 국제도산약정의 체결 등을 통해 개별적인 도산절차가 효율적이고 공정하게 진행될 수 있도록 하는 국제적인 협력을 의미한다.

공조(cooperation)는 절차조정(coordination)과 함께 기업집단 국제도산절차의 원활화에 있어서 소속기업들에 대해 개별적으로 개시된 각 국가의 도산절차들을 그대로 존속시키는 것을 전제로 하여 복수의 절차들을 효율적으로 관리하는 방식에 속하며 도산절차 자체의 집중과 단일화를 추구하는 '병합적 처리(consolidation)'와 구별된다.

병합적 처리 방식은 도산절차를 단일화하기 위해서는 공통의 관할이 어디인지 확정되어야 하는데, 기업집단 맥락에서 관할의 기준이 되는 주된 이익의 중심지(COMI)의 개념을 정의하기 쉽지 않다는 점에서, 절차의 단일화보다는 공조나 절차조정을 통해 원활화를 도모하는 것이 원칙적인 방법이라는 주장도 존재한다.

기업집단 국제도산의 공조도 사법공조에 속하는데, '일반적인 국제사법공조(international judicial cooperation, international judicial assistance, internationale Rechtshilfe)'의 개념을 보면, 넓게는 모든 국제적인 사법협력 또는 사법활동에 관한 국제적 협력을 뜻하나 협의로는 주로 송달과 증거조사의 영역에서의 국제적인 사법협력을 의미한다.111) 협의의 국제사법공조에 대해서는 관련법령인 민사소송법 제191조, 국제민사공조법,112) 헤이그국제사법회의 송달협약113) 및 증거협약114) 등이

---

111) 석광현, 국제민사소송법, 박영사 (2012), 217면.
112) 국제민사공조법 제2조 제1호는 '사법공조'를 '재판상 서류의 송달 또는 증거조사에 관한 국내절차의 외국에서의 수행 또는 외국절차의 국내에서의 수행을 위하여 행하는 법원 기타 공무소 등의 협조'로 정의한다.
113) 정식명칭은 '민사 또는 상사에 관한 재판상 및 재판 외 문서의 외국에서의 송달과 통지에 관한 협약(Convention on the Service Abroad of Judicial and Extra judicial Documents in Civil or Commercial Matters)'이다. 1964년의 헤이그 국제사법회의 제10회기에서 채택, 다

적용된다. 기업집단 국제도산에 있어서 공조는 그 범위가 송달과 증거조사에 국한하지 않으며, 개별적으로 진행되는 기업집단 소속기업에 대한 도산절차들을 기업집단 차원에서 효율적으로 관리하는데 필요한 모든 국제적인 협력의 방법을 포함한다. 일반적인 사법공조는 국가 간의 조약을 전제로 외무부 등을 통하거나 촉탁(letters of rogatory)에 의해 진행되는 등의 사유로 절차가 복잡하고 상당한 시간이 소요된다면, 국제도산에 있어서의 공조는 도산법원 또는 도산절차 대표자 간의 직접적인 정보·의견의 교환을 통해 보다 신속하고 정확한 공조가 이루어져야 할 필요가 있다는 점에서 차이가 있다.

법원 간 공조의 범위를 살펴보면, '의견과 정보의 교환을 주로 하는 서로 다른 국가의 법원 간 협력'에 국한될 수도 있으나, 법원의 관여가 필수적인 공동도산관리인의 선임을 통한 공동관리나 국제도산약정의 체결 등도 포함될 수 있다.

한편 용어와 관련하여, 공조의 한자어로는 '서로 도운다'는 의미에서 '共助'[115]를 사용하는 것이 일반적이나, 복수 절차 간의 상호조화를 이루기 위해 조정한다는 의미에서 '共助' 대신에 '共調'를 사용하자는 의견이 제시된 바 있다.[116] 기업집단 맥락에서의 도산절차의 공조가 외국법원과의 송달이나 증거조사촉탁과 같이 외국법원에 편면적인 도움을 청하는 것이 아니라 병행적으로 진행되는 도산절차 간 조율을 의미하는 것이므로 '共調'도 실질에 근접한 용어로 판단된다.

종전 사법공조의 논의가 주로 송달, 증거조사 또는 판결의 승인 등에 관한 것이고 공조의 방법도 외국법원의 촉탁에 따라 소장 및 소환장을 송달하거나 외국법원이 원하는 증거방법에 증거조사를 하며 외국에서 선고된 판결에 대하여 자국 내에서 그 판결의 효력을 인정하여 주는 것으로서 1회적이거나 비교적 정형화된 내용인 것에 반해 국제도산사건에 있어서의 사법공조는 절차가 완료될 때까지 계속적으로 요구

음 해 1965년 11월 15일에 작성, 1969년 2월 10일에 발효되었다. 우리나라는 2000년 1월 송달협약 가입서를 기탁하였고 2001년 8월 1일부터 국내에 발효되었다.
114) 정식명칭은 '민사 또는 상사에 관한 외국에서의 증거수집에 관한 협약(Convention on the Taking of Evidence Abroad in Civil or Commercial Matters)'이다. 1968년의 헤이그 국제사법회의 제11회기에서 채택, 1970년 3월 18일 작성, 1972년 10월 7일 발효되었다. '외국증거수집협약'이라고도 한다. 우리나라는 2007년 12월 14일 가입서를 기탁하였고 2010년 2월 12일부터 국내에 발효되었다.
115) 여러 사람이 함께 함께 도와주거나 서로 도와준다는 의미로 cooperation, mutual assistance, cooperate, work together, help one another를 共助로 번역할 수 있다.
116) 오수근/송희종, "국제도산절차의 공조(共調) -UNCITRAL 국제도산절차 협조 실무 지침 소개-", 법무부, 통상법률 통권 제88호 (2009. 8.), 127면(주3).

되고 내용 또한 복잡하여 공조의 질과 양에 있어서 종전의 협의의 사법공조와는 차원을 달리하기 때문이다.[117] 그러나 국제적인 사용례에 있어서 기존의 공조와 기업집단 맥락에서의 도산절차의 공조를 구분하지 않고 'cooperation'을 공통적으로 사용하고 있기 때문에 '共助'를 그대로 사용하는 것도 무방할 것으로 보인다.

2. 기업집단 국제도산 공조의 필요성

(1) 절차의 중복과 충돌 방지

기업집단 소속기업의 도산절차가 관할권을 가진 국가마다 개별적으로 진행됨으로써 절차가 불필요하게 중복되거나 충돌될 가능성이 높다. 이러한 가능성은 각 도산법원이 속지주의에 의한 국내법을 적용할 경우에 더 커진다. 일부 국가에서 보편주의에 의한 입법을 통해 외국도산절차의 승인제도를 두고 있더라도 그 요건과 효과가 제각각일 수 있기 때문에 문제가 해결되는 것은 아니다. 현재와 같이 각국의 국내법이 상호 간 불균형한 상태에서는 도산법원 간, 도산법원과 도산절차 대표자 간의 공조로 개별도산절차의 조율을 통해 '질서 있는 해결(orderly resolution)'을 모색할 필요가 있다.

(2) 경제적 효용

신속하고 정확한 정보의 교환이나 국제도산약정 체결 등의 공조를 통해 병행하는 도산절차들을 진행할 경우, 각국에 산재한 채무자들의 사업의 구조조정이나 자산의 처분 및 배당 등을 효율적으로 처리할 가능성이 높아진다. 이로써 보다 효과적인 기업집단의 구조조정이 이루어질 수 있고 전체 채권자의 입장에서 보더라도 채권회수율을 높일 수 있다. 따라서 법원 간, 법원과 도산절차 대표자 간 공조는 경제적인 효용의 측면에서도 매우 유용한 수단이다.

3. 기업집단 국제도산 공조의 특수성

기업집단 국제도산의 취급을 용이하게 하는 일차적 수단은 일반기업의 국제도산에 적용하는 법원 간·법원과 도산대표자들 간의 공조에 관한 현존하는 원칙을 활용하는 것이다. 기업집단은 그 통합정도에 따라 공조의 필요성이 더 크고 채권자 등

---

117) 임치용, "국제도산절차에 있어서 사법공조", 법원도서관, 사법논집 (2002), 246면.

이해관계자에 대한 영향이 더 광범위한 점이 있으나, 기업집단 국제도산사건 관한 공조에 있어서도 정보·의견의 교환방식과 절차, 채무자의 업무 및 재산에 관한 관리 및 감독, 그와 관련한 국제도산약정의 체결 등이 공조의 주요 내용인 점에서 단일기업의 국제도산의 공조와 다르지 않다. 따라서 성질에 반하지 않는 한 일반적인 국제도산의 공조원칙도 기업집단 국제도산에도 적용 가능하다.[118] 다만 지금까지의 국제도산의 공조의 실무관행을 보면, 미국과 캐나다, 유럽연합 내 회원국 간 등에는 법원 간 공조가 활발한 편이나 글로벌한 범주에서 보면 예외적인 현상에 해당한다. 국가간 구체적 사건진행과 관련한 사법공조는 법제도, 문화, 언어의 차이 및 사법의 독립성 등의 이유로 직접적 접촉을 꺼리는 경향이 있기 때문인 것으로 보인다.

국제도산에 관한 법원 간 공조에 관한 규정이 이미 존재함에도 불구하고 기업집단 국제도산시의 법원 간 공조에 대한 규범이 별도로 필요한 이유는, 기업집단의 국제도산의 경우 국가마다 독립된 법인격을 가진 기업집단 소속기업에 대한 도산절차가 병행적으로 진행되는 점에서 복수의 국가에서 단일한 채무자에 대한 절차가 진행되는 경우와 근본적인 차이가 존재하기 때문이다.

일반기업에 대한 도산절차가 여러 국가에 병행하더라도 각 도산절차는 하나의 채무자에 대한 것이므로 보편주의에 입각한 도산법이 적용되면 도산절차 상호 간에 영향을 줄 수 있으나, 기업집단의 경우에는 보편주의에 따른 도산법이 적용되더라도 법인격 독립의 원칙이 적용되어 개별국내법이 기업집단을 특별히 규율하지 않는 이상 도산절차 상호 간에 영향을 미치지 않고 독립적으로 진행된다.

기업집단의 국제도산에서 공조를 활용하면 평상시 기업집단 소속기업 상호 간에 기업집단의 통합정도가 강한 경우일수록 공조로 인한 효용도 더 클 가능성이 높다.

4. 공조의 종류

(1) 정보·의견교환

1) 법적 효력

법원 간 공조의 가장 기본적인 사항은 정확하고 신속한 '정보·의견의 교환'이다.[119] 각 법원이 진행하는 도산사건에서 기업집단 소속기업 상호 간의 통합성 정도

---

118) 외국법원, 외국도산절차 대표자와의 공조는 제공된 정보를 통해 구체적 도산사건을 해결하는 데 도움이 될 뿐만 아니라 장기적으로는 경험의 축적으로 통해 국제적 전망을 가진 국내도산법의 개혁을 추진하는 동력으로 작용할 수 있다.

가 높을수록 교환한 정보와 의견이 각 절차에 반영된 결과에도 더 큰 영향을 미칠 가능성이 있다.

그렇다 하더라도 법원 간의 정보·의견 교환은 각 법원의 독립된 절차진행을 전제로 하는 것이므로 정보와 의견의 교환 그 자체가 법원의 권한이나 사건의 실체적 법률관계에 영향을 미치거나 어떠한 법적 효력을 갖는 것은 아니다. 공조에 들어가기 전에 이러한 점을 분명하게 하는 것이 외국법 간의 공조를 더 적극적으로 하는 데 기여할 수 있기 때문에 정보·의견교환의 효력에 관해 명시적으로 국제도산약정을 체결하는 것이 바람직하다.

2) 정보·의견교환의 통지 절차

다국적 기업집단의 국제도산의 공조에 있어서 효율성과 공정성을 동시에 추구하여야 하나 신속하고 경제적인 절차운용은 자칫 관련 채권자를 포함한 모든 이해관계자의 권리를 공평하게 보장하는 데 지장을 초래할 수 있기 때문에 양자는 상호 충돌할 가능성이 높다.

단일한 기업에 비해 기업집단의 국제도산사건에서 관계자들이 상호 더 복잡한 이해관계 아래 놓이게 되므로 절차가 보다 더 투명하고 공정하게 진행되도록 고려하여야 한다. 따라서 채권자를 비롯한 이해관계자에게 법원 간에 공조가 이루어진다는 사실에 관해 통지가 이루어져야 할 필요가 있다. 각 도산절차에서 법원의 통지는 각 국의 국내법에 따르면 족한데, 자산의 처분 등과 같이 중요한 의미가 있는 경우이면 공정성 문제가 발생할 여지가 크다. 채무자회생법 제641조는 통지에 관한 규정을 두고 있지 않은데, 적절한 방식과 절차를 통해 이해관계자에게 공조사실과 내용에 대해 통지하도록 하는 규정을 신설하는 것이 바람직할 것이다.

3) 정보·의견 교환의 비밀유지 의무

기업집단 국제도산의 공조에 있어서 교환된 정보·의견의 비밀유지도 매우 중요

---

119) 법원 간의 정보교환은 서면의 교환 또는 구두의 방법이 모두 가능하다. 통신수단으로서는 각 사건의 필요에 따라 전화, 화상회의 또는 우편·팩스·전자메일과 같은 전자적 수단 등 기술적으로 어느 방식을 선택해도 무방할 것이다. 정보교환의 주체도 판사나 법원공무원, 도산절차대표자 등 각국의 국내법에 따라 다를 수 있다. 정보통신의 발달로 화상회의와 같은 대면방식을 택하는 것도 기술적으로는 별 어려움이 없을 것이나 어떠한 특정 통신수단을 선택하기보다는 구체적 사건에서 사안에 따라 가장 적절한 방식이 무엇인가의 문제를 우선적으로 고려하는 것이 바람직하다.

한 사항이다. 기업집단의 경우 정보의 불균형으로 인해 일부 이해관계자만 위험을 피하거나 이익을 얻을 기회를 제공받는다면 공정성이 침해받기 때문에 원칙적으로 정보 및 의견 교환이 비밀리에 행해져서는 안된다.

반면에 기업집단과 관련된 도산절차에서 채무자의 자산에 관한 정보의 대부분이 영업적으로 민감한 영업비밀이거나 연구개발정보 등을 포함하고 있는 경우, 특히 채무자가 영업을 계속하고 있는 경우(debtor in possession, DIP)에는 비밀을 유지하여야 할 필요성이 매우 높다. 이러한 경우 교환 대상인 정보가 영업비밀, 연구개발정보 및 고객정보 등을 포함하고 있는 때에는 판사나 법원공무원, 도산절차대표자 등 정보 · 의견 교환을 담당하는 주체는 매우 주의하여 그러한 정보를 다룰 필요가 있다. 공조의 담당주체는 이해관계자 등에 정보 · 의견 교환을 통지하면서 비밀유지를 명하는 방법을 통해 기업집단과 무관한 제3자가 그러한 정보를 이용하여 부정한 이익을 취하지 않도록 스스로 비밀유지에 노력하여야 하는 것이다.

비밀유지도 통지와 마찬가지로 국내법에 따라야 할 것인데, 만약 그러한 국내법 규정이 없다면 국제도산약정을 체결하는 것이 바람직하다. 우리나라 채무자회생법 제641조는 비밀유지에 관한 규정을 두고 있지 않으므로 관련 규정을 신설할 필요가 있다.

(2) 채무자의 업무와 자산의 관리 · 감독

기업집단의 국제도산절차 중에 다른 국가의 도산재단에 속한 자산을 당해 도산절차에서 사용 · 수익 · 처분하도록 하는 경우가 있다. 특히 기업집단을 재건하고자 하는 경우에 기업집단의 지속적인 작동을 위해 기업집단 소속기업이 다른 소속기업에 대하여 자산을 공급하기도 하고 다른 소속기업의 주요자산에 대해 독점적인 지배권을 행사할 수도 있다.

이러한 경우 소속기업들 간에 이해상반의 가능성이 높기 때문에 관련된 복수의 도산법원은 채무자의 업무와 자산의 관리 · 감독에 관여하여 이해관계자들의 이익이 부당하게 침해되지 않도록 하고 분쟁을 예방하는 역할을 할 필요가 있다. 경우에 따라서는 채무자의 업무나 자산에 대한 사용 · 수익 · 처분을 함에 있어서 법원의 특별한 승인을 요구하거나 도산대표자들 간의 약정을 체결하여 처리할 수 있다.

법원의 채무자의 업무와 자산에 대한 관리 · 감독의 내용으로서는, ⅰ) 소재지와 관할이 다양한 자산에 적용할 준거법의 결정, ⅱ) 자산의 사용 · 수익 · 처분방식의 결정, iii) 복수국가의 이해관계자에 대한 자산의 분배와 책임, iv) 다른 채무자의 업무에 관한 정보수집방법 등이 문제될 수 있다. 그 밖에 v) 채무자의 자산을 조사하거나 법원의 통제권 밖으로 자산이동을 제한하는 조치, vi) 특정자산의 처분을 담당할 법원의 선택 등도 관리 및 감독의 내용의 될 수 있다.

현행 채무자회생법 제641조 제1항 제2호가 '채무자의 업무 및 재산에 관한 관리 및 감독'을 공조의 종류로 예시하고 있으므로 기업집단 맥락에서 별도로 명시적인 규정을 둘 필요는 없을 것으로 보인다.

(3) 공통의 도산대표자의 선임에 의한 공동관리

1) 의의

다국적 기업집단 소속기업들에 대하여 국제도산절차가 병행하는 경우에 공통의 도산대표자를 선임하는 것도 법원 간의 공조를 증진시킬 수 있는 방안이 된다. 특히 전체 기업집단의 회생이 도산절차의 목적인 경우에 효과적인 방법이 될 수 있다.

공동의 도산대표자를 선임할 것인지를 결정하는 데 있어서 기업집단의 성격, 기업집단의 통합정도 및 사업구조 등이 고려의 대상이 된다. 또한 도산대표자의 선임에 앞서 당해 도산대표자가 경험과 지식의 면에서 특정한 기업집단을 처리하기 적절한 능력을 겸비하였는지 면밀히 조사할 필요가 있으며 선임한 법원이 속한 국가의 국내법상 요구되는 자격을 갖추었는지도 심사하여야 한다.

한편 공통의 도산대표자가 복수의 기업집단 소속기업의 도산절차를 취급하게 되면, 기업집단 내부의 소송이 존재하거나 도산대표자의 권한과 임무를 규정한 각국의 국내법이 모순되는 경우와 같이 이익충돌상황이 발생할 수 있다. UNCITRAL 도산법 입법지침[120]은 이러한 경우 해당 사안에 관하여 별도의 도산대표자를 선임하는 것을 해결방안으로 제시하고 있다. 마치 소송에 있어서 쌍방대리[121]에 해당하는 경우와 유사한데 이해관계인의 이의가 있거나 직권으로 제2의 도산대표자를 선임할 수

---

120) UNCITRAL 도산법 입법지침 제3편, 107면.
121) 민법 제124조에 의해 법률행위의 쌍방대리가 금지될 뿐만 아니라 소송에 있어서도 원·피고의 이해대립 관계로 인해 쌍방대리는 허용되지 않는다(변호사법 제31조 제1항, 제1호 및 제2호); 대법원 1965. 3. 16.선고 64다1692 판결은 "독립당사자참가에 있어서는 원고, 피고, 참가인이 서로 대립되는 지위에 있으므로 동일인이 그중 양당사자를 대리함은 허용되는 것이 아니다"라고 판시하여 독립당사자참가를 한 소송에서 두 당사자를 대리하는 것을 금지하였다.

있도록 규정하는 것이 적절할 것이며 채무자회생법에 관련 규정을 마련하는 방안을 검토할 필요가 있다. EGI 모델법상의 집단대표자는 공통의 도산관리인의 한 형태로 볼 수 있을 것인데, 관련 내용은 후술한다.

2) 개정 독일도산법상의 공동관리인제도(Sonderinsolvenzverwalter)

개정전 독일도산법은 '단일 법인격, 단일 재단, 단일 도산(eine Person, ein Vermögen, eine Insolvenz)'을 원칙으로 하므로 복수의 소속기업의 도산시 제3조 제1항 전문의 채무자 보통재판적에 도산절차 개시신청을 하는 경우 서로 다른 법원에 복수의 도산절차가 진행되어 공동관리인을 선임할 근거가 없었다. 다만 동조 후문에 의해 모기업의 주소지를 COMI를 통한 재판적으로 보아 도산절차 개시신청을 하면 단일한 관할권하에서 복수의 도산절차를 진행하는 것이 가능하므로 공동관리인을 선임하는 것이 용이할 수 있었다. 실제로 콘체른회사 일부 또는 전부에 대한 수개의 소송절차가 동일한 도산법원에 계속될 때에는 동일한 사람을 도산관리인으로 선임하는 것이 독일도산법원의 재판실무였다고 한다.[122] 개정법 제56b조 제(1)항은 "그룹에 속한 채무자들의 자산에 관해 복수의 도산절차의 개시신청이 있으면, 수소법원들은 공동관리인 1인의 선정이 채권자에게 이익이 될 것인지 표결하여야 한다. 표결에 있어서 당해 공동관리인이 독립적으로 모든 절차에서 채무자의 자산을 주의를 기울여 관리할 수 있는지 여부 및 공동관리인의 선정을 통하여 이익충돌이 제거될 수 있는지 여부를 고려하여야 한다"고 규정하고 있다. 개정법은 그룹재판적 제도도 도입하였으나 그룹재판적의 신청을 채무자의 선택에 맡기고 있기 때문에 이에 의하더라도 여전히 기업집단의 소속기업에 대한 수개의 도산절차가 병행적으로 진행될 가능성이 있다. 공동관리인제도는 이러한 경우에 대한 대비책이 될 것으로 보인다. 공동관리인제도의 구체적인 내용을 살펴보면, 기업집단 소속기업에 관한 도산절차가 복수의 법원에 계속되어 있는 경우, 수소법원들이 이들 절차를 포괄하여 관리할 1인의 공동관리인을 표결에 의해 정하도록 하였다. 표결 자체는 필수적인 것이지만, ⅰ) 공동관리인 선임이 채권자에게 이익이 되지 않거나, ⅱ) 공동관리인이 독립적으로 병행하는 모든 도산절차에서 채무자의 자산을 관리할 수 없거나, ⅲ) 공동관리인의 선정에 의해 이익이 충돌 가능성이 있다고 판단되면 공동관리인을 선임하지 않은 것으로 결정할 수 있다.

---

122) 김용진, 앞의 책, 218면.

한편, 개정법 제56a조 (1), (2) 항에 의하면, 공동관리인의 선임 전에 도산법원은 반드시 임시채권자협의회에 도산관리인에 관한 요구사항과 만장일치에 의한 도산관리인의 추천에 관해 진술할 기회를 부여하여야 한다. 이때 법원은 임시채권자협의회의 요구사항을 고려하여야 하며 추천인이 그 역할을 하는 데 적합하지 않은 경우에만 임시채권자협의회의 의견을 거부할 수 있다.

(4) 국제도산약정의 체결

1) 개념

국제도산약정(cross-border insolvency agreement, cross-border insolvency protocol)은 둘 이상의 국가에서 진행되는 복수의 국제도산절차에서 각 절차의 도산관리인, 채무자 등이 공조(cooperation)와 조율(coordination)을 촉진할 목적으로 체결하는 약정을 말한다. 원래는 하나의 채무자에 대한 복수의 국제도산절차를 전제한 개념이었으나 동일한 기업집단에 속한 복수의 소속기업들에 대한 도산절차 간에도 국제도산약정이 이용된다. 역사상 최초의 국제도산약정은 1908년의 P. MacFadyen & Co., Ltd. 사건에 관한 것으로 영국과 당시 영국의 식민지이던 인도에서 영업을 하던 채무자에 대해 영국 및 인도의 도산절차 대표자 간에 체결되었다.[123] 명실상부한 최초의 국제도산약정은 1991년 미국과 영국 간에 체결된 Maxwell Communication Corporation plc. 사건에 관한 것이다.

약정의 형식은 주로 서면에 의하는 것이 대부분일 것이나 구술로도 가능하며 약정의 대상도 절차의 전반에 관한 것이거나 절차 중 일정사항에 한한 것이거나 무방하다. 약정의 내용면에서 복수 국가의 도산절차가 상이하여 절차적 사항을 조율하는 것이 일반적이지만 예외적으로 제한된 범위에서 실체적 사항을 포함할 수 있다. 대표적인 예는 회생계획(reorganization), 절차개시 후 자금조달(post-commencement finance) 등이다.

---

123) 오수근/송희종, 앞의 글, 129면; 영국 및 인도 도산절차 대표자는 두 도산절차를 동시에 진행하면 두 회사를 한 회사로 취급하고 모든 채권자에 대한 재산을 안분 배당하고 도산절차 대표자가 시인한 채권에 대해 양 도산절차 대표자가 시인한 채권에 대해 주기적으로 정보를 교환하고 어느 한 절차에서 승인된 채권은 다른 절차에서 승인하도록 규정하였다. 또 각 관할에 존재하는 재산의 확보 및 환가에 관한 각 도산절차의 대표자의 책임에 관하여도 규정하였다. 영국법원은 약정을 승인하면서 영국 도산절차 대표자는 약정 체결권한이 없다는 채권자의 주장에 대하여 "이 약정은 모든 당사자의 이익에 부합하는 일반적이고 적절한 사업상 결정"이라고 판단하였다.

국제도산약정의 법적성질은 약정 당사자 사이의 '계약'이다. 따라서 약정의 법적 효력은 법원의 승인이 있는 경우라 하더라도 당사자 사이에서만 미치는 것이 원칙이다. 법원의 승인이 법원의 명령이라는 형식적 수단을 통해 이루어지는 경우에는 명령으로서의 효력을 갖는다.

약정의 체결시기에 관하여는 제한이 없으나 절차의 초기에 체결되는 경우가 일반적이며 절차의 초기에는 일반적인 사항을, 절차 진행 중에는 특별한 사항을 다루는 경우가 많다. 도산절차의 초기에 체결된 약정에 수정이 필요한 상황이 발생하면 약정을 변경하는 것도 가능하다.

국제도산약정을 가리키는 표현으로 종래 'protocol'[124]이라는 용어가 많이 사용되었고 개정 EU도산규정도 여전히 'protocol'이라는 표현을 사용하고 있으나,[125] UNCITRAL에서는 보다 보편적인 의미를 담기 위해 공식적으로 'cross-border insolvency agreement'라는 용어를 채택한 바 있다.

국내에서는 국제도산사건의 'protocol'을 의정서, 규약, 도산관리계약, 국제도산협정 등으로 다양하게 번역하고 있다. 본고에서는 'cross-border insolvency agreement'이라는 표현이 'protocol'에 비해 광의의 개념이고 국제적으로 빈번하게 사용되고 있는 점을 고려하여 '국제도산약정'이라는 용어를 사용하기로 한다.

채무자회생법 제641조 제4항은 "국내도산절차의 관리인 또는 파산관재인은 법원의 허가를 받아 외국법원 또는 외국도산절차의 대표자와 도산절차의 조정에 관한 합의를 할 수 있다"고 규정하여 '국제도산약정'의 명시적인 법적 근거를 두고 있다.

2) 필요성

국제도산약정은 동일한 채무자나 복수의 기업집단 소속기업에 대한 국제도산절차가 관할권이 있는 국가에서 독립적으로 병행하여 진행될 경우 이를 규율할 국제적인 협약이 체결되어 있지 않은 상황에서 구체적인 사건의 수요에 부응하여 절차의 효율적인 처리를 도모하는 데 매우 유용한 방식이다.

또한 국제도산약정은 국제도산공조에 관한 규정이 국내법으로 정비되어 있지 않거나 관련 규정이 국내법이 존재하더라도 복수의 국가에서 서로 상이한 법제를 가지

---

124) protocol은 원래 외교상의 용어에서 유래된 표현으로 국가 간의 교류를 원활하게 하는 외교상의 의례나 국가 간의 약속을 정한 의정서를 뜻한다.
125) EU도산규정 제57조 제3항.

고 있을 때 그 필요성이 높다. 국제도산약정의 체결로 법제의 차이에서 파생하는 시간과 비용을 절약함으로써 사안에 충실할 수 있도록 하며 채무자의 자산보호나 자산가치의 최대화에도 기여할 수 있다.

특히 기업집단 국제도산사건은 채무자가 다수이고 채무의 구조가 상호 연관되어 있는 등 일반적인 국제도산사건에 비해 복잡한 양상을 띤다. 이로 인해 관련 법원이 상호 모순되는 명령을 내리는 등 혼선을 빚을 가능성이 높기 때문에 국제도산약정을 체결하여 절차의 중복과 충돌을 방지하는 것이 바람직하다.

국제도산약정은, ⅰ) 중요자산이 복수의 국가에 소재하는 등 관련된 섭외적 요소의 수가 큰 경우, ⅱ) 채무구조나 채무자인 기업체의 구조가 복잡한 경우, ⅲ) 관련국의 도산절차의 유형이 다른 경우, ⅳ) 약정체결에 소요되는 비용을 부담할 자산이 충분한 경우, ⅴ) 협상의 시간이 충분한 경우, ⅴ) 도산절차가 진행되는 국가 간에 도산실체법이 유사한 경우, ⅵ) 재판관할권이나 준거법 선택에 대한 법적 불확실성이 큰 경우, ⅶ) 현금관리시스템이 중앙집권적으로 관리되는 경우, ⅷ) 동일한 회사가 여러 도산절차를 위한 관리인을 선임한 경우에 유용성이 더 높다고 알려져 있다.126)

국제도산약정이 반드시 기업집단에만 필요한 것은 아니지만, 위의 여러 가지 요소를 살펴볼 때 ⅱ)는 여러 자회사를 거느린 기업집단의 경우, ⅶ)은 중앙집권적으로 운용된 기업집단의 경우에 특히 충족 가능성이 높고, 다른 요소들은 대체로 일반기업과 기업집단 간에 차이가 없이 공유되는 요소라고 할 수 있다. 이러한 점을 고려할 때 일반기업에 비해 기업집단의 경우가 국제도산약정의 필요성이 더 높다고 하여도 무방할 것이다.

3) 당사자

약정의 당사자는 도산관리인, 채무자(특히 debtor in possession인 경우), 도산사건의 대리인(insolvency practitioner) 등인 것이 일반적이나, 채권자협의회가 관여하기도 하며 법원의 권유에 의해 약정의 체결을 위한 절차가 개시되기도 한다. 대체로 국제도산약정에 대해서 법원의 승인을 요하며 채권자 또는 채권자협의회의 승인을 요하는 경우도 있다.

다만 영미법계 국가에서는 도산절차의 대표자가 실무상 당사자이고 법원이 국제

---

126) 오수근/송희종, 앞의 글, 147면; UNCITRAL Practice Guide on Cross-Border Insolvency Cooperation, 30면.

도산약정을 심사하는 등의 관여를 하지 않으며 다만 판사가 도산절차 대표자 사이에 합의가 있었는지를 확인한 다음 서명만 하는 것이 관행이라고 한다.[127)]

4) 일반적 계약 내용

국제도산약정은 대체로, ⅰ) 다른 법원이나 도산대표자의 승인 없이 가능한 행위를 포함한 법원 간 및 도산대표자 간의 절차진행의 책임배분, ⅱ) 지원처분의 유무와 조율, ⅲ) 다른 국가의 도산절차에서의 기업집단 소속기업의 자산에 대한 신청과 관련된 채권자의 이익을 위한 자산회복의 조정, ⅳ) 각종 신청의 제출과 취급, ⅴ) 재산의 사용과 처분, ⅵ) 사용언어·수단 등을 포함한 의사소통의 방법, ⅵ) 통지, ⅶ) 회생계획의 조율, ⅷ) 약정의 수정·종료·해석·효력·분쟁해결방법, ⅸ) 절차의 정지와 관련한 조치·부제소합의, ⅹ) 준거법의 결정, ⅺ) 약정체결당사자 간의 책임배분 및 비용, ⅻ) 안전장치 등이 포함된다.[128)]

5) 효력

국제도산약정의 각 조항들은 당사자의 의사나 국내법 규정에 따라 구속력을 갖기도 하나 단순히 선언적 의미를 갖는 경우도 있다.

동일 채무자에 대한 국제도산에서 회생절차와 청산절차 간, 주절차와 종절차 간 및 도산절차와 비도산절차 간에 이미 일부 국가에서 국제도산약정이 성공적으로 이용되어 오고 있는데 이 경우에는 법원의 승인을 요하는 경우가 많으나 기업집단 맥락에서는 자국의 재판권에 복종하는 채무자뿐만 아니라 다른 국가에 속한 채무자에 관한 국제도산약정을 법원이 승인하도록 규정하기 어려운 면이 있기 때문이다. 그러나 일단 법원의 승인이 있으면 국제도산약정은 법원의 명령이 되어 당사자를 구속하며 반대하는 채권자나 이해당사자의 이의를 차단하도록 규정하는 것이 좋을 것이다.

우리 채무자회생법은 '상호 관련이 있는 채무자'에 속하는 기업집단 소속기업에 대한 도산절차와도 공조할 수 있도록 명시적으로 규정을 두고 있고, 공조 가운데 국제도산약정에 관하여는 법원의 '승인'이 아니라 '허가'를 얻도록 하고 있다.[129)] '승인'이 일정한 사실을 인정하는 것을 말하는 것인 데 비하여 '허가'는 일반적으로 금지되

---

127) 남성민, 앞의 글, 392면.
128) UNCITRAL Practice Guide on Cross—Border Insolvency Cooperation, 27면.
129) 채무자회생법 제641조.

어 있는 행위를 특정의 경우에 특정인에 대하여 해제하는 것을 말하므로 우리 채무 자회생법은 법원의 개입권한을 더 크게 인정하고 있다고 할 것이다.

한편 국제도산약정은 기업집단의 재정적 어려움에 대한 국제적 해결책을 마련하는데 필요하므로 다른 채무자에 대한 다른 국가의 도산절차와 절차적인 조화를 이루는 것이 약정의 내용이 되어야 한다. 국제도산 공조를 촉진하기 위해서는 기업집단의 여러 관련 사항을 고려하여 도산대표자나 이해관계자에게 국제도산약정을 체결할 권한을 부여하고 체결된 약정을 승인 또는 허가하며 그 약정을 시행할 필요가 있다. 또한 각 국가의 국내법은 국제도산약정에 상이한 요건과 형식을 요구할 수 있으므로 약정이 다른 국가에서 효력을 갖기 위해서는 그러한 규정들이 준수되었는지 살펴보아야 한다.

6) 실무례

① 개관

1990년대 이래 기업집단 국제도산에 있어서 국제적인 공조가 적극적으로 활용된 사건들 중 가장 많은 부분을 차지하는 유형은 관련국가가 미국, 캐나다, 영국 등 영미법계 국가에 소속기업을 가진 기업집단이고 국제공조의 여러 종류의 방식 가운데에서도 특히 국제도산약정을 체결하여 해결에 이른 사건이 거의 대부분이다.

국제도산약정들도 서로 상당히 유사하거나 동일한 조항들을 포함하고 있다. UNCITRAL 도산실무지침(UNCITRAL Practice Guide on Cross-Border Insolvency Cooperation)이 약정의 공통적 조항으로 제시한 것으로는, ⅰ) 사안의 배경설명(addressing background), ⅱ) 약정의 목적(purpose and goals), ⅲ) 예양과 법원의 독립(comity and independence of the courts), ⅳ) 의견교환·공동심문 등을 포함한 공조(cooperation, including provisions on the procedure of communication, such as joint hearings), ⅴ) 도산절차대표자의 신분보장 및 보상(retention and compensation of insolvency representatives), ⅵ) 통지(notice), ⅶ) 절차의 승인 및 중지(recognition of stays of proceedings), ⅷ) 절차참여권과 진술권(rights to appear and be heard), ⅸ) 효력(effectiveness) 등이다. 이러한 내용을 포함하는 국제도산약정을 '표준약정(standard agreements)'이라고 하는데 일부 예외적인 경우를 제외하면 대부분 표준약정을 따랐다.130)

UNCITRAL Practice Guide on Cross-Border Insolvency Cooperation,

---

130) UNCITRAL Practice Guide on Cross-Border Insolvency Cooperation, Annex I, 115면.

Annex I 은 1991년 Maxwell Communication Corporation plc. 사건을 위시하여 44개의 국제도산약정 체결 사례[131]를 다루고 있는데, 이 중 일부 예외적인 경우를 제외하고는 대부분이 영미법계 국가인 영국, 미국 및 캐나다 사이에서 체결된 것이다.[132] 이들 국가들은 도산실체법과 절차법이 유사하며 언어나 시간대의 장벽이 문제되지 않기 때문에 국제도산약정을 효과적으로 활용할 수 있었던 것으로 보인다.

대륙법계 국가와 영미법계 국가 간의 국제도산약정의 체결은 매우 예외적인 경우에 해당하고 그 범위도 제한적이다.[133] 대륙법계 국가 간에는 상호 도산법제가 유사한 경우에도 국제도산약정을 체결하는 예를 거의 찾아 볼 수 없다. 다만 2017년부터 '개정 EU도산규정'이 적용되면 대륙법계 국가인 유럽연합 회원국 간에 기업집단 국제도산에 관한 국제도산약정[134]의 체결을 기대해 볼 수 있겠다.

대륙법계 국가들이 국제도산약정의 체결에 소극적인 이유는, 보통법계 국가에서는 법관에게 절차에 대한 광범위한 재량권이 부여되어 법률로 금지된 것이 아닌 이상 국제도산약정의 체결이 가능하다는 실무관행이 있는 반면, 대륙법계 국가에서는 어떤 절차를 진행하기 위해서는 그것이 명문으로 금지되어 있지 않더라도 판사들이 법규상 근거 없이는 재량권을 행사하는 것을 꺼리는 법문화가 존재하기 때문이다.[135] 그러나 기업집단의 활동은 대륙법계와 영미법계 국가를 가리지 않고 범세계적으로 확대되고 있고, 오히려 다른 법계에 속한 국가 사이에서 그 간극을 메우기 위해 국제도산약정이 더 필요할 것으로 생각된다.

---

131) 주로 동일한 채무자에 대한 국제도산사건에 관한 것이었으나 일부는 기업집단 국제도산에 관한 것이다. 이에 대해서는 항을 달리하여 살펴보도록 한다.

132) 미국의 도산관리인에 비해 영국의 도산관리인들이 국제도산약정 체결에 소극적인 태도를 보이는데 이는 자회사들이 자국법과 각자의 채권자들의 이익에 따를 것이기 때문에 망설이는 경향이 있기 때문이라고 한다.

133) Nakash 판결에서 미국과 이스라엘 간(In re Nakash, 190 B.R. 763, 28, (Bankr.Ct.Dec. 478, 1998)), AIOC Corp. 판결(In re AIOC Corp., Not Reported in B.R. (1999))에서 미국과 스위스 간에 체결된 바 있다. AIOC Corp. 사건에서는 채무자의 재산의 감독 중 채권관리절차를 중심으로 약정이 체결되었다.

134) 제57조 제3항 참조, EU도산규정은 여전히 'protocol'이라는 표현을 사용한다.

135) 남성민, "UNCITRAL 국제도산공조 전문가회의 참가 보고", 국제규범의 현황과 전망 −2008년 국제규범연구반 연구보고 및 국제회의 참가보고−, 법원행정처 (2009), 390면; 2008년 UNCITRAL 전문가 회의(expert group meeting of judges and other experts)에 참가한 독일 판사(Vallender)에 의하면 독일에서는 법관의 절차진행 또는 판단으로 제3자에게 손해가 발생하는 경우 법관에 대한 손해배상소송제기가 가능하여 법관들이 법률에 명확한 근거가 없으면 국제도산절차에서 사법공조를 꺼려할 것이라는 의견을 밝혔는데 우리나라의 사정도 비슷할 것으로 짐작된다.

이하에서는 법원 간 또는 도산대표자 간 표준약정을 체결한 사안 외에 특이한 사항이 있는 사건들만 살펴보기로 한다.

② Olympia & York Developments Limited 판결

캐나다 국적의 모회사와 미국, 캐나다 그리고 영국에서 주로 영업활동을 하는 자회사들이 개입된 사건이다. 국제도산약정은 캐나다의 도산절차대표자와 미국의 DIP 등 관련 이해관계자들의 조율하고 각 소속기업의 이사회를 재구성하는 것을 통해 채무자의 회사지배에 관한 여러 당사자 사이의 합의를 도출하는 것을 내용으로 하였다. 약정은 이사회의 구성, 권한, 행위, 이사의 해임과 재임, 약정의 수정 및 승인 등을 포함하였고, 미국 채무자의 경영권 유지를 허용함으로써 신속하고 효율적으로 기업의 재건이 이루어지도록 하였다.[136]

③ Loewen Group Inc. 판결

채무자 Loewen Group Inc.는 거대 다국적 기업으로서 캐나다와 미국에서 도산절차 개시신청을 하고 즉시로 양국법원에 공조와 절차조정을 위한 완성된 형태의 국제도산약정을 제출하였다. 채무자는 국제도산약정이 회생계획에 매우 중요하다는 점을 인식하고 국제도산약정의 작성에서 주도권을 행사하여 양국법원으로부터 소위 '초일명령(first day oder)'을 받았다. 약정은 표준약정과 유사하나 외국도산대표자에 대해서는 법원에 출석하는 특별한 사항에 대해서만 관할권을 행사할 수 있었고 절차의 중지는 두 법원이 조율하도록 하였다.[137]

④ Philip Services Corporation 판결

이 사건은 최초의 '프리팩키지 도산(pre-packaged insolvency)' 사건으로 알려져 있다. 프리팩키지 도산이란 도산개시신청에 앞서 회생계획에 동의를 얻는 도산절차로서 미국에서는 미연방파산법 제11장에 의한 도산사건에서 종종 사용되고 영국에서는 2002년 기업집단법(the enterprise act)의 시행 이후 일반적으로 사용되고 있다. 캐나다에서도 기업채권자준비법(the companies' creditors arrangements act)에 근거해 시행되고 있다.

---

136) Ontario Court of Justice, Toronto, Case No. B125/92 (1993); United States Bankruptcy Court for the Southern District of New York, Case Nos. 92-B-42698-42701 (1993).
137) United States Bankruptcy Court for the District of Delaware, Case No. 99-1244 (1999), the Ontario Superior Court of Justice, Toronto, Case No. 99-CL-3384 (1999).

채무자 Philip Services Corporation은 양국법원의 승인을 얻은 후 회생절차를 진행할 목적으로 미국과 캐나다에서의 도산절차개시 수개월 전부터 채권자들과 회생계획에 대해 협상을 가졌다.

(5) 공동심문(joint hearing)

공동심문이란 여러 도산법원이 화상 등 전자장비를 구비하여 공동으로 심문을 진행하는 것이다. 정보·의견의 교환에 불과한 화상회의(video conference) 등에 그치지 않고, 공식적인 심문절차를 공동으로 진행하는 것을 말한다. 각국의 도산법원이 동시에 도산절차를 진행함으로 전제로 하므로 하나의 법원에서 소속기업들에 대한 도산절차를 병합하는 절차적 병합(procedural consolidation)138)이나, 변론의 병합(Prozessverbindung)에 의한 병합심리139)와는 구별된다.

물적 시설이 완비되어야 한다는 기술적인 부분뿐만 아니라 언어나 시간대의 문제 등 어려움이 있으나, 즉각적이고 직접적인 정보·의견의 교환에 의해 복잡한 법률쟁점들에 대한 이해를 높임으로써 도산사건을 보다 효율적으로 해결하는데 도움을 준다.

미국과 캐나다의 도산법원 간에는 법제의 유사성, 언어와 시간대의 공통성으로 인해 공동심리의 방법이 비교적 활발히 활용되고 있다. 최초의 사례는 1999년 Livent 사건인데, 위성TV를 통해 공동심문을 종결한지 이틀 만에 미국과 캐나다에 소재한 채무자의 재산을 동일한 매수인에게 매도하는 것을 허가하는 성과를 거뒀다.140)

우리 채무자회생법 제641조 제1항 제4호는 "그 밖의 필요한 사항"에 관하여 공조할 수 있도록 규정하고 있어 공조의 형태나 내용에 관하여 법원의 재량권을 넓게 인정하고 있기 때문에 현행법상으로도 공동심문에 의한 공조는 가능한 것으로 해석된다. 공동심문의 내용이 절차적 문제에 불과할 경우에는 문제가 없으나 책임의 배분 등 실체적 내용을 포함하는 경우에는 이를 재판에 반영하기 위해서 별도의 근거

---

138) 둘 이상의 기업집단 소속기업 또는 전체 기업집단이 동시에 도산한 경우, 하나의 법원에서 하나의 절차로 전체 도산사건을 진행하는 것 또는 전체 기업집단이 공동으로 도산신청(joint insolvency filing)을 하여 하나의 법원에서 하나의 절차로 전체 기업집단의 도산사건을 진행하는 것을 '병합처리(consolidation)'라고 한다.

139) 변론의 병합은 동일한 법원에 계속 중인 수개의 소를 하나의 절차에서 심리할 목적으로 결합하는 것을 말한다. 민사소송법에 따르면 법원은 변론의 제한·분리 또는 병합을 명하거나 그 명령을 취소할 수 있다(민사소송법 제141조). 변론의 병합은 원칙적으로 법원의 재량에 속하여 언제든지 취소할 수 있다.

140) 남성민, 앞의 글, 388면.

가 필요하다. 공동심문의 대상이 된 절차가 현행법상으로는 외국법원에 계속된 관련 소송일 뿐이므로 병합된 소송들의 관할이 모두 우리법원에 있는 변론의 병합의 경우와 같이 심리의 결과가 당연히 소송자료가 되는 것은 아니기 때문이다.

5. 기업집단 국제도산 공조에 관한 국제규범

(1) 의의

CBI 모델법이나 EU도산규정에서 국제도산사건에 관한 법원 간의 공조를 다룬 바 있으나, 단일한 채무자에 대한 도산절차가 여러 국가에서 병행하는 경우에 국한된 것이었다. 즉 모델법은 단일기업의 국제도산시 법원 간의 공조·법원과 도산대표자 간의 공조 및 도산대표자들 간의 공조에 대해, EU도산규정은 하나의 채무자에 대해 병행하는 주절차와 종절차 간의 정보의 교환 등 법원 간의 공조를 규정하였을 뿐 기업집단 맥락에서는 규정을 두고 있지 않았었다.

기업집단 맥락에서 국제적인 절차적 공조의 필요성은 자동차부품제조회사 Collins and Aikman 사건[141]에서 국제적 공조를 활용해 도산절차가 성공적으로 종료한 것 등을 계기로 실무에서 대두되기 시작한 뒤, 2016년에 '개정 EU도산규정'에 공조를 포함한 기업집단 국제도산에 관한 규정이 추가되었고, 이후 UNCITRAL도 도산법 입법지침과 EGI 모델법의 성안이 뒤따랐다. 이러한 진전은 미국이나 캐나다, 유럽 등에서 1990년대 이래 기업집단 국제도산사건을 다루면서 공동도산관리인 선임 및 국제도산약정 등을 포함해 법원 간 공조의 긍정적 경험이 축적된 것과 국제도산협회(International Insolvency Institute),[142] 유럽국제도산협회(Insol-Europe)[143] 등의 국제기구들이 UNCITRAL과의 긴밀한 협조하에 공조를 위한 원칙과 가이드라인 제시하는 등의 활동을 펼친 것이 상호 영향을 미친 것으로 보인다.

UNCITRAL에서의 논의 과정을 살펴보면, 제45차 도산 실무위원회 회의에서 일

---

141) Collins and Aikman (High Court of Justice Chancery Division Companies Court, 15. 7. 2005, No. 4717-4725/2005).
142) https://www.iiiglobal.org/;
   III/ALI Global Principles For Cooperation in International Insolvency Cases,
   https://www.iiiglobal.org/sites/default/files/trans_insolvency_jan.pdf(2022. 7. 30. 최종확인).
143) https://www.insol-europe.org/
   https://www.insol-europe.org/uploads/files/documents/INSOL_EUROPE_IOH_STAT
   EMENT_2014_08042015.pdf(2022. 7. 30. 최종확인).

반적인 국제도산사건에 있어서의 공조와 절차조정에 관한 논점들을 다루었던 UNCITRAL 도산법 입법지침 제3편이 기업집단 맥락에서도 적용 가능한 내용임을 전제로 기업집단 맥락에서 추가적으로 다른 규정이 더 필요한지에 관해 토의되었다. 위 회의에서 도산상태에 있지 않은 변제자력이 있는 소속기업들도 공조와 절차조정에 참여할 수 있도록 하는 규정이 필요할 것이라는 미국의 제안에 있었는데, 모든 기업집단 소속기업들이 회생을 위해 집중적인 노력을 기울일 수 있도록 할 수 있는 장점이 인정되어 다른 국가의 폭넓은 지지를 받았다고 한다. 다만 변제자력이 있는 기업의 참여가 의무적인 것이 아니라 자발적인 규정인 경우에 한한다는 점에 주의할 필요가 있다.144) EGI 모델법 제18조는 다른 국가에 주된 이익의 중심지를 둔 기업 집단구성원도 그 다른 국가의 법원이 금지하지 않는 한 자발적으로 어느 단계에서든 외국의 계획절차에 참가할 수 있고 탈퇴할 수 있으며, 자신의 이익을 위해 절차에 출석하고 심리를 받으며 집단도산해결책의 수립 및 수행에 참여할 권리를 갖는 것으로 규정하고 있는데, 이는 실질적으로 위 미국의 제안을 반영한 조항으로 보인다.

(2) 일반적인 국제도산 공조

1) 공조에 관한 국제변호사협회의 MIICA와 IBA Concordat

UNCITRAL 모델법보다 앞선 공조에 관한 협약으로 국제변호사협회(International Bar Association, IBA)145)의 '국제도산 공조에 관한 모델법(Model International Insolvency Cooperation Act, MIICA, 이하 'MIICA'라고 한다)'과 '국제도산 콘코르다트(Cross-Border Insolvency Concordat, IBA Concordat, 이하 'IBA Concordat'라고 한다)'146)가 있다. 국제변호사협회의 비즈니스법 분과(Section of Business Law)의 전신인 J위원회(Committee J)

---

144) 심영진, 앞의 글, 283면; UNCITRAL 도산법 입법지침 제3편 권고규정 제238조는 국내적 맥락에서 변제자력이 있는 소속기업이 자발적으로 도산절차 진행 중인 기업집단 내 다른 소속기업의 회생계획안에 참여하는 것을 허용하고 있는데, 도산 실무위원회 회의는 권고 규정 제238조를 국제적 맥락에서 확장하여 공조와 절차조정의 측면에서 더 많은 것을 아 우를 수 있도록 그 범위를 확대하여야 한다는 점에 의견을 같이 하였다고 한다.
145) 국제변호사협회는 1947년 2월 뉴욕에서 창립된 세계 각국의 변호사협회, 법률가조직 등의 연합체이다. 8만명 이상의 개인변호사, 160개국 이상의 변호사협회와 160개국 이상에서 활동하는 법률가 조직(Law Societies) 등의 회원을 보유하고 있다. 우리나라의 대한변호사 협회는 1958년 7월에 가입하였다. 현재는 영국 런던에 사무소를 두고 있다.
146) 전체 10원칙으로 구성되어 있다;
    http://www.ibanet.org/Search/Search.aspx?query=CONCORDAT(2022. 7. 30. 최종확인).

는 1980년대 이래 국제도산사건에 관한 공조규칙을 마련하기 위해 노력하여 왔는데 그 결실로서 1989년에 채택된 것이 MIICA이다.

국제변호사협회는 MIICA를 발전시켜 1995년 현대의 국제도산사건에 있어서 법원 간 protocol의 선구자 격이라고 할 수 있는 IBA Concordat을 채택하였다. IBA Concordat은 기업이 아닌 자연인에 대한 국제도산사건에서 법원과 참가인들이 도산절차를 진행함에 있어서 적용할 수 있는 일반적인 원칙을 규정하였고, 국제적으로 병행하는 도산절차를 조율하는 것을 목적으로 하였다. IBA Concordat이 제시한 여러 원칙들은 1997년 UNCITRAL 모델법이 채택된 이후에도 1998년의 AIOC Corp. 판결[147] 및 1999년 Philip Services Corporation 판결 등 실제 사건에서 적극 활용되었다. UNCITRAL 모델법은 국제도산에 관한 국내입법의 모델로서 3개 조문에 불과한 반면 IBA Concordat은 다양한 국제도산사건에 직접 적용이 가능한 유연한 원칙들을 제시하였기 때문인 것으로 보인다. 주로 1995년 Everfresh Beverages Inc. 판결, Philip Services Corporation 판결과 같이 미국과 캐나다 법원 간의 protocol 작성에 활용되었고 1998년 AIOC Corp. 판결에서 미국과 대륙법계 국가인 스위스의 도산 대표자 간에도 채용된 바 있다.[148]

2) CBI 모델법과 국제도산 공조에 관한 실무 가이드

국제도산사건에 대한 공조에 관하여 가장 대표적인 원칙은 CBI 모델법이다. 모델법은 하나의 채무자에 대해 국제적으로 병행하는 도산절차들을 처리하는 기본적인 방식으로 '외국도산절차의 승인과 지원'을 규정하고 있다.[149] 외국도산절차의 승인은 지원을 위한 전제조건이며, 외국도산절차의 지원은 넓은 의미의 사법 공조에 해당한다. 그런데 외국도산절차의 승인과 지원은 서로 독립하여 진행되는 복수의 도산절차를 전제하는 것이므로 절차의 중복이나 충돌의 가능성은 여전히 존재한다. 이러한 문제점을 해결하기 위한 것이 협의의 공조인 외국법원 및 외국도산절차 대표자들과의 공조[150]인데, UNCITRAL 모델법은 이에 대한 규정으로 제25조(국내법원과 외국법원 또는 외국도산절차 대표자와의 공조), 제26조(국내도산절차대표자와 외국법원 또는 외

---

147) In re AIOC Corp., Not Reported in B.R. 1999 WL 1327910 (1999).
148) 그 밖에 이스라엘, 바하마, 캐이먼 아일랜드, 버뮤다 등의 국가에서 채용한 바 있다.
149) 제3장 외국도산절차의 승인과 지원, 제15-24조, 외국도산절차의 지원은 외국도산절차의 승인에 대한 신청이 있으면 가능한 것과 신청에 대한 승인이 필요한 것으로 분류할 수 있다.
150) 제4장 외국법원 및 외국도산절차 대표자와의 공조, 제25-27조.

국도산절차 대표자와의 공조), 제27조(공조의 종류)151) 등의 규정을 두고 있으나 원칙적인 규정에 불과하였다.

UNCITRAL은 2009년 위 CBI 모델법의 공조에 관한 기본적인 규정을 보다 구체화하고 1990년대와 2000년대에 걸쳐 축적된 공조의 경험을 공유하여 실제 도산사건에서 판사와 도산참가인이 활용할 수 있는 실무의 가이드를 제시하고자하는 목적에서 '국제도산 공조에 관한 실무 가이드(UNCITRAL Practice Guide on Cross-Border Insolvency Cooperation, 이하 '실무 가이드'라고 한다)'를 채택하였다. 실무 가이드의 내용을 살펴보면, CBI 모델법 제27조에 따른 공조의 유형을 소개하고 실무가들이 국제도산약정(cross-border insolvency agreement)을 체결하는 데 활용할 수 있는 지침들로 구성되어 있다. 자세한 내용은 입법례에서 살펴보도록 한다.

3) 국제도산협회의 지침

국제도산협회는 2001년 미국법협회(The American Law Institute)와 공동으로 복수의 국가에 제기된 국제 소송에 복수의 법원이 관여하고 있는 경우에 효과적인 지침으로서 '법원 간 의견교환을 위한 지침(Guidelines for Court-to-Court Communications)'152)을 승인하였다.

동 지침은 초기에는 NAFTA153) 가입국의 도산법원 사이의 협력을 증진시키기 위한 연구의 일환으로 개발되다가 미국법협회와 국제도산협회의 공동프로젝트로 작성되었고 미국법협회가 2000년 5월, 국제도산협회가 2001년 6월 각 승인하고 공포하였다.

국제도산협회는 지침이 NAFTA에 가입하지 않은 국가에서도 적절하게 응용될 수 있다고 판단하여 국제도산협회 가입국에 지침의 적용을 권장하고 있으며 특히 중복

---

151) 모델법 제27조는 공조의 수단으로서, (a) 공조와 관련한 법원의 지시를 수행할 자연인이나 기관의 선임, (b) 법원이 적당하다고 인정하는 방법에 의한 정보의 교환, (c) 채무자의 사업·재산의 운용-감독에 대한 조정, (d) 도산절차의 공조에 관한 약정에 대한 법원의 승인 또는 시행, (e) 동일한 채무자에 대한 병행도산절차의 공조, (f) 입법국이 추가하고자 하는 사항 등을 규정하고 있다.

152) https://www.iiiglobal.org/sites/default/files/III-ALI%20Guidelines%20for%20Court-to-Court%20Communications%20in%20Korean.pdf(2022. 7. 30. 최종확인).

153) 북미자유무역협정(North American Free Trade Agreement)으로 미국, 캐나다, 멕시코 북미 3개국이 자유무역지대를 창설하기 위하여 1992년 10월 11일에 체결한 협정이다. NAFTA는 EC 다음으로 거대한 시장이다. NAFTA의 주요 내용은 3개국 간에 재화와 서비스 이동에 대한 각종 관세 및 비관세장벽을 향후 15년 동안 단계적으로 철폐한다는 것이다. NAFTA는 역내 보호무역주의적 성격을 띠고 있다.

하여 제기된 사건을 재판하는 경우에 법원 간의 협력에 필요한 일관성 있는 기준을 제공하는데 유용할 것이라고 밝히고 있다. 지침은 전체 17개 조항으로 구성되어 있고 지침을 적용할지 여부는 임의적이므로 전부나 일부를 적용할 수 있고 수정하여 적용할 수 있다. 다만 지침 제1조는 지침을 적용하기 전에 정식으로 지침을 승인할 것을 규정하고 있다.

주된 내용을 살펴보면, ⅰ) 절차의 조정 또는 조화를 위한 법원 간·도산관재인 또는 법원의 권한 있는 대표자 간의 의견교환(제2-4조), ⅱ) 상호연락과 답변의 구체적인 방식 및 절차(제5-8조), ⅲ) 외국법원과의 공동심리(제9조), ⅳ) 외국법원이 적용할 절차적 규정의 승인과 인정(제10조), ⅴ) 외국법원의 절차 중에 내려진 명령의 인정(제11조), ⅵ) 외국법원에서 진행 중인 절차를 위한 송달(제12조), ⅶ) 외국법정에서의 진술(제13조), ⅷ) 절차정지의 외국법원에 대한 효력(제14조) 등에 관한 규정이 있다.

시간대가 같은 미국과 캐나다 법원 사이에서는 위 지침에 따라 의견교환과 협조가 이루어진다고 하나, 다른 국가들 사이에서는 임의적 협조 지침에 불과하기 때문에 현실적으로 규범력을 가지기 어려운 면이 있다.[154]

그런데 위 지침의 작성 과정에서 40개국 이상의 판사 등 사법관계자들이 각국을 대표하여 참가하였다는 점에서 공식적인 국제규범이 마련되지 않은 단계에서 임의적인 공동규범으로서의 역할을 부여해도 좋을 것이다.[155]

특히 지침의 적용 시 법원의 승인이 필요하도록 하고, 승인을 한 경우에도 일부 조항을 수정하거나 변경할 수 있다고 규정하여 각국 법원의 사정과 사건의 특수성을 고려할 수 있도록 디자인되어 있기 때문에 법원으로서도 부담이 적다. 국제적으로 제도의 투명성을 보장하여 관계자들로부터 적극적 협조를 얻는 것이 종국적으로 국제도산사건을 적절하게 해결하는 데 도움이 될 것이므로 위 지침의 적극적 활용을 고려하는 것이 바람직할 것이다.

---

154) 정준영, "국제도산에서의 기업집단의 취급", 국제규범의 현황과 전망 -2008년 국제규범 연구반 연구보고 및 국제회의 참가보고-, 법원행정처 (2009), 228면.
155) 위 지침의 사법관계자 서문의 18인의 공동작성자 중에 우리나라 대표로 김형두 판사가 포함되어 있다. 본 논문에 실린 위 지침의 한국어번역본은 동 판사가 번역하여 미국법협회가 출판, 배포한 것을 참고하였다;
https://www.iiiglobal.org/sites/default/files/III-ALI%20Guidelines%20for%20Court-to-Court%20Communications%20in%20Korean.pdf(2022. 7. 30. 최종확인).

(3) 기업집단 맥락의 국제도산 공조

1) EU도산규정

① 개요

EU도산규정에는 기업집단에 관한 규정이 없었으나 2015년 개정법에 기업집단에 관한 정의규정을 비롯해 여러 규정들이 도입되었는데 기업집단 도산시 법원 간의 공조 등에 관한 규정도 포함되었다. 개정법 제56조는 도산실무가 간, 제57조는 법원 간, 제58조는 도산실무가와 법원 간의 공조에 관해, 제59조는 공조비용부담에 관해 각 규정하고 있다.

개정 전 EU도산규정도 동일한 채무자에 대해 병존하는 국제도산절차에서 회원국의 도산절차 대표자에게 공조의무를 부과하는 조항을 두고 있었으나[156] 원칙적인 조항에 불과하고 상세한 규정이 없었다. 또한 위 규정 시행 이후 다수의 사례가 축적되면서 다국적 기업집단의 도산처리에 관한 규정의 부재 등을 비롯해 일부 규정에 문제점이 있다는 지적이 있었다.

개정 EU도산규정은 여러 국가의 도산절차는 그대로 두고 공조와 절차조정을 통해 절차를 원활화 하는 방식을 채택하여 제5장 안에 기업집단 국제도산에 대한 공조(cooperation and communication, 제56-60조)와 절차조정(coordination, 제61-77조)에 관한 절을 두었다.

공조에 관한 규정은 모두 5개 조항으로, 도산참가인 간의 공조(cooperation and communication between insolvency practitioners, 제56조), 법원 간의 공조(cooperation and communication between courts, 제57조), 도산참가인과 법원 간의 공조(cooperation and communication between insolvency practitioners and courts, 제58조), 비용부담(costs of cooperation and communication in proceedings concerning members of a group of companies, 제59조) 및 도산참가인의 권한(powers of the insolvency practitioner in proceedings concerning members of a group of companies, 제60조)에 관한 규정으로 이루어져 있다. 다음에서 비용 문제를 제외한 내용을 살펴보도록 한다.

② 도산참가인 간의 공조

ⓐ 도산참가인의 개념

개정 EU도산규정은 공조의 주체로서 '도산 참자인(insolvency practitioners)'의 개

---

156) EU도산규정 제31조.

념을 도입하였다. 제2조 제5항의 정의에 의하면, 도산참가인은 도산관리인 등에 한
정되지 않으며, 도산절차에 제출된 청구를 확인하고 인정하는 역할을 하는 자, 채권
자들의 집단적 이익을 대표하는 자, 채무자의 자산을 관리하는 자 및 채무자에 대한
권리의 집행을 감독하는 자 등을 포함하는 광범위한 개념으로 유럽연합 회원국 국내
법의 다양성을 고려한 것이다.

ⓑ 공조의무157)

둘 이상의 기업집단 소속기업과 관련된 도산절차에 있어서, 한 소속기업과 관련
된 절차에서 선임된 도산참가인은 동일한 기업집단에 속한 다른 소속기업의 절차에
서 선임된 도산참가인과 공조할 의무를 부담한다. 공조의무는 도산절차의 효과적인
진행을 원활하게 하는데 적절하고 이익충돌을 수반하지 않는 한도에서 인정된다. 공
조의 형식은 국제도산약정의 체결을 포함하여 여하한 형태를 불문한다. 도산참가인
은 공조의무이행을 위해 가능한 빨리 상호 간에 다른 절차에 관련된 정보를 교환하
여야 하며 비밀정보를 보호하기 위한 적절한 조치를 취해야 한다.

ⓒ 절차조정에 관한 공조158)

도산참가인은 기업집단 소속기업의 도산사건의 집행(administration)과 감독
(supervision)에 관한 조정의 가능성이 존재하는 경우에는 조정에 임해야 한다. 또한
도산참가인은 기업집단 소속기업의 재건(restructuring)의 가능성이 존재하는 경우
'조정된 재건계획(coordinated restructuring plan)'의 제안과 협상에 관하여 공조하여
야 한다. 이러한 목적의 수행을 위해, 각 절차에 적용되는 규정이 허용하는 경우에
는 도산참가인은 다른 도산참가인에게 추가적인 권한을 승인하거나 임무의 분배에
관한 약정을 할 수 있다.

③ 법원 간의 공조

ⓐ 공조의무159)

둘 이상의 기업집단 소속기업과 관련된 도산절차에 있어서, 도산절차를 개시한
법원은 다른 소속기업과 관련된 도산절차개시신청을 받은 법원 또는 이미 도산 절차
를 개시한 어떤 다른 법원과도 공조할 의무가 있다. 공조의무는 도산절차의 효과적
인 진행을 원활하게 하는데 적절하고 이익충돌을 수반하지 않는 한도에서 인정된다.

---

157) EU도산규정 제56조 제1항, 제2항 (a).
158) EU도산규정 제56조 제2항 (b), (c).
159) EU도산규정 제57조 제1－2항.

공조의 형식은 도산약정이나 프로토콜의 체결 등 여하한 형태를 불문한다. 법원은 그러한 목적을 위해 법원의 지시를 수행할 독립한 자연인이나 기관을 선임할 수 있다. 이들과 법원은 당사자의 절차적 권리와 정보의 비밀을 존중하는 한에서 상호 직접적으로 의사를 교환할 수 있고 정보와 보조(assistance)를 요청할 수 있다.

ⓑ 공조의 범위160)

법원은 위 공조의무를 위하여, 도산참가인의 선임, 법원이 적절하다고 판단하는 수단에 의한 정보의 교환, 채무자인 소속기업의 자산과 권리에 대한 집행과 감독에 대한 공조, 변론의 수행에 대한 공조, 국제도산약정의 승인에 있어서의 공조 등을 수행할 수 있다.

④ 도산참가인과 법원 간의 공조161)

도산참가인은 다른 소속기업과 관련된 도산절차개시신청을 받은 법원 또는 이미 도산 절차를 개시한 다른 법원과 공조할 의무가 있다. 또한 다른 소속기업에 대한 절차를 진행하고 있는 법원에 정보를 구하거나 자신이 관련된 절차에 관하여 지원을 요청할 수 있다. 이상의 공조는 도산절차의 효과적인 진행을 원활하게 하는데 적절하고 이익충돌을 수반하지 않는 한도에서 인정된다.

⑤ 도산참가인의 권한162)

도산참가인은 다른 소속기업에 대한 도산절차에 의견을 반영할 권한을 가진다. 또한, 모든 소속기업 또는 일부 소속기업을 위한 재건계획(restructuring plan)이 제안되었을 경우, 자산계획의 적정한 이행을 위해 다른 소속기업에 대한 도산절차에서 자산의 실현(realization of assets)과 관련된 처분의 중지를 요청할 수 있다. 재건계획은 중지 대상 절차의 채권자의 이익에 부합하는 것이어야 한다. 법원은 요건을 충족하는 경우 자산의 실현과 관련된 처분을 중지하여야 하고 중지명령을 선고하기 전에 중지 대상 절차의 도산참가인의 의견을 청취하여야 한다. 중지 기간은 3개월을 초과하지 않아야 하고 요건이 충족되는 경우 전체기간이 6개월을 초과하지 않는 범위에서 연장될 수 있다.

---

160) EU도산규정 제57조 제3항 (a)-(e).
161) EU도산규정 제58조.
162) EU도산규정 제60-61조.

2) 개정 독일도산법

① 도산관리인 간의 공조

개정법 제269a조는 도산관리인의 공조(Zusammenarbeit)의 의무에 대해 규정하고 있는데, 기업집단 소속기업에 관해 수개의 도산절차가 진행 중인 경우 각 도산관리인은 자신의 관리하는 도산절차 참여자의 이해에 반하지 않는 한 상호 협력하여야 함을 규정하고 있다. 특히 다른 도산법원으로부터 요청이 있을 경우 다른 도산절차에 유익한 모든 정보를 즉시 제공할 의무가 있다. 한 경우에는 모든 정보를 제공하도록 하고 있다. 동조(同條)는 제56b조 제(1)항이 공동관리인 선임에 관해 규정하고 있지만, 공동관리인 선임이 필수적인 아니므로 각 절차마다 도산관리인이 선임된 경우 상호 간의 공조의무에 대해 규정하고 있는 것이다.

② 법원 간의 공조

개정법 제269b조는 기업집단 소속기업들에 대해 복수의 도산절차가 계속 중인 경우, 각 법원은 공조의무가 있으며, 특히, ⅰ) 보전처분, ⅱ) 도산절차의 개시, ⅲ) 도산관리인의 선임, ⅳ) 중요한 절차지휘에 관한 결정, ⅴ) 도산재단의 범위, ⅵ) 회생계획안의 제출 및 도산절차종결에 관한 조치 등에 관련된, 다른 도산절차에 유익한 정보를 교류할 의무가 있음을 규정하고 있다.

③ 채권자협의회 간의 공조

개정법 제269c조는 그룹국제재판관할 법원(Gericht des Gruppen-Gerichtsstands)은 그룹소속 채무자의 재산에 대한 도산절차 진행 중인 채권자협의회(Gläubigerausschüsse)의 신청이 있으면 심문절차를 거쳐 그룹소속 채권자협의회로 구성된 '그룹채권자협의(Gruppen-Gläubigerausschuss)'를 설치할 수 있음을 규정하고 있다. 그룹채권자협의회는 각 도산절차의 도산관리인과 채권자협의회가 원활히 진행될 수 있도록 지원하는 역할을 한다.

Ⅱ. 절차조정

1. 의의

기업집단 국제도산절차의 절차조정(coordination)이라 함은 기업집단 소속기업에 대한 도산절차가 복수의 국가의 도산법원에서 병행적으로 진행될 때, 그 중 하나의 법원이나 별도로 선임된 조정자가 전체 기업집단의 차원에서 복수의 도산절차를 조율하거나 도산관리인 간의 분쟁을 해결하거나 집단조정계획을 수립하는 등의 방법을 통해 복수의 도산절차가 통일적으로 처리되도록 도모하는 제도를 말한다.

절차조정도 국제적인 사법협력이라는 점에서 넓은 의미의 국제공조에 해당한다. 협의의 공조인 '기업집단 국제도산의 공조'와는 개별적인 도산절차 진행을 전제한다는 점에서 공통점이 있다. 그러나 기업집단 국제도산의 공조는 개별 도산절차 단위의 수평적인 사법협력이지만 절차조정은 개별적인 도산절차와는 독립되고 여러 도산절차를 아우르는 상위의 조정절차와 조정자가 필요하다는 점에서 다르다. 기업집단 국제도산의 절차조정은 조정자가 기업집단의 관점에 입각하여 개별 도산절차를 조율하는 것이므로 공조에 비해 '통일적인 처리'의 면에서 한 단계 진전된 형태라고 할 수 있다.

용어와 관련하여, 기업집단 국제도산의 '절차조정'은 'coordination'을 번역한 것인데, 기업집단 국제도산 이슈에 있어서 'coordination'은 '조정'으로 번역하는 것이 일반적이다. 그런데 국내에서 '조정'이라는 용어는 '대체적 분쟁해결 수단으로서의 조정(調停, conciliation)'을 의미하는 것으로 이미 굳어져 있으므로 본 논문에서는 이와 구별하기 위하여 '절차조정'이라는 용어를 사용하기로 한다. 다만, 'group coordination proceedings'를 '그룹절차조정절차'로 번역하는 것은 표현이 어색하므로 이와 같은 경우에는 '그룹조정절차'라고 한다.

2. 집단조정절차

(1) 의의

기업집단 국제도산의 절차조정에 있어서 집단조정절차라 함은 일반적인 국제도산사건에서 주절차와 종절차를 구분하고 주절차에 우선적 효력을 부여하는 것과 유사하게, 여러 국가에서 병행하거나 병행할 가능성이 있는 기업집단 소속기업에 대한 도산절차 중에 하나의 절차를 주도산절차로 정하고 다른 기업집단 소속기업들이 그 절차에 참가하도록 함으로써 절차를 집중시키고 주도산절차에서 기업집단 맥락의 회생계획안 등 집단적해결책을 도출하는 메커니즘을 말한다.

주도산절차인 집단조정절차에서 선임된 집단도산대표자에게 다른 국가에서 진행되는 기업집단소속기업의 도산절차에 승인신청을 하고 지원처분을 구할 자격을 주는 방식(승인과 지원 제도), 집단조정절차에 참가하는 경우에는 자국에서 받을 수 있었는 정도의 보호조치를 부여하는 방식(의제절차) 등을 수단을 활용하여 집단조정절차로 도산절차들이 집중되도록 할 수 있다.

집단조정절차는 소속기업에 대한 관할을 가진 어느 한 법원이 여러 도산절차를 조정하는 주도산절차를 진행한다는 것이 핵심적인 내용에 해당한다. 해당 법원은 소속기업의 회생계획안을 조율하거나 기업집단 자체의 회생계획안을 작성하여 기업집단 맥락에서 회생절차를 진행할 책무를 부담한다.

각 소속기업 간의 회생절차의 조율을 넘어 도산절차 진행 중인 기업집단 소속기업들을 모두 아우르는 '기업집단 자체의 회생계획안'이 작성된다면 실질적으로는 병합적 처리 가운데서도 실체적 병합에 근접하게 된다. '집단회생계획안'은 소속기업별로 채권자에 대한 배당의 비율을 달리할 수 있는 등 소속기업 사이에 구체적인 회생계획에 차이가 존재할 여지가 있으나 실체적 병합은 기업집단 자체를 하나의 법인으로 보고 단일한 도산재단을 구성한다는 점에서 통합정도가 강하다. 그러나 현실적으로 실체적 병합에서도 경우에 따라서 다양한 변종이 가능하기 때문에 위와 같은 구별은 상대적인 것으로 보인다.

집단조정절차는 주도산절차를 정하는 기준, 다른 기업집단 소속기업의 참가허부, 집단도산해결책의 결정 방식과 내용, 다른 소속기업에의 승인 및 지원 신청권의 존부 및 의제절차 인정여부 등을 어떻게 결합시키느냐에 따라 여러 모델이 가능하다. 이하에서는 집단조정절차의 중요 요소인 주도산절차와 참가, 집단도산해결책, 의제절차 등의 기본 개념을 먼저 살펴보고 개정 EU도산규정과 EGI 모델법이 채택한 집단조정절차의 모형의 구체적인 내용을 알아보도록 한다.

(2) 주도산절차와 참가

1) 의의

주도산절차란 기업집단 국제도산사건에서 어느 한 국가의 법원에 다수의 소속기업을 아우르는 도산절차를 집중하고 다른 국가에서는 주도산절차의 대표자가 다른 소속기업들을 위하여 승인 및 지원처분을 받는 제도를 말한다. 예컨대, 국내기업이 외국의 주도산절차에 참가하면 주도산절차 대표자의 신청으로 국내법원이 소속기업에 대한 외국도산절차를 승인하고 지원처분을 내려 국내도산절차의 개시와 속행을 중지하게 되며 외국도산절차로 절차가 단일화된다.

주도산절차의 운영에 관하여서는 주도산절차에 기업집단 소속기업이 참가하려면 회생계획수립과 채권자들의 의결권 행사를 거쳐야 하므로 외국도산절차가 실질적으로 회생절차 자체를 의미하게 되어 도산절차의 개시와 다를 바 없고 이는 국내법원의 사법권을 침해하는 것이 아닌가 하는 점이 문제점으로 지적되어 왔다.

EGI 모델법의 성안되는 기간 동안 미국이나 영국 등은 주도산절차에의 참가제도에 적극적인 태도를 보인 바 있다. 미국는 향후 주도산절차를 입법하거나 법원의 재량으로 참가신청을 허용할 가능성이 있고, 영국도 이미 시행되고 있는 EU도산규정과 유사한 내용의 조치를 회원국 이외의 국가에게 적용할 가능성이 높은 것이다. 집단도산절차를 도입한 EGI 모델법이 채택되었으므로 향후 우리나라에서도 유사한 제도를 인정할 것인지 논의가 필요하고, 주도산절차를 도입하지 않는다 하더라도 다른 국가의 주도산절차가 진행될 경우에 참가나 의제절차의 적용, 주도절차의 승인 및 지원 신청 있는 경우 등에 대하여 대비가 필요가 있을 것으로 보인다.

2) 내용

① 주도산절차의 결정

주도산절차제도는 한 국가에 기업집단 도산절차를 집중하는 것이므로 어느 국가에서 주도산절차를 개시할 수 있는 관할권을 행사할 것인가의 문제가 해결되어야 한다.

유럽연합의 개정 EU도산규정은 '집단조정절차(group coordination proceeding)'에서와 같이 우선주의를 취하는 것도 하나의 방법이 될 수 있으나,[163) 개정 EU도산규정의 우선주의는 유럽연합 회원국 간의 국내법의 동질성 등이 특수한 배경이 존재하는데 이유가 있을 것이므로 일반적으로 수용하기는 어렵다. 주도산절차제도의 도입을 설득하기 위해서는 보편주의에 입각한 관할권 기준이 제시되어야 할 것이다. 주도산절차의 결정은 결국 기업집단 국제재판관할이 중심적인 문제가 된다. EGI 모델법은 COMI를 주도산절차와 다른 외국도산절차의 관할권의 기준으로 삼았다. 우리 채무자회생법에 COMI개념을 수용할 것인지에 대한 적극적인 검토가 더욱 필요한 상황이 된 것이다.

---

163) 개정 EU도산규정은 개별도산절차에서 선임된 도산관리인이 집단소속기업에 대한 개별도산절차를 개시할 수 있는 권한을 가진 법원에 집단조정절차를 신청할 수 있도록 하고(제61조), 집단조정절차의 개시신청을 받은 법원은 동일한 개시신청을 먼저 받은 다른 회원국이 있는 경우에는 그 신청을 거부하도록 하고 선행 신청이 없는 경우에는 기업집단 소속기업들의 도산관리인들에게 이와 같은 신청사실 등을 고지하도록 하고 있다(제63조).

② 외국도산절차에의 참가

앞서 언급한 바와 같이 미국이나 영국 등 향후 자국에서 입법이나 법원의 재량에 의해 참가신청을 허용할 경우에 대비한 규정이 필요하다.

국내법원에 관할권이 있는 소속기업이 외국법원의 주도산절차에 참여하는 것이 유리하다고 판단할 경우, 현행 채무자회생법 제640조가 "국내도산절차의 관리인·파산관재인 그 밖에 법원의 허가를 받은 자 등은 외국법이 허용하는 바에 따라 국내도산절차를 위하여 외국에서 활동할 권한이 있다."있다고 규정하고 있으므로 외국법이 인정하는 대로 참가신청을 하면 될 것이다.그런데 국내기업인 기업집단의 소속기업이 다른 국가의 소속기업에 대한 외국도산절차에 참가하는 경우에는 우리나라 사법권 침해 또는 국내채권자의 이익보호가 문제될 수 있기 때문에 사전에 국내법원 또는 채권자집회의 사전승인을 얻도록 할 필요가 있다. EGI 모델법은 입법국의 법원이 반대하지 않는 한 참가신청이 가능하고 하여, 입법국 법원의 허가나 승인, 채권자 집회의 동의 또는 승인 등을 요구하지 않음으로써 참가의 문턱을 낮추었다.

③ 국내도산절차에의 참가

채무자회생법 제634조가 외국도산절차가 승인된 경우 국내도산절차에 참가가 가능하도록 규정하고 있다. 그런데 동조는 동일한 채무자에 대한 외국도산절차의 참가를 규정한 것이므로 주도산절차에 대한 소속기업의 참가의 근거가 될 수 없을 것으로 해석된다.

그러나 국내법원에 관할권이 없는 외국소속기업이 국내도산절차를 주도산절차로 하여 자발적으로 참가하고자 하는 경우 전체 기업집단의 재건에 유리할 수 있고, 국제재판관할에 있어서 '합의관할', '변론관할'을 인정하는 취지에 비추어 우리나라 법원의 재판에 복종할 의사가 있을 경우 이를 막을 이유가 없을 것이다. 또한, 국제재판관할에 관한 국제사법 제2조의 실질적 관련성 원칙에 의하더라도 동일한 기업집단 소속기업이라는 사실은 실질적 관련성을 긍정할 수 있는 사유로 볼 수 있을 것이므로 외국소속기업이 자발적으로 국내도산절차에 참가할 수 있도록 근거규정을 마련하는 것이 타당하다.

3) 평가

주도산절차는 다른 소속기업에 국내도산절차에서의 참가를 인정하는 것을 넘어 기업집단 소속기업에 대한 도산절차를 진행하는 외국법원에 국내의 주도산절차에 대하여 외국도산절차로서 승인을 얻은 후 외국법원으로부터 적극적 지원을 받는데 의미가 있다. 그런데, 이는 유럽연합과 같이 공동으로 규범을 제정하거나 해당 국가에 제도가 구비되어 있지 않는 한 외국소속기업이 국내도산절차에 참가하여 실질적인 주도산절차로 기능하더라고 참가한 외국법원과 참가하지 않는 소속기업의 외국법원에 승인 및 지원신청이 가능하지 않을 것으로 예상된다. 즉, 국내법에서 일방적으로 주도산절차의 결정과 이에 대한 외국도산절차로의 승인과 지원에 관한 자세한 규정을 마련한다고 하여도 상대국가에서 관련 규정이 없는 경우에는 의미가 반감된다.

따라서 채무자회생법에 EGI 모델법이나 EU도산규정 수준의 주도산절차제도를 입법하는 것은 국제적 정합성이나 서울회생법원의 주도적 역할을 위해서는 긍정적이지만 사법권 침해, 국내채권자 보호의 문제가 존재하기 때문에 양날의 검이 될 수 있다. EGI 모델법도 이러한 점을 반영하여 주도산절차인 집단도산절차에 참가하는 것이 주도산절차 법원의 관할권에 복종하는 것은 아니라는 규정을 두고 있지만, 그 실효성이 무엇인지 의문이 있다. 외국의 사례를 주시하면서 입법의 수준을 면밀하게 검토해 볼 필요가 있을 것이다.

(3) 기업집단 맥락의 계획안(집단적 회생계획안)

1) 의의

둘 이상의 기업집단 소속기업들이 도산한 경우 원칙적으로 개별 기업별로 서로 상이한 회생계획안164)을 마련하여 관계인 집회의 심리 및 결의하여 최종적으로 법

---

164) 채무자회생법상의 회생계획이란 채무자 또는 그 사업의 효율적인 회생을 위한 계획으로서 회생채권자 등 이해관계인에 대한 권리변경 및 변제방법, 채무자의 조직변경 등 회생에 필요한 기본적인 사항을 정한 것을 말하며 회생절차 수행의 기본적인 기본규범이 된다. '회생계획안'은 위와 같은 채무자의 회생계획을 문서화 것으로서 관계인 집회의 심리 및 결의의 대상이 되는 것을 말하며 회생계획안은 관계인집회에서의 심리 및 결의를 거쳐 최종적으로 법원의 인가결정을 받음으로써 회생계획으로서의 효력이 발생한다. 채무자회생법의 규정을 살펴보면, 법원은 채무자의 계속기업가치가 청산가치보다 크다고 인정하는 경우에는 제1회 관계인집회기일인 그 후 지체 없이 관리인에게 기간을 정하여 사업의 계속을 내용으로 하는 회생계획안의 제출을 명하도록 하고 있다(제220조 제1항). 채무자회생법상 '청산형 회생계획안'도 가능하지만, 채무의 존속, 영업의 양도 및 신회사의 설립 등 채무자의 사업의 존속 등을 내용으로 하는 '재건형 회생계획안'이 일반적이다. 법원은 관계인집회를 소집하기에 앞서 관리인이 작성한 회생계획안이, ⅰ) 법률의 규정을 준수하였는지 여부, ⅱ) 공정하고 형평에 맞는지 여부, ⅲ) 수행이 가능한지 여부를 먼저 검토한 후에 관계인집회를 소집하여 심리하도록 하여야 한다. 법원은 관계인집회의 심의·결의를 거친 회생계획안에 대해서 인가 요건의 존부를 직권으로 조사하여 인부결정을 하여야 한다. 회

원의 인가결정을 받는 것이 원칙이다.

기업집단 맥락의 도산계획은 동일 기업집단에 속한다는 점을 고려하여 소속기업에 공통되는 하나의 도산계획을 작성하거나 각 소속기업별로 작성된 회생계획안을 조율하는 방법에 의해 둘 이상의 기업집단 소속기업에 관련한 도산계획은 제안하여 그에 기초해 도산절차를 진행하는 것을 말한다. 그러한 회생계획안에 의해 기업집단 전체의 재정적 어려움을 해소하고, 절차를 간소하게 하며 채무자를 위한 가치를 극대화하는 것을 모색할 수 있다.

다수의 도산법들이 기업집단에 대한 병합처리방식의 절차를 진행하는 경우에 기업집단 맥락의 회생계획안을 허용하지만, 기업집단이 자발적인 의사가 있는 경우에만 허용하는 입법도 있다.[165]

이하에서는 기업집단 맥락의 회생계획안의 특수한 점을 쟁점별로 살펴보기로 한다.

2) 불이익금지(no worse off)의 요건

기업집단 맥락의 회생계획안이 소속기업별 회생계획안에 비해 채권자에게 불리해서는 안 된다(이른바 'no worse off' 요건의 충족, 불이익금지의 원칙). 기업집단 맥락의 회생계획안은 다양한 채권자집단의 서로 다른 이해관계를 고려해야 한다. 경우에 따라서는 하나의 소속기업 내에서 뿐만 아니라 소속기업 간에도 형평을 해하지 않은 범위에서 채권자들을 다르게 대할 수 있다.[166]

생계획인가의 적극적 요건은, ⅰ) 회생절차가 법률의 규정에 적합할 것, ⅱ) 회생계획인 법률의 규정에 적합할 것, ⅲ) 회생계획인 공정하고 형평에 맞을 것, ⅳ) 회생계획이 수행 가능할 것, ⅴ) 결의를 성실·공정한 방법으로 하였을 것, ⅵ) 청산가치의 보장의 원칙을 충족시킬 것, ⅶ) 합병 또는 분할합병을 내용으로 한 회생계획에 관한 특별 요건을 충족시킬 것, ⅷ) 행정청의 허가 등을 요하는 사항을 내용으로 하는 회생계획에 관한 특별 요건을 충족시킬 것, ⅸ) 주식이 포괄적 교환을 내용으로 하는 회생계획에 관한 특별요건을 충족시킬 것 등이 있고, 소극적 요건으로는, ⅰ) 법원은 회생계획안이 채무자회생법 제57조 각 호의 어느 하나에 해당하는 행위를 내용으로 하는 경우로서 법 제231조 제1항 각호의 요건을 '모두 충족하는 경우' 회생계획불인가 결정을 할 수 있고(임의적 불인가 요건), ⅱ) 회생계획안이 영업양수 등을 내용으로 하는 경우로서 영업양수인 등 또는 그와 대통령령으로 정하는 특수 관계에 있는 자가 채무자회생법 제231조의2 제2항 각 호의 '어느 하나에 해당하는 경우' 법원은 필요적으로 회생계획불인가 결정을 하여야 한다(필수적 불인가 요건)는 점을 고려하여야 한다.

165) UNCITRAL 도산법 입법지침 제3편, para 147.
166) 채무자회생법 제218조는 국내도산절차에서 채권자 간 평등의 원칙과 예외를 규정하고 있는데, 기업집단 소속기업의 채권자 간에도 동일한 원리가 고려될 수 있을 것이다. 즉 채무자회생법 제1항은 "회생계획의 조건은 같은 성질의 권리를 가진 자 간에는 평등하여야 한

그러나 가급적 다른 소속기업에 속한 채권자 그룹들의 권리를 균형 있게 보장하여야 한다. 부분적으로 다른 소속기업의 채권자들보다 불리한 내용이 있더라도, 개별 소속기업이 도산절차를 진행하는 경우보다 유리하다면 전체적으로 파레토 최적 (pareto optimum)[167]을 달성할 수 있어 문제가 되지 않을 것이다.[168]

다."고 규정하면서도 불이익을 받는 자의 동의가 있는 때, 채권이 소액인 회생채권자, 회생담보권자 및 제118조 제2호 내지 제4호의 청구권을 가지는 자에 대하여 다르게 정하거나 차등을 두어도 형평을 해하지 아니하는 때, 채무자의 거래상대방인 중소기업자의 회생채권에 대하여 그 사업의 계속에 현저한 지장을 초래할 우려가 있어 다른 회생채권보다 우대하여 변제하는 때 및 그 밖에 동일한 종류의 권리를 가진 자 사이에 차등을 두어도 형평을 해하지 아니하는 때에는 예외를 인정하고 있다. 같은 조 제2항도 회생절차개시 전에 채무자와 대통령령이 정하는 범위의 특수 관계에 있는 자의 채무자에 대한 금전소비대차로 인한 청구권, 회생절차개시 전에 채무자가 대통령령이 정하는 범위의 특수 관계에 있는 자를 위하여 무상으로 보증인이 된 경우의 보증채무에 대한 청구권 등은 다른 회생채권보다 불이익하게 취급할 수 있음을 규정하고 있다. 이 조항에 대해서는, 평등원칙에 대한 특별한 예외이므로 그 적용 대상은 명확한 기준을 설정하여 필요최소한으로 제한되어야 하므로 보다 구체적인 규정이 필요하다는 지적이 있다, 김봉철, "통합도산법상 특수관계인 규정의 개선 제안", 한국재산법학회, 재산법연구 제27권 제2호 (2010. 10.), 76, 84면.

167) 경제학 용어로 어떤 자원배분 상태가 실현가능하고 다른 배분 상태와 비교했을 때 이보다 효율적인 배분이 불가능하면 이 배분 상태를 파레토 최적이라고 한다. 파레토 최적 상태에서는 한 사람의 후생을 증가시키기 위해서는 다른 사람의 후생을 감소시켜야만 한다.

168) 대법원 2015.12.29. 자 2014마1157 결정은 회생계획의 인가 요건으로 구 채무자 회생 및 파산에 관한 법률 제243조 제1항 제2호 전단에서 정한 회생계획의 '공정·형평'의 의미에 관하여, 법원이 회생계획의 인가를 하기 위하여는 구채무자회생법(2014. 12. 30. 법률 제12892호로 개정되기 전의 것) 제243조 제1항 제2호 전단에 따라 회생계획이 공정하고 형평에 맞아야 하는데, 여기서 말하는 공정·형평이란 구체적으로는 채무자회생법 제217조 제1항이 정하는 권리의 순위를 고려하여 이종(異種)의 권리자들 사이에는 회생계획의 조건에 공정하고 형평에 맞는 차등을 두어야 하고, 채무자회생법 제218조 제1항이 정하는 바에 따라 동종(同種)의 권리자들 사이에는 회생계획의 조건을 평등하게 하여야 한다는 것을 의미한다고 판시한 바 있다; 대법원 2000. 1. 5. 자 99그35 결정 정리계획의 인가를 하기 위하여는 정리계획이 회사정리법 제233조 제1항 제2호 전단이 규정하는 공정·형평성을 구비하고 있어야 하는바, 여기서 말하는 공정·형평성이란 구체적으로는 정리계획에 같은 법 제228조 제1항이 정하는 권리의 순위를 고려하여 이종(이종)의 권리자들 사이에는 계획의 조건에 공정·형평한 차등을 두어야 하고, 같은 법 제229조가 정하는 바에 따라 동종(동종)의 권리자들 사이에는 조건을 평등하게 하여야 한다는 것을 의미하는 것으로, 여기서의 평등은 형식적 의미의 평등이 아니라 공정·형평의 관념에 반하지 아니하는 실질적인 평등을 가리키는 것이므로, 정리계획에 있어서 모든 권리를 반드시 같은 법 제228조 제1항 제1호 내지 제6호가 규정하는 6종류의 권리로 나누어 각 종류의 권리를 획일적으로 평등하게 취급하여야만 하는 것은 아니고, 6종류의 권리 내부에 있어서도 정리채권이나 정리담보권의 성질의 차이 등 합리적인 이유를 고려하여 이를 더 세분하여 차등을 두더라도 공정·형평의 관념에 반하지 아니하는 경우에는 합리적인 범위 내에서 차등을 둘 수 있는 것이며, 다만 같은 성질의 정리채권이나 정리담보권에 대하여 합리적인 이유

3) 회생계획안의 의결방식

회생계획안의 수용 여부는 결국 채권자들이 이해득실을 따져 의결을 통해 결정하게 된다. 기업집단 맥락의 회생계획안을 의결함에 있어서 기업집단에 속한 소속기업들의 채권자 전체가 의결권을 행사하는 방안(group basis)과 개별 소속기업별로 의결권을 행사하는 방안(member basis)이 있을 수 있다.

기업집단에 공통된 하나의 도산계획이라 할지라도 예컨대, 도산절차를 진행하는 전체 소속기업들의 채권자의 과반수 등 일정수 이상의 찬성을 얻어 단일한 도산계획을 작성하는 방안보다는 각 소속기업별로 준거법이 정하고 있는 바대로 절차를 거치는 것이 바람직하다. 기업집단 맥락에서 진행하는 절차로 인해 개별 회사의 채권자들이 손실을 입으면 공정성의 문제가 발생할 수 있기 때문에 절차에서 있어서도 소위 '불이익금지(no worse off, 더 불리하지 않을 것)'의 요건이 충족되어야 하므로 개별 기업 단위로 의결을 거치는 것이 좋을 것이다.

의결권을 제대로 행사하기 위해서 기업집단 맥락의 회생계획안이 개별 소속기업별 회생계획안에 대해 가지는 장점, 기업집단의 작용 및 소속기업 간이 관계 등에 대한 설명이 있어야 할 것이다.

개별 소속기업 단위로 의결을 하는 경우 일부 소속기업에서 회생계획안이 부결될 가능성도 있으므로 그에 대비한 조항도 필요할 것으로 보인다. 표결은 개별 기업단위로 이루어지더라도 기업집단 차원의 단일한 회생계획안이 표결의 대상이었으므로 일부 소속기업에서 부결된다면 그 소속기업을 제외한 새로운 회생계획안을 작성하여 다시 소속기업별로 표결을 거치는 것이 바람직할 것이다.

4) 기업집단 내부관계의 반영

① 의의

소속기업들의 채권자가 다른 소속기업일 경우에는 국내도산절차에서와 같이 회생계획안을 작성하면서 기업집단 내부거래로 인한 채권의 후순위화(열후화) 등을 고려할 필요가 있다.

기업별로 진행되는 개별도산절차에서의 기업집단의 취급은 주로, ⅰ) 기업집단

없이 권리에 대한 감면의 비율이나 변제기를 달리하는 것과 같은 차별은 허용되지 아니한다고 판시하였다.

소속기업 사이의 거래를 부인하거나,[169] ⅱ) 그로 인한 채권이나 지배회사의 채권주식을 일반채권이나 주식보다 후순위화(열후화)시킬 것인지, ⅲ) 도산기업의 채무에 대해 같은 기업집단에 속하는 다른 비도산기업이나 지배주주나 지배회사에까지 책임을 확대할 것인지[170] 등과 관련된다.[171] 이 중 회생계획안 작성과 관련이 있는 것은 ⅱ)이다.

② 기업집단 내부 거래로 인한 채권의 후순위화[172]

후순위화(subordination, 열후화)란 권리 순위를 강등시키는 것으로서 미국 연방파산법상 발전된 제도로서 '합의에 의한 후순위화(consensual surbordination)'와 '형평법상 후순위화(equitable subordination)'가 있다. 전자는 선순위 권리자가 다른 자로 하여금 채무자와 거래하도록 유도하기 위하여 자신의 권리를 후순위화시키는 경우로서 연방파산법 제510조 제(a)항에서 규정하고 있다. 후자는 지배적 지위를 남용한 모회사의 자회사에 대한 채권과 같이 기업집단 내부거래로 인한 채권을 다른 일반채권자들의 권리보다 후순위화시키는 것으로서 연방파산법 제510조 제(c)항에서 규정하고 있다. 후순위화의 근거로는 다른 채권자들에게 불공정한 이득이나 손해를 야기하는 형평에 어긋나거나 부정직한 행위를 들 수 있고 권리가 후순위화되면 형평에 어긋나는 행위의 성격과 정도에 따라 그 순위가 한단계 강등되거나 배당순위에서 후

---

169) UNCITRAL 도산법 입법지침이 기업집단 내부거래의 부인(setting aside intra-group transactions)에 관해 다루고 있는데, 내부거래를 특별하기 취급하는 이유는 기업집단 내부거래의 경우 다른 거래자보다 더 유리한 대우를 받거나 채무자가 재정위치에 처한 때를 더 일찍 알 수 있기 때문이다; 한편 채무자회생법 시행 이전 사례에 관한 대법원 판례로서 대법원 2008. 11. 27. 선고 2006다50444 판결은 '정리회사가 주채무자를 위하여 보증을 제공한 것이 채권자의 주채무자에 대한 출연의 직접적 원인이 되는 경우에도 정리회사의 보증행위와 이로써 이익을 얻은 채권자의 출연 사이에는 사실상의 관계가 있음에 지나지 않고 정리회사가 취득하게 될 구상권이 언제나 보증행위의 대가로서 경제적 이익에 해당한다고 볼 수도 없으므로, 달리 정리회사가 보증의 대가로서 직접적이고도 현실적인 경제적 이익을 받지 아니하는 한 그 보증행위의 무상성을 부정할 수는 없다. 정리회사가 주채무자인 소속기업을 위하여 보증을 한 경우에도 이러한 법리는 달라지지 않는다'고 판시한 바 있다. 대법원 1999. 3. 26. 선고 97다20755 판결도 동일한 취지이다. 이러한 해석은 현행 채무자회생법 제100조 제1항에도 그대로 유효할 것이다.
170) 채무자회생법 제115조는 법인인 채무자에 대하여 회생절차개시결정이 있는 경우 필요하다고 인정하는 때에는 관리인의 신청에 의하거나 직권으로 이사등에 대한 출자이행청구권이나 이사등의 책임에 기한 손해배상청구권의 존부와 그 내용을 조사확정하는 재판을 할 수 있도록 하는 규정을 두고 있다.
171) 개별도산절차에서의 기업집단의 취급에 관하여는, 정준영, 앞의 글, 228면.
172) 정준영, 앞의 글, 230면.

순위로 강등될 수 있다.

현행 채무자회생법 제219조 제2항은 회생계획에서 '회생절차개시 전에 채무자와 대통령령이 정하는 범위의 특수 관계에 있는 자'의 일정 청구권에 대하여 다른 회생채권과 다르게 정하거나 차등을 두어도 형평을 해하지 아니한다고 인정되는 경우에는 다른 회생채권보다 불이익하게 취급할 수 있다고 규정하여 형평법상 후순위화를 도입하고 있다. 여기의 '특수 관계에 있는 자'에는 모·자회사, 소속기업 등이 포함된다.

그 밖에도 채무자회생법 제205조 제4항도 "주식회사인 채무자의 이사나 지배인의 중대한 책임이 있는 행위로 인하여 회생절차개시의 원인이 발생한 때에는 회생계획에 그 행위에 상당한 영향력을 행사한 주주 및 그 친족 그 밖에 대통령령이 정하는 범위의 특수 관계에 있는 주주가 가진 주식의 3분의 2 이상을 소각하거나 3주 이상을 1주로 병합하는 방법으로 자본을 감소할 것을 정하여야 한다"고 규정하여 부실경영주주의 주식의 3분의 2 이상 주식소각제도를 두고 있다.

이상의 채무자회생법상의 제도는 단일한 채무자에 대한 도산절차에서 채무자가 기업집단 소속기업임을 고려하여 회생계획안에서 채권들을 실질적으로 평등하게 취급한 것이다. 기업집단 소속기업들의 단일한 회생계획안을 작성함에 있어서도 내부거래로 인한 채권이 있는 경우에는 이러한 취지가 반영될 수 있을 것이다.

한편 UNCITRAL 도산 실무위원회 회의에서도 기업집단 소속 소속기업이 가지는 권리에 대한 후순위화에 대해 논의를 진행한 바 있는데,[173] 채무자의 자본잠식정도가 심하거나 자기거래의 의혹이 있거나 자회사의 경영에 모회사가 개입하였거나 일반채권자들의 희생으로 기업집단 내부거래를 이용하려고 하였거나 모기업이 통제하에 있는 기업의 채권자와 주주에게 손해가 되도록 불공정하게 거래한 경우 모회사의 채권은 자회사의 무담보채권자가 소액주주들보다도 후순위화하는 것이 정당화될 수 있다고 한다.

5) 개정 EU도산규정상의 집단조정계획

개정 EU도산규정은 '집단조정절차(group coordination proceedings)'에서 각 개별도산절차의 도산관리인들이 조정절차에 참여하여 그곳에서 조정자의 주도하에 '집단조정계획(group coordination plan)'을 수립하고 그 계획을 고려하여 각 개별도산절차를 진행함으로써 기업집단 소속기업들에 대한 개별적 도산절차가 집단차원에서 통

---

173) A/CN.9/WG.V/WP.82/Add.2, 13면.

일적인 방향으로 나아갈 수 있도록 제도를 마련하였다.[174]

　개별도산절차에서 선임된 도산관리인이 집단소속기업에 대한 개별도산절차를 개시할 수 있는 권한을 가진 법원에 집단조정절차를 신청할 수 있도록 하고,[175] 집단조정절차의 개시신청을 받은 법원은 동일한 개시신청을 먼저 받은 다른 회원국이 있는 경우에는 그 신청을 거부하도록 하고 선행 신청이 없는 경우에는 기업집단 소속기업들의 도산관리인들에게 이와 같은 신청사실 등을 고지하여야 하며,[176] 개시 요건이 구비된 경우에는 조정자의 임명(appoint a coordinator), 절차조정의 개요(the outline of the coordination), 회사집단 소속기업들이 부담할 예상비용과 분담부분(the estimation of the cost and the share)을 포함하는 내용의 개시결정을 내려야 한다.[177]

　선임된 조정자는 개별도산절차가 회사집단의 전체의 목적에 맞게 진행될 수 있도록 개별 도산관리인들에게 도산절차의 조정을 권고하고 집단조정절차 내에서 집단조정계획을 제안하는 업무를 담당한다. 조정자는 집단조종절차에서 각 도산관리인들이 의견을 모아 집단조정계획(group coordination plan)을 수립하게 되는데, 각 도산관리인들은 개별도산절차를 진행함에 있어서 조종자의 권고와 집단조정계획의 내용을 고려하여야 한다.[178]

　조정자는 집단조정계획을 제안하는 업무를 수행하기 위해 채권자집회 등 기업집단 소속기업에 관하여 진행되는 모든 절차에 참여할 수 있는 권한, 돌 또는 그 이상의 도산관리인들 간에 발생한 분쟁을 조정할 권한, 국내법에 따라 집단조정계획을 보고하도록 되어 있는 경우에는 그에 따라 보고절차를 진행할 수 있는 권한, 각 도산관리인들에게 절차의 조정에 관하여 필요한 정보를 요구할 수 있는 권한, 집단조정계획의 이행에 필요한 경우에는 개별도산절차 진행의 중지를 최대 6개월까지 신청할 수 있는 권한을 부여받는다.[179]

　집단조정계획의 구체적 내용이 어떠해야 하는지 규정이 없다. 다만 그룹조정계획은, ⅰ) 그룹 전체 또는 소속기업의 경제적 성과(economic performance)과 재정건전성(financial soundness)을 복구하기 위해 필요한 수단, ⅱ) 그룹 내부거래·손실회피행위(avoidance action)와 관련한 그룹 내부 분쟁의 해결 방안, ⅲ) 도산참가인들과

---

174) 이제정/민지현/심영진/김영석, 앞의 글, 15면.
175) EU도산규정 제61조.
176) EU도산규정 제63조.
177) EU도산규정 제68조.
178) EU도산규정 제70조.
179) EU도산규정 제72조.

도산 소속기업 간의 약정 등을 포함할 수 있으며,[180] 그룹도산계획은 도산절차나 도산재단의 '병합적 처리(consolidation)'에 대한 어떠한 권고사항도 포함해서는 안 된다[181]는 정도의 기준이 있을 뿐이다. 따라서 미리 예단할 수 없으나 그룹조정자는 그룹조정계획을 작성함에 있어서 기업집단이 처한 구체적 상황에 따라 상당한 재량권을 가질 것이며 집단조정계획은 개별도산절차와는 별도의 집단조정절차를 설정하고 절차 안에서 집단조정계획을 수립하여 개별도산절차들을 실질적으로 조정하는 역할을 할 것으로 예상할 수 있다.

그런데 이에 대해서는 집단조정계획이 절차적 병합을 넘어 사실상 실질적 병합을 꾀하려는 목적이 있다고 보는 견해도 있다.[182] EU도산규정에 집단조정계획의 정의 규정을 두고 있지 않아 향후 구체적으로 운용을 어떻게 하느냐에 따라 집단조정계획의 실체가 정해질 것인데, 단순히 공조와 교신 등의 절차적 공조를 내용으로 할 수도 있을 것이나, 개별 도산절차관리인들이 수용한다면 전체 기업집단 소속기업을 하나의 기업과 같이 다루어 실체적 병합과도 같이 운용하는 것도 가능할 것이므로 앞으로 추이를 지켜볼 필요가 있다.

(4) 의제절차

1) 의의

'의제절차(synthetic proceeding)'[183]는 다른 소속기업의 관할법원에 종절차가 개시되는 것을 막고 집단조정절차로 집중시키기 위한 목적으로, 실제로는 종절차가 개시되지 않았으나 종절차가 개시되었더라면 종절차 개시국의 법률에 따라 채권자들이 인정받았을 법적 지위를 집단조정절차에서 인정해 주는 절차를 말한다. '의제 종절차(synthetic non-main proceeding)'라고도 한다.

종절차가 개시되었더라면 종절차 개시국의 법률에 따라 해당 채권자들이 갖게 되었을 배당 및 우선순위를 주도산절차에서 그대로 존중해줌으로써 해당 채권자들이

---

180) EU도산규정 제72조.
181) EU도산규정 제72조.
182) 이제정/민지현/심영진/김영석, 앞의 글, 17면.
183) '의제'란 본질이 다른 것을 일정한 법률적 취급에 있어서 동일한 것으로 보고 동일한 효과를 부여하는 것을 말한다. '간주'와 '의제'를 동의어로 설명하는 경우가 많다. 그런데 간주는 공익 기타의 이유로 그 사실이 진실이냐 아니냐를 불문하고 그렇다고 단정해 버린 후 거기에 일정한 법적 효과를 부여하는 것을 의미하는 것이고, '의제'는 본질이 다른 것을 전제하므로 간주와 의제는 동일한 개념이라고 할 수 없다.

주도산절차에서 불리하게 취급되지 않도록 하며 주도산절차의 도산대표자가 해당 채권자들에게 '확약(undertaking)'[184]을 하는 방식으로 공식적 확인을 제공한다.

의제절차는 2000년대 중반 영국법원의 실무에서 단초를 찾을 수 있다. 2005년 영국 버밍엄 고등법원(High Court of Justice Birmingham)은 MG Rover Group 사건[185]에서 "회사의 외국 노동자들에게 임금을 지급하는 것이 관리의 목적을 달성하는데 도움이 된다면, 이차적 절차가 개시되었더라면 외국 노동자들에게 지급되었을 임금과 동일한 액수를 공동관리인이 외국 노동자들에게 지급해도 된다"고 판시하였다. 1년 후 런던 고등법원(High Court of Justice London)은 Collins & Aikman 사건[186]은 "종절차가 개시되지 않는다면 채권자들 각각이 그 현지의 법에 따라 누렸을 채권자로서의 재정적 지위를 영국에서도 가능한 한 보호받을 수 있도록 하겠다는 내용의 구두 확약을 관리인이 영국법에 따라 채권자들에게 제공할 수 있다"고 판시하여 채권자들을 보호하였다.[187] 이후 실무상 의제 종절차를 이용한 다수의 사례가 축적되었고,[188] 유럽연합 내에서는 어느 한 회원국에서 개시된 주도산절차에 다른 회원국의 채권자들이 속지적인 청산절차(secondary proceeding)를 개시하는 것에 대한 보상적 차원에서 마치 속지적 청산절차가 개시된 것과 동일하게 다른 회원국 채권자들의 국내법에 따른 취급을 하여 주는 절차를 의제절차라고 하여 보장해 주는 관례가 생성된 것이다. 여기서 주의할 점은 영국법원의 사례는 기업집단 국제도산에 관한 사건이 아니라는 점이다. 즉, 영국법원의 판례는 후에 개정 EU도산규정에 의제 종절차로 반영되었는데, 일반적인 국제도산사건의 주절차에의로의 집중을 위한 제도이지 기업집단 국제도산에 관한 규정은 아니다. 다만, EGI 모델법이 기업집단 국제도산에 EU도산규정의 의제절차를 받아들였는데, EU도산규정과 마찬가지로 '의제절차'라고 명시하지는 않았지만 기업집단 국제도산의 주도산절차인 집단조정절차를 위한

---

184) UNCITRAL이 EGI 모델법을 성안한 과정에서는 commitment라는 표현이 사용되기도 하였으나 최종적으로 EU도산규정과 마찬가지로 undertaking를 사용하였다.

185) MG Rover (High Court of Justice Birmingham, 30. 3. 2006, No. 2377/2006).

186) Collins & Aikman (High Court of Justice Chancery Division Companies Court, 15. 7. 2005, No. 4717-4725/2005).

187) 이제정/민지현/심영진/김영석, 앞의 글, 11면; Robert Arts, "Main and Secondary Proceedings in the recast of the European Insolvency Regulation —The only good secondary proceeding is a synthetic secondary proceeding—" (2015),
https://www.iiiglobal.org/sites/default/files/media/Arts%20-%20Main%20and%20Secondary%20Proceedings.pdf, 16면(2022. 7. 30. 최종확인).

188) 심영진, 앞의 글, 280면.

제도로 도입하였다.

의제절차의 적용례를 보면, 주도산절차의 법원이 개별국의 도산절차의 개시를 막는 것처럼 보이지만 실제로는 주도산절차의 법원이 자발적으로 의제절차를 이용하거나 개별 국가의 법원이 현지 절차를 개시할 필요성이 없다고 판단하여 그 개시를 자제하는 것이라는데 요점이 있다.[189]

한편 용어와 관련하여 'synthetic proceeding'은 국내에서 '합성절차'로 번역되는 것이 일반적인 것으로 보이나,[190] 둘 이상의 것을 합쳐서 하나를 이룬다는 의미의 '합성'은 올바른 번역이 아니며[191] 법적으로 종절차와 마찬가지의 취급을 받는다는 점에서 '의제절차' 또는 '의제 종절차'가 의미에 더 부합한다.

2) EU도산규정의 의제 종절차

EU도산규정은 2015년 6월 25일 개정을 통해 '의제 종절차(synthetic secondary proceedings)'[192]를 도입하였다. 개정 EU도산규정은 명시적으로 'synthetic secondary proceedings'라는 용어를 사용하고 있지 않으나, 주도산절차의 대표자가 다른 회원국의 채권자들에게 일방적인 확약(unilateral undertaking)[193]으로 마치 이차적인 절차가

---

189) 심영진, 앞의 글, 280면.
190) 예컨대, 심영진, 앞의 글, 279면 및 이제정/민지현/심영진/김영석, 앞의 글, 10면.
191) '합성절차'라고 번역한 경우가 있는데, '합성절차'라는 표현은 천연가죽(genuine leather)이 아닌 '인조가죽(artificial leather)'과 동의어로 쓰이는 '합성가죽(synthetic leather)' 등의 용례에 따른 것으로 보이는데 이는 적절한 번역이 아니다.
192) secondary proceedings은 non-main proceedings의 의미이고, 의제 이차적 절차라는 표현은 어색하고 이해하기도 쉽지 않으므로 '의제 종절차'로 번역한다.
193) 국내법상 확약은 행정주체가 사인에 대해 장차 일정한 행정작용을 행하거나 행하지 않겠다고 하는 것을 내용으로 하는 공법상의 일방적인 자기구속의 의사표시를 의미하는 확언의 일종이다. 확약은 확언의 특별한 경우로서 대상이 특정된 행정행위의 발령이나 불발령에 관한 것인 경우를 말한다. 확약이라고 부른다. 1987년 입법예고되었던 행정절차법(안)에는 확언에 관한 규정을 두고 있었으나 현행법상으로는 명시적인 규정이 없기 때문에 모든 확언 내지 확약은 이론과 판례에 맡겨져 있다. 확언 또는 확약은 통상의 행정행위와 같이 광범위한 것은 아니지만 원칙적으로 구속력(Verbindlichkeit)을 가지므로, 적법한 확약이나 확언이 성립하면 행정청은 확언이나 확약한 행위를 하여야 할 의무를 부담하고 상대방은 당해 행정청에 대해 그 이행을 청구할 수 있으며 확언 또는 확약한 사항을 불이행할 경우에 상대방은 손해배상책임을 부담할 수 있다. 확언이나 확약이 주어진 후 사실상태 또는 법적 상태가 변경되면 확언이나 확약의 구속성은 사후적으로 별다른 의사표시가 없어도 상실된다고 본다. 따라서 확언이나 확약의 존속력은 통상의 행정행위에 비해 약한 것이다. 행정청은 위법한 행정행위를 취소하거나 적법한 행정행위를 철회할 수 있는 것과 동일한 요건 하에서 확언이나 확약을 취소 또는 철회함으로써 확언이나 확약의 구속성을 사후

개시된 것과 효력을 부여할 수 있도록 하고 이차적 절차의 개시를 저지할 권리를 부여함으로써 영국법원의 선례를 기초로 논의되어 온 '의제절차'를 적극적으로 도입한 것이다.194) 주의할 점은, EU도산규정에서의 의제절차는 동일한 채무자에 대한 복수의 도산절차를 간이화할 목적에서 규정된 것이며 기업집단 국제도산에 관한 규정이 아니라는 점이다.

이차적 의제절차는 종절차의 무분별한 개시를 막아 주도산절차의 효율성을 높이고, 종절차 개시로 낭비되는 비용을 절약함과 동시에 채권자들에게 자신의 권리를 보호할 수 있는 수단을 제공하는 역할을 할 것으로 기대된다.

개정 EU도산규정 제36조 제1항 내지 제11항은 주도산절차의 대표자는 주도산절차의 참가인이 이차적 절차를 개시하는 것을 저지하기 위한 목적으로 '편면적 확약(unilateral undertaking)'에 관한 권리를 행사할 수 있도록 규정하고 있다.

'확약'에 대해 살펴보면, 주도산절차의 대표자는 이차적 절차가 개시될 수 있었던 회원국에 소재한 자산과 관련하여 회원국의 국내법에 의하여 채권자들에게 허용되는 분배에 관한 권리와 우선적 권리 등에 상응하는 확약을 제공할 수 있다. 확약은 이차적 절차가 개시될 수 있었던 국가의 공식적 언어를 사용하여 서면으로 작성되어야 하고, 알려진 지역채권자들(local creditors)의 가중 다수결에 의한 인가를 받아야 한다. 확약이 인가되면 도산재단을 구속하며 외국채권자는 주도산절차에서 주도산절차의 대표자에게 확약의 이행을 확실히 하는데 필요한 적절한 조치를 취해줄 것을 신청할 수 있고 자국 법원에 대하여서는 그에 관한 임시적인 보호조치를 신청할 있다. 주도산절차의 대표자가 확약을 이행하지 않을 때에는 외국 채권자에게 손해배상책임을 부담하다.195)

적으로 제거할 수 있다. 행정청의 거부처분에 대하여 학설은 하면 의무이행심판이나 취소소송의 제기가 가능하다자고 보지만 판례는 부정적인 입장을 취한다(대법원 1995. 1. 20. 선고 94누6529판결); 홍정선, 행정법원론 제22판(상), 박영사 (2014), 491면; EU도산규정상의 'undertaking'의 번역과 관련하여, '확약'은 국내법상 행정주체가 사인에 대해 장차 일정한 행정작용을 행하거나 행하지 않겠다고 하는 것을 내용으로 행정행위인 확언의 일종이다. 확약은 확언의 특별한 경우로서 대상이 특정된 경우를 확약이라고 한다. 확언 또는 확약은 통상의 행정행위와 같이 광범위한 것은 아니지만 원칙적으로 구속력(Verbindlichkeit)을 가지고 적법한 확약이나 확언이 성립하면 행정청은 확언이나 확약한 행위를 하여야 할 의무를 부담하며 의무불이행시에 상대방에게 손해배상책임을 부담할 수 있다. 법률적 효과면에서 EU도산규정상의 'undertaking'은 확언이나 확약에 가까우나 대상이 특정되어 있으므로 확약으로 번역하였다.
194) EU도산규정 제36조.

다만 위와 같은 확약은 지역채권자들의 인가를 얻는 경우에만 효력이 발생하기 때문에 지역채권자들이 이차적 절차의 개시를 고집할 경우 현실적 한계를 가진다.[196]

3) EGI 모델법상의 의제절차

① 의의

EU도산규정에서의 의제절차는 동일한 채무자에 대한 복수의 도산절차를 간이화할 목적에서 규정된 것이며 기업집단 국제도산에 관한 규정은 아니다.[197] 기업집단 국제도산을 대상으로 하는 EGI 모델법은 실질적으로는 의제절차를 도입하였으나 의제절차라는 명칭을 사용하지는 않고 외국채권의 취급이라는 측면에서 다루고 있다.[198] 특이한 점은 의제 종절차뿐만 아니라 의제주절차를 포함하는 부분이다.

② 내용

EGI 모델법 제28조는 종절차의 개시를 최소화하기 위하여 또는 기업집단도산에서 채권의 취급을 용이하게 하기 위하여, 기업집단구성원의 채권자가 다른 국가(입법국)에서 종절차가 진행된다면 그 종절차에서 행사할 수 있을 채권은 그 종절차에서 받을 수 있을 취급과 일치되게 주도산절차에서 취급할 수 있도록 규정하고 있다. 이때, 다음 요건이 충족되어야 하는데, 그러한 취급에 대한 확약이 주도산절차에서 선임된 도산대표자(집단대표자가 선임되었을 때는 공동으로)에 의하여 제공되어야 하고, 입법국에 확약에 관한 법령이 존재하는 경우 형식적 요건을 충족해야 하며, 해당 국가의 법원이 주도산절차에서 부여할 취급을 허가하여야 한다. 제29조는 종절차를 진행할 수 있었던 입법국 법원은 주도산절차에서의 채권의 취급에 관하여 허가한 뒤에는 자국에서 도산절차의 개시를 중지하거나 거절할 수 있음을 규정하고 있다. 이상의 내용은 제30조에 의하여 복수의 주절차 개시를 최소화하기 위하여 주절차를 개시할 수 있는 다른 국가에 대해서도 동일하게 적용될 수 있다.

---

195) http://eur-lex.europa.eu/legal-content/EN/ALL/?uri=CELEX:32015R0848&qid=1484918 084230, 23면(2022. 7. 30. 최종확인).
196) 이제정/민지현/심영진/김영석, 앞의 글, 13면.
197) UNCITRA에서 종절차의 개시를 대신할 의제절차라는 개념은 2015년 12월 제48차 회기의 UNCITRAL 도산 실무위원회 회의가 최초이다. 동 회기에 스위스, 영국, 미국 및 INSOL Europe이 의제절차에 관한 입법조항을 공동으로 제안하였는데 의제종절차뿐만 아니라 의제주절차까지 포함하는 것이었다.
198) EGI 모델법 제6장의 명칭이 '외국채권의 취급'으로 결정되는 등 의제절차라는 명칭이 정식으로 사용되지 않은 것은 논의 과정에서 'synthetic'이라는 표현을 대신할 더 적합한 표현을 찾아야 한다는 의견이 제시되는 등 이견이 있었기 때문인 것으로 짐작된다.

4) 평가

의제절차는 기업집단 소속기업들에 여러 국가에서 도산절차를 개시하는 것은 방지함으로써 절차의 수를 최소화하는 데 기여한다. 의제절차의 사용하는 이점(利點)으로는, ⅰ) 도산대표자에 대한 보수 등 소송비용의 절감, ⅱ) 도산절차에 종결에 소요되는 시간의 단축, ⅲ) 도산절차 간 경쟁과 관련 소송의 축소, ⅳ) 병행절차를 전제하는 절차 간 공조의 필요성 축소, ⅴ) 보다 효율적인 재건계획의 작성 등을 들수 있다.[199]

위와 같은 장점이 인정되더라도, 의제절차를 개시하는 단계에서는 의제절차에서, 종절차나 주절차가 실제 개시되었을 때보다 불이익하지 않도록 취급하여야 한다는, 이른바 '불이익금지(no worse off)' 조건의 충족 여부에 관해 일응의 기대를 할 수 있을 뿐이다. 따라서 외국에서 자신의 권리가 보장되기를 희망하는 다른 국가의 채권자로서는 법적으로 불안정한 지위에 놓이게 된다. 이는 개정 EU도산규정과 같이 채권자의 인가를 얻는다고 하여 불식될 수 있는 문제도 아니다.

나아가 자국에서의 법원의 조치가 근로자의 감원이나 행정적인 명령 등을 포함하는 경우와 같이 외국법원에서 그러한 조치를 수행하는 것이 현실적으로 불가능할 수 있는데 '불이익금지(no worse off)' 요건을 검토할 때 이러한 문제를 어떻게 고려하여야 하는지에 관한 준거를 마련하는 것도 앞으로 해결해야 할 과제이다.[200]

또한 의제절차가 개시되는 경우 외국 채권자들의 이익을 충분히 보장하기 위해 그들에게 접근권을 확대할 필요가 있다는 점이 논의된 바 있는데, 도산절차에 접근할 기초적인 권리 외에도 모델법이 외국 대표자에게 부여하는 도산절차에 참가할 권리(모델법 제24조), 외국 절차의 승인을 신청할 권리(모델법 제15조) 등을 고려할 필요가 있다는 것이다.[201] 의제절차의 성격상 외국 채권자들은 수동적으로 권리보장을 기대하는 위치에 놓이게 되므로 능동적으로 행사가능한 여러 권리들을 보장하는 것은 바람직한 방향인 것으로 보인다.

그리고 의제절차에 의하여 외국법원의 사법권의 침해의 소지가 있는 것은 물론, 다른 국가에서 의제절차제도가 도입되어 있지 않은 경우, 외국의 도산법제에 의해

---

199) https://documents-dds-ny.un.org/doc/UNDOC/LTD/V14/008/48/PDF/V1400848.pdf?OpenElement, 13면(2022. 7. 30. 최종확인).
200) 다만 실무적으로는 의제절차는 자발적인 것이거나 또는 법원이 현지 절차를 개시할 필요성이 없다고 판단하여 그 개시를 자제하는 것에 요점이 있다고 함; 심영진, 앞의 글, 280면.
201) 심영진, 앞의 글, 278면.

자국의 도산법에 따라 보호받을 외국 채권자의 권리가 침해되는 면이 있다. 또한 의제절차를 도입한 국가의 국내법이 다른 국가에까지 효력을 미치는 역외입법이 되어 외국의 입법권를 침해하는 문제가 발생할 수 있다. 이러한 이유들로 인해 의제절차의 여러 장점에서도 불구하고, 유럽연합와 같이 일정한 지역에서 동일한 기준에 의해 의제절차를 인정하지 않는 한 개별 국가에서 의제절차를 도입하는 것은 여러 문제를 낳을 수 있다.

3. 주요 국제 규범

(1) 개정 EU도산규정의 그룹조정절차

1) 개요

개정 EU도산규정은 기업집단 국제도산을 처리하는 입법 방식 중 도산절차 자체의 집중과 단일화를 추구하는 방식이 아니라 개별 도산절차를 그대로 두고 절차조정과 공조를 통해 절차 간의 협력을 추구하는 방식을 택했다. 개별절차와는 별도로 진행되는 그룹조정절차(group coordination proceedings)에서 '그룹조정자(group coordinator)'를 선임하고 기업집단의 관점에 입각한 '집단조정계획(group coordination plan)'을 수립하여 개별도산절차에 반영하도록 하고 있다.

2) 그룹조정절차의 개시 및 참가

① 그룹조절절차를 진행할 법원의 결정

그룹조정절차를 진행하고자 하는 법원에 우선권을 부여하는 방식에는 두 가지가 있다. 첫 번째로 신청에 의한 우선권이 있다. 개별도산절차에서 선임된 도산참가인은 기업집단 소속기업의 도산절차에 대한 관할을 가진 법원에 그룹조정절차를 신청할 수 있다. 신청은 도산참가인이 선임된 도산절차의 준거법에 부합하여야 하며, 그룹조정자로 지명된 사람에 관한 제안서, 그룹 조정안의 개요, 기업집단 소속기업의 도산절차에서 선임된 도산참가인의 명부, 그룹조정의 비용 등을 첨부하여야 한다.[202]

그룹조정절차의 신청이 있으면 최초로 신청된 법원 이외의 법원은 그룹조정절차의 개시신청을 거부하여야 한다(우선순위의 원칙, priority rule). 우선권을 가진 법원은, ⅰ) 그룹조정절차의 개시가 다른 소속기업의 도산절차들의 효과적인 관리를 원

---

202) EU도산규정 제61조.

활화하는데 적절하고, ⅱ) 그룹조정절차가 절차에 참가할 것으로 예상되는 소속기업의 채권자들에게 재정적으로 불이익하지 않으며, ⅲ) 조정자로 제안된 자가 자격 요건을 충족한다고 판단한 경우에는, 가능한 한 빨리 ⅰ) 그룹조정절차가 신청된 사실, ⅱ) 조정자로 제안된 자가 누구인지에 대해 기업집단 소속기업의 도산절차에서 선임된 도산참가인들에게 고지하여야 한다. 우선권을 가진 법원은 관련된 도산참가인들에게 의견을 진술할 기회를 부여 하여야 한다.203)

통지를 받은 도산참가인은 통지를 받은 날로부터 30일 내에 그룹조정절차에 참가하던지 또는 조정자로 제안자 된 사람에 대해 반대의사를 표시할 수 있다(Opt-out system). 도산참가인은 반대 또는 찬성의 의사표시를 하기 전에 자신이 선임된 도산절차의 준거법에 따라 법원의 승인을 얻어야 한다.204) 조정절차의 참가에 대해 반대의사를 표시한 도산참가인은 그룹조정절차에 참가할 필요가 없으며 그룹조정절차에서 결정된 사항으로부터 아무런 영향을 받지 않는다. 도산참가인이 조정자로 제안된 사람에 대해서만 반대의사를 표시한 경우에는 법원은 해당자를 조정자로 선임하는 것을 삼가고 당해 도산참가인으로부터 새로운 조정자를 추천받을 수 있다.205)

두 번째로 공동약정에 의한 우선권을 부여하는 방식을 도입하였는데 도산참가인 간의 약정에 의해서도 그룹조정절차를 진행할 법원을 선정할 수 있다. 전체 도산참가인의 3분의 2 이상이 특정한 법원을 그룹조정절차를 개시할 가장 적절한 법원이라고 약정하는 경우에는 해당법원이 독점적인 관할권을 가진다.206) 법원의 선정은 서면에 의한 공동약정에 의해야 한다. 공동약정에 의해 우선권을 가지는 법원 외의 다른 법원은 그룹조정신청을 거부하여야 한다. 공동약정에 의한 그룹조정절차의 개시신청에 있어서도 해당법원에 소정의 신청서를 제출하여야 한다.

② 개시결정

우선권을 획득한 법원은 요건이 충족되는 경우, 참가에 대한 반대의사 표시가 가능한 30일이 경과하면 조정자를 선임하고 조정의 개요와 조정의 비용에 관한 사항을 포함하여 개시결정을 할 수 있다. 개시결정은 그룹조정절차에 참가하는 도산참가인들에게 고지되어야 한다.207)

---

203) EU도산규정 제62-63조.
204) EU도산규정 제64조.
205) EU도산규정 제67조.
206) EU도산규정 제66조.
207) 그룹조정절차에의 참가 여부의 판단은 Opt-out system에 의하여 반대의사를 표시하지

③ 후발적 참가(subsequent opt-in)

그룹조정절차의 개시결정 이후에도, ⅰ) 그룹조정절차에 반대의사를 표시하였던 도산참가인이 국내법에 따라 다시 참가신청을 하거나, ⅱ) 개별도산절차가 그룹조정절차 개시결정 이후에 개시된 경우에는 후발적으로 그룹조정절차에의 참가를 신청할 수 있다.[208] 그룹조정자는 참가신청이 요건을 충족하는 경우 또는 모든 도산참가인들이 동의하는 경우[209]에는 도산참가인들과 협의를 거쳐 참가신청을 받아들일 수 있다. 그룹조정자는 법원과 그룹조정절차에 참가하고 있는 도산참가인들에게 신청에 대한 결정을 통지하여야 한다. 그룹조정절차에 참가하고 있는 도산참가인이나 참가신청이 거부된 도산참가인은 그룹조정자의 결정에 대해 그룹조정절차가 개시된 국가의 법에 의해 개시된 도산절차에서 항소할 수 있다. 후발적 참가신청에 대한 판단의 주체가 법원이 아니라 그룹조정자이며 일정한 요건을 충족하는 경우에도 기존의 도산참가인들이 반대하면 절차에 참가할 수 없는 점에 특색이 있다. 이는 그룹조정절차가 개시된 이상 그룹조정자와 도산참가인들이 자율적으로 그룹조정절차의 진행 정도를 고려하여 후발적 신청의 인용 여부를 결정하는 것이 바람직하다는 판단이 반영된 것으로 보인다.

3) 그룹조정자

① 자격 요건

그룹조정자(group coordinator)는 회원국의 국내법에 따라 도산참가인으로서 활동할 수 있는 자격을 갖춘 사람이어야 한다. 그룹조정자는 기업집단 소속기업의 도산참가인으로 선임된 자가 아니어야 하고, 소속기업들이나 그 채권자들, 소속기업에서 선임된 도산참가인들과 이해가 충돌되어서는 안된다.[210]

② 권한

그룹조정자는, ⅰ) 개별도산절차의 조정에 관한 권고사항(recommendation)의 작성, ⅱ) 그룹조정계획(group coordination plan)의 제안, ⅲ) 개별도산절차에의 참여권 및 의견진술권, ⅳ) 둘 이상의 기업집단 소속기업의 도산참가인 간의 분쟁에 있

않는 한 참가하는 것으로 간주된다.
208) EU도산규정 제69조.
209) 그러한 동의는 각자의 국내법의 조건에 부합하여야 한다.
210) EU도산규정 제71조.

어서 조정권, ⅴ) 개별국가의 국내법상 그룹조정계획을 보고할 의무가 있는 경우 출석하여 설명할 권한, ⅵ) 절차조정에 필요한 전략과 수단들을 수립하기 위해 도산참가인들에게 필요한 정보의 제공을 요청할 권한, ⅶ) 그룹조정계획의 이행을 위해 필요하고 해당절차의 채권자에게 이익이 되는 경우 최대 6개월 이내의 개별도산절차의 중지를 신청할 권한 등을 행사할 수 있다.[211]

③ 의무

그룹조정자는 상당한 주의를 가지고 불편부당하게 임무를 수행하여야 한다. 그룹조정계획의 이행을 위해 그룹조정절차의 개시신청 당시 제시된 비용에서 10%이상 초과될 것으로 예상되는 경우에는 즉시 도산참가인들에게 고지함과 아울러 그룹조정절차가 개시된 법원에 사전승인을 얻어야 한다.[212] 그룹조정자는 도산참가인들과의 사이에 사전에 협의된 언어를 사용하여야 하고, 협의가 없는 경우에는 유럽연합기구의 공식 언어 또는 개별도산절차가 개시된 법원의 공식 언어를 사용하여야 한다. 또한 법원과의 사이에는 해당법원의 공식 언어를 사용하여야 한다.[213]

④ 해임

법원은, ⅰ) 그룹조정자가 그룹조정절차에 참가 중인 소속기업의 채권자들에게 해를 끼치거나, ⅱ) 그룹조정자로서의 의무를 이행하지 않는 경우에는 직권 또는 도산참가인의 신청에 의해 임명을 취소하여야 한다. 임명 취소사유에 해당하면 임명을 취소할 수 있는 것이 아니라 반드시 임명을 취소하도록 규정하고 있는 점에 특색이 있다. 그룹조정자는 그룹조정절차에 참가 중인 소속기업들의 채권자의 이익을 도모하기 위해 존재한다는 점에서 타당한 규정이라 할 것이다.

4) 그룹조정계획

그룹조정자는 그룹조정절차에서 기업집단의 관점에서 개별도산절차를 해결하기 위한 그룹조정계획(group coordination plan)을 제안할 수 있는 권한을 가진다. 그룹조정계획은, ⅰ) 그룹 전체 또는 소속기업의 경제적 성과(economic performance)과 재정건전성(financial soundness)을 복구하기 위해 필요한 수단, ⅱ) 그룹 내부거래·손실회피행위(avoidance action)와 관련한 그룹 내부 분쟁의 해결 방안, ⅲ) 도산참

---

211) EU도산규정 제72조.
212) EU도산규정 제72조 제5항.
213) EU도산규정 제73조.

가인들과 도산 소속기업 간의 약정 등을 포함할 수 있다.214)

한편 그룹도산계획은 도산절차나 도산재단의 '병합적 처리(consolidation)'에 대한 어떠한 권고사항도 포함해서는 안 된다.215)

그룹조정계획은 그룹조정절차의 핵심적인 부분에 해당하지만 개정 EU도산규정은 그 내용에 대해서 구체적이거나 엄격한 기준을 제시하지 않고 있다. 이에 따라 그룹조정자는 그룹조정계획의 작성시 기업집단이 처한 구체적 상황에 따라 상당한 재량권을 가진다고 해석된다. 앞서 본 바와 같이 그룹도산계획의 내용이 병합적 처리를 내용으로 하는 것은 금지하고 있기 때문에 병합적 처리방식은 배제된다. 이는 개정 EU도산규정이 개별도산절차를 그대로 둔 채 조정이나 공조로 문제를 해결하려는 입장에 서 있음을 재차 확인하는 것이라 하겠다.

5) 도산참가인들과 그룹조정자 간의 공조의무

도산참가인들과 그룹조정자는 개별도산절차에 적용되는 준거법이 허용하는 범위에서 최대한 상호 공조할 의무를 부담한다. 특히 도산참가인들은 그룹조정자의 업무수행에 필요한 모든 정보를 그룹조정자에게 제공하여야 한다.216)

(2) EGI 모델법의 계획절차

1) 개요

UNCITRAL은 2019년 기업집단 국제도산의 모델법, 즉, EGI 모델법을 채택하였다. EGI 모델법 성안과정에서 기업집단 소속기업의 일부 또는 전부를 위하여 '기업집단해결책(enterprise group solution)'을 발전시켜야 한다는 제안이 이루어진 경우에 '조정절차(coordination proceedings)'를 통해 해결하도록 한다는 등의 기본적인 원칙을 세웠다. 기업집단 국제도산의 여러 모델 가운데 병합적 처리방식을 배제하고 공조와 조정절차의 방식을 취한 것인데, 이는 개정 EU도산규정의 영향이라고 할 수 있다. 집단조정절차를 주관하는 법원에서 기업집단해결책을 채택하여 주도산절차를 진행하고 다른 기업집단 소속기업은 자발적으로 그 절차에 참여할 수 있으며 집단조절절차의 대표자는 외국법원에 기업집단해결책을 승인신청권과 다른 관할권에서 진행

---

214) EU도산규정 제72조 제1항 (b).
215) EU도산규정 제72조 제3항 (b).
216) EU도산규정 제74조.

되는 조정절차에에 참여하여 의견을 진술할 권한이 있고 외국채권은 자국에서 누릴 수 있는 수준의 동등의 취급을 받는 등의 논의과정에서의 기본 틀이 거의 EGI 모델법에서 거의 그대로 구현되었다. 다만 위 원칙들에는 외국법원에서의 승인 후의 지원처분에 관한 내용, 기업집단해결책의 요건, 외국채권의 취급에 있어서 확약 등의 내용이 언급되어 있지 않았으나 EGI모델법은 더욱 구체적으로 발전된 내용이 담겼다.

2) 계획절차의 개시 및 참가

① 계획절차의 개념

계획절차라 함은 기업집단구성원에 대하여 개시된 주도산절차로서 i) 하나 이상의 다른 기업집단구성원이 집단도산해결책의 수립 및 수행을 위하여 그 주도산절차에 참가할 것, ii) 주도산절차가 개시된 기업집단구성원은 그 집단도산해결책에 필요불가결한 참여자가 될 가능성이 있을 것, iii) 집단대표자가 선임되었을 것을 요건으로 기업집단구성원의 주도산절차에 대하여 관할권을 가진 법원이 이 법에 규정된 집단도산해결책의 수립을 목적으로 승인한 절차를 말한다.

② 개시

EU도산규정은 그룹조정절차를 진행할 법원을 결정하는 방법으로서 신청과 공동약정 두 가지 방식을 인정하는 데 비해, EGI 모델법은 기업집단구성원이 COMI를 가지는 국가의 법원에 도산절차를 개시하면 다른 기업집단구성원이 EGI 모델법상의 공조와 조정을 용이하게 할 목적으로 그 도산절차에 참가함으로써 계획절차로 발전할 수 있다.[217] 계획절차는 위와 같은 다른 기업집단구성원의 참가 외에 주도산절차의 기업집단구성원이 집단도산해결책에 필요불가결한 참여자가 될 가능성 있어야 하며, 집단대표자가 선임되어야 한다는 요건도 충족되어야 한다.

EGI 모델법은 연성법이므로 EU도산규정이 회원국에 미치는 법적 구속력이 없다. 따라서 계획절차가 개시되면 우선권을 부여받거나 다른 국가에서의 절차개시가 금지되는 등의 효력이 인정되는 것은 아니다. 현실적으로 기업집단 맥락의 해결책을 모색하는 것이 기업집단구성원들 전체에게 이익이 될 것이므로 계획절차가 일단 개시되면 당해 절차를 중심으로 기업집단도산절차가 진행될 것이다. 그러나 제도상으로 금지되는 것은 아니므로 다른 기업집단구성원들이 별도의 계획절차를 개시할 가

---

217) EGI 모델법 제18조 제1항.

능성을 배제할 수 없다. 예컨대, 기업집단구성원들 간에 이해관계가 대립되거나 인수합병의 이슈가 존재하는 경우 등 복수의 계획절차가 개시될 수 있을 것이다.

③ 참가

계획절차는 하나 이상의 기업집단구성원의 참가를 요건으로 하므로 참가에는 계획절차로 인정되기 위한 참가와 이미 계획절차가 존재하는 경우에 후발적으로 참가하는 경우가 있다. EGI 모델법은 두 경우를 구분하지 않고 참가의 요건과 효력을 규정하고 있다.[218] 기업집단구성원에 대한 도산절차가 개시되면 다른 기업집단구성원은 집단도산절차해결책의 수립 및 수행을 포함한 공조 및 조정을 용이하게 할 목적으로 그 절차에 참가할 수 있다. 참가는 자발적이어야 하며, 참가하는 기업집단구성원이 속한 국가의 법원에서 참가를 금지하지 않아야 한다. 만약 그러한 참가가 법원의 허가사항인 경우에는 허가를 받아야 한다. 일단 절차에 참가하였더라도 절차의 어느 단계에서든 탈퇴할 수 있다. 참가하는 기업집단구성원은 자신의 이익에 영향을 미치는 사항에 관하여 계획절차에 출석하고, 서면을 제출하며, 심리를 받고, 집단도산해결책의 수립 및 수행에 참여할 권리를 갖는다. 또한 집단도산해결책의 수립에 관하여 취해진 조치는 참가하는 기업집단구성원에게 통지되어야 한다.

3) 집단대표자

① 의의

주도산절차인 계획절차의 법원은 계획절차의 대표자로서 행위할 사람 또는 단체를 '집단대표자'로 선임할 수 있다. 한편 각 기업집단구성원에 대한 도산절차에서의 대표자는 '도산대표자'라고 하여 구분한다.

② 권한

집단대표자는 다음과 같은 권한을 가진다. ⅰ) 집단도산해결책과 관련하여, 집단도산해결책의 수립 및 수행을 추진할 권한과 이를 위해 외국법원에 계획절차의 승인 및 지원을 구할 권한, 계획절차에 참가하거나 참가하지 않은 기업집단구성원과 관련된 외국절차에 참가를 구할 권한, 집단도산해결책의 허가 및 수행과 관련된 문제에 관하여 직접 심리를 신청할 권한, 외국법원에 지원처분의 변경이나 취소를 신청할 권한, ⅱ) 의제절차와 관련하여, 다른 국가의 도산절차의 채권에 관하여 확약을 제

---

218) EGI 모델법 제18조, 제25조.

공할 권한, iii) 외국법원과의 공조와 관련하여, 다른 법원이나 도산대표자와 직접 의사소통을 하거나 그들에게 정보 또는 지원을 요청할 권한, 둘 이상의 기업집단구성원에 대한 도산절차들의 공조(집단도산해결책이 수입되고 있는 경우 포함)에 관한 합의를 할 권한 등을 가진다.

③ 의무

집단대표자의 기본적으로 집단도산해결책을 수립 및 수행을 추진할 의무를 부담한다. 외국법원에 계획절차의 승인 신청 후 외계획절차의 상황 또는 그 자신의 선임 상황에 발생한 중요한 변동사항 있는 경우 또는 승인에 기하여 내려진 지원처분에 관련될 수 있는 변동사항을 법원에 알려 주어야 한다.

4) 집단도산해결책

집단도산해결책(group insolvency solution)이란 하나 이상의 기업집단구성원의 전체적인 결합된 가치를 보호, 보전, 실현 또는 증진하기 위한 목적으로 그 기업집단구성원의 자산 및 영업의 전부 또는 일부에 대한 회생·매각 또는 청산을 위하여 계획절차에서 수립된 하나 또는 일련의 제안을 말한다. EGI 모델법은 기업집단의 전부 또는 일부를 위한 집단도산해결책이 계획절차에서 수립되고 복수의 국가에서 그 해결책이 국제적인 승인 및 집행을 가능하도록 하는 메커니즘을 기본으로 하므로 집단도산해결책은 계획절차의 필수불가결한 요소이다. EGI 모델법은 집단도산해결책의 내용에 대해서는 아무런 가이드를 제시하지 않는데, 이는 EGI 모델법이 보다 다양한 상황에 적용될 수 있도록 함으로써 국내법으로의 수용을 촉진하기 위한 의도에서 비롯된 것으로 보인다. 한편, 계획절차를 진행하는 국가 외에 COMI를 둔 기업집단구성원에게 영향을 미치는 경우에는 해당국가의 법원이 허가 및 인가를 한 경우에 해당국가에서 효력이 있다.

5) 승인 및 지원

① 승인

집단대표자는 외국법원에 계획절차의 승인을 신청할 수 있으며, 외국법원은 계획절차로서의 요건이 충족되고, 제21조 제2항, 제3항 소정의 서류가 첨부되었으면 가능한 가장 빠른 시기에 승인 결정을 내려야 한다.

② 지원

집단대표자는 집단도산해결책을 수립하거나 수행할 가능성을 보전하기 위하여 또는 계획절차가 개시되거나 계획절차에 참가하고 있는 기업집단구성원의 재산의 가치 또는 그 기업집단구성원에 대한 채권자의 이익을 보호, 보전, 실현 또는 증진하기 위하여 필요한 범위에서, 외국법원에 승인신청과 동시에 또는 승인결정을 받은 후, 지원처분을 신청할 수 있다.

지원처분의 구체적인 내용은, ⅰ) 기업집단구성원의 재산에 대한 집행의 중지, ⅱ) 기업집단구성원의 재산을 이전하거나 그에 대하여 담보를 설정하거나 그 밖의 처분을 할 권리의 유예, ⅲ) 기업집단구성원의 재산, 권리, 채무 또는 책임에 대한 개별적인 소송 또는 절차의 개시 또는 속행의 중지, ⅳ) 재산 가치의 보호, 보전, 실현 또는 증진을 위하여 기업집단구성원의 입법국 소재 재산의 전부 또는 일부에 대한 관리 또는 환가를 집단대표자 또는 법원이 지정한 다른 사람에게 위임하는 처분, ⅴ) 기업집단구성원의 재산, 업무, 권리, 채무 또는 책임에 대한 증인신문·증거수집 또는 정보개시를 위한 처분, ⅵ) 참가 기업집단구성원에 대한 도산절차의 중지, ⅶ) 기업집단구성원의 자금조달에 관한 합의의 승인과 그러한 자금조달 합의에 따른 금융제공의 승인, ⅷ) 외국법원이 자국의 도산절차에서 도산대표자에게 제공할 수 있는 추가적인 지원처분, ⅸ) 그 성질상 또는 그 밖의 사정으로 인하여 멸실될 수 있거나 가치가 하락할 우려가 있거나 달리 위험에 처한 재산의 가치를 보호, 보전, 실현 또는 증진하기 위하여 외국법원 소재 재산의 전부 또는 일부에 대한 관리 또는 환가를 외국에서 선임된 도산대표자에게 위임하는 처분 등이다.

이상의 지원처분은 외국법원에 기업집단구성원에 대한 도산절차가 개시되었거나, 계획절차에로의 집중을 위해 그러한 도산절차가 개시되지 않은 경우에 가능하다. 한편, 집단대표자는 이상의 지원처분을 계획절차가 진행되고 있는 법원 소재 재산이나 업무 등을 보전하기 위하여서, 계획절차를 진행하고 있는 주도산법원에도 신청할 수 있는데 이 경우에는 성질상 계획절차의 승인이 불필요하다.

제8절 │ 기업집단 국제도산의 병합적 처리

Ⅰ. 절차적 병합

1. 의의

둘 이상의 기업집단 소속기업 또는 전체 기업집단이 동시에 도산한 경우, 공동의 도산신청(joint insolvency filing) 등을 통하여 하나의 법원에서 단일한 절차로 전체 기업집단의 도산사건을 진행하는 것을 '병합적 처리(consolidation)'라고 한다.[219]

기업집단 국제도산사건의 병합적 처리에는 개별 기업의 법인격을 무시하고 각 기업의 자산과 채무를 통합하여 하나의 회사가 도산한 것과 같이 처리하는 '실체적 병합(substantial consolidation)'과 자산과 채무를 통합하지 않고 절차만을 병합하는 '절차적 병합(procedural consolidation)'이 있다.

다국적 기업집단의 도산은 복수의 소속기업에 대한 도산절차가 서로 다른 국가에서 진행되어 통합적인 처리가 어렵고 관리자가 여러 국가를 이동해야 하는 문제와 언어와 시간대의 차이로 인해 비용의 낭비가 발생한다. 기업집단의 도산사건을 개별적으로 진행한 몇몇 사건에서 여러 국가의 청산인, 도산관리인들 간의 의견교환에 많은 시간과 비용을 소비하면서도 만족스러운 결과를 얻지 못하자 병합적 처리방식의 필요성이 대두되었다.

실체적 병합은 연혁적으로 미국법원이 미국 연방파산법에 의한 절차적 병합 방식을 운용해 오다가 실무상 절차적 병합으로부터 발전시킨 제도인데 실체적 병합은 개념상으로도 당연히 절차적 병합을 전제하고, 미국 내에서도 실체적 병합은 절차적 병합에 비하여 매우 드물게 행해진다고 하므로 기업집단 도산사건의 병합적 처리는 절차적 병합이 기본방식이라고 할 수 있다.[220]

동일 기업집단 소속기업이 모두 국내기업인 경우에는 국내절차의 병합에 관한 일반규정으로 민사소송법 제141조에 의한 변론의 병합, 특별규정으로는 채무자회생법

---

219) Jacob Ziegel, "Corporate Groups and Crossborder Insolvencies: A Canada – United States Perspective", Fordham Journal of Corporate & Financial Law, Volume 7, Issue 2, Article 6 (2002), 370면; 미국과 캐나다에서는 주요그룹의 재건에 있어서 70% 이상이 절차적 병합이나 실체적 병합과 같은 병합적 처리방식을 취한다.

220) Jacob Ziegel, 앞의 글, 370면.

제116조, 제171조 및 제353조에서 채권조사확정재판에 대한 이의의 소 등의 병합과 같은 제도를 이용할 수 있으나 기업집단 소속기업들이 여러 국가에 속한 경우에는 기업집단 국제도산의 절차적 병합이 문제된다.

절차적 병합은 하나의 법원에서 단일한 절차로 기업집단 도산사건을 다룬다는 점에서 복수의 법원이 기업집단 소속기업들에 대한 도산절차를 병행적으로 진행하는 것을 전제로 하는 공조 및 절차조정과는 다르다.

특히 기업집단 국제도산의 공조는 여러 수단을 통해 기업집단의 도산의 실질에 접근하고자 하지만, 효율적이고 공정한 기업집단 차원의 도산처리라는 목적을 달성하는 데는 한계가 있을 수밖에 없다.[221]

그러한 한계를 보여준 전형적인 사례로서 다국적 금융회사인 BCCI Bank의 사례[222]가 꼽힌다. BCCI Bank는 1991년 전체 기업집단이 도산하였는데 50개국 이상에서 청산인들(liquidators)이 선임되었으며 실질적인 본부소재지이며 기업집단의 통제가 이루어진 런던, 형식적 본부소재지인 룩셈부르크 및 케이만 제도에서 3개의 주절차가 진행되었다. 청산인들은 다른 시간대의 절차를 조율하기 위해 매우 높은 비용과 시간을 소비하였고 결국 1995년에 BCCI Bank가 재차 도산하는 원인이 되었다.[223]

시간대의 상이(相異)로 도산사건 관리에 어려움을 겪은 사례로서는 다국적 기업집단인 영국 은행 Barings Bank 사건이 있다. Barings Bank는 1995년 2월 극동아시아 지역에서의 외환 파생상품 거래로 인한 손실로 도산하였다.

영국법원은 모기업인 Barings Bank PLC.와 일부 자회사들에 대해 런던에서 업무를 수행할 복수의 공동관리자(joint administrators)를 선임하였고 싱가폴에서도 Barings Singapore에 대한 사건을 담당할 복수의 사법관리인(judicial managers)[224]

---

221) 그런데 절차적 병합에 의하는 경우에도 법인격 독립의 원칙을 토대로 한 개별 기업에 대한 도산절차를 기본단위로 하여 병합하는 것이므로 공통의 도산대표의 선임이나 국제도산약정 등을 수단으로 하는 점은 동일하다.
222) 1991년 BCCI은행(The Bank of Credit &Commerce International)은 아랍계 다국적은행으로서 세계 각국의 불법무기거래 및 주요 정보기관의 비밀공작에 관여한 사실이 드러나 1991년 7월 영국 정부가 불법자금관여 회계부정 등의 혐의로 영업정지와 자산동결 명령을 내리고 미국 등 여러 나라가 잇따라 같은 조치를 취해 세계적 파문을 일으키며 도산하였다.
223) Irit Mevorach, The Road to a Suitable and Comprehensive Global Approach to Insolvencies Within Multinational Corporate Groups (2006), 36면;
    https://www.iiiglobal.org/sites/default/files/IritMevorach_0.pdf(2022. 7. 30. 최종확인).
224) 사법관리인(judicial manager)은 영국 회사법 제299조에 의한 사법관리절차(judicial management)에서 법원에 의해 선임된 관리인을 말한다. 사법관리제도는 부도위기에 처한

을 선임하였다. Dutch Bank와 보험사가 1995년 3월 Barings Bank를 인수하여 채권자들은 14억 달러의 변제를 받았으나 절차 중에 다국적 기업집단을 위한 효율적인 관리의 부족으로 재정악화가 심화되었다.[225]

또 다른 사례로 2001년과 2002년에 걸쳐 자회사들이 도산한 다국적 기업집단인 통신회사 Global Crossing 사건이 있다. Global Crossing은 27개 국가에 200여개 소속기업을 가지고 있었다. 모기업은 세금문제로 버뮤다에 설립되었지만 실질적인 그룹의 사업은 미국에서 운영되었다. Global Crossing은 도산에 직면하자 미국 연방파산법 제11조에 근거해 미국법원에 도산신청을 하고 동시에 버뮤다법원에 임시청산절차(provisional liquidation proceeding)를 밟았다. 절차는 성공적으로 종결되었다고 평가되었으나 16개 국가에서 진행된 국제적인 병행도산절차로 지나치게 많은 비용이 소요되었다.[226]

이상의 다수 사례에서 보듯이 법원 간의 공조와 절차적 병합이 기업집단 맥락에서 도산사건을 접근하는 방법론에 있어서 정보·의견의 교환, 공통도산대표의 선임을 통한 공통관리, 국제도산약정 등을 유효한 수단으로 한다는 점에서 다르지 않지만 실제 사례에서는 여러 법원에서 개별적으로 도산절차를 진행한다는 점 때문에 기업집단을 재차 도산에 빠뜨리게 할 정도로 높은 비용과 시간의 낭비를 초래한 것이다.

반면에 기업집단 도산사건에서 절차적 병합은 미국과 캐나다 간에 양국 법원의 긴밀한 상호협조를 통해 광범하게 행해져 왔으며 성공적인 결과를 낳고 있다. 미국에 모회사, 캐나다에 자회사를 두거나 반대의 경우가 많기 때문에 그만큼 사건이 빈번할 뿐 아니라 지리적 근접성, 동일한 시간대, 언어의 공통으로 인해 상대적으로 절차적 병합에 어려움이 없기 때문이다. 또한 연방제 국가인 미국 내 절차적 병합의 경험을 캐나다로 확장하는 데 크게 무리가 없다는 점도 원인이 되었을 것으로 짐작된다.

기업집단 국제도산의 통합적 처리라는 관점에서 보더라도 절차적 병합은 공조에 비해 기업집단 국제도산을 다루는 진일보한 제도라고 평가할 수 있다. 그런데 우리나라의 경우 속지주의를 폐지하고 보편주의를 수용하였다고 하더라도 외국도산절차의 승인과 지원처분을 통한 공조에 머무르고 있기 때문에 현행법상 기업집단 국제도산 사건에 관하여 절차적 병합제도의 이용이 가능한지 논란의 여지가 있다. 특히 채무자

회사가 회생가능성이 있는 경우에 법원이 회생계획안의 작성과 이행을 관리하는 제도로서 우리의 법정관리와 유사한 제도이다.
225) Irit Mevorach, 앞의 글, 37면(fn186).
226) Irit Mevorach, 앞의 글, 37면(fn188).

회생법 제2조는 '외국인 또는 외국법인은 이 법의 적용에 있어서 대한민국 국민 또는 대한민국 법인과 동일한 지위를 가진다'고 규정하고 있어서 동 조항을 근거로 우리나라 법원에 외국기업이 국내기업과 함께 공동으로 도산개시신청을 하는 것이 가능한지 검토가 필요하다. 또한 국제적인 차원에서 보더라도 UNCITRAL이나 유럽연합도 기업집단 국제도산의 문제를 공조나 절차조정으로 해결하고자 하는 단계이므로[227] 절차적 병합의 도입의 문제를 국제적 정합성의 측면에서도 살펴볼 필요가 있다.

절차적 병합은 절차를 공통으로 하는 방법이 중요한 논점인데, ⅰ) 도산절차 개시 당시부터 공동신청이 가능한지, ⅱ) 기업집단의 공통국제재판관할의 기준은 무엇인지와 그 기준으로서 주된 이익의 중심지(COMI) 개념을 활용할 수 있는지, ⅲ) 후발적인 절차 병합을 인정할 것인지 등이 이에 포함된다. 이에 대해서는 후술하도록 한다.

2. 적용 요건

기업집단에 소속된 주요기업의 도산은 종종 다른 소속그룹에도 영향을 미치고 경우에 따라서는 전체 기업집단을 재정적 어려움에 빠뜨린다. 기업집단의 모기업이 사실상의 지배력을 행사하여 법적으로는 독립되어 있는 기업집단 소속회사들이 재정적으로 또는 사업적으로 상호 긴밀히 연결되어 통합성(Integrity)의 정도가 높은 경우 공동도산의 가능성이 높다.

특히 위기상황에서는 모회사가 지위를 남용하여 의도적으로 자회사에 재정적 위험을 떠넘기는 사례도 종종 발견되며 평상시 기업집단 내부의 구조적 문제로 인해 약한 고리인 소속기업이 도산의 위험에 빠지기도 한다.

그러나 각 기업집단마다 조직적·사업적 특수성이 있고 모든 기업집단의 모기업이 강력한 지배력을 행사하는 것은 아니므로 기업집단의 통합의 모습과 정도는 매우 다양한 스펙트럼을 가질 것이다. 일반적으로 통합성의 정도가 높은 경우에 도산절차에서도 절차적 병합과 같은 병합적 처리 방식이 적합하다고 할 수 있지만 각각의 기

---

227) A/CN.9/WG.V/WP.120, 4, UNCITRAL 도산법 입법지침 제3편은 권고안 제219조에서 기업집단 소속기업의 정체성과 법인격 독립이 준수되는 것이 원칙임을 확인하고 그 원칙에 대한 예외로서 권고안 제220조에 제시된 경우, 즉, 법원이 부적절한 지출이나 지연 없이는 기업집단 소속기업들이 자산이나 부채의 귀속을 분별할 수 없을 정도로 혼합되어 있다고 판단하는 경우와 기업집단 소속기업들이 합법적인 사업목적 없이 사기적인 계획이나 활동에 종사하고 있으며 실체적 병합이 그러한 계획이나 활동을 수정하는데 필수적이라고 판단하는 경우에 한정하여 실체적 통합의 처리 방식(substantive consolidation)이 정당화될 수 있다고 규정하고 있다.

업집단 국제도산이 처한 상황이 다르기 때문에 모든 기업집단 도산의 경우에 일률적으로 절차적 병합이 요청되는 것은 아니라고 할 수 있다.

나아가 기업집단 간의 통합 정도가 어느 수준에 이르러야 병합적 처리가 필요한 것인지, 절차적 병합이 정당화되는 조건은 무엇인지에 관해 논의가 있을 수 있는데, 실제 도산사건을 고려함이 없이 사전적(事前的)이고 일반적으로 도산법 독자적 논리로 그러한 기준을 세우는 것은 다소 무리가 따를 수 있다. 또한 회사법이나 공정거래법에 적용되는 기준을 그대로 도산법에 적용하는 것도 적절하지 않다.

미국, 캐나다 및 영국 등의 예를 살펴보면, 이들 국가에서는 전체 기업집단이 공동으로 기업집단의 회생을 도모하거나 '계속기업가치(존속가치, going concern value)'[228]를 유지한 채 기업을 매각하기 위해 공동으로 병합처리를 신청하는 경우가 많은데, 실체적 병합에 관하여는 미국 도산법원의 판례가 다수 집적되어 있으며 병합적 처리를 정당화할 수 있는 요건도 다양하게 제시된 바 있다.[229]

자세한 내용은 실체적 병합을 다루면서 자세히 살펴보겠지만 기본적인 요건으로, ⅰ) 실체적 병합을 구하는 채권자가 거래 당시 수개의 채무자들을 하나의 법률적 독립체로서 간주하였거나, ⅱ) 채무자들의 자산이 심하게 얽혀 있어서 분리를 하려면 지나치게 높은 비용이 소요되고 모든 채권자를 해할 것 등이 있다.

절차적 병합은 각 소속기업의 채무와 자산이 통합되지 않는 결과 채권자 간의 실질적 평등과 같은 가치를 고려할 이유가 없기 때문에 실체적 병합과 같은 수준의 엄격한 요건을 요구할 이유가 없다. 또한 앞서 언급한 바와 같이 기업집단의 통합의 정도와 모습이 다양하기 때문에 절차적 병합을 정당화할 수 있는 일반적인 요건을 추출하는 것도 쉽지 않다.

결론적으로 법원은 구체적인 사례에서, ⅰ) 개별적으로 도산절차가 진행하는 것에 비하여 절차적 병합에 의하는 것이 해당 기업들의 채권자들에게 이익이 되는지 여부를 일차적 기준으로 삼아야 하며,[230] 그 밖에도 ⅱ) 기업의 재건에 도움이 되는

---

228) 계속기업가치(존속가치)란 회계법인이 기업 자산에 대한 평가가치를 지칭하는 개념 중 하나이다. 계속기업가치는 기업이 계속 영업활동을 하는 것을 전제로 향후 영업활동을 통한 현금흐름을 현재의 가치로 평가한 금액으로 매출액·수주액·경영실적·향후 경영개선 가능성 등을 고려해 종합적으로 판단한다. 그 밖에 회계상의 자산가치와 청산가치가 있는데 전자는 장부금액을 실사법인이 평가한 실재가치를 의미하고, 후자는 회사를 최단시간내에 처분시 회수할 수 있는 자산의 규모를 지칭하는 개념으로 회사의 생산시설이나 부동산 등을 처분해 얻을 수 있는 가격을 말한다.
229) Jacob Ziegel, 앞의 글, 370면.

지, iii) 비용이나 시간 면에서 절차적 병합이 유리한지, iv) 이해관계자의 의사가 어떠한지 등을 종합적으로 고려하여 절차적 병합 여부를 판단하면 될 것이다.

3. 법적 근거

(1) 채무자회생법 제3조 제3항 제1호

채무자회생법 제3조 제1항은 채무자의 보통재판적이 있는 곳, 채무자의 주된 사무소나 영업소가 있는 곳 또는 채무자가 계속하여 근무하는 사무소나 영업소가 있는 곳 등을 관할하는 지방법원 본원을 전속관할이자 일반관할로 규정하고 있으며, 제3조 제3항 제1호에서 '「독점규제 및 공정거래에 관한 법률」 제2조 제3호에 따른 소속기업에 대한 회생사건 또는 파산사건이 계속되어 있는 경우 소속기업 중 다른 회사에 대한 회생절차개시·간이회생절차개시의 신청 또는 파산신청'은 '그 소속기업에 대한 회생사건 또는 파산사건이 계속되어 있는 지방법원 본원'에도 그 신청을 제기할 수 있다고 규정하고 있다.

이는 '기업집단에 관한 특별관할'을 규정한 것인데 위 조항의 문언상 소속기업 및 기업집단의 해석은 채무자회생법 및 공정거래법에 의하여야 할 것으로 해석된다. 그런데 공정거래법상 소속기업에 외국 소속기업도 포함되는 것으로 인정될 때에만 위 채무자회생법 제3조는 국제도산 사건의 절차적 병합에 대한 법적 근거가 될 수 있을 것이다.

이에 관하여 살펴보면, i) 동법이 제8조의2, 제10조의2 등의 규정에서 소속기업과 국내 소속기업의 개념을 명확히 구분하여 사용하고 있는 점에서 소속기업은 국내 소속기업과 외국 소속기업을 포함하는 개념으로 해석하는 것이 옳은 점, ii) 기업집단 및 소속기업의 정의 규정인 제2조 및 동법 시행령 제3조 기업집단의 범위에 관한 규정에서 외국회사를 배제하고 있지 않은 점, iii) 공정거래위원회의 국제협력을 규정한 제36조의2[231])에서 동법의 대외적 효력을 예정하고 있으며 공정거래법의 장소적 적용 범위에 관하여 대외적 효력을 인정하는 것이 대세적인 흐름인 점 등을 고려할 때 외국 소속기업도 포함하는 것으로 해석할 수 있다.

---

230) 개별채권자들의 과다한 절차 참가비용 등으로 인해 오히려 권리보호에 장애가 발생하는지 여부를 포함한다.

231) 공정거래법 제36조의2는 대한민국 정부가 대한민국의 법률 및 이익에 반하지 않는 범위 안에서 외국정부와 이 법의 집행을 위한 협정을 체결할 수 있고 그 협정에 따라 외국정부의 법집행을 지원할 수 있음을 규정하고 있다.

그런데, 채무자회생법 제3조 제3항 제1호에 근거하여 외국 소속기업이 절차적 병합을 목적으로 우리나라 법원에 도산절차의 개시를 신청하고자 하는 경우에는 우리나라 법원에 국제재판관할이 인정되어야 한다. 채무자회생법 제3조 제3항 제1호가 국제재판관할을 규정한 것으로 볼 수 있을 것인지에 관하여는 추가적인 논의가 필요한데 이에 대해서는 후술하도록 한다.

(2) 미국 연방파산법과 연방법원조직 및 절차법

연방파산법 제1014조 (b)(4)는 채무자와 소속기업이 신청인이 되거나 또는 그들을 피신청인으로 하여 서로 다른 법원에 도산절차 개시신청이 접수된 경우, 첫 번째 신청이 접수된 법원은 정의와 당사자의 편의를 고려하여 어느 한 법원에 소를 병합할 수 있도록 하고 있다. 또한 연방법원조직 및 절차법[232] 제1408조[233]는 연방파산법에 의한 사건의 관할법원은 그 소속기업이 관련된 연방파산법에 의한 사건을 병합할 수 있다고 규정하고 있다. 이 두 조항은 법원의 재량에 의한 절차적 병합의 근거규정으로 해석된다.[234] 연방파산법 제1014조 (b)(4)는 최초로 도산신청 접수를 받은 법원이 재량에 의해 당해법원 또는 다른법원에 사건을 병합할 수 있고, 미국 연방법원조직 및 절차법 제1408조는 채무자에 대한 도산절차의 관할법원이 재량에 의해 다른 법원에 계속되어 있는 그 소속기업에 대한 도산사건의 병합 여부를 결정할 수 있다는 점에서 차이가 있는데 자세한 사항은 후술하기로 한다.

4. 유사제도와의 비교

(1) 변론의 병합 및 병행

법원의 재량에 의한 병합으로서 법원이 따로 따로 계속되어 있는 복수의 소송을 직권으로 하나의 소송절차에 몰아서 심리할 뜻을 명하는 것을 '변론의 병합'이라고

---

232) U.S.C. TITLE 28. Judiciary and Judicial Procedure.
233) 28 U.S. Code § 1408 — Venue of cases under title 11
　　Except as provided in section 1410 of this title, a case under title 11 may be commenced in the district court for the district—(2) in which there is pending a case under title 11 concerning such person's affiliate, general partner, or partnership.
234) 정준영, 앞의 글, 240면; '미국 도산법에 있어서 모회사와 자회사가 같은 법원에 도산신청을 하는 것은 매우 중요한데 그 이유는 기업집단 소속 회사와 관련된 도산절차가 같은 법원에 계속되지 않으면 법원이 절차적 병합이나 실체적 병합을 고려할 수 없다'는 취지로 기술하고 있다. 위와 같이 법원의 재량에 의한 절차적 병합이 명시적으로 규정되어 있으므로 적절하지 않은 설명이 아닌가 한다.

하며 변론이 분리와 반대 개념에 해당한다. 변론의 병합이 있으면 소의 객관적 병합 또는 공동소송, 즉 병합소송이 된다.235) 국내절차의 병합에 관해서는 일반규정으로 민사소송법 제141조가 있으며 이에 대한 특별규정으로는 채무자회생법 제116조, 제171조 및 제353조에서 채권조사확정재판에 대한 이의 소 등에서의 병합이 있다.

또한 법률이 판결의 모순저촉을 피하기 위하여 여러 개의 소송이 계속된 경우에 반드시 변론 및 판결을 병합하도록 정하고 있는 경우가 있는데, 회사설립무효, 주주총회결의취소 등 회사소송에 관한 상법의 규정 등이 그것이다.236)

이상의 모든 병합의 형태는 공통적으로, ⅰ) 같은 종류의 소송절차로 심판될 것,237) ⅱ) 각 청구 상호 간에 법률상의 관련성이 있을 것을 요건으로 한다. 사건이 병합된 뒤에는 같은 기일에 변론과 증거조사를 공통으로 하며 여기에서 나타난 증거자료와 사실자료는 모든 청구에 대한 판단의 자료가 된다.

변론의 병합과 구분하여야 할 개념으로 '변론의 병행'이 있는데, 여러 개의 사건을 같은 절차에 병합하는 것은 아니고 실무상 단지 심리를 동시에 행하는 것에 불과하다. 병합 요건은 갖추지 못하였지만 서로 관련성이 있는 사건은 이에 의하는 수가 있는데 본안사건과 가압류·가처분 사건이 그 예이다.238)

---

235) 당사자에 의한 병합으로는 하나의 소송절차에서 여러 개의 청구를 함으로써 청구가 복수인 '병합청구소송(소의 객관적 병합, 청구의 병합)'과 하나의 절차에서 원피고 각 한사람씩이 아닌 소송을 '공동소송(소의 주관적 병합)'하며 병합청구소송과 공동소송을 묶어 '병합소송'이라고 한다.

236) 법원행정처, 법원실무제요, 민사실무Ⅱ (2014), 321면; 병합을 요하는 사건이 서로 다른 재판부에 있을 때에는 각재판부가 그러한 사실을 알지 못하는 것이 보통이므로 당사자가 병합신청을 하게 된다. 이러한 경우에는 당사자가 먼저 접수된 사건의 담당재판부에는 병합심리신청을, 뒤에 접수된 사건의 재판부에는 이부신청을 하고 그에 따라 뒤에 접수된 사건의 재판장이 먼저 접수된 사건의 재판장의 양해를 얻어 사건 배당 주관자에게 재배당 요구를 하여 그 사건이 먼저 접수된 사건의 재판부에 넘겨지면 그 때 병합 결정을 하는 것이 실무례라고 한다. 이러한 절차는 실질적인 변론이 개시되기 전에 행하여지는 것이 대부분이나 변론이 행하여진 후에 재배당될 경우에는 재배당 받은 재판부에서는 변론갱신을 하여야 한다.

237) 민사소송법 제253조.

238) 이시윤, 앞의 책, 404, 698면; 법원행정처, 법원민사실무제요Ⅱ (2014), 321면; 본소와 반소의 결합을 생기게 하는 병합, 예컨대 '원고 갑, 피고 을'인 A사건 및 '원고 을, 피고 갑'인 B사건의 병합도 이론상 금지되는 것은 아니지만 실무에서는 거의 행해지지 않으며 이 경우에는 변론기일이나 변론준비기일 등을 같은 일시로 지정하는 방식, 즉 병행심리에 그치는 것이 보통이라고 한다.

(2) 복수구소송

1) 의의와 기능

복수구소송(複數區訴訟, multidistrict litigation, MDL)[239]이라 함은 미국 연방법원조직 및 절차법 제1407조에 근거한 소송형태로서 반독점·유가증권·대기오염 기타 공중오염·특허권·저작권·상표권 및 제조물 책임 등과 같이 집단이 관련되거나 복잡한 소송에서 여러 법원에 중복적으로 소가 제기된 경우, 보다 신속하고 효율적으로 사건을 처리하기 위하여 법원의 직권이나 당사자의 신청에 의해 하나의 법원에 사건을 이송하여 증거개시절차(discovery)나 변론전 절차(pretrial proceedings)[240]를 집중적으로 진행하고 절차가 종료된 후 다시 사건을 원래의 법원으로 반송하는 연방법원의 소송절차를 말한다.[241]

복수구소송은 집단소송에서 'class'로 인정받기에 적절하지 않은 사건들을 '통합(consolidation)'하기 위해 사용되는데, 사실상의 쟁점이 공통된 복수의 사건이 여러 곳의 법원에 계속된 경우 해당 법원들로 하여금 잠재적으로 발생할지도 모르는 변론전 절차에서의 혼란을 제거하고 통일된 변론전절차를 진행할 수 있도록 한다. 미국에서는 반트러스트 사건·주가조작·고용 및 해고와 같은 다양한 범위의 사건 등을 비롯해 250,000건 이상의 사건이 복수구소송으로 다루어졌으며 그 숫자는 계속 증가하고 있는 실정이다.[242] 최근 급발진사고를 일으킨 도요타 자동차의 경우 경제적 손실과 인사사고로 인한 손해배상청구소송이 제기되었는데 손해가 자동차의 결함과 품질보증 의무위반에 기인한다는 점이 인정되어 MDL절차가 활용된 바 있다.[243]

---

239) 'multidistrict litigation'은 함영주, "미국 연방지방법원의 대표당사자소송운영의 경험을 통해 본 우리 집단소송제의 바람직한 운용 및 입법방안", 한국민사소송법학회, 민사소송 제12권 제1호 (2008. 5.), 92면; 함영주, "우리나라 특유의 집단분쟁에 대한 ADR방식의 대안 모색 －식품, 집단시위 집단소송법 제정논의와 관련하여－", 한국민사소송법학회, 민사소송 제12권 제2호 (2008. 5.), 50면에서와 같이 '복수구소송'으로 번역된 경우도 있고, 김경욱, "집단분쟁해결을 위한 새로운 민사소송제도의 도입에 관한 소고", 한국민사소송법학회, 민사소송 제17권 제2호 (2013. 11), 296면에서와 같이 '광역소송'으로 번역되기도 하였다. 본서에서는 '복수구소송'이라는 용어를 사용하기로 한다.
240) 법원이 아닌 당사자에 의하여 증인을 신문한 내용 또는 당사자 본인의 진술을 내용으로 하는 서류·녹취·영상 등을 말하는데 변론전 증언조서, 증언녹취, 진술녹취로 번역되기도 한다.
241) Jon Carlson, "Procedural Lessons from the Toyota Unintended Acceleration Class Action Litigation", 한국민사소송법학회, 민사소송 제15권 제2호 (2011. 11.), 289면.
242) 김경욱, 앞의 글, 299면.

2) 절차

복수구소송은 당사자의 신청 또는 '복수구소송에 관한 특별재판부(judicial panel on multidistrict litigation, JPMDL)'의 직권에 의해 이루어지는데, JPMDL은 복수구소송의 허용 여부와 이송절차에 관하여 재량권을 행사하는 위원회이다. 이송을 위하여는, ⅰ) 공통되는 사실상의 쟁점이 존재할 것, ⅱ) 당사자와 증인의 편의를 제고할 것, ⅲ) 소송의 효율적이고 적정한 수행에 기여할 것을 요건으로 한다.[244] JPMDL이 이송이 적절하다고 판단한 경우에는 '수이송법원(transferee court)'을 선정하여야 하는데 이에 대해서는 명확한 기준이 존재하지 않는다. 판례는 소송당사자의 소재 혹은 계쟁물의 소재지, 증거 혹은 증인이 소재지, 불법행위의 발생지, 선정 대상법원의 소재지, 당해 사안과 관련된 연방법상의 절차 혹은 주법상의 절차와의 관련성, 대상법원 법관의 사건 적합성 및 당사자의 선호도 등의 요소를 고려하여 결정하고 있다.[245]

사건이 이송되면 이송한 법원은 더 이상 해당 사건에 대한 관할권이 가지지 않으며, 수이송법원은 여러 사건들을 통합한 '변론전 구두질의(pretrial deposition)'[246]의 작성을 위하여 사건이 이송되지 않았다면 원법원이 가졌을 것과 동일한 권한을 행사한다. 절차가 모두 진행되고 그 절차의 진행 중에 당해 사건에 종료되지 않았다면 JPMDL은 사건에 관한 변론(trial)을 진행하기 위해 수이송법원에서 원법원으로 사건을 환송하여야 한다.[247]

3) 검토

기업집단 국제도산사건의 병합처리와 복수구소송에서의 통합된 변론전 절차는 서로 다른 제도이지만, 복수의 절차를 병합하여 하나의 소송과 같이 처리한다는 점에서 유사점이 있다. 복수구소송이 당사자의 신청 또는 별도의 기관에 의한 판단에 의해 개시되는 점은 기업집단 국제도산의 병합처리에 시사점을 제공하는데, 기업집단 국제도산에 있어서도 기업집단 소속기업의 자발적인 신청이 있는 경우에는 병합처리를 허용하는 것이 타당할 것이고 복수구소송과 같이 수소법원과 독립한 기관 또

---

243) Jon Carlson, 앞의 글, 294면.
244) 28 U.S.C. §1407(a).
245) 김경욱, 앞의 글, 301면.
246) 수이송법원에 이송된 여러 사건들을 통합하여 진행하는 변론전 절차로서 '통합된 변론전 절차(coordinated or consolidated pretrial proceedings)'라고도 한다.
247) 김경욱, 앞의 글, 299면.

는 회생법원의 전담부에서 병합처리의 요건 등 법적문제뿐만 아니라 경제적 효과 등을 포괄하는 종합적인 검토를 통해 병합처리 여부를 결정하도록 하는 방안도 검토해 볼 만하다.

5. 절차적 병합의 실제 사례

(1) Daisytek-ISA Ltd, and Others 사건[248]

다국적 기업집단인 컴퓨터 소모품 유통업체 Daisytek은 2003년 14개 국가에 소재한 소속회사 대부분이 도산하였다. 이중에는 독일 소재 지주회사, 독일 소재 2개 무역회사와 프랑스 소재 1개 무역회사가 포함되었고 모든 무역회사는 하나의 그룹으로 운영되었으며 영국에 소재한 본사가 사업을 조정하였다.

영국법원은 EU도산규정의 '주된 이익 중심지(COMI)'라는 개념이 기업집단을 위한 것이 아님에도 불구하고 자회사들의 주된 이익 중심지가 영국이라고 보아 Daisytek의 유럽지사들에 대한 도산절차를 모두 영국에서 개시하였다.[249]

Daisytek이 통일된 지시와 지배로 하나의 그룹으로 통합되었는가의 문제가 논의될 수 있었으나 EU도산규정 자체가 기업집단에 적용할 수 있는 규정을 가지고 있지 않았기 때문에 영국법원은 Daisytek에 속한 각 기업을 독립된 기업으로 취급하였다. 다만 법원은 모회사와 13개 자회사에 대하여 14개 도산관리명령을 내림으로써 유럽 각지에 흩어져 있는 자산이 산일(散逸)되지 않도록 전체 기업집단의 자산 자체로 보전될 수 있는 기회를 제공하였다.

특기할 점은 일부 소속회사는 실제로 도산상태가 아니고 조만간 도산에 처할 위험에 있는 경우임에도 도산관리명령의 대상이 되었다. 이와 같이 영국법원이 전체 기업집단의 도산절차를 절차적으로 병합한 결과 비용과 노력이 절약되었으며 기업집단 전체의 자산이 보전되는 효과가 있었다.

---

248) Daisytek—ISA Ltd, and Others, BCC 562 (16. 5. 2003, Chancery Division. Leeds D.R.).

249) Chris Laughton, The European Insolvency Case Register, International Corporate Rescue Vol. 2 Issue 3 (2005), 2면; 프랑스 법원과 독일법원은 1심에서 영국법원의 명령을 승인하지 않고 자국에서 주절차를 개시하여 관할에 관한 논란이 있었으나, 항소심에서 영국법원의 명령을 승인하였다.

(2) Crisscross Telecommunication Group 사건

Crisscross Telecommunication Group은 스위스와 유럽 8개국에 지사를 설치한 범유럽 통신회사로서 각 국가별로 자산과 채권자를 보유하고 있었다. Crisscross Telecommunication Group이 2003년 도산하자 영국법원은 전체 기업집단에 대하여 도산관리명령을 선고하였는데 이는 각 자회사들의 주된 이익의 중심지가 영국이라는 사실을 토대로 한 것이었다.

이러한 결정의 배경에는 전체 기업집단의 사업이 하나로 영위되었으며 그 사업이 영국에서 통제되었다는 판단이 있었다. 경영·관리·재무 관련 대부분의 중요한 결정이 영국에서 이루어졌고, 그 밖에 다른 기능도 영국에서 파견된 고용인에 의해 수행되었으며 중요계약의 대부분이 영국에서 체결되고 고객과의 계약에 있어서 영국법이 준거법이 되었으며 거래에 영국은행 계좌가 이용되었다.250)

각 소속기업에 대한 영국법원의 도산관리명령의 승인은 이해관계자들에게 유리한 것으로 간주되었는데, 이는 실제로 사업이 통일적으로 영위되었을 뿐만 아니라 단일한 법원과 도산관리인의 감독이 전체 채권자들에 대한 이익배분의 면에서 유리할 것으로 예상되었기 때문이다. 이 사건은 표면적으로는 개별 기업마다 COMI를 판단하여 해결한 것으로 보이지만 실질적으로는 절차적 병합을 통해 기업집단 차원에서 도산을 통일적으로 처리한 것으로 평가받는다.251)

6. 도산절차개시의 공동신청

(1) 개관

기업집단 도산절차의 절차적 병합은 복수의 기업집단 소속기업들이 원시적으로 도산절차개시의 공동신청을 하도록 하는 방법과 기업집단 소속기업이 도산절차를 진행하고 있는 법원에 다른 소속기업이 후발적으로 참가하는 방법 등에 의해 가능할 것인데, 전자를 '도산절차개시의 공동신청(Joint application for commencement of insolvency proceedings)'이라 한다.

도산절차개시의 공동신청은 민사소송법상 병합소송, 즉 하나의 소송절차에서 여

---

250) Philip R. Wood, Conflict of Laws and International Finance, The Law and Practice of International finance Series, V.6 (2007).

251) Irit Mevorach, 앞의 글, 24면; 김영석, "국제도산에서 주된 이익의 중심지(COMI)를 둘러싼 제문제", 석사학위 논문, 서울대학교 (2012), 111면.

러 개의 청구를 병합하는 병합청구소송(Multiclaims, claim joinder)이나 하나의 소송
절차에서 원고 또는 피고가 다수이거나 원·피고 이외의 다른 사람이 소송에 개입하
는 다수당사자소송(Multiparties, party joinder)의 구조와 유사하다.252)

국내 도산법 제·개정의 지침을 제공하기 위해 작성된 UNCITRAL 도산법 입법지
침 제3편253) 권고의견(Recommendation)에서는 '도산절차의 개시를 위한 공동신청
(joint application for commencement of insolvency proceedings)'에 관하여 공동신청
의 목적, 신청권자 및 관할법원 등을 규정한 바 있으나, EGI 모델법에서는 공동신청
부분이 제외되었다.

(2) 국내법에 의한 공동신청 가부

1) 의의

기업집단의 국제도산 사건에 관한 공동신청은 각 소속기업에 대하여 하나의 법원
에 관할이 인정되어야 함을 전제로 한다. 우리나라 법원에 공동신청이 가능하려면
외국 소속기업이 국제재판관할 규정에 따라 우리나라 법원에 도산절차개시를 신청
할 수 있는 사안이어야 한다. 현행 채무자회생법은 기업집단 국제도산에 관해서는
명시적 언급이 없으므로 해석론을 통해 우리나라 법원에 공동신청이 가능할 것인지
검토해 보도록 한다.

2) 외국기업의 도산능력

기업집단 국제도산 사건의 공동신청이 가능하기 위해서는 우선 채무자회생법상
우리나라 법원에서 외국법인의 도산능력이 인정되어야 한다. 구 파산법 제2조는 외

---

252) 이 중 병합청구소송은, ⅰ) 같은 종류의 소송절차에 의하여 심판될 수 있을 것(민사소송법
제253조), ⅱ) 수소법원에 공통의 관할권이 있을 것의 병합 요건을 갖추면 병합된 여러 개
의 청구는 같은 절차에서 심판된다. 다수당사자소송도 소송의 종류와 형태에 따라 정해진
요건을 갖추는 경우 원시적·후발적 병합이 가능하다.

253) UNCITRAL 도산법 입법지침(Legislative Guide on Insolvency Law)은 모두 네 부분으로
구성되어 있다. 2004년 6월 25일 채택된 제1−2편은 도산법의 기본목표와 구조 등의 일
반론과 효율적인 도산법체계를 위한 핵심 내용 등 총론에 해당하는 내용이고, 2010년 7월
1일 채택된 제3편은 도산에 있어서 기업집단의 처리, 2013년 7월 18일 채택된 제4편은 기
업집단 이사의 책임에 관한 것이다. '도산절차의 개시를 위한 공동신청(Joint application
for commencement of insolvency proceedings)'은 제3편 권고의견(Recommendation)
199−201면(paras 5−21)에서 다루고 있다.

국인 및 외국법인의 도산능력에 대해 상호주의를 취하고 있었고, 구 회사정리법 제3조는 상호주의를 내세우지 않고 내외국인 평등의 원칙을 인정하였다. 상호주의가 반드시 자국민을 보호하는 것은 아니라는 비판에 따라 채무자회생법은 제2조는 "외국인 또는 외국법인은 이 법의 적용에 있어서 대한민국 국민 또는 대한민국 법인과 동일한 지위를 가진다"고 규정하여 '내외국인 평등주의'를 천명하였다. 이에 따르면 기업집단 소속의 외국기업도 우리나라 법원에서 도산능력을 보유한다고 할 것이다.

3) 국제재판관할

기업집단에 소속된 외국기업이 도산능력을 가진다고 하더라도 국제도산사건에 관하여 우리나라 법원에 국제재판관할이 인정되어야만 도산절차 개시신청이 가능하다.[254]

현행 채무자회생법에 도산사건의 국제재판관할에 관한 규정이 존재하는지와 관련하여서 제3조에서 직접관할에 관한 규정을 두고 있다는 입장과 제3조는 국내 회생사건의 토지관할 규정에 불과하다는 입장이 존재한다.[255]

각 견해의 근거가 소개되어 있지는 않으나 전자의 긍정설은 국제사법 제2조 제2항이 "법원은 국내법의 관할 규정을 참작하여 국제재판관할권의 유무를 판단하되……"라고 규정하여 소위 "역추지설"[256]을 입법화 한 점, 후자의 부정설은 채무자회생법 제3조 제3항은 같은 조 제1항 및 제2항의 취지에 비추어 우리나라 법원에 국제재판관할권이 존재하는 것을 전제로 하여 토지관할을 규정한 것이므로 국제재판관할에 관한 규정으로 보기는 어렵다는 점 등을 각각 근거로 할 수 있을 것이다.[257]

---

254) 국제도산사건의 국제재판관할을 '국제도산관할'이라고 칭하고 그 법적 의미에 관하여 "채무자가 복수의 국가에 영업소나 재산 등을 갖고 있는 경우에 어느 국가의 법원이 파산법원으로서 도산절차를 개시할 수 있는가를 규율하는 것"으로 해설하는 경우도 있는데(서울중앙지방법원 파산부 실무연구회, 앞의 책, 323면 및 전병서, 앞의 책, 581면 등), 본서에서는 도산사건의 국제재판관할과 국제도산관할이라는 용어를 함께 사용하기로 한다.
255) 서울중앙지방법원 파산부 실무연구회, 앞의 책, 323면; 전병서, 앞의 책, 581면.
256) 이시윤, 앞의 책, 62면; 역추지설은 토지관할유추적용설로서 국내의 민사소송법의 토지관할에 관한 규정에서 기준을 구하여 그로부터 역으로 파악하여 국제재판관할의 유무를 정하자는 입장으로서, 당해 사건에 대해 우리 민사소송법의 규정상 토지관할권이 국내에 있는 사건이면 국내법원에 국제재판관할권이 있는 것으로 보자는 것이다. 이러한 입장을 취한 것으로 해석되는 대법원 판례로서는 1992. 7. 28. 선고 91다41897판결, 2000. 6. 9. 선고 98다35037 판결 등이 있다.
257) 국제사법 제2조 제2항은 국제재판관할을 판단함에 있어 국내 관할규정을 참작하도록 하고 있으나, 이 조항만으로 채무자회생법 제3조를 도산사건의 국제재판관할에 관한 규정이라고 할 수는 없다.

채무자회생법 제3조의 다른 항의 규정을 보면 위 조항은 국내 관할 규정임이 명백하고 국제사법 제2조의 해석상 국내 관할 규정은 참고사항일 뿐 반드시 따를 필요가 없으므로 부정설이 옳다고 할 것이다.[258] 부정설의 입장에 서면 국제재판관할에 관한 일반규정인 국제사법 제2조의 적용을 검토하여야 할 것인데 동 조는 "당사자 또는 분쟁이 된 사안이 대한민국과 실질적 관련이 있는 경우에 국제재판관할권을 가진다. 이 경우 법원은 실질적 관련의 유무를 판단함에 있어 국제재판관할 배분의 이념에 부합하는 합리적인 원칙에 따라야 한다(제1항). 법원은 국내법의 관할 규정을 참작하여 국제재판관할권의 유무를 판단하되, 제1항의 규정의 취지에 비추어 국제재판관할의 특수성을 충분히 고려하여야 한다(제2항)."라고 하여 추상적인 준거를 제시하고 있을 뿐이어서 이에 의거하여 도산사건의 국제재판관할의 유무를 판단하기에는 어려움이 있다.

그런데, 국제재판관할에 관한 브뤼셀협약(제16조 제5항),[259] 브뤼셀 I 규정(제22조 제5항)[260] 및 루가노협약(제22조 제5항)[261]에서 '재판의 집행을 목적으로 하는 절차'

---

258) 채무자회생법상 국제재판관할, 즉 직접관할에 관한 규정은 없으나 제631조에 간접관할(승인관할)에 관한 규정이 있는데 외국도산절차를 국내법원에서 승인하기 위해서는 외국도산절차가 신청된 외국에 채무자의 영업소·사무소 또는 주소가 있어야 한다. 또한 외국도산절차의 승인 및 지원에 관한 사건 제630조에 의해 서울회생법원 합의부의 관할에 전속한다.

259) 1968년 유럽경제공통체(EEC)와 자유무역연합(EFTA) 국가들 간에 체결된 '민사 및 상사사건의 관할과 재판의 승인·집행에 관한 협약(Convention on Jurisdiction and the Enforcement of Judgements in Civil and Commercial Matters)'; 석광현, 국제사법과 국제소송(제2권), 박영사 (2001), 321면.
Article 16 Exclusive jurisdiction
5. in proceedings concerned with the enforcement of judgments, the courts of the State bound by this Convention in which the judgment has been or is to be enforced.

260) 2001년 유럽이사회에서 채택된 '민사 및 상사사건의 관할과 재판의 승인·집행에 관한 EC 규정 (COUNCIL REGULATION (EC) No 44/2001 of 22 December 2000 on jurisdiction and the recognition and enforcement of judgments in civil and commercial matters)'.
Article 22 Exclusive jurisdiction
5. in proceedings concerned with the enforcement of judgments, the courts of the Member State in which the judgment has been or is to be enforced.

261) 2007년 유럽연합(EU), 자유무역연합(EFTA) 국가들과 덴마크 간에 브뤼셀협약과 병행협약으로 체결된 '민사 및 상사사건의 관할과 재판의 승인·집행에 관한 협약 (CONVENTION on jurisdiction and the recognition and enforcement of judgments in civil and commercial matters)'으로 일명 루가노 협약으로 불린다.
Article 22 Exclusive jurisdiction

에 대해서는 집행이 행해지거나 행해진 국가의 전속적 재판관할을 인정하고 있다. 채무변제(회생절차) 및 채무자의 재산의 처분환가와 채권자들에 대한 공평한 배당(파산절차)을 목적으로 하는 도산절차는 집행절차와 성격이 매우 유사하므로, 우리나라 내에 채무자의 재산이 소재하여 외국기업인 채무자나 그 채권자가 우리나라에 도산절차 개시를 신청하는 경우 우리나라 법원의 국제재판관할을 인정하여도 무방할 것으로 보인다.262)

또한, 모회사의 주된 사무소 또는 영업소가 우리나라 내에 있는 경우에는 우리나라 법원이 국제재판관할을 긍정하는 것이 합리적일 것이다.263)

문제는 우리나라 내에 채무자의 재산이 소재하거나 주된 사무소 또는 영업소 등이 존재한다는 등의 사유가 없는 경우에, 우리나라 법원이 국제재판관할권을 가지는 소속기업과 동일한 기업집단에 속한다는 점만을 근거로 해당 기업에 대한 국제재판관할을 가질 것인가인데, 모자회사 관계라거나 동일한 기업집단에 속해 있다는 사정만으로 국제사법 제2조의 실질적 관련성이 있다고 보기는 어려울 것이다.

앞서 살펴본 우리나라 국민인 피고들이 외국의 모기업을 피고로 삼아 손해배상을 구한 고엽제 사건에서와 같이 법원은 개별적인 사건의 구체적 사실관계에 비추어 당사자와 분쟁의 대상이 된 사안이 우리나라와 실질적 관련성이 있는지 여부에 관하여 국제사법 제2조에 비추어 판단하면 될 것이다.264)

---

5. in proceedings concerned with the enforcement of judgments, the courts of the Contracting State in which the judgment has been or is to be enforced.

262) 위 국제규범들이 전속적 재판관할을 인정하는 점에서 더욱 그렇다; 전속관할에 대한 자세한 사항은, 석광현, 국제사법해설, 박영사 (2013), 87면.

263) 동지(同旨), 전병서, 앞의 책, 582면; 도산사건의 국제재판관할은 결국 해당 국제도산사건의 사정에 비추어 최적의 도산절차 개시국을 찾아야 할 것인데, 우리나라에 채무자의 주된 사무소 또는 영업소가 있는 경우에 우리나라의 법원이 국제재판관할을 가지는 것이 합리적이고 가령 외국에 주된 사무소가 있는 채무자라도 우리나라에 채무자의 재산이 있다면 우리나라 법원의 관할이 긍정된다고 한다.

264) 대법원 2013. 7. 12. 선고 2006다17539 판결은, ⅰ) 원고측(선정자들)이 베트남전 동안 우리나라 군대의 구성원으로 베트남에 파병되어 복무한 베트남전 참전군인들 또는 그 유족들로서 모두 국내에 거주하는 우리나라 국민인 점, ⅱ) 선정자들은 베트남전 동안 복무지역에 살포된 고엽제에 노출되어 귀국한 후 우리나라에서 질병이 발생하였다고 주장하며 그 당시 고엽제를 제조·판매한 피고들을 상대로 제조물책임을 묻는 이 사건 소를 제기한 점, ⅲ) 피고들은 우리나라 군인들이 베트남전에 참전하는 사실을 알고 있었으므로 베트남에서 살포된 고엽제에 노출된 우리나라 군인들이 귀국한 후 질병이 발생할 경우 우리나라에서 피고들을 상대로 제조물책임을 묻는 소를 제기할 수 있음을 충분히 예견할 수 있었던 점, ⅳ) 베트남전 참전군인들의 베트남전 복무 및 그 발생 질병에 관한 자료들이 모두

그런데, 기업집단 국제도산사건의 국제재판관할은 기업집단 맥락에서 소속기업들에 대해 단일한 국제재판관할을 인정할 수 있는가의 문제이기 때문에 국제재판관할의 일반론에만 근거하여 논의를 전개하는 것은 한계가 있다. 이에 대해서는 해당 부분에서 자세히 살펴보도록 한다.

4) 토지관할

채무자회생법 제33조[265])는 민사소송법의 준용을 규정하고 있고, 민사소송법 제5조[266])는 외국법인의 경우 보통재판적은 "대한민국에 있는 이들의 사무소·영업소 또는 업무담당자의 주소에 따라 정한다"고 하므로, 종합하면 외국기업의 '사무소·영업소 또는 업무담당자의 주소'가 소재하는 곳의 회생법원에 관할이 있을 것이다.

외국기업의 사무소·영업소 또는 업무담당자의 주소가 대한민국 내에 없는 경우에는 채무자회생법 제3조 제1항 제3호에 따라 '채무자의 재산이 있는 곳(채권의 경우에는 재판상의 청구를 할 수 있는 곳)'에 관할이 있는데, 외국기업에 대한 국내도산절차 개시의 신청을 하는 이유가 대한민국 내에 채무자인 외국기업의 재산이 소재하는 경우가 대부분일 것이므로 외국기업의 토지관할은 대체로 재산소재지 회생법원에 있는 것으로 인정될 것이다.

한편, 채무자회생법 제3조 제3항 제1호 규정에 따라 소속기업에 대한 회생사건 또는 파산사건이 계속되어 있는 경우 다른 소속기업은 기존의 소속기업에 대한 회생사건 또는 파산사건이 계속되어 있는 회생법원에 절차개시를 신청할 수 있는데, 신청

우리나라에 있고 피고들이 우리말로 번역하여야 한다고 주장하는 외국 자료의 분량에 비하여 월등히 많으며, 손해액 산정에 필요한 자료 또한 우리나라에서 수집하는 것이 편리한 점, ⅴ) 우리나라는 베트남전 참전국가로서 참전 중의 행위로 발생한 우리나라 군대 구성원의 질병에 관한 분쟁에 관하여 정당한 이익이 있는 점 등 여러 사정을 참작하여, 분쟁이 된 사안의 손해발생지 겸 당사자의 생활근거지인 우리나라는 이 사건의 사안 및 당사자와 실질적 관련성이 있으므로, 우리나라 법원이 이 사건 소에 관하여 국제재판관할권을 가진다고 판단하였다.

265) 채무자회생법 제33조(「민사소송법」 및 「민사집행법」의 준용) 회생절차·파산절차·개인회생절차 및 국제도산절차에 관하여 이 법에 규정이 없는 때에는 「민사소송법」 및 「민사집행법」을 준용한다.

266) 제5조(법인 등의 보통재판적) ① 법인, 그 밖의 사단 또는 재단의 보통재판적은 이들의 주된 사무소 또는 영업소가 있는 곳에 따라 정하고, 사무소와 영업소가 없는 경우에는 주된 업무담당자의 주소에 따라 정한다.
② 제1항의 규정을 외국법인, 그 밖의 사단 또는 재단에 적용하는 경우 보통재판적은 대한민국에 있는 이들의 사무소·영업소 또는 업무담당자의 주소에 따라 정한다.

에 의해 동일한 법원에 여러 사건이 계속되면 법원은 사건들을 병행처리하는 데 그칠 것인지 병합할 것인지가 문제된다. 변론의 병행이란 실무상 여러 개의 사건이 병합 요건을 갖추지 못하여 변론을 병합하지는 않지만 서로 관련성이 있는 사건의 심리를 동시에 행하는 것을 말하는데,[267] 국내 소속기업들에 대한 도산절차가 단일한 법원에 계속되는 일반적인 경우에는 관련 사건들을 병행처리할 것이나,[268] 기업집단 소속의 소속기업들의 도산절차들이 단일한 법원에 계속되는 경우에 단순히 심리를 동시에 행하는 것만으로는 기업집단의 관점을 제대로 반영할 수 없을 것으로 보인다.

현행 채무자회생법의 해석론으로 기업집단 소속기업들의 도산절차를 절차적으로 병합할 수 있는지 여부에 관하여 이견(異見)이 있을 수 있으나 채무자회생법 제33조가 "회생절차·파산절차·개인회생절차 및 국제도산절차에 관하여 이 법에 규정이 없는 때에는 「민사소송법」 및 「민사집행법」을 준용한다"고 규정하고 있기 때문에, 민사소송법상의 병합이 요건을 충족하면 절차적 병합 자체는 가능할 것이다.

5) 자발적 신청의 허용 여부

기업집단 소속기업들이 채권자협의회 등의 동의를 거쳐 국내법원에 자발적으로 절차개시의 공동신청(joint application for commencement)를 하는 경우에는 국제재판관할권이나 관할 등을 문제 삼지 않고 공동신청을 인용하는 것이 타당할 것이다. 국제재판관할이나 관할권이 없는 경우에도 변론관할 또는 합의관할 등의 법리에 의해 재판권에 복종하는 자에 대해서는 사법권의 행사가 정당화되기 때문이다. 특히 기업집단 단위의 회생계획안이 작성되어 각 소속기업별로 채권자들의 승인을 얻은 경우에는 단일한 절차를 진행하는 것이 모두에게 유익할 것이기 때문에 허용하지 않을 이유가 없다.

한편 현행 채무자회생법상으로 채무자회생법 제33조가 민사소송법을 준용하고 있으므로 변론관할이나 합의관할을 유추하여 당사자자치에 의한 관할을 인정할 여지가 없는 것은 아니지만 입법론적 해결방안으로서 자발적 공동신청에 따른 절차를 보다 구체적으로 규정할 필요가 있다.

---

267) 이시윤, 앞의 책, 404, 698면; 법원행정처, 법원민사실무제요Ⅱ (2014), 321면.
268) 서울중앙지방법원 파산부 실무연구회, 회생사건실무(상), 박영사 (2014), 32면.

Ⅱ. 실체적 병합

1. 의의

기업집단 국제도산에 있어서 여러 국가의 도산법원들이 공조나 절차조정을 통해 복수의 도산절차를 대상으로 협력 내지 조율하거나 절차적 병합을 통하여 도산절차를 단일화하더라도, 채무자들의 자산과 부채는 분리된 채로 존재하고 채권자들의 실체법·절차법상의 권리에는 원칙적으로 아무런 영향을 미치지 못한다.

이러한 한계를 극복하는 방안으로 실체적 병합(substantial consolidation)이 있는데, 절차적 병합에 대응하는 개념으로 복수의 기업집단 소속기업이 도산에 직면하였을 때 도산절차를 병합하는데 그치지 않고 소속기업들의 자산과 부채, 책임재산을 단일한 법인체가 보유하고 있는 것과 같이 하나의 재단으로 통합하는 것을 의미한다.269) 즉, 법인격 독립의 원칙을 유지하며 절차만을 병합하는 일반적인 방식과는 달리 기업집단 소속기업들이 자산과 부채를 일괄적으로 통합하여 처리하는 특수한 방식인 것이다.270)

실체적 병합은 일정한 경우 기업집단 소속 개별 회사들의 법인격을 무시하여 기업집단의 모든 자산과 부채가 하나의 회사에 속하는 것처럼 통합하여 처리함으로서 모든 채권자들을 위하여 단일한 도산재단을 구성하는 효과를 가진다. 기업집단 소속 기업들이 상호 조직적·업무적 및 재정적으로 매우 긴밀히 연결되어 있거나 지적재산권과 같이 전체 기업집단에 공통되는 자산이 있는 등의 이유로 채권자들에게 돌아갈 자산가치가 증대될 수 있는 경우에 적합한 제도이다.

실체적 병합은 미국 도산법원이 발전시켜온 제도로서 법인격 부인론, 사실상 이사이론 등으로 법인격 독립의 원칙에 대한 예외를 인정하는 것을 전제로 한다. 그러한 예외의 인정이 정당화되는 근거는 '모든 채권자의 공평한 취급'에 있는데, 예컨대, 채권자들이 거래당시 개별 채무자가 아니라 기업집단의 신용에 의존하였거나, 모회사와 자회사의 자산이 서로 구분이 매우 어려울 정도로 얽혀 있거나, 소속기업

---

269) Andrew Brasher, "Substantive Consolidation: A Critical Examination", 1면
http://www.law.harvard.edu/programs/corp_gov/papers/Brudney2006_Brasher.pdf;
Thimothy E. Graulich, "Substantive Consolidation : A post-modern trend", 1면,
https://www.davispolk.com/sites/default/files/files/Publication/0410d3a6-774c-460c-b8
c0-1b41c3fd13ca/Preview/PublicationAttachment/3ab385c3-f706-4cd6-a6ad-c8c2939
88b28/graulich.substantive.consolidation.article.may10.pdf.
270) UNCITRAL, 도산법 입법지침 제3편, 권고의견 220면.

간의 통합도가 매우 높은 정도로 유지된 경우에는 도산시에도 그러한 관계를 반영하는 하는 것이 채권자들을 실질적으로 공평하게 취급하는 것이라는 문제의식이 있는 것이다. 미국 도산법원은 실체적 병합의 목적이 '모든 채권자들에 대한 공평한 취급을 보장하는 것'271)에 있으며 이는 관련된 2개 이상의 회사의 자산과 부채를 통합하고 그로부터 채권자들이 공통적으로 채권의 만족을 얻음으로써 가능하다고 판시한 바 있다.272)

실체적 병합의 종류로는, ⅰ) 기업집단 중에 도산에 처한 회사의 재산만을 합병시키는 경우와 ⅱ) 도산절차가 개시되지 않은 기업집단 소속기업의 재산도 합병시키는 경우의 두 종류가 있다.273) 후자는 표면상으로는 비도산기업이라 해도 같은 기업집단 소속 회사와 결합정도가 강해서 깊이 조사해 보면 실질적으로는 도산상태에 있는 것과 다름없거나 비도산기업 스스로가 자발적으로 기업집단 전체 또는 다른 기업집단 소속기업의 회생에 도움이 되고자 회생계획에 참여하는 경우를 포함한다.274) 또한, 도산사건 전체를 실체적 병합에 의하는 경우가 대부분이지만, 부분적으로만 실체적 병합을 적용하는 것도 가능하다. 리먼 브라더스는 2011년 수 개의 회생계획안을 제출하면서 실체적 병합에 의한 계획안(Consolidation Plan)과 이에 대한 불승인에 대비한 실체적 병합을 부분적으로 활용한 계획안(Non-Con Plan, Alternative Plans)을 제출한 바 있다.

실체적 병합의 절차상의 형태는, ⅰ) 통상적인 형태로서 이해관계자의 신청에 따라 도산법원의 명령으로 이루어지는 경우, ⅱ) 관련 당사자들의 합의에 의한 경우, ⅲ) 회생계획의 방법으로서 채권자들의 승인을 받아 시행하는 경우 등이 있을 수 있다.

실체적 병합의 실제적인 목표는 회생계획이나 파산이, ⅰ) 복수의 법인의 실질적

---

271) In re Murray Indus., 119 B.R. 820, 830 (Bankr.M.D. Fla. 1990).
272) In re Augie/Restivo Baking Co., Ltd., 860 F.2d 515 (1988); Holywell Corp. v. Bank of New York, 59 B.R. 340 (1986).
273) 김용진, 앞의 책, 199면; 실체적 병합이론은 미국 판례에 의해 발전되어온 제도로서 미국의 실체적 병합이론은 기업집단 가운데 특히 금융지주회사와 그 자회사를 중심으로 발전되어 왔는데, 이들은 실질적으로 매우 밀접한 관계를 가지고 매트릭스 시스템 등을 통하여 지주회사와 그 자회사 전체가 마치 하나의 회사처럼 활동하기 때문에 도산시에도 개별 법인성을 인정하기보다는 여러 법인의 재산을 통합하여 자산과 부채를 단일한 법인체의 것으로 취급할 필요성이 상대적으로 높아진다. 법인격 부인이론, 내부채권의 후순위화 이론, 상호보증제도 및 힘의 원천이론은 금융지주회사와 그 자회사에 대해 현실화된 제도이다; 박민우, 앞의 글, 1370면.
274) 정준영, 앞의 글, 246면.

결합을 위한 것이거나, ⅱ) 복수의 법인이 하나의 법인인 것처럼 표결하도록 하기 위한 것이거나, ⅲ) 복수의 법인이 병합된 것처럼 배당하도록 하기 위한 것 등이 있다.[275]

실체적 병합이 필요한 경우의 구체적 예시로는, ⅰ) 기업집단 전체를 위한 재무제표가 있는 경우, ⅱ) 기업집단 소속 모든 회사가 이용하는 하나의 은행계좌가 있는 경우, ⅲ) 기업집단 소속 회사들 사이에 이해관계와 소유관계가 일치하는 경우, ⅳ) 개별적 자산과 부채를 구분하는 것이 어려운 경우, ⅴ) 사업비용이나 경영·회계 등 비용을 분담하는 경우, ⅵ) 기업집단 내부 대여 및 상호보증이 있는 경우, ⅶ) 형식을 갖추지 않고도 편리하게 자산이나 자금의 이동이 있는 경우, ⅷ) 자본부족상태인 경우, ⅸ) 자산과 사업이 섞여 있는 경우, ⅹ) 동일한 이사나 임원이 임명되어 있거나 이사회가 합동을 열리는 경우, ⅺ) 채권자들로 하여금 기업집단을 하나의 법인격으로 취급하게 하거나 거래대상기업에 관해 혼동을 주거나 기업집단 소속 기업의 법적 경계선을 모호하게 한 경우, ⅻ) 실체적 병합이 회생을 촉진하거나 채권자들의 이익에 부합하는 경우 등을 들 수 있다.

실체적 병합은 미국 도산법원의 판례에 의해 형성된 제도로 주로 미국과 캐나나 등에서 일부 제한된 국가에서만 활용되어 왔다. UNCITRAL은 도산 실무위원회를 중심으로 기업집단 도산처리에 있어서 관할, 절차의 병합 외에 실체적 병합에 관하여도 국제규범의 형성을 모색하여 왔으나 앞서 본 바와 같이 EGI 모델법에서 병합적 처리 방식은 배제하였다. 참고로 병합적 처리방식이 한창 논의되던 2005년 제3차 UNCITRAL/INSOL[276] 국제도산 콜로키움, 2004년 도산법 입법지침(legislative guide on insolvency law)등에서도 절차적 병합을 기본으로 하였고 실체적 병합은 도입하지 않았다.

용어와 관련해서 'substantial consolidation'을 실질적 '합병'이라고 번역하는 예도 있는데,[277] 국내에서 합병이라는 용어는 두 개 이상의 기업들이 하나의 기업으로

---

275) 정준영, 앞의 글, 244면.

276) 국제도산전문가협회(International Association of Restructuring, Insolvency & Bankruptcy Professionals, INSOL)은 도산과 기업회생을 전문으로 하는 회계사 및 변호사들을 위한 국가적 협회들의 전 세계적인 연맹으로 1982년 설립되었다. 기업회생 및 파산에 관한 국제적인 정보의 교환, 정부자문참여, 컨퍼런스와 출판물 등을 통한 교류와 연구 등을 주요활동으로 한다. 현재 40개국 이상의 회원협회와 9,000명 이상의 회원들이 활동하고 있다.

277) 백재형, "미국 파산법원과 실질적 합병이론 ― 리만 브러더스(Lehman Brothers) 파산 소송의 예―", 성균관대학교 법학연구소, 성균관법학 제24권 제1호 (2012. 2.), 445-467면; 김연미, "도산절차에서의 법인격 부인 ― 미국의 실질적 합병이론을 중심으로: 도산절차에서의 법인격 부인", 한국외국어대학교 법학연구소, 외법논집 제31권 (2008. 8.), 87-114면.

합하는 '기업합병(企業合倂, Merger)'을 의미하는 것이 일반적이고,[278] 절차적 병합에 대응하는 용어로서는 '실질적'보다는 '실체적'이 적절한 것으로 보이므로 '실체적 병합'이라는 용어를 사용하도록 한다.[279] 최근 동 주제를 다룬 논문들도 대체로 실체적 병합으로 표현하고 있다.[280]

실체적 병합에 의한 방식은 법적으로 법인격 독립의 원칙을 적용한 결과 경제적 정의가 달성되지 못할 때 채권자들의 공평한 취급을 고려한 것으로서 자산과 책임을 통합하여 전체 채권자의 이익을 향상시킬 수 있으나, ⅰ) 채권자들 간에 이익 불균형이 나타날 수 있고 경우에 따라서는 오히려 채권자들의 공평을 해칠 가능성이 있다는 점, ⅱ) 경제적 맥락에서 기업집단 소속기업의 투자자들에게 수익의 예측가능성을 흐리게 하는 점 등이 단점으로 지적되고 있다.

2. 미국 연방파산법상의 실체적 병합

(1) 근거 규정

미국 연방파산법상에는 실체적 병합에 관한 직접적 근거 규정은 존재하지 않는다. 다만 "법원은 연방파산법상의 법조항의 이행을 위해 필요하거나 적절한 결정·절차·판결을 할 수 있다"고 규정한 연방파산법 제105조 제(a)항[281]이 간접적 근거규정으로 이해되고 있다.[282] 연방대법원은 1939년 Pepper v. Litton 판결에서 "도산법원은 청구의 적법성과 우선성을 판단하는데 있어서 형평법(Equity)을 근거로 권한과

---

278) 실체적 합병절차에 따라 기업집단 소속기업의 도산을 처리하게 되면 마치 합병이 있는 것과 같은 효과가 나타나기는 한다; In re Garden Ridge Corp., 386 F.Appx. 41 (2010).
279) 김용진, 앞의 책, 200면(주13); 실체적 병합이 합병과 동일한 결과를 가져온다는 점을 들어 substantive consolidation을 '실질적 합병'으로 변역하기도 하나, 실체적 권리변동을 동반한다는 점, 절차적 병합과의 대응개념이라는 점 등에 비추어 '실체적 병합'이 적절하다고 한다.
280) 박민우, 앞의 글, 1369－1414면; 김도경, "선박금융과 국내선사의 도산 : 특수목적법인의 처리방안을 중심으로", 법무부, 신진상사법률연구 제50권 (2011), 99면; 김용진, "기업집단 도산법제 구축방안", 법조협회, 법조 제62권 제12호 (2013) 등에서 실체적 병합 용어사용
281) 11 U.S. Code § 105 － Power of court
  (a) The court may issue any order, process, or judgment that is necessary or appropriate to carry out the provisions of this title. ......
282) Benjamin G. Lombard and Peter C. Blain, "United States: Substantive Consolidation: Adding Assets To The Bankruptcy Pot" (2014), http://www.mondaq.com, January 14 2014, 3.

의무를 가진다"고 밝혀 판사의 재량권을 인정한 바 있다.[283] 또한 "연방파산법 제105조 제(a)항이 도산법원의 일반적인 형평법상의 권한(general equitable powers)의 원천"이라고 명시적으로 밝힌 바도 있어 연방파산법 제105조 제(a)항에서 도출하는 판사의 재량권에서 실체적 병합의 근거를 찾는 것이 일반적인 견해이다.[284]

한편 연방파산법 제105조 제(a)항, "법원은 연방파산법상의 법조항의 이행을 위해 필요하거나 적절한 결정·절차·판결을 할 수 있다"는 규정에서 '연방파산법상의 법조항'이 가리키는 법조항, 즉 실체적 병합의 '명시적' 근거조항이 무엇인지에 관해 논의가 있는데,[285] 기업합병과 채무의 합병을 도산계획(bankruptcy plan)의 내용으로 포함시킬 수 있다고 규정한 연방파산법 제1123조 제(a)항 제(5)호, 제(c)항이 제시되기도 하지만 부인되기도 하는 등 의견이 분분하다.

실체적 병합이 미국 도산법원의 판례에 의해 성립된 제도라고는 하나 이제까지 연방대법원에서 실체적 병합을 인정한 예가 없고 하급심 판례의 적용 요건도 통일되어 있지 않다. 이러한 점들을 감안할 때 만약 연방대법원에서 실체적 병합이 문제가 된다면 인정 여부가 확실하지 않다는 의견도 있다. 그러나 연방파산법 제105조 제(a)항에서 부여받은 재량권에서 실체적 병합의 근거를 찾는 판례가 선례로서 존재하므로 일정한 요건하에 연방대법원에서도 실체적 병합을 인정할 가능성이 높을 것으로 예측된다.

(2) 판례

1) 판례상의 공통 요건

실체적 병합이론은 미국 도산법상의 어떤 영역보다 예측불가능성이 높은 것으로 평가된다. 그 첫 번째 이유는 연방파산법상에 직접적인 규정의 부재에 있을 것이고, 두 번째 이유는 앞서 보았듯이 연방법원이나 학계에서도 실체적 병합에 대해 부정적인 견해가 상당수 존재하며, 실체적 병합이 인정되는 경우에도 그 요건이 연방법원

---

283) Pepper v. Litton, 308 U.S. 295 (1939).
284) In re Donut Queen, Ltd., 41 B.R. 706 (Bankr. E.D.N.Y. 1984); In re Richton Int'l Corp., 12 B.R. 555 (Bankr. S.D.N.Y. 1981).
285) 11 U.S. Code § 1123 — Contents of plan
(a) Notwithstanding any otherwise applicable nonbankruptcy law, a plan shall—
(5) provide adequate means for the plan's implementation, such as—
(C) merger or consolidation of the debtor with one or more persons;

마다 제각각이기 때문이다.

연방항소법원의 실체적 병합과 관련된 판례의 경향은 인정 요건이 통일되어 있지 않고 판결에서 인용한 선례와 조화되지 않는 경우도 종종 있으며 선행판례의 분석 없이 실체적 병합을 인정 또는 부인하기도 하여 비판의 대상이 되고 있다.[286]

즉, 연방 제1항소법원은 Pension Ben. Guar. Corp. v. Ouimet Corp. 판결[287]에서 다섯 가지 요건, 연방 제2항소법원 및 연방 제9항소법원은 Augie/Restivo Baking Co., Ltd. 판결에서 두 가지 요건, 연방 제3항소법원은 Owens Corning 판결에서 두 가지 요건 등 다소 차이가 있는데, 공통되는 요건으로는, ⅰ) 실체적 병합을 구하는 채권자가 거래 당시 수개의 채무자들을 하나의 법률적 독립체로서 간주하였거나, ⅱ) 채무자들의 자산이 심하게 얽혀 있어서 분리를 하려면 지나치게 높은 비용이 소요되고 모든 채권자를 해할 것을 요구했다.

연방 제4항소법원은 실체적 병합의 기준을 채택하지 않다가 Fas Mart Convenience Stores, Inc. 판결[288]에서 연방 제9항소법원이 Augie/Restivo Baking Co., Ltd. 판결이 제시한 요건을 채택하였다.

연방 제5항소법원 및 연방 제7항소법원은 기준채택을 하지 않고 있으며, 연방 제8항소법원은 Giller 판결[289]에서 세 가지 요건, 워싱턴 D.C.항소법원은 Auto-Train Corp., Inc. 판결에서 실체적 병합으로 발생하는 이익이 이를 반대하는 당사자가 입은 피해보다 클 것을 요건으로 하였다.

연방 제11항소법원은 Eastgroup Proerties v. Southern Motel Ass'n, Ltd. 판결에서 후술하는 다소 복잡한 여러 요건들을 제시하였다.[290]

판례의 입장을 분류하면, 엄격한 요건을 요구하여 실체적 병합을 제한하고자 하는 연방 제2항소법원 및 연방 제3항소법원 등의 입장과 다소 완화된 요건을 인정하는 연방 워싱턴 D.C.항소법원 및 연방 제11항소법원 등의 입장, 두 가지로 나타나고 있다.

항소법원의 판례는 이와 같이 다양하지만, 다음의 세 항목이 여러 항소법원이 실체적 병합을 결정할 때 공통적으로 주요한 판단의 준거로 꼽고 있는 요소이다.

---

286) James H.M. Sprayregen/Jonathan P. Friedland/Jeffrey W. Gettleman, "THE SUM AND SUBSTANCE OF SUBSTANTIVE CONSOLIDATION", 4.
287) Pension Ben. Guar. Corp. v. Ouimet Corp., 711 F.2d 1085 (1983).
288) In re Fas Mart Convenience Stores, Inc., 320 B.R. 587 (2004).
289) In re Giller, 962 F.2d 796 (1992).
290) Eastgroup Proerties v. Southern Motel Ass'n, Ltd., 935 F.2d 245 (1991).

ⅰ) 채권자가 채무자와 거래를 결정할 당시 개별 채무자의 신용에 의존하였는지, 또 그러한 의존이 채무자와의 거래이익을 구성하였는지 여부

ⅱ) 모회사와 자회사의 자산이 서로 구분이 어려울 정도로 얽혀있고 그 해결을 위해서 과다한 시간과 비용이 소요되어 그러한 시도를 하지 않는 것이 오히려 채권자들에게 이익이 되는지 여부

ⅲ) 모회사와 자회사 간에 소위, '과잉통합(excessive unity)'이 존재하는지,291) 즉 어떤 실용적인 목적에서라도 자회사가 독립적인 존재로 인정될 여지가 없는지 여부

법원의 ⅰ)항에 대한 부정적, ⅱ), ⅲ)항에 대한 긍정적 판단이 실체적 병합의 명령을 받는 데 유리하게 작용한다.

이하에서는 가장 많이 활용되고 있는 선례인 Augie/Restivo Baking Co., Ltd.판결과 Eastgroup Proerties v. Southern Motel Ass'n, Ltd. 판결의 요건을 살펴보도록 한다.

2) Augie/Restivo Baking Co., Ltd. 판결292)

연방 제2항소법원은 실체적 병합의 판단 준거로서, ⅰ) 채권자가 여러 소속기업들을 통합된 하나의 경제 단위(a single economic unit)로 다룬 것인지(substantial identity)와 신용공여에 있어서 각각의 분리된 인격으로 의존한 것은 아닌지(creditor reliance), ⅱ) 채무자들의 자산이 실체적 병합에 따를 때 모든 채권자들에게 이익이 될 정도라고 할 만큼 서로 얽혀 있는지(entanglement of the debtors' affairs)를 제시하였다.

첫 번째 요건과 관련하여 법원은 채권자가 채무자와 대출거래당시 개별적인 회사의 재정적 상황을 고려하여 그 채무자의 자산에 의해 대출을 상환할 것으로 기대하였을 것이고 다른 기업의 자산은 계산에 넣지 않았을 것이라고 하여 채권자의 인식을 중시하였다. 채권자의 기대는 대출조건이나 이익률의 계산에 있어서 중요요소로서 '형평법상 권리(significant equities)'를 생성하고 자본시장의 효율성과 연관되며,

---

291) 예컨대 통제와 소유를 통한 기업집단 소속기업의 결속정도가 매우 강하여 많은 비용과 시간을 들이지 않고는 기업집단 소속 다른 회사의 자산과 부채를 구분하기가 매우 어려운 경우
292) In re Augie/Restivo Baking Co., Ltd., 860 F.2d 515 (1988).

채권자가 채무자를 독립된 법인격으로 믿었음에도 실체적 병합을 명한다면 자본시장의 효율성을 저하시킨다는 것이다.

두 번째 요건과 관련하여 두 회사의 자산과 영업이 혼동되어 사건들에게 조건반사적으로 실체적 병합에 의존하는 것은 옳지 못하다. 실체적 병합을 오로지 자산을 분리하는 것이 불가능하거나 지나치게 높은 비용이 드는 경우에만 허용되어야 한다. 그렇지 않으면 예컨대 실체적 병합을 정당화하기 위해 사기적인 자산양도가 줄지어 행해질 수 있고 실체적 병합은 양도인과 양수인 간의 소송을 소멸시킴으로써 양도인의 채권자가 양수인의 자산으로부터 책임자산을 회복하는 것을 막게 될 것이다.

따라서 자산혼합에 의한 실체적 병합은 재산분리를 시도하기 위해 필요한 시간과 비용이 모든 채권자를 위한 순수자산을 현금화하는 것을 위협할 정도로 상당히 크거나, 자산의 소유관계가 불명확하고 그의 분배가 가능한 것인 경우에만 모든 채권자들에게 이익이 될 것이므로 정당화될 수 있다.

이와 같이 연방 제2항소법원은 실체적 병합을 매우 엄격한 요건하에서만 인정하여 제한하고자 하는 인정하는 입장이라고 할 수 있다.

3) Eastgroup Proerties v. Southern Motel Ass'n, Ltd. 판결[293]

미국 연방 제11항소법원은 Eastgroup Proerties v. Southern Motel Ass'n, Ltd. 사건에서 실체적 병합을 인정한 다른 법원의 판결들을 인용한 뒤에 그것을 바탕으로 아래와 같이 '실체적 병합의 법적 구조'[294]를 제시하였다.

미국 연방 제11항소법원은 이 사건에서 최초로 실체적 병합이 허용되는 기준을 판시하였는데, 기본적인 기준은 채무자의 독립성을 유지하는 경제적 손실이 실체적 병합에 의한 경제적 손실을 능가하여야 한다. 다른 말로 하면 실체적 병합에 의해 얻어지는 이익이 반대 당사자의 손실을 상쇄하여야 하는데 법원은 이를 조사할 의무를 부담한다.[295]

미국 연방 제11항소법원은 실체적 병합의 신청을 인용할 것인지 판단하는 데 적용할 자세한 기준을 마련하였는데 이 기준에 의하면, 신청자는, ⅰ) 병합되는 기업들 간에 '실체적 동질성(substantial identity)'이 있고, ⅱ) 실체적 병합이 이익을 현실

---

293) Eastgroup Proerties v. Southern Motel Ass'n, Ltd., 935 F.2d 245 (11th Cir. 1991)
294) The Legal Framework for Substantive Consolidation.
295) In re Auto-Train Corp., Inc., F.2d 270 (1987).

화시키거나 손실을 피하기 위해 필요하다는 점을 증명하여야 한다. 입증이 이루어지면 채권자들은 관련된 하나의 기업의 신용에만 의존한 것이 아니라는 것이 추정되며 상대방은 그러한 추정을 복멸하기 위해, ⅰ) 분리된 하나의 기업의 신용에 의존하였으며, ⅱ) 실체적 병합이 오히려 손실을 입힐 것이라는 점에 대해 입증책임을 부담한다.296) 실체적 병합에 반대하는 채권자가 입증에 성공하면, 법원은 오직 실체적 병합에 의한 이익이 손실보다 매우 큰 경우에만 실체적 병합을 명할 수 있다.

실체적 병합의 신청자는 다음과 같은 7가지 요소를 사용하여 실체적 병합에 대한 주장을 구성할 수 있다.297)

ⅰ) 병합된 재무제표(consolidated financial statements)의 유무, ⅱ) 기업들 간의 이익과 소유의 통합, ⅲ) 모기업과 기업 간 채무보증의 존재, ⅳ) 개별 자산·채무의 분리 및 식별의 곤란함의 정도, ⅴ) 공식적인 규정에 의하지 않은 자산이전의 존재, ⅵ) 자산과 영업기능의 혼동, ⅶ) 한 장소에서의 통합의 수익.298) 일정한 사건에서는 그 밖의 추가적인 요소로서, ⅰ) 모회사의 자회사 주식의 보유, ⅱ) 공통된 사무소 또는 임원, ⅲ) 자회사의 지나친 과소출자, ⅳ) 자회사의 유일한 영업의 상대방으로서의 모회사, ⅴ) 자회사로서 분리된 조직에 필요한 법적 요건의 무시 등이 포함될 수 있다.

3. 실체적 병합의 내용

(1) 법인의 독립성

실체적 병합에 의하면 기업집단 소속기업의 도산시에 기업집단 소속기업들의 자산과 부채를 단일한 법인체가 보유하고 있는 것과 같이 통합하여 취급하게 되므로 기업합병이 있는 것과 같이 기업집단 내부에 존재하는 채권·채무가 소멸하고 기업집단 전체의 자산이 단일한 재단을 이루게 된다. 이러한 효과는 도산절차 중에만 인정되는 것이므로 도산절차 종료됨에 따라 소멸하며 도산절차 중에도 절차 밖에서는 각 기업은 여전히 독립한 법인으로 존속한다.

---

296) In re Auto—Train Corp., Inc., F.2d 270 (1987); In re Snider Bros., 18 B.R. 238 (1982).

297) In re Vecco Construction Industries, Inc., 4 B.R. 407 (1980).

298) In re Murray Indus., 119 B.R. 830, (Bankr.M.D.Fla. 1990); Holywell Corp. v. Bank of New York, 59 B.R. 340, 347 (S.D.Fla. 1986).

(2) 실체적 병합과 법인격 부인론

실체적 병합의 이론적 기원은 '법인격 부인론(piercing the corporate veil)'에서 찾는 것이 일반적이다. 법인격 부인론은 일반적으로 법인 제도의 목적에 비추어 어떤 회사에 관하여 그 형식적 독립성을 관철하는 것이 정의·형평의 이념에 반한다고 인정되는 경우 회사의 존재를 전면적으로 부정·박탈하는 것이 아니고, 그 법인으로서의 존재를 인정하면서 특정한 법률관계에 관하여 구체적 이해관계를 타당하게 조정하기 위하여 필요한 한도에 있어서 개별적·예외적으로 법인격의 기능을 정지시켜 회사와 사원을 동일시하여 구체적으로 타당한 해결을 하려는 이론을 말한다.299)

법인격 부인론 역시 미국의 판례에 의해 발전된 이론으로 유한책임의 원칙이 미국 회사법의 기본원리이지만 한편으로는 불법 또는 부정한 목적을 위하여 회사의 법인격(corporation personality)이 남용되는 경우에 사기의 방지 또는 형평법상의 구제를 위하여 이에 대한 예외를 인정하려는 이론이 발달되어 온 것이다.300)

법인격 부인을 위해서는 불법 또는 부정한 목적으로 법인격이 남용되었음이 인정되어야 하는데, 실체적 병합에 대한 의견이 분분한 것은 실체적 병합이 그 연혁적 뿌리를 가지고 있는 법인격 부인과 같이 기업집단 측의 일정한 부정한 행위 내지 사기적 행위가 개입되어야 하는지를 놓고 입장이 다르기 때문이라는 주장도 있다.301) 즉, 채무자의 사기적이고 교묘한 속임수에 의해 피해를 입은 채권자들을 위한 수단으로서 실체적 병합을 활용하는 것은 적절하지만 기업집단 측에 그러한 부정요소가 없다면 실체적 병합을 인정해서는 안 된다는 의견이 있는 것이다. 이러한 입장에 서면 기업재단의 사기적 행위로 인해 피해를 입은 채권자를 보호하는 것도 실체적 병합의 목적이 될 수 있다.

그런데 실체적 병합은 도산절차의 일환으로서 도산절차의 목적에 이바지 하여야 하므로 일차적인 목적은 전체 채권자에게 공평한 분배를 하는 것이 되어야 한다. 실체적 병합에 의해 채권자들은 기업집단의 자산을 처분하는데 있어서 보다 큰 이익을

---

299) 정찬형, 상법강의(상), 박영사 (2012), 443면; 회사의 법률관계에서 회사법인격의 배후에 있는 실체를 파악하여 그것에 즉응한 법률적인 취급을 하는 것이라고 설명되기도 하나 그 실질적인 의미는 같다. "...특정한 경우에 회사와 사원 간의 분리원칙의 적용을 배제함으로써 회사와 사원을 동일시하여 구체적으로 타당한 해결을 하려는 이론이다."

300) 임재연, 미국회사법, 박영사 (2006), 1면; International Aircraft Trading Co. v. Manufacturers Trust Co., 79 N.E.2d. 249 (1948).

301) James H.M. Sprayregen/Jonathan P. Friedland/Jeffrey W. Gettleman, 앞의 글, 1면.

얻을 수 있다거나 채무자들의 재산이 어지럽게 얽혀 있어서 단일재단을 구성하는 것이 전체 채권자에게 이익이 되는 경우 등에는 채권자에 대한 공평한 분배라는 관점에서 볼 때 실체적 병합을 허용할 근거가 있는 것으로 보인다.

(3) 채권의 순위

실체적 병합에 의해 단일한 재단을 구성한 기업집단의 모든 자산은 전체 채권자의 만족을 위해 배분되는데, 이때 채무자들의 일반채권자들은 동일한 순위를 가지며 채권자평등의 원칙에 따라 배당을 받는다. 우선변제권을 가진 채권자들이 실체적 병합에 의해 손해를 입어서는 안 되기 때문에 이들은 여전히 일반채권자에 우선하며 순위에 변동이 생기지 않는다.

(4) 내부적 채무의 소멸

소위 미국 연방파산법 제11장[302])의 '병합사건(consolidation case)'에서 재무내용

---

302) 장완규, 앞의 책, 25 - 31,면; 미국 연방파산법 제7장, 제11장 및 제13장의 도산절차의 특징은 다음과 같다. 연방파산법 제7장의 청산절차(Liquidation)는 가장 전형적인 절차로서 '직접적 파산'이라고도 한다. 채권자도 신청할 수 있으나 주로 채무자의 신청에 의해 개시되고 채무자는 자신의 파산 여부를 선택할 수 있다. 제7장의 목적은 채무자의 재산을 환가하여 채권자에게 분배하는 것이다. 제7장의 파산사건은 거의가 자산이 없는 것이 보통이므로 대부분의 채권자, 특히 순위가 낮은 채권자는 채권의 일부만을 배당받든가 전혀 배당을 받지 못하는 경우가 많다. 제7장의 절차는 채무자의 자발적 신청과 채권자의 비자발적 신청이 모두 허용되는데, 자발적 파산신청의 경우에는 파산관재인이 채무자의 재산을 모아 채권자들에게 안분비례로 배당하기에는 시간이 소요되고 비자발적 파산신청의 경우에는 채무자가 채권자의 파산신청에 대해 방어할 시간이 필요하게 되어 자발적인지 여부를 불문하고 파산신청이 있는 경우에는 채권자들이 채무자에 대하여 또는 채무자의 재산에 대해 채권을 추심하거나 우선특권을 실행하는 것이 자동적으로 중지된다(Automatic Stay). 청산절차의 종료로 채무자는 면책받는다. 제11장의 회생절차(Reorganization)는 제7장의 청산과는 달리 갱생을 목적으로 기업의 활동을 유지시키면서 기업의 구조 등을 재조정하여 그 수익으로 채권자의 채무를 변제하는 것을 내용으로 한다. 제7장의 신청자가 신청할 수 있다. 제11장의 회생절차를 신청한 경우에도 제7장의 청산절차와 마찬가지로 채권자의 채무자에 대한 추심은 자동적으로 중지된다. 제11장의 갱생절차는 제7장의 청산절차와 비교하여 볼 때, 제7장에서와 같이 파산재단의 재산을 모두 처분하여 그 대가를 분배하기 위하여 파산관재인을 선임하는 대신에 제11장에서는 통상 채무자 스스로가 DIP(debtor in possession)가 되어 재산을 관리하도록 한다. 파산관재인의 선임요청이 있는 경우를 제외하고는 원칙적으로 채무자가 계속적으로 사업을 경영할 수 있어 채무자가 선호하는 절차로 이용되고 있다. 제11장의 절차는 채무자의 재산을 청산하는 것이 아니라 채무자가 회생계획에 따라 일정기간 동안에 걸쳐 채권자에게 변제를 하겠다는 약속과 동시에 채무자가 가지던 사건 신청 전의 재단의 전부 또는 일부를 계속 유지할 기회를 부여

을 통합한 회사들의 채권자들은 '회생계획(reorganization plans)'에 대한 표결을 위해 결집하도록 한다. 실체적 병합에 의해 결합된 회사들의 내부적인 기업 간의 채무는 소멸한다.303) 각 소속기업들의 채무·자산비율이 다르기 때문에 병합은 여러 기업의 채권자 간에 부의 재분배가 될 가능성이 있다.304) 이러한 점을 고려하여 여러 법원들은 실체적 병합의 인정 여부를 엄격하게 판단하여야 한다고 판시한 바 있다.305) 그럼에도 불구하고 세금과 경영에 있어서 모기업의 보호 아래서 활동하는 자회사들의 예에서와 같이 상호 밀접하게 연결된 기업구조가 광범위하게 이용되고 있으며 이들에 대한 실체적 병합의 허용은 하나의 현대적인 흐름이 되고 있다.306)

(5) 장단점

실체적 병합의 장점으로는, ⅰ) 단일한 파산재단과 채권자단의 구성은 회생계획안 결의의 간소화 등 비용과 노력을 줄이는 효과를 낳는 외에, ⅱ) 개개 회사의 존

하는 것이라는 점에서 제7장의 청산절차와 대비된다. 한편 연방파산법 제13장의 갱생절차는 정기적인 수입이 있는 개인채무자가 변제계획안을 세워서 채권자들에게 변제를 하는 것을 내용으로 하는 절차이다. 제7장 및 제11장의 절차와는 달리 회사가 아닌 개인채무자만이 신청할 수 있고 채권자는 신청할 수 없다. 또한 갱생을 목적으로 하기 때문에 채무자는 기업을 계속하여 운영할 수 있으며 변제계획의 기간 중에 파산재단을 증가시킬 수 있다. 채무자는 이상의 제7장, 제11장 및 제13장의 도산절차 중 특정한 하나의 절차의 적용을 강제받지 않으며 각 장의 절차개시를 신청할 자격을 가지는 경우에는 그 중 선택할 수 있다. 미국에서는 주로 제7장과 제11장의 절차가 기업의 도산처리에 이용되고 있는데 제7장의 청산절차는 가장 전통적인 도산절차인 파산절차로서 우리나라 채무자회생법 제3편의 파산절차와 그 내용이 유사하고, 제11장의 갱생절차는 DIP가 이해관계인의 동의와 법원의 인가를 받은 갱생계획에 따라 채권자를 만족시키고 갱생을 도모하도록 하는 절차로서 채무자회생법의 제2편의 회생절차와 유사하다. 특히 제11장의 회생절차는 우리나라를 비롯하여 세계 각국의 기업갱생절차의 성립 또는 개정에 많은 영향을 미쳤거나 미치고 있다. 제13장의 절차는 채무자뿐만 아니라 공동채무자에 대해서도 법률상·사실상 변제독촉행위가 자동적으로 중지되므로 채무자는 제7장보다 제13장의 갱생절차를 선호하여 연방파산법은 갱생절차를 선택하도록 하는 유인을 제공하고 있다. 1984년 연방파산법 개정에 의해 장래 수입이 충분히 있으리라고 보여 채무자는 제13장의 절차를 이용하는 것이 적절함에도 불구하고 채무자가 제7장의 절차를 신청하는 등 제7장의 신청이 실질적 남용(Substantial abuse)이라고 인정되는 경우에는 법원은 파산관재인의 신청 또는 직권에 의하여 신청을 각하할 수 있다. 또한 연방파산법 제706조 제1항의 의하여 채무자는 제7장의 청산사건을 제11장, 제12장 및 제13장의 사건으로 이행시키는 것이 가능하다.

303) In re Augie/Restivo Baking Co., Ltd., 860 F.2d 515 (1988).
304) In re Auto-Train Corp., Inc., F.2d 270 (1987).
305) In re Continental Vending Machine Corp., 517 F.2d 997 (1975).
306) In re Murray Indus., 119 B.R. 828 (Bankr.M.D.Fla. 1990).

속가치를 산출하거나 청산가치와 비교할 필요가 없는 등 기업의 존속가치에 대한 판단을 보다 쉽게 할 수 있게 해주고, iii) 장래 발생하는 채무자들의 수익이 한군데로 집약되어 개별 회사 사이의 자금흐름을 원활하게 해줌으로써 회생계획에 따른 회생절차가 용이해지며,[307] ix) 기업집단 내 모든 자산·부채를 통합관리함으로써 기업집단 내부 채권채무관계를 정리하고 무담보채권자 일반의 이익을 도모하며 도산절차개시 후 자금조달을 용이하게 하며, 궁극적으로는 기업집단전체의 희생가능성과 매각가치를 높이는 장점이 있다.[308]

그에 반해 실체적 병합은, ⅰ) 법인격 독립의 원칙을 토대로 이루어진 계약에 당사자가 예상하지 못한 외부적인 변수를 가함으로써 사적자치 원칙을 흔들고, ⅱ) 도산법상 보장된 채권자로서의 절차권을 침해하며, ⅲ) 기업집단 소속기업과 거래하고자 하는 채권자는 상대방 또는 기업집단 소속기업의 도산으로 실체적 병합이 되는 경우의 잠재적 효과를 고려하여야 하므로 투자에 대한 예측가능성을 낮추어 결과적으로 자본시장의 원활한 작동을 위태롭게 하며, ⅳ) 개별 회사의 채권자가 가지고 있는 과반의결권을 무력화시키기 위하여 실체적 병합을 신청하는 등으로 악용될 수 있으며,[309] ⅴ) 배당율 변동·절차참가 비용증가 등의 개별 기업에 대한 개별채권자의 권익이 침해될 염려가 있다는 점이 있다.

특히 ⅲ)의 단점은 도산절차가 개시되지 않은 기업집단 소속기업의 재산도 합병시키는 경우에 더 크게 나타날 수 있다. 이러한 부작용을 고려해 미국 연방 제2항소법원이나 연방 제3항소법원은 실체적 병합을 매우 제한적으로 인정하는 입장을 취하는 것이다.

4. 검토

실체적 병합은 기업집단 국제도산의 해결책 가운데 가장 포괄적이며 강력한 효력을 가지는 방식에 해당한다. 실체적 병합을 통해 단일한 파산재단과 채권자단을 구성하면 절차도 간명해질 뿐만 아니라 일률적인 해결책을 적용할 수 있어 소송경제의 측면에서도 장점이 있다.

---

307) 김용진, 앞의 책, 201면.
308) 정준영, 앞의 글, 250면.
309) 김용진, 앞의 책, 201면(주20); Augie/Restivo Baking Co., Ltd. 판결에서 전체 그룹의 회생계획안에 대하여 개별적인 의결을 하였더라면 전체 그룹의 회생을 도모하고자 하였던 모기업의 채권자들은 과반수로 승인하였을 것인 반면에 자회사의 회생계획안들은 거대채권자들의 반대로 좌초되었을 것이라고 한다.

이론상으로는 실체적 병합을 통한 효율성의 추구가 채권자 간의 공정한 배분이라는 목적을 만족시키는 결과로 이어질 수 있으나 현실에 있어서 만약 실체적 병합을 통해 일부 채권자의 손해로 반사적 이익을 얻은 채권자가 생긴다면 채권자에 대한 공정한 분배를 해치는 결과를 낳을 가능성도 있다.

실체적 병합 방식을 취하면 각 소속기업별로 도산절차를 진행하는 경우와 비교하여 각각의 절차에서 채권자가 받을 수 있는 비율과 차이가 날 수밖에 없는데, 변제비율이 일률적으로 정해질 가능성이 높기 때문에 오히려 채권자 간 불공정이 발생할 수도 있다. 따라서 실체적 병합을 통해 전체 파이를 키우서 개별적으로 도산절차를 진행하는 경우보다 더 적게 배분받는 채권자가 없는 상태 또는 모든 채권자에게 이익이 되는 파레토 최적[310]상태가 가능한 경우이어야 그 정당성을 획득할 수 있을 것이다.

그런데 실제로 변제가 이루어지기 전에는 실체적 병합에 의한 도산절차를 통하여 위와 같은 결론이 나올 것이라는 것을 보장할 수 없기 때문에 이해관계자 중 반대하는 자가 있는 경우에 법원에서 일방적으로 실체적 병합을 명하는 것은 채권자의 권리를 침해할 소지가 있다. 또한, 법원이 이미 실체적 병합과 맥을 같이 하는 법인격 부인의 법리를 수용하고 있다고 하더라도 그것은 예외적인 경우에 불과하기 때문에 도산법 분야에서만 법인격 독립의 원칙을 무너뜨려 실체적 병합을 일반적으로 인정하는 것은 무리가 있는 것으로 보인다.

그러나 한편으로 기업집단이 주도적으로 실체적 병합을 내용으로 하는 기업집단

---

310) 20세기 초두에 고안된 개념으로서 이는 생산의 효율과 교환의 효율 두 가지에 대하여 다음 조건을 충족시켜야 한다. 즉, 전자에 대해서는 어느 한 재화(財貨)의 생산량을 증가시키기 위해서는 다른 재화의 생산을 감소시켜야 하는 상태(다른 재화의 감소 없이 어느 재화의 생산을 증가시킬 수 있는 상태는 아직도 원료 · 재료에 여유가 있다는 증거로 최적배분의 상태로 볼 수는 없음)에 있을 것, 또 후자에 대해서는 어느 소비자의 효용을 증가시키기 위해서는 다른 소비자의 효용을 감소시키지 않으면 안 될 상태에 있어야 한다. 파레토 최적의 상태란 이상의 두 가지 조건이 동시에 성립하고 있는 경우를 가리킨다. 파레토 최적의 개념은 다른 어느 누구의 상태도 불리하게 하는 일 없이 한 개인의 상태를 유리하게 하는 일은 사회적으로 바람직한 것이라는 비교적 약한, 그러기에 누구라도 받아들이기 쉬운 가치판단을 기초에 둔다. 또 자원배분은 그 사회를 구성하는 개개인의 선호에 의해서 정해져야 한다는 소비자주권 내지는 개인주의 원칙을 기반으로 한다. 파레토 최적은 자원배분의 효율성에 관하여 그 중핵을 이루는 중요한 분석개념으로서, 이러한 면의 이론분석에 극히 유용하다. 파레토 최적은 완전 경쟁시장에서 달성되어, 각 개인은 최대의 만족을 얻고, 기업은 이윤최대화가 달성되는 등, 중요한 법칙이 성립한다. 그러나 이 이론은 자원배분에만 관여하고 소득분배에 대해서는 아무런 언급이 없다. 또 파레토 최적 상태는 무수히 존재하여 우열의 결정이 안 된다는 등의 한계가 있다.

차원의 회생계획안을 마련하고 모든 채권자들이 이에 동의한다면 실체적 병합을 배제할 이유가 없을 것이다. 실체적 병합을 제도적으로 도입하여야 하는가에 관하여는 찬성과 반대로 견해가 나뉜다.

찬성론은 우리 법원이 법인격 부인의 법리를 명문의 근거 없이 인정하는 것에 비추어 법인격 부인의 법리와 궁극적으로 목적을 같이하는 실체적 병합을 역시 채무자회생법에 명문의 규정이 없어도 인정할 수 있으며 미국법원의 판례를 참고할 수 있을 것이지만, 미국법원의 판례에 대하여서도 여러 가지 비판이 있는 사정을 보면 채무자회생법에 엄격한 요건을 명시하는 명문의 근거규정을 두는 것이 바람직하다고 한다.311)

반대론은 실체적 병합은 법인격 독립의 원칙을 수정하는 것이 아니라 배제하는 결과를 가져오고, 채권자의 절차보장을 제한할 수 있는 합리적 근거를 찾기 어려우며, 제도가 도입되면 채권자들은 실체적 병합을 대비할 수밖에 없는데 이는 결국 회사의 부담, 신용에 대한 악영향 및 신용제공자의 정보비용 상승으로 이어진다는 점을 들어 개정법률로서도 고려할 대상이 아니라고 한다.312)

실체적 병합을 적극적으로 활용하고 있는 미국에서조차 그 요건이 정리되어 있지 않으며 연방 법원에서의 수용 여부도 불확실한 것을 볼 때 성문법으로 실체적 병합의 요건을 규정하는 것은 시기상조라고 할 수 있다. 다만, 기업집단 스스로 실체적 병합에 의한 해결책을 강구하고자 하는 경우 이를 허용하지 않을 이유가 없으므로 장기적으로는 이러한 경우를 대비하여 채권자들의 이해관계 충돌, 권리보호 등을 위해 관련 제도를 정비할 필요할 것이다. 만약 필요한 경우에는 법제화 이전에도 국제도산약정 등을 잘 활용한다면 실체적 병합과 유사한 효과를 도출할 수도 있을 것이다.

---

311) 김연미, 앞의 글, 111면; 백재형, 앞의 글, 464면; 미국에서도 적용 요건이 까다롭고 엄격하여 실제로 판결을 통해 실체적 병합이 인정되는 예가 드물지만 파산절차에 있어서 회생계획의 제출, 검토 및 인가 과정에 있어서 특정 채권자 집단에 의해 효과적인 협상 쟁점의 도구로 사용될 수 있다는 측면에서 긍정적으로 평가하였다.

312) 김용진, 앞의 책, 231면.

III. 병합적 처리와 국제재판관할

1. 의의

기업집단 도산사건의 국제재판관할은 여러 국가에 속한 기업집단 소속기업들에 도산개시사유가 있는 경우 기업집단의 맥락에서 단일한 국가의 법원에서 복수의 도산사건을 절차적·실체적으로 병합함에 있어서 어느 국가의 법원이 그러한 권한을 가질 것인가에 관한 규범 일체를 말한다.

국내에서는 기업집단 도산사건의 국제재판관할에 대한 논의가 거의 이루어지고 있지 않으나 유럽연합에는 실제 사례를 매개로 회원국 간의 국제도산 사건을 병합하여 도산절차를 단일화하는 방안에 관한 논의가 활발히 진행되어 왔으며 UNCITRAL 도 2006년경부터 이 문제에 대한 이론적인 접근을 시작하여 논의를 지속하여 왔으나 EGI 모델법에서 병합적 처리방식은 배제된 바 있다. 공조 및 계획절차에 관하여는, 국제재판관할의 기준으로 COMI 개념을 도입하였으나 이는 기업집단 소속기업에 대한 도산절차의 국제재판관할이며 소위 그룹재판적을 인정한 것은 아니다.

용어와 관련하여,[313] '기업집단 도산사건의 국제재판관할'보다는 '그룹 재판적', '기업집단 재판적' 또는 '기업집단 통합재판적'이라는 표현이 일반적으로 사용되고 있으나,[314] '재판적(裁判籍, Gerichtsstand)'은 민사소송법 제2조 내지 제25조에서 '토지관할(Zuständigkeit)'의 발생원인이 되는 인적·물적인 관련지점을 가리키는 용어로서 토지관할과 동의어에 해당한다.[315]

따라서 '다국적 기업집단의 재판적'이라는 용어는 우리나라 법원에 '재판권(Gerichtbarkeit)'과 '국제재판관할(Internationale Zuständigkeit)'이 있음을 전제로 하여 여러 법원 가운데 어느 법원이 사건을 담당할 것인가의 문제인 것처럼 이해될 수 있으므로, 어느 국가의 법원에서 재판권을 행사할 수 있을 것인가의 개념인 국제재판관할을 가리키는 것으로서 정확한 표현이 아니다.[316]

---

313) 국제재판관할의 정의 및 용어와 관련하여서는, 석광현, "국제재판관할에 관한 연구", 박사학위 논문, 서울대학교 (2001), 21면 이연주, "국제재판관할의 기본이념에 관한 연구", 석사학위 논문, 중앙대학교 (2012), 10면.

314) 대법원 2005. 1. 27. 선고 2002다59788 판결.

315) 이시윤, 앞의 책, 102면.

316) 개정 독일도산법은 'Gruppen–Gerichtsstand'이라는 용어를 사용하고 있는데 이를 직역하면 그룹재판적이 된다. 그런데 유럽연합 회원국인 독일은 국제도산사건은 EU도산규정, 국내도산사건은 독일도산법을 적용하므로 Gruppen–Gerichtsstand는 국제재판관할에 관

한편, 도산사건의 국제재판관할을 '국제도산관할'로 줄여 부르기로 하므로,[317] 본 논문에서도 기업집단 국제도산관할을 기업집단 도산사건의 국제재판관할이라는 용어와 함께 사용하기로 한다.

한편 학설,[318] 판례[319] 및 민사소송법 규정은 '관할'과 '관할권'[320]의 표현 외에 '국제재판관할'과 '국제재판관할권'이라는 표현을 함께 혼용하고 있는데,[321] 관할·국제재판관할은 법원 사이의 재판권 행사의 분담관계를 정하는 것을 의미하고, 관할권·국제재판관할권은 법원의 입장에서 관할구역에 대해 가지는 권한을 의미하므로 양자는 구별되는 개념이다.[322] 본서에서는 '국제재판관할'과 '국제재판관할권'의 용어를 모두 사용하되 법원·판사의 권한의 측면을 뜻할 때는 후자의 용어를 사용하기로 한다.

참고로 영미법의 'jurisdiction'은 관할만을 지칭하는 독일법상의 'Zuständigkeit'와는 달리 재판권과 관할을 구분하지 않고 양자를 포함하는 개념이다. 미 연방대법

한 개념이라 아니라 독일 내의 토지관할을 의미하는 것이다. 따라서 기업집단 국제재판관할을 표현하는 용어로서 'Gruppen‑Gerichtsstand'를 고려하는 것은 잘못이 아닌가 한다.

317) 서울중앙지방법원 파산부 실무연구회, 박영사 (2014), 323면; 전병서, 앞의 책, 581면.

318) 이시윤, 앞의 책, 102‑105면, '관할의 합의는 관할권 없는 법원에 관할권을 발생시키며...', '관할권의 조사' 등에서 볼 수 있는 바와 같이 관할과 관할권의 차이에 대한 설명 없이 두 표현을 모두 사용하고 있다.

319) 대법원 2005. 1. 27. 선고 2002다59788 판결은 '외국적 요소가 있는 사건에 관한 법원의 국제재판관할 유무는 결국 당사자 간의 공평, 재판의 적정·신속을 기한다는 기본이념에 따라 조리에 의하여 결정함이 상당한 바, 이 경우 우리나라의 민사소송법의 토지관할에 관한 규정은 위와 같은 기본이념에 따라 제정된 것이므로 기본적으로 위 규정에 의한 재판적이 대한민국에 있을 때에는 외국적 요소가 있는 소송에 관하여도 우리나라에 재판관할권이 있다고 봄이 상당하고, 다만 대한민국 법원의 국제재판관할을 긍정하는 것이 조리에 반한다는 특별한 사정이 있는 경우에는 대한민국 법원에 국제재판관할권이 없다고 할 것'이라고 하여 관할, 재판관할권, 국제재판관할 및 국제재판관할권이라는 표현을 모두 사용하고 있다.

320) 민사소송법 제25조, 제30조, 제34조 제1항 내지 제3항, 제35조에서 '관할권'이라는 표현을 사용하고 있다.

321) '외국판결의 효력'에 관해 규정하고 있는 민사소송법 제217조 제2항 1호는 '대한민국의 법령 또는 조약에 따른 국제재판관할의 원칙상 그 외국법원의 국제재판관할권이 인정될 것'이라고 하여 국제재판관할과 국제재판관할권의 표현을 모두 사용하고 있다.

322) 근대 독일 법학에 있어서는 국제재판관할권이라는 개념에 대한 인식이 부족하여 주로 민사소송법학자들에 의하여 '재판권(Gerichtsbarkeit)'의 개념만이 문제되었다고 한다. 이후 재판권과 국제관할을 혼용하는 시대가 있었으나, 현재의 독일의 통설적인 입장은 두 개념을 구별한다. 재판권과 국제재판관할권은 현재에도 개념 구분에 다소 문제가 있는 것으로 Neuhaus, Kropholler 등은 재판권을 논하면서 일반 국제법상의 문제와 함께 이른바 본질적으로 고유한 관할문제를 논하기도 한다; 사법연수원, 국제소송 (1995), 40면.

원은 1812년 The Schooner Exchange v. MacFaddon 사건에서 절대적 주권면제주의의 관점에서 피고의 주권면제(sovereign immunity)는 'judicial jurisdiction'에서 배제되는 것이라는 취지로 판시하였는데, 여기서의 jurisdiction은 관할이 아니라 재판권을 의미한다.[323] 영국에서는 전통으로 'jurisdiction'을 일차적으로 재판권의 개념으로, 이차적으로 관할의 개념으로 사용해 왔다. 주권면제에 관하여는 State Immunity Act 제1조에 Foreign Sovereign Immunities Act of 1976(FSIA) 제1604조와 동일한 취지의 두고 있다.[324]

기업집단 도산사건의 국제재판관할에 관하여는 일반적인 국제도산에서 주절차를 개시할 수 있는 연결 요소인 COMI의 개념 기업집단 맥락에서 활용할 수 있는가를 비롯해 국제적인 차원에서 논의가 진행 중에 있다. 아래에서 이에 대해서 살펴보도록 한다.

2. 기업집단의 주된 이익 중심지(COMI)

(1) 의의

단일한 채무자에 대한 도산절차에서 COMI는 주절차와 종절차를 구분하는 기준으로 뿐만이 아니라 주도산절차에 대한 개시관할권을 부여하는 기준으로 작용하는데 기업집단 맥락에서 이를 기업집단의 관할에 관한 기준으로 활용할 수 있는지 검토할 필요가 있다.

기업집단에 COMI 개념을 도입하여 기업집단의 주된 이익의 중심지라는 의미로 'Enterprise COMI'라고 지칭하는데, COMI 자체의 개념 정의가 현재까지도 명확하지 않을 뿐만 아니라 각국의 법원이 해석도 제각각이기 때문에 Enterprise COMI를 정의하는 것은 더욱 어려운 문제가 되고 있다.

그럼에도 불구하고 기업집단 소속기업에 COMI 개념을 도입하여 모든 기업집단 소속기업의 도산절차를 하나의 법원에서 하나의 도산법을 적용하려고 하는 시도가 있어 왔는데, 기업집단의 국제도산 사건에서 EU도산규정의 해석과 적용을 둘러싸고 COMI 개념을 기업집단에 확장하고자 하는 견해와 UNCITRAL 모델법과 입법지침(Legislative Guide)에 기업집단의 COMI에 관한 규정을 추가하고자 하는 움직임 등

---

323) George A. Bermann, Transnational Litigation, Thomson west (2006), 44면; Michael James, Litigation with a foreign aspect, Oxford university press (2008), 26면.
324) George A. Bermann, 앞의 책, 44면.

으로 나타난 바 있다.

한편, COMI는 기업집단이 아니라 단일기업의 도산을 전제로 한 개념이라는 점에서 COMI 개념을 기업집단에 확장하는 것은 무리가 따를 수 있기 때문에 기업집단 COMI 개념을 도입하기보다는 모기업의 소재지에 전체 기업집단의 공조를 위한 센터를 세운다거나 기업집단 소속기업에 모기업이 도산절차를 개시한 국가에 도산개시신청을 허용하자는 취지의 견해가 있다.[325]

개정 전 EU도산규정은 기업집단에 대해서 아무런 규정을 두지 않았기 때문에, 기업집단 소속기업에 대한 절차의 개시 및 절차의 병합은 개별 기업이 COMI를 가지는 국가에서 진행하는 것을 원칙으로 하였고,[326] 회사나 법인의 경우에는 반대사실의 증명이 없는 한 채무자의 COMI는 등록된 사무소의 소재지(the place of the registered office)에 있는 것으로 추정되어,[327] 기업집단의 소속기업들은 개별 기업의 등록된 사무소 소재지에서 개별적으로 도산절차를 개시하는 것이 원칙일 것이나 위 규정은 추정규정일 뿐이므로 복멸이 가능하다.

그런데 이와 관련하여 Virgos/Schmit 보고서는 회사나 법인의 등록된 사무소는 보통 채무자의 본점·본사(the debtor's head office)와 일치할 것이라고 하였다.[328] EU도산규정의 원칙상 하나의 회사에 대해서는 하나의 COMI만이 인정될 것인데, 어느 회사가 회원국 내에서 수개의 영업소를 둔 기업의 경우 전체 영업소의 영업활동을 지휘·통일하고 기본적인 주요업무를 수행하는 중심적인 역할을 하는 본사 또는 본점이 등록된 사무소로서 해당기업의 COMI가 있다고 보는 것이 타당하기 때문이다.[329]

이러한 논리를 기업집단에까지 확장하여 예컨대, 어느 기업집단의 모회사가 head office와 유사한 역할을 하는 등 통합적인 방식으로 경영활동을 하였다면 전체

---

325) UNCITRAL 도산법 입법지침 제3편, 85면.
326) Miguel Virgos/Etienne Schmit, 앞의 글, para 76; UNCITRAL 모델법 또한 자연인이거나 법인이거나 간에 개별 채무자들을 적용대상으로 한다.
327) 개정 EU도산규정 제3조 제1항 제3문.
328) Miguel Virgos/Etienne Schmit, 앞의 글, para 75.
329) 회사의 본점 소재지는 정관의 절대적 기재사항 및 등기사항이며, 회사의 주소, 주주총회의 소집지, 회사법상의 소송 때의 재판적 결정에서 의미를 가진다. 우리 상법은 회사의 주소는 본점소재지에 있는 것으로 하고(제171조), 회사는 본점소재지에서 설립등기를 함으로써 성립하도록 하고 있으며(제172조), 회사와 관련된 각종 소에서 본점소재지의 지방법원을 전속관할로 규정하고 있다(제287조의 17조 제2항, 제287조의 37조 제3항, 제360조의 14조 제2항, 제360조의 23조 제2항 등).

기업집단의 COMI가 모회사가 소재하는 국가에 있다고 볼 수 있는지 문제된다.

COMI의 정의 규정 및 Virgos/Schmit 보고서의 설명에 의하더라도 구체적 사례에서 COMI의 존부를 결정짓는 요소가 무엇인지가 명확하지 않기 때문에 논란의 여지가 있으며 이에 대한 각국 법원의 판례도 제각각이다.

이하에는 기업집단의 COMI의 결정요소들에 대해 판단한 사례들 중 독일, 프랑스, 영국 등을 비롯한 유럽연합 회원국의 법원 및 유럽사법재판소(European Court of Justice, 이하 'ECJ'라고 한다)들이 EU도산규정을 적용한 판례들과 모델법을 수용한 미국, 캐나다, 호주 등의 영연방국가 법원들의 판례들을 살펴보도록 한다.

(2) 유럽 법원의 판례

1) 모기업의 본부기능(headquarter activities)을 중시한 판례

종래 유럽연합 회원국의 법원들은 기업집단의 COMI와 관련한 EU도산규정의 해석에 있어서 다음과 같이 기업집단의 '모기업의 의사결정기능(headquarter activities)'을 중시하는 입장을 견지했다.[330]

ⅰ) 영국의 런던 고등법원은 2002년 Enron Directo SA 사건에서 등록된 사무소·자산·고객·고용인 등이 스페인에 있었음에도 불구하고 경영·인사관리 및 회계와 같은 기업의 본질적 기능이 영국에서 행해졌음을 이유로 COMI가 영국에 있다고 판단하였고, ⅱ) 영국의 런던 고등법원은 2003년 Crisscross Telecommunication Group 사건에서 그룹을 구성하는 8개의 소속기업들이 유럽연합 국가들과 스위스에 존재하는데도 본부기능(headquarter activities)이 영국에 있으므로 COMI가 영국에 있다고 판단하였고, ⅲ) 이탈리아 로마 법원은 2003년 Cirio del Monte 사건에서 네덜란드에 소재한 자회사가 이탈리아에 소재한 모회사와 함께 이탈리아 법원에 도산을 신청하자 자회사의 개별행위보다 기업집단을 전체적으로 평가하는 것이 중요하다고 하였고, ⅳ) 독일법원은 2004년 Hettlage 사건에서 책임 경영부서와 판매본부가 독일에 있다는 이유로 오스트리아 회사의 COMI가 독일에 있다고 보았고, ⅴ) 영국 고등법원 상법부(Chancery Division)는 2005년 AIM Underwriting Agencies 사건에서 자회사가 아일랜드에 소재하나 런던에 있는 모회사 소속 이사가 자회사의 사업을 운영하고 자회사를 대표하여 계약을 체결할 권한을 가진 유일한 사람이었다는 점을 근거

---

330) 이하의 판례는 Klaus Pannen, 앞의 책, 138면; 김영석, "국제도산에서 주된 이익의 중심지 (COMI)를 둘러싼 제문제", 석사학위 논문, 서울대학교 (2012), 69면 이하를 참조하였다.

로 자회사의 COMI가 영국에 있다고 판단하였고, vi) 독일법원은 2004년 HUKLA 사건에서 오스트리아의 자회사에 대해 독일의 모회사가 실질적으로 사업운영과 판매를 하였다는 이유로 자회사의 COMI가 독일에 있다고 판단하였고, vii) 프랑스 낭테르 상사 법원(Tribunal de Commerce de Nanterre)은 2006년 EMTEK GmbH 사건에서 독일에 등록된 회사에 대하여 이사회 및 주요한 사업적인 결정이 프랑스에서 이루어지고 회사의 계약의 준거법이 프랑스법이며 EMTEK International, EMTEK France 등 프랑스 회사의 통제를 받고 있다는 이유로 본부로서의 기능(headquarter function)이 프랑스에 있다고 보아 COMI가 프랑스에 있다고 보았다.

이상의 판례들은 본부기능 또는 의사결정기능 등이 해외의 모회사나 지주회사 등에 있다는 사실을 인정하여, 등록된 사무소의 소재지라는 형식적인 기준이 아니라 본부기능 또는 의사결정기능이라는 실질적인 기준에 따라 소속기업들의 COMI를 판단한 것이다.

반대사실의 증명이 없는 한 채무자의 COMI는 등록된 사무소의 소재지(the place of the registered office)에 있는 것으로 추정하는 EU도산규정의 추정규정에 비추어, 등록된 사무소의 소재지 이외의 곳에서 본부기능 또는 의사결정기능이 수행되었다는 반대사실의 증명을 통해 추정을 뒤집은 것이라고 해석할 수 있다.

유럽의 법원들은 이러한 논리를 기업집단의 국제도산사건에도 적용하였는데, i) 영국의 리즈 고등법원은 2003년 Daisytek/ISA 사건에서는 금융·계약·보증·물품 공급계약 등이 영국에 있는 지주회사의 결정에 따라 이루어졌다는 점을 근거로 프랑스·독일 자회사들의 COMI가 영국에 있다고 판단하였고, ii) 영국의 버밍엄 고등법원은 2005년 MG rover 사건에서 회사의 경영과 재무구조 및 본사로서의 기능(head office function)이 영국에 집중되어 있다는 이유로 독일·프랑스·네덜란드 등에 소재한 8개의 자회사의 COMI를 모두 영국으로 인정하였으며, iii) 프랑스 법원들도 여러 사건에서 모회사에 대한 도산절차가 개시된 국가에서 기업집단의 도산을 함께 취급하는 것이 실용적이라는 판단에 따라 다른 회원국 또는 스위스와 같은 비회원국의 자회사에 대해서도 모회사가 소재한 회원국에서 도산절차를 개시하여 공통의 도산대표자의 선임 및 공조 등을 활용하여 좋은 결과를 얻었다.[331]

위 판례들이 등록된 사무소가 소재하는 곳에 COMI가 존재하는 추정규정을 번복하는데 고려한 요소들을 나열하면 다음과 같다.[332]

---

331) A/CN.9/WG.V/WP.74/Add.2, 5.

ⅰ) 재정운영과 재정정책의 결정에 있어서 자회사의 독립성 정도, ⅱ) 자본전입(capitalization)·회계업무나 은행계좌의 소재 등을 포함한 모회사와 자회사간의 재정부담(financial arrangement), ⅲ) 계약서의 서명날인과 기술적·법적 조항과 관련한 책임 배분, ⅳ) 디자인·마케팅·가격책정·상품배송 등이 수행된 장소.

이상의 판례는 어느 기업집단의 모회사의 본사(head office) 또는 본부(headquarter)의 역할을 근거로 기업집단의 COMI가 모회사가 소재하는 국가에 있다고 판시한 것으로서 기업집단 자체의 관할권을 인정한 것과 같은 결과를 가져온다. 이는 EU도산규정의 하나의 법인에 대해서는 하나의 COMI만이 인정된다는 원칙과 충돌된다고 볼 여지가 있다. 이러한 판례의 흐름은 아래의 Eurofood 판결에 의해 전향적으로 변경된다.333)

2) 개별 기업의 COMI를 중시한 판례

Eurofood IFSC Limited(이하 'Eurofood'라고 한다)는 약 30개 국가에 자회사를 두고 있는 이탈리아의 기업집단 Parmarlat S.p.A.(이하 'Parmarlat'라고 한다)의 자회사로서 아일랜드 더블린에 소재한 회사인데 이탈리아 정부와 법원은 2003년 12월 Parmarlat에 대해서 특별관리절차(extraordinary administration proceedings)를 허용하였다. 이탈리아 법원은 2004년 2월 20일 Eurofood의 운영에 관하여 Parmarlat가 모든 결정을 내렸다는 점을 근거로 Eurofood의 COMI가 이탈리아에 있다고 판결하고 주도산절차 개시결정을 하였다. Eurofood는 이에 항소하였으나 항소심법원은 항소를 기각했다.

한편 아일랜드 더블린 고등법원은 Eurofood의 채권자인 Bank of America가 2004년 2월 27일 Eurofood에 대한 청산절차를 신청하자 Eurofood의 등록된 사무소가 아일랜드에 소재한다는 점과 제3자인 채권자의 관점에서는 Eurofood의 영업이 아일랜드에서 수행되었다는 점을 근거로 Eurofood의 COMI가 아일랜드에 있다고 판단하여 주도산절차를 개시하였다. 이에 이탈리아 관리인은 아일랜드 최고재판소(the Supreme Court of Ireland)에 불복하였고 아일랜드 최고재판소는 ECJ에 '선결

---

332) A/CN.9/WG.V/WP.74/Add.2, 4.

333) 이하 Eurofood 판결의 내용은 Hon. Samuel L. Bufford, "The Eurofood Decision of the European Court of Justice",
https://www.iiiglobal.org/sites/default/files/sambuffordeurofood.pdf, 1-3면(2022. 7. 30.최종 확인).

적 판결(Preliminary rulings, Vorbentscheidung)'334)을 신청하였다.

ECJ는 2006년 5월 위 케이스에 대해 "등록된 사무소가 소재하는 회원국에서 회사의 COMI가 존재한다는 추정은 오로지 제3자가 확인할 수 있는 객관적 요소들(objective factors ascertainable by third parties)에 의해 COMI가 다른 곳에 소재하는 사실이 인정될 경우에만 복멸이 가능하다"고 하였다.

ECJ는 그러한 요소가 구체적으로 무엇인지 설시하지는 않았으나, 회사가 등록된 사무소가 소재하는 회원국에서 영업을 수행하지 않았다면 그 회사의 COMI는 다른 곳에 소재하고 반대로 회사가 등록된 사무소가 소재하는 회원국에서 영업을 수행하였다면 단순히 경제적 선택들이 다른 회원국에 소재한 모회사에 의해 행사되거나 행사될 가능성이 있다는 사실만으로는 추정을 복멸하기에 부족하다고 판시하였다.335)

ECJ는 결국 도산절차에 대한 회원국 법원의 관할을 결정하는 EU도산규정의 시스템에 있어서 개별 기업을 구성하는 각 채무자들은 각자의 법원의 관할에 복종하여야 한다는 점을 강조한 것으로 평가된다.336)

미국 도산법원 판사인 Bufford는 위 ECJ의 판결에 관하여 다음과 같이 평석하였다. "전체 기업집단이 재정적 어려움에 직면했을 경우 대다수 소속기업들에 대한 도산절차의 개시가 필요한데, 만약 도산절차가 여러 국가에 흩어지게 되면 그룹차원의 해결책에 관한 협상이 어렵게 되는 반면 하나의 법원에서 도산절차를 진행하면 단일한 도산법 체계하에서 하나의 법적 절차를 진행할 수 있다. ECJ의 판결은 하나의 법

---

334) 회원국 법원은 유럽연합조약(TEU) 제19조 제3항에 따라 유럽연합 관련 법률과 관련된 소송이 제기되면 회원국 법원의 엇갈린 판결을 예방하기 위해 ECJ에 선결적 판결을 의뢰해야 한다. 판결문은 선고 즉시 유럽연합의 공식 언어 23개로 번역된다; 박영복, EU사법(Ⅱ), 한국외국어대학교 출판부 (2010), 22면; 유럽공동체의 규칙이나 지침은 회원국의 국내법규범보다 우위에 있는데 회원국의 법원에 계류된 어떤 사건에 대하여 유럽공동체 규칙이나 지침이 적용된 것인지가 불분명 하다면 회원국의 법원은 사건의 판결에 앞서서 ECJ에 그 적용 여부의 판결을 신청할 수 있다. 만약 ECJ가 해당사건의 경우에 공동체법이 적용되지 않는다고 판결하면 그에 따라 회원국의 법원은 국내법규정에 따라 판결하면 되고 그와 반대로 ECJ가 해당사건에 대해 공동체법이 적용되어야 한다고 판결하게 되면 회원국의 법원은 국내법에 우선해서 공동체법을 적용하여야 한다. 이에 따라 ECJ는 선결적 판결을 통하여 실질적으로 회원국들의 자국법의 해석이나 적용, 나아가 회원국의 법률의 제정 혹은 개정에 상당한 영향력을 미치고 있다.
335) Hon. Samuel L. Bufford, "The Eurofood Decision of the European Court of Justice", https://www.iiiglobal.org/sites/default/files/sambuffordeurofood.pdf, 23면; 이에 대해서는 COMI의 추정조항은 두 가지 요소 즉, 객관성(objectivity)과 제3자에 의한 인식가능성(ascertainability by the third party)에 의해 복멸될 수 있다고 해석하는 경우도 있다.
336) A/CN.9/WG.V/WP.74/Add.2, 4.

인으로 구성된 각 채무자는 각자 자신의 관할에 복종해야 한다고 판시함으로써 이 문제를 다루는 데에 아무런 도움을 주지 않았다. 이러한 판결은 ECJ의 잘못은 아니며 EU도산규정의 탓이라고 할 수 있으며 UNCITRAL 모델법에도 유사한 문제가 있는데 이는 결국 입법에 의하여 해결되어야 한다"고 하였다.337)

위 ECJ의 판결은 기업집단의 자회사에 대한 COMI의 추정이 번복되기 위해서는, ⅰ) 등록된 사무소의 소재지에서 아무런 영업활동이 없다고 인정되어야 하고, ⅱ) 모회사가 자회사에 대한 본부기능을 수행하여야 한다는 두 가지 요건이 충족되어야 한다는 취지이다. COMI의 개념 자체가 외부의 채권자에 대한 인식가능성을 고려한 한 것임에 비추어 기존의 유럽 법원들의 판례가 외부에서는 좀처럼 인식하기 어려운 모회사의 본부기능을 중시하여 COMI를 판단한 것은 비판의 여지가 있다. 위 ECJ의 판결은 외부에서 쉽게 파악이 가능한 등록된 사무소 소재지의 영업활동의 존부를 판단기준으로 내세운 점에서는 현행 EU도산규정의 해석론으로서는 일응 적절한 판결로 보인다.

그런데 위 ECJ의 판결의 취지에 따르면 COMI 개념을 지나치게 협소하게 제한함으로써 기업집단 맥락에서가 아니라 개별 기업에 대한 도산절차가 진행되도록 하여 제3자인 채권자 등에 오히려 불리한 결과가 발생할 수 있다. COMI의 개념에 있어서 외부의 인식가능성을 중시한 이유는 제3자인 채권자의 권리를 보호를 위한 것이라는 점을 고려한다면 이러한 해석이 과연 목적론적으로 타당한 것인지 의문이다.

특히 위 ECJ의 판결 이전의 유럽의 각급 법원의 판례가 본부기능을 근거로 추정규정을 복멸을 인정함에 있어서 제3자인 채권자의 인식을 고려하지 않았던 것은 아니었으며, 예컨대 단순히 다른 국가에서 본부기능이 수행되었다는 사실뿐만 아니라 그러한 사실을 제3자가 인식한 경우에 추정의 복멸을 인정한 사례도 다수 있다.

이러한 점들을 고려하면 위 ECJ의 판결이 '등록된 사무소의 소재지에서 아무런 영업활동이 없다고 인정되는 경우'로 복멸이 가능한 경우를 제한하는 것은 지나친 감이 있다.

다만 ECJ의 판결의 타당성 여부와는 별론으로 ECJ의 판결의 효력의 측면에서 위 ECJ의 판결 이후에는 유럽의 법원들이 Eurofood 판결의 취지에 따를 것인지 검토할 필요가 있다. 이하에서는 ECJ 선결적 부탁제도에 대해 살펴보도록 한다.

---

337) Hon. Samuel L. Bufford, "The Eurofood Decision of the European Court of Justice", https://www.iiiglobal.org/sites/default/files/sambuffordeurofood.pdf, 23면.

3) ECJ의 선결적 판결

① ECJ와 관할

ECJ는 유럽연합 내 최고재판소에 해당하며 1991년 유럽연합조약(Treaty on the European Union, Maastricht Treaty, TEU)[338]에 의해 설치되었다.[339] ECJ는 '조약을 해석하고 적용함에 있어 법이 준수됨을 확보하는 것'을 임무로 하여[340] 유럽연합조약(TEU) 및 제반 법률의 통일적 해석과 그 적용에 대한 판결을 통하여 유럽연합 법률의 이행을 보장하는 역할을 담당하고 있다.[341]

기업에 적용되는 경쟁법의 적법성 판단 및 반덤핑 사건 등을 주로 처리하는 1심 재판소(Court of First Instance)[342]가 ECJ의 하급심으로 설립되어 있다. 선결적 부탁

---

338) 유럽연합조약(Treaty on the European Union, Maastricht Treaty) 1991년 12월11일 네덜란드의 마스트리히트에서 열린 유럽공동체(EC) 12개국 정상회담에서 타결 합의한 유럽 통합조약이다. 기존의 유럽공동체 회원국들에 의하여 로마조약을 개정하여 체결된 조약으로 유럽연합의 설립을 통한 유럽의 정치경제 통합을 규정하고 있다. 조약체결지의 명칭을 따라 Maastricht Treaty라고도 불린다. 유럽통화통합에 관한 일정·유럽중앙은행설립·서유럽연맹 주축의 군사정책 수행·유럽의회에 EC조약 개정 승인권 부여 및 유럽시민권 도입 등의 내용을 담고 있으며 경제와 화폐통합·공동의 외교정책과 안보정책·내정과 사법에 관한 회원국들의 협조라는 세 축으로 이루어져 있다. 1992년 2월 7일 EC(European Community)외무장관회의에서 정식 조인되었으며 각국의 비준을 거쳐 93년 11월 1일부터 발효되었다. 이에 따라 유럽공동체(EC)는 유럽연합(European Union)으로 명칭을 바꾸었다.
339) 룩셈부르크의 수도인 룩셈부르크시에 위치해 있다.
340) 유럽연합조약 제19조 제1항.
341) ECJ 재판관은 27명으로 회원국 정부의 일치된 합의에 의해 각 회원국이 1명씩 임명한다. 임기는 6년이고 1회 연임 가능하며 재판관들은 3년마다 13~14명씩 교체된다. 재판부는 부(chamber, 3 또는 5인)·대부(grand chamber, 13인) 및 전원재판부(full court, 27인)로 구성된다. 재판소장은 법관들이 비밀투표를 통해 내부 선출되고 임기 3년으로 연임이 가능하다. 재판을 지원하기 위하여 재판관 외에 11인의 법률자문관(Advocate-General)을 두며 회원국의 합의에 의해 회원국에서 지명한 판사로 임명한다. 법률자문관은 보통 유럽공동체의 강대국 국민이 1명씩 포함된다. 이들은 재판관과 동일한 지위를 가지므로 임명, 해임, 신분상의 지위 등은 재판관에 적용되는 내용이 그대로 타당하다. 법률자문관은 재판소의 행정적 업무를 논의하는 경우에는 직접 참여하지만 분쟁 사건의 심리에는 참여하지 않는다. 법률자문관의 기본적인 임무는 재판소에 제기된 사건에 대하여 이유를 설시한 판단의견서를 제출하는 것이다. 이들이 제출하는 의견서는 재판소를 구속하지 않지만 재판관들은 판결을 할 때 그 의견서를 주의 깊게 살피는 것이 일반적이며, 이 의견서는 판결서와 함께 판결집에 공간된다; 이성덕, 유럽연합 사법제도론, 진원사 (2007), 31면.
342) 이성덕, 앞의 책, 32면; 사실관계가 복잡하지만 정치적으로나 헌법적인 중요성이 별로 없는 사건을 담당하게 하여 ECJ 업무 압박을 덜어주기 위해 1989년 설치하였다. 일심재판소는 재판관 27명으로 구성되며 법률자문관을 둘 수 있다. 일심재판소는 법률문제에 한하여

절차는 EU법의 직접 효력과 우위의 원칙을 확립할 수 있도록 한 중요한 제도적 장치로서 기능한 것으로 평가받는다.

ECJ의 관할권은, ⅰ) 소제기부터 종료까지 ECJ가 담당하는 직접소송(direct actions), ⅱ) 회원국 재판소에서 개시되고 종료되나 소송의 중간에 ECJ의 판단이 개입하는 선결적 부탁절차(preliminary reference procedure)[343]로 나뉜다. 전자는 다시 분쟁당사자의 합의에 의한 경우와 조약에 의하여 ECJ의 강제관할권이 인정되는 경우로 나뉜다.[344] 후자, 즉 선결적 부탁은 ECJ가 사건의 본안(merits of the case)에 관해 직접적으로 판단하는 것이 아니라, 소제기부터 종결까지 회원국의 재판소가 관할을 가지는 국내소송에 있어서 ECJ가 회원국 재판소의 선결적 부탁에 따라 절차의 중간에 EU 설립조약과 유럽연합기관의 행위 등의 해석과 적용에 관한 사항에 관하여 징검다리 역할을 수행하는 재판이다.[345]

그런데, EU도산규정은 일반적인 유럽연합의 입법과 달리 회원국의 재판소가 아니라 최고법원만이 선결적 부탁에 관한 권한을 갖는다.[346]

선결적 부탁과 상소는, ⅰ) 상소 여부는 당사자가 결정하지만 선결적 부탁 여부는 사건이 계속 중인 회원국의 재판소가 스스로 선결적 판결이 필요하다고 여기는 경우에 부탁 여부를 결정한다는 점, ⅱ) 상소재판소는 사건 자체를 심리하며 원심의 결정을 파기할 권한을 가지고 있지만 선결적 부탁의 경우는 특수한 문제들만을 대상으로 하며 ECJ는 문제를 판단한 뒤 최종 결정을 위해 사건을 국제재판소에 반송한다는 점이다.[347]

② 선결적 판결의 효력

회원국 법원은 유럽연합조약(TEU) 제19조 제3항에 따라 유럽연합 관련 법률과 관련된 소송이 제기되면 회원국 법원의 엇갈린 판결을 예방하기 위해 ECJ에 선결적 판결을 의뢰해야 하는데, 선결적 판결의 효력에 대해서는 유럽연합조약(TEU)에 명시적 규정이 없다.

유럽재판소의 판례에 의하면 선결적 판결은 부탁재판소와 그 상급재판소에 대해

재판하며, 그 판결에 대해서는 ECJ에 상소할 수 있다.
343) 유럽연합조약 제267조.
344) 김대순/김민서, EU법론, 삼영사 (2015), 40면.
345) 유럽연합조약 제267조.
346) 유럽연합조약 제68조.
347) 김대순/김민서, 앞의 책, 251면.

서 구속력을 가진다.[348] 다만, EU도산규정에 관한 경우에는 최고재판소만이 부탁이 가능하므로 최고재판소에 대해서만 구속력이 있다. 선결적 판결이 마음에 들지 않는다고 하여 부탁재판소의 임의대로 배척할 수 있는 단순한 자문적·권고적 의견이 아니다. 또한 동일한 문제가 회원국들의 재판소에서 제기되는 경우 재판소는 새로이 부탁할 수도 있고 기존 판례를 적용할 수 있다. 나아가 선결적 판결에 대세적 효력 (binding effect erga omnes)을 인정할 것인가의 논의가 있으나 아직은 의견 일치를 보지 못하고 있다.[349]

유럽공동체의 규칙이나 지침을 대상으로 하는 경우는, 회원국의 국내법규범보다 우위에 있는데 회원국의 법원에 계류된 어떤 사건에 대하여 유럽공동체규칙이나 지침이 적용되는 것인지가 불분명할 때 회원국의 법원이 사건의 판결에 앞서서 ECJ에 그 적용 여부를 판결을 신청하게 되는데, 만약 ECJ가 해당사건의 경우에 공동체법이 적용되지 않는다고 판결한다면 그에 따라 회원국의 법원은 국내법 규정에 따라 판결하면 되고 그와 반대로 유럽재판소가 해당사건에 대해 공동체법이 적용되어야 한다고 판결하면 회원국의 법원은 국내법에 우선해서 공동체법을 적용하여야 한다. 따라서 ECJ는 선결적 판결을 통하여 회원국들의 국내법 규정의 동화에 적지 않은 영향을 미치게 된다.[350]

앞서 Eurofood 사건에 관한 ECJ 판결은 기업집단의 국제재판관할에 관한 기존의 유럽의 재판소의 입장과는 다른 취지로서 해당 사건에서는 당연히 구속력을 갖지만 규정상으로는 이후의 다른 회원국의 재판소의 판결에 영향을 미치지 않는다. 그러나 과거 다른 쟁점에 관한 ECJ의 판결에 대해서 프랑스 재판소가 반기를 든 예외적 경우를 제외하면 다른 회원국 재판소들은 대체로 ECJ 판결의 취지를 존중하여 판결을 하였다. 기업집단의 국제재판관할에 관하여도 Eurofood 사건 이후에는 ECJ의 판결의 취지를 따르는 것이 현재까지의 추세이다.

ECJ의 판결의 타당성 여부와는 별개의 문제로서 ECJ의 판결의 효력은 현실적으로 회원국의 국내법에 대하여 우위에 있는 것이기 때문에, 위 ECJ의 판결 이후에는 유럽의 법원들도 Eurofood 판결의 취지에 따라 기업집단 소속기업의 COMI의 추정 번복에 대해 엄격한 기준을 적용할 수밖에 없다. 따라서 유럽연합 차원에서 입법에

---

348) 판결문은 선고 즉시 유럽연합의 공식언어 23개로 번역된다.
349) 김대순/김민서, 앞의 책, 284면.
350) 박영복, 앞의 책, 22면.

의해 기업집단 COMI의 문제가 정리되기 전에는 이러한 흐름이 유지될 것으로 예상할 수 있다.

(3) UNCITRAL에서의 논의

기업집단 COMI의 문제는 유럽연합에서보다 UNCTRAL에서 주도권을 가지고 활발한 논의를 이어 왔다. 그런데 UNCITRAL과 유럽연합은 기업집단의 COMI를 다루는 방식에 있어서 근본적인 차이가 있다.

앞서 살펴본 바와 같이 유럽연합에서는 COMI의 추정규정의 복멸이라는 법리의 해석을 통해 본부기능을 수행한 회사가 존재하는 국가에 COMI가 있다고 보아 복수의 도산절차에 관하여 하나의 국가에서 관할권을 가지는 것으로 처리한 것이지 기업집단의 COMI 자체를 인정한 것이 아니다. 즉 유럽연합은 본부기능이라는 개념을 매개로 여러 도산절차를 하나의 국가에 집중시킴으로써 결과적으로 기업집단의 COMI를 인정한 것과 같은 효과를 거두었지만, UNCITRAL은 기업집단 자체의 COMI라는 개념을 인정할 수 있는지, 인정한다면 그 요소는 무엇인지의 문제를 정면으로 다루었다.

UNCITRAL 모델법이나 입법지침(Legislative Guide)는 기업집단의 COMI에 대해 언급하지 않았으나 기업집단 도산에 관한 유럽의 법원들의 판결과 Eurofood 사건에 대한 ECJ 판결 등 일련의 사례들은 UNCITRAL이 기업집단의 COMI에 대해 논의를 시작하는 계기가 되었다. UNCITRAL은 ECJ의 판결 직후인 2006년 하반기 이래 '기업집단의 COMI'의 개념을 발전시키는 작업을 통해 이 문제를 해결하기 위한 방법을 모색해 왔다.[351]

UNCITRAL은 해석론으로서가 아니라 논의 결과를 UNCITRAL 모델법이나 Legislative Guide에 반영한다는 목표를 염두에 두고 지속적인 논의를 진행해 왔으나 기업집단의 COMI를 인정하는 것은 현실적으로 매우 어렵다는 결론에 이르렀다.

UNCITRAL은 기업집단의 COMI의 기준으로 예컨대 모기업의 등록된 사무소나 모기업의 영업활동지 등 모기업의 소재지를 기업집단의 COMI와 연결하는 방안을 고려하였는데, 다른 소속기업은 모기업과 다른 곳에 COMI가 있고 모기업은 도산상

---

351) 기업집단의 COMI의 문제를 다룬 UNCITRAL 의 자료로는, A/CN.9/WG.V/WP.74/Add.2, A/CN.9/WG.V/WP.76/Add.2, A/CN.9/WG.V/WP.82/Add.4, A/CN.9/WG.V/WP.85/Add.1, A/CN.9/WG.V/WP.92/Add.1 등이 있다.

태가 아닌 경우가 있을 수 있다는 점이 문제로 지적되었다.

구체적인 사건에서 기업집단 소속기업 간의 통합성 정도가 높고 COMI가 존재하는 곳에서 중앙집권화된 기업의 활동이 하나의 기업과 같이 활동하였는지 여부도 기업집단의 COMI 개념을 정의하는 데 필요한 자료가 될 수 있는데, 기업집단의 통합성을 기업집단 COMI의 결정요소로 하는 경우에 통합성의 수준을 어느 정도로 요구할 것인지의 문제가 제기되었다.

그 밖에도 그룹의 경영과 재정에 관한 정책이 어디서 어떻게 결정되었는지, 생산·명령·통제의 장소, 은행계좌 및 회계업무, 디자인·마케팅 등의 경제활동이 행해지는 장소는 어디인지, 채권자 등 제3자가 인식 가능하였는지 등이 기업집단의 COMI의 개념을 구성하는 요소가 될 수 있다. 이상의 요소들을 고려하여 일정한 기업집단 소속기업의 COMI가 소재하는 곳에서 도산절차가 개시될 경우 기업집단에 대한 국제도산 사건을 하나의 법원에서 다룰 수 있고 통일적인 재판진행이 가능하게 되지만, 동시에 소속기업이 자신의 영업을 수행하고 자산을 보유하는 장소 밖에서 도산절차가 개시될 수 있는 것이기 때문에 소속기업의 근로자를 포함한 채권자들에게는 소의 제기·채권자위원회에의 참여·변론절차에의 참여 등의 불이익이 발생할 여지가 있다.[352]

다른 한편 기업집단 COMI의 개념 정의와 구성요소에 대한 이론적인 작업이 완결된다 하더라도 현실적으로 기업집단 COMI 개념이 국제적인 차원에서 보편적으로 승인되고 집행될 수 있는지에 대한 의문이 제기되었는데, 만약 어느 한 법원에서 기업집단의 COMI가 자신에게 있다는 견해에 따라 기업집단 소속기업의 도산개시신청을 인용하는 경우 다른 법원에서 그러한 판단에 반드시 구속되는 것은 아니기 때문이다.

이러한 이유에서 UNCITRAL은 기업집단 소속기업에 대해 복수의 도산절차가 개시되는 것을 피하는 것이 바람직하기는 하지만, 여러 법원 사이에서 어느 법원이 COMI를 가질 것인지에 관한 견해의 일치를 이루는 것은 현실적으로 매우 어렵다고 결론지은 바 있다.[353]

특히 국제도산관련 법제의 정비를 담당하는 UNCITRAL 도산 실무위원회는 기업집단의 도산절차의 처리에 있어서 관할의 결정 및 공조와 관련하여 기업집단 소속기업의 COMI 개념을 도입한 바 있으나,[354] 'Enterprise COMI'가 의미하는 바가 무엇

---

352) A/CN.9/WG.V/WP.76/Add.2, 4.
353) A/CN.9/618, paras 50−54.
354) 49th session, 2−6 May 2016, New York, A/CN.9/WG.V/WP.137/Add.1 −Insolvency law− Facilitating the cross−border insolvency of multinational enterprise groups:

인지에 관해 의견이 일치를 이루거나[355] 절차적 병합에 의한 도산절차의 개시를 제한하거나 또는 기업집단 전체에 모델법의 승인과 관련된 체계를 적용하기 위한 목적에서 기업집단 COMI를 정의하는 것은 어렵다고 하였다.[356]

UNCITRAL 도산 실무위원회는 기업집단 맥락에서의 COMI 개념의 정의를 단념하지 않고 2012년 제42회기에서 가장 활발한 경제활동은 기업집단을 통해 수행된다는 점을 들어 추후 모델법의 개정에 맞춰 개인 채무자와 기업집단을 아우를 수 있는 COMI 개념을 도출하는 것을 업무 범위로 인정해 달라고 요청한 바 있다.[357]

(4) 검토

이상에서 살펴본 바와 같이 기업집단의 COMI는 기업집단 국제도산의 원활화의 관점에서 UNCITRAL 등을 중심으로 기업집단 자체의 COMI의 개념 정의가 가능한지, 그 판단 기준은 무엇인지 등에 관하여 수년간 논의되어 왔다. 기업집단의 COMI는 관할뿐 아니라 접근권 및 승인에 관한 문제와도 연관되어 있어 충분한 논의가 필요하나, 현재까지 기업집단의 측면에서 COMI의 개념을 정의하는 것은 곤란하다는 것이 중론(衆論)인 것으로 보인다.[358] 그 원인은 기업집단 전체에 대하여 단일한 COMI를 인정하는 것은 기업집단 소속의 개별 기업의 채권자 등 이해관계인의 보호와 개별 기업의 COMI를 가진 국가의 사법주권 침해 등의 문제를 야기할 수 있어 의견 수렴이 쉽지 않기 때문이다.

이 문제에 관하여 집중적인 논의를 수행했던 UNCITRAL 도산 실무위원회는 동일한 기업집단 소속기업들에 대해 병행도산절차의 개시를 제한하거나 다른 나라에서 개시된 도산절차에 적용될 법률의 수를 단순화할 목적, 모델법의 승인법제를 기업집단에

---

summary, 2-3면.

355) Prospective Principles for Coordination of Multinational Corporate Group Insolvencies, International Insolvency Institute, Twelfth Annual International Insolvency Conference (2012), 9-10면.

356) A/CN.9/666, paras 26-27.

357) A/CN.9/763, paras 13-14, A/CN.9/WG.V/WP.107, para 10.

358) 우리나라의 채무자회생법은 일반기업의 맥락에서도 도산절차를 주절차와 종절차로 구분하지 않고 있기 때문에 주절차의 판단기준이라고 할 수 있는 COMI에 관한 논의가 채무자회생법의 해석과 적용에 직접적인 영향을 미치지는 않는다. 그러나 일반기업에 대하여 COMI 개념의 도입이 주장되고 있고(예컨대, 김영석, "국제도산에서 주된 이익의 중심지(COMI)를 둘러싼 제문제", 2012년 2월, 서울대학교 대학원 법학석사 학위논문), 우리나라의 기업집단과 이해관계자들에게 영향을 미칠 수 있는 사항이므로 앞으로도 논의의 추이를 지켜볼 필요가 있다.

적용할 목적 및 하나의 기업집단에서 조정센터(coordination centre)를 정할 목적 등으로 기업집단의 COMI를 규정하는 것은 매우 곤란하다는 결론에 이르렀다. 그에 대한 대안으로서 기업집단 소속기업들에 대해 복수의 국가의 법원에서 복수의 도산절차가 개시되는 경우 법원들 간에 공조와 절차조정에 초점을 맞춰야 한다는 의견이 제안되었고,359) 이러한 논의의 결과들이 EGI 모델법으로 구현되었다고 볼 수 있다.

이상의 논의를 정리하면, 기업집단의 COMI는 'COMI' 자체의 개념정의에 대한 논의가 완결된 상태가 아닌 데다 '기업집단 맥락에서의 COMI'는 더욱 정의가 어려우나 COMI는 채권자의 입장에서 인식이 가능한 곳이어야 하고, 단일한 도산절차를 진행하는데 효율성의 면에서 적절한 관할이어야 한다. 소속기업마다 채권자의 이해관계가 충돌할 수 있기 때문에 일률적인 기준을 적용하는 것은 무리가 있고 절차참여의 보장 · 절차의 중립성 · 공정한 분배와 같은 공정성의 측면, 신속한 절차진행 · 효율적인 환가 · 자산의 최대화 · 비용의 절약과 같은 효율성의 측면, 기업의 재건에 있어서 적합성의 측면 및 이들 요소들의 균형 등 여러 요소를 종합하여 판단할 수밖에 없을 것으로 보인다.

3. 기업집단 중심지(Group Center)

(1) 의의

COMI를 기업집단에 응용한 것이 기업집단의 COMI(Enterprise COMI)라고 할 수 있는데, 기업집단 중심지(Group Center, GC)는 기업집단 COMI를 대체하기 위해 제시된 개념이다.

(2) 국제도산협회의 논의

국제도산협회(International Insolvency Institute)360)는 2012년 5월 채택한 '다국적 기업의 도산절차의 공조에 관한 지침(Guidelines for Coordination of Multinational

---

359) UNCITRAL 도산 실무위원회 제31 – 36차 회기.

360) 도산영역에 있어서 국제적 협력과 조화를 목적으로 조직된 비영리의 제한적 회원조직이다. 본 기관의 회원자격은 세계상위의 경험 많고 존중받는 실무가, 학자, 판사 그리고 금융산업 전문가들로 제한되어 있다. 본 기구의 16개 공식위원회는 UNCITRAL의 초청에 의해 도산에 관한 지침의 연구에 동참하는 등 긴밀한 업무관계를 발전시켜 왔고 그 밖에도 전세계적으로 국내 도산법 절차를 위한 추천할만한 원칙들에 대한 연구 등 여러 프로젝트들을 진행하고 있다.

Enterprise Group solvencies, MEG Guidelines)'361)에서 'Group Center'라는 개념을 도입하여 기업집단 소속기업의 도산절차에 대하여 Group Center를 중심으로 한 체제를 제안하였다.362) 여기서 'Group Center'란 '통합된 다국적기업(integrated multinational enterprise)의 경영이 지시된 곳의 관할'로 정의되었다.363)

통합된 다국적 기업집단은 대체로 모기업의 통제하에 있는 것이 대부분이고 다국적 기업의 국제도산은 글로벌 자산의 최대화라는 관점에서 중앙의 통제하게 공조가 이루어지는 것이 효율적이다. 'Group Center'는 기업집단 소속의 복수의 기업에 대한 도산절차가 진행되는 경우 각 법원 간의 공조를 위한 개념이다. 즉, 기업집단의 'Group Center'는 도산절차를 진행하는 여러 법원 중 'Group Center'로 인정된 곳의 법원이 법원 간의 공조에 있어서 중심적인 역할을 수행하도록 하기 위해 고안된 개념인 것이다.

기업집단의 'Group Center'와 기업집단의 COMI는 그룹에 소속한 기업들의 동일한 COMI를 가지는 경우 등에는 상호 일치될 가능성이 있으나 기업집단의 운영이 지시된 장소와 주된 이익의 중심지는 동일한 개념이 아니기 때문에 일치하지 않을 가능성도 얼마든지 존재한다.

'Group Center'를 기업집단의 COMI를 대체하는 개념으로 제시한 것은 기업집단의 경영에 있어서 기업집단을 중앙집중적으로 지배한 곳의 법원이 도산절차 간의 공조에 있어서도 중심적인 역할을 수행하는 것이 적절하다는 취지로 보인다.

---

361) https://www.iiiglobal.org/sites/default/files/draftmultinationalcorporaqtegroupguidelines.pdf; 국제도산협회가 미국법협회(American Law Institute)와 공동으로 같은 해 채택한 '법원 간 의사교환 가이드라인(Court-to-Court Communications Guidelines)'과 구별하여 'MEG Guidelines'이라고 불리며, 미국과 캐나다는 위 지침을 실제 사건에 활발히 사용하고 있다.

362) UNCITRAL은 도산 실무위원회를 중심으로 조정의 중심지(coordination centre) 문제에 관하여 상세한 논의를 진행하였으나 하나의 기업집단에서 조정의 중심지를 확정하는 것은 개별 채무자의 COMI를 확정하는 것과 관련하여 많은 어려움을 초래한다는 점이 지적되었고 특히 한 국가에서 조정의 중심지를 확정하는 결정을 하는 경우 그러한 결정이 최소한 다른 국가에서 승인될 수 있어야 하는데 그러한 결정이 다른 국가에 대하여 구속력 있는 결정이 될 수 없는 것이므로 조정의 중심지 확정에 관한 권고안 초안을 삭제하기로 합의하고 일군의 절차(one group proceeding)가 조정적 역할(coordinating role)을 담당하는 것에 대해서는 도산법 입법지침 제3편에서 다루지 않기로 하였다. 대신에 도산대표자 간의 공조의 한 형태로서 도산대표자 중 한 명이 조정적 역할을 담당할 수 있다고만 명시하기로 하였다; 심영진, 앞의 글, 285면.

363) 'Group Center' means the jurisdiction from which the operations of an integrated multinational enterprise are directed.

'Group Center'를 기업집단이 국제재판관할을 결정하는 준거로 활용하는 것에 대해서는 아직까지 논의가 없지만, 관할의 결정에 있어서 당사자 및 사건과의 관련성이 가장 중요한 요소가 되고, 법인격 독립의 원칙을 초월하여 기업집단이 책임 주체가 되는 근거가 지배력 행사에 있다는 점에서 통합된 기업집단에 대한 중앙집권적 경영을 지시한 곳의 법원에 기업집단 국제도산관할 부여하는 것은 타당한 면이 있다.

(3) 그룹조정센터

UNCITRAL에서도 하나의 기업의 조정의 중심지로서 그룹조정센터(coordination center for the group)에 관한 논의가 있다.[364] 내용상 위의 MGE지침에서의 '기업집단 중심지'와 유사한 개념이다.

최근 UNCITRAL은 기업집단 국제도산에 관한 권고안을 작성하는 과정에서 기업집단에서 하나의 조정의 중심지를 확정하는 방안에 관하여, 개별 채무자의 COMI를 확정하는 데 많은 어려움이 있는 점, 한 국가에서 조정의 중심지를 확정하는 결정을 하는 경우 그러한 결정이 최소한 다른 국가에서 승인될 수 있어야 하는데 그러한 결정이 다른 국가에서 구속력 있는 결정이 될 수 없는 점 등을 감안하여 조정의 중심지 확정에 관한 권고안을 작성하지 않기로 한 바 있다.

UNCITRAL 도산 실무위원회 회의는 주석 및 권고안 제250조 제(c)항에서 기업집단의 조정 중심지를 확정하는 방안을 폐기하는 대신 도산대표자 간의 공조의 한 형태로서 도산대표자 중 한 명이 조정적 역할을 담당할 수 있다고만 명시하기로 하였다.[365]

4. 통합재판적에 관한 주요 국가 국내법의 태도

(1) 개관

미국 연방파산법, 연방법원조직 및 절차법과 개정 독일도산법은 복수의 기업집단 소속기업들에 대한 복수의 도산절차가 진행되어야 할 경우, 하나의 법원에 통합재판적을 인정하는 취지의 규정을 두고 있다.

미국 연방파산법과 연방법원조직 및 절차법은 '통합재판적'이라는 명칭을 사용하고 있지 않으나, 위 법의 취지가 기본적으로 미국 내 여러 법원에 기업집단 소속기

---

364) UNCITRAL 도산법 입법지침 제3편, 85면.
365) 심영진, 앞의 글, 285 – 286면.

업과 같은 상호 관련 있는 채무자들에 대한 도산절차가 계속되어 있는 경우 이를 하나의 법원에 통합하기 위한 것으로서 우리의 토지관할 즉, 재판적에 관한 규정이므로 통합재판적이라고 불러도 무방할 것으로 보인다. 다만 미국 연방파산법과 연방법원조직 및 절차법은 미국 국내 각 주 간의 재판권 배분의 문제를 규정한 것이지만 미국과 다른 국가 간의 국제재판관할에도 동일하게 적용되므로 단일 국가의 재판적에 관한 규정과는 차이가 있다.

개정 독일도산법은 통합재판적에 의한 도산절차의 집중, 동일 기업집단에 속하는 채무자들의 절차조정, 공동관리인의 선임 등에 관한 규정까지 두고 있다. 이는 기업집단 국제도산에 관해 현재의 국제적인 논의를 국내법 차원에서 구현한 것으로서 매우 진보적인 내용이라고 할 수 있다.

미국 연방파산법, 연방법원조직 및 절차법과 개정 독일도산법은 국가 간의 재판권 배분에 관하여 규율하고 있는 것은 아니기 때문에 원칙적으로 본 논문의 주제인 다국적 기업집단의 국제도산사건의 국제재판관할의 문제와는 거리가 있다. 그러나 국내법이라 하더라도 기업집단의 통합적인 재판관할 및 병합적 처리를 다룬 드문 입법례로서 기업집단 국제도산관할에 시사하는 바가 있으므로 주목할 필요가 있다.

(2) 미국

1) 연방파산법에 의한 통합재판적

연방파산법 제1014조 (b)(4)[366]는 채무자와 소속기업이, 또는 그들에 대해 서로 다른 법원에 도산절차 개시신청이 접수된 경우, 첫 번째 신청이 접수된 법원은 정의와 당사자의 편의를 고려하여 어느 한 법원에 소를 병합할 수 있도록 하고 있다. 병합에 의해 동일한 법원에 도산절차가 계속되면 이들에 대해 제1015조 (b)(4)에 기하여 자산에 관한 공공관리명령을 내릴 수 있게 된다.

미국 연방파산법[367]은 기업집단의 도산에 관해 별도의 장을 두고 있지 않으며,

---

366) Rule 1014. Dismissal and Change of Venue

　　(b) Procedure When Petitions Involving the Same Debtor or Related Debtors Are Filed in Different Courts. If petitions commencing cases under the Code or seeking recognition under chapter 15 are filed in different districts by, regarding, or against …… (4) a debtor and an affiliate, the court in the district in which the first－filed petition is pending may determine, in the interest of justice or for the convenience of the parties, the district or districts in which any of the cases should proceed. ……

367) U.S.C. TITLE 11. Bankruptcy, 미국의 연방파산법은 1800년 최초 제정되었는데 당시에는

제1015조 (b)(4)[368])에 부부 쌍방·동업자 간 및 채무자와 그 계열사 등 복수의 채무자가 공동으로 도산절차 개시신청을 하거나 또는 둘 이상의 신청이 동일한 법원에 계속되어 있는 경우 및 그들에 대해 위와 같은 신청이 제기된 경우에는 법원은 '자산에 대한 공동관리(joint administration of the estates)'를 명할 수 있음을 규정하고 있다. 법원은 명령을 내리기 전에 잠재적 이익충돌의 우려가 있는 다른 자산의 채권자를 보호하기 위해 고려하여야 한다. 기업집단 소속기업들은 채무자와 그 계열사에 해당한다고 해석할 수 있으므로, 이 조항에 의하여 자산에 대한 공동관리명령을 받을 수 있을 것으로 보인다.

용어와 관련하여, 연방파산법 자체는 '통합재판적'이라는 명칭을 사용하고 있지 않으나, 위 법은 원칙적으로 미국 내 여러 법원에 상호 관련 있는 채무자들에 대한 도산절차가 계속되어 있는 경우 이를 하나의 법원에 통합하기 위한 것으로서 우리의 토지관할에 관한 규정이라고 할 수 있으므로 통합재판적이라는 용어를 쓰는 것이 적절하다.[369])

임시적인 성격을 가지는 것이었다. 동법은 1841년, 1867년의 임시적 연방파산법으로 이어오다가 1898년 항구적 성격을 가진 최초의 현대적 성격의 도산법률로서 제정되었다. 1898년 연방도산법은 1978년까지 효력을 가지며 채권자의 채권행사의 권한과 청산으로 인한 면책을 규정한 의의를 가진다. 1938년, 1978년, 1848년, 1994년의 수정을 거쳐 2005년 현행 연방도산법으로 정착하였다. 미국 연방도산법은 제1장으로부터 3, 5, 7, 9, 11, 12, 13장의 8개의 장으로 이루어져 있는데, 각 총칙규정, 도산사건의 관리, 채권자·채무자 및 파산재단, 청산, 지방자치단체의 채무를 위한 화의, 일반적인 갱생절차 및 철도운송인의 갱생절차, 정기적인 연소득이 있는 가족농업인의 채무조정절차, 정기적인 수입이 있는 개인채무자의 채무조정절차를 각 규정하고 있다; 장완규, 도산법개론, 한국학술정보(주) (2009), 18면.

368) §1015. Consolidation or Joint Administration of Cases Pending in Same Court
(b) Cases Involving Two or More Related Debtors. If a joint petition or two or more petitions are pending in the same court by or against (1) a husband and wife, or (2) a partnership and one or more of its general partners, or (3) two or more general partners, or (4) a debtor and an affiliate, the court may order a joint administration of the estates. Prior to entering an order the court shall give consideration to protecting creditors of different estates against potential conflicts of interest. ─후략

369) 앞서 살펴본 바와 같이 미국 연방파산법과 연방법원조직 및 절차법은 미국 국내 각 주 간의 재판권 배분의 문제를 규정한 것이지만 미국과 다른 국가 간의 국제재판관할에도 동일하게 적용된다.

2) 미국 연방법원조직 및 절차법[370]에 의한 통합재판적

미국 연방법원조직 및 절차법 제1408조[371]는 연방파산법에 의한 사건의 관할법원이 그 소속기업이 관련된 연방파산법에 의한 사건을 병합할 수 있음을 규정하고 있다. 연방파산법 제1014조 (b)(4)와 미국 연방법원조직 및 절차법 제1408조는 법원의 재량에 의한 사건의 병합이라는 점에서 공통점이 있으나 전자는 부부 쌍방·동업자 간 및 채무자와 그 계열사 등 복수의 채무자 등 상호 관련 있는 채무자들에 대한 도산절차가 병행하는 경우에 첫 번째로 도산신청 접수를 받은 법원이 재량에 의해 당해법원 또는 다른 법원에 사건을 병합할 수 있고, 후자는 채무자에 대한 도산절차의 관할법원이 재량에 의해 다른 법원에 계속되어 있는 그 소속기업에 대한 도산사건의 병합 여부를 결정할 수 있다는 점에서 다르다.

(3) 독일

1) 독일 주식법상의 콘체른 관련 규정[372]

독일은 성문의 단일법에 의해 기업집단을 규율하는 방식, 즉 단일체 접근법을 취하는 대표적인 국가이다.[373] 통상적으로 독일의 콘체른법이라 함은 1965년 입법된 독일 주식회사법(Aktiengesetz, 이하 'AktG'라고 한다)상의 콘체른 관련 규정 일체를 지칭한다.[374] 위 법의 정식명칭은 독일 주식회사법(Aktiengesetz)이지만, 기업집단에 대한 법적 규율이 포함되어 있다는 이유에서 독일 콘체른법 내지 독일 기업집단법으로도 불린다.

AktG는 수평적 콘체른(Gleichordnungskonzern)과 수직적 콘체른(Unterordnungskonzern)의 두 종류의 기업집단을 규정하고 있다.[375] 전자는 지배기업의 '통일적인 지도(einhei

---

370) U.S.C. TITLE 28. Judiciary and Judicial Procedure.
371) 28 U.S. Code § 1408 — Venue of cases under title 11
   Except as provided in section 1410 of this title, a case under title 11 may be commenced in the district court for the district—
   (2) in which there is pending a case under title 11 concerning such person's affiliate, general partner, or partnership.
372) http://www.gesetze−im−internet.de/aktg/__18.html;
   http://www.gesetze−im−internet.de/aktg/__291.html.
373) 독일, 브라질, 포르투갈, 체코, 슬로베니아 등 소수의 국가만이 이 방식을 취한다.
374) 김상조, "유럽의 기업집단법 현황과 한국 재벌개혁에의 시사점", 민주정책연구원 (2012. 7.), 31면.
375) 독일 주식법 제18조.

tlicher Leitung)' 아래 지배기업과 한 개 이상의 피지배기업이 결합되어 있는 경우의 기업집단을 의미하며376) 후자는 법적으로는 다른 기업의 지배를 받지 않는 독립적인 기업들이 통일적인 지도 아래 결합되어 있는 경우를 의미한다.377) 이때 '통일적인 지도'라 함은, ⅰ) 지배하는 기업이 종속회사의 정책에 실제로 영향력을 행사하며, ⅱ) 결집된 기업의 정책을 지속적으로 조율하는 목표를 가진 경우를 뜻한다.378)

2) 개정 독일도산법379)

① 배경

독일 콘체른법 내지 독일 기업집단법은 기업집단에 관한 단일법이지만 기업집단의 '도산'에 관한 규범은 포함하고 있지 않았다. 독일 연방정부는 2014년 1월 30일 자로 독일 연방의회에 독일도산법 등의 일부 개정을 위한 '기업집단 도산의 운영의 편의를 위한 개정안(Entwurf eines Gesetzes zur Erleichterung der Bewältigung von Konzerninsolvenzen)'을 제출하였는데,380) 동 개정안은 도산실체법적 규정은 포함하고 있지 않으며 그룹재판적과 그룹공통의 도산관리인 선임 등 기업집단의 도산에 관한 절차적 규정을 주된 내용으로 하고 있다.381) 독일 연방정부의 법안 제안 이유 (Begründung)에 나타난 입법 목적와 필요성을 살펴보면,382) 기존의 도산법제는 '단일 법인격, 단일 재단, 단일 도산(eine Person, ein Vermögen, eine Insolvenz)'을 원칙으로 하고 기업집단에도 동일한 원칙을 적용하였으나 기업집단제도의 이용과 중요성이 증가함에 따라 소속기업이 동시 또는 순차적으로 도산하는 경우 분산된 도산절차에 의함으로써 발생하는 부정적인 효과를 배제하고 기업집단 맞는 도산법제도의 도입이 실무적으로 요청되었다는 점을 배경으로 제시하고 있다.383) 법안(Gesetzes

---

376) 독일 주식법 제18조 제1항.
377) 독일 주식법 제18조 제2항.
378) 김용진, 앞의 책, 186면.
379) http://dipbt.bundestag.de/dip21/btd/18/004/1800407.pdf.
380) http://dipbt.bundestag.de/extrakt/ba/WP18/555/55535.html, BT-Drs 18/407 (Gesetz entwurf).
381) 2014일 1월 30일 자 연방정부 개정안.
382) http://dipbt.bundestag.de/dip21/btd/18/004/1800407.pdf, 15면.
383) 또한 그러한 필요에 대응하여 2012년의 UNCITRAL 도산법 입법지침 제3편 및 EU도산규정 개정안(Europäische Kommission, COM(2012) 744 final vom 12. Dezember 2012, Abschnitt IVa -Insolvenz von Mitgliedern einer Unternehmensgruppe)이 채택되었음을 언급하여 그러한 국외의 움직임이 독일 국내법 개정에 영향을 미쳤음을 내비치고 있다.

zur Erleichterung der Bewältigung von Konzerninsolvenzen)은 2017년 3월 9일 독일 연방하원(Bundestag)에서 통과되었으며, 같은 해 4월 21일 공포되고, 2018년 4월 21 일부터 시행되었다. 아래에서 핵심 내용에 관해 살펴보도록 한다.384)

② 그룹재판적(Gruppen-Gerichtsstand)

개정전 독일도산법(Insolvenzordnung, InsO) 제3조 제1항은 채무자에 대한 도산 절차는 채무자의 보통재판적 또는 채무자의 독립된 경제활동의 중심지(der Mittelpunkt einer selbstädigen wirtschaftlichen Täigkeit des Schuldners, 소위 COMI)를 관할하는 법원의 전속관할에 속한다고 규정하였다. 이 규정은 기업집단이 아닌 개별 기업의 일반관할에 관한 규정이지만, 개정전에 기업집단의 관할을 별도로 규정하고 있지 않기 때문에 기업집단 소속기업에도 적용되는 것으로 풀이된다. 따라서 개정전 독일도산법에 따르면 기업집단 소속기업이 도산한 경우 독일도산법 제3조 제1항 전 문의 채무자 보통재판적이나 후문의 COMI를 통한 재판적 양쪽 모두 관할이 있다고 할 것이다.

개정법 제3a조는 '제3e조에 의한 기업집단의 소속기업'이 적법한 도산절차개시신 청을 하고 신청기업이 전체 기업집단 내에서 명백히 열등한 지위를 가지는 것이 아 닌 경우 다른 소속기업들과 공통되는 그룹재판적을 신청할 수 있고 신청을 받은 도 산법원은 집단에 속한 다른 소속기업에 대한 도산절차(Gruppen-Folgeverfahren, 그 룹 후속절차)에 대해서도 관할이 존재함을 선언할 수 있다. 이때, 그룹재판적은 기존 의 제3조에 따른 일반재판적을 배제하는 것은 아니기 때문에 후속적으로 절차의 신 청이 없으면 그룹재판적으로 기능을 할 수 없게 된다.

그룹재판적은 '우선신청주의'가 원칙이며, 복수의 채무자가 동시에 신청하거나 어 느 신청이 우선인지 불분명한 경우에는 대차대조표상 자산규모가 더 큰 기업의 신청 만이 유효하다. 그룹재판적은 모기업의 보통재판적 내지 COMI에 의한 재판적에 한 정하지 않는다. 그룹재판적의 신청권자는 채무자인 기업집단 소속기업으로 제한하고 있으므로 채권자는 그룹재판적을 신청할 수 없다.

제3d조 제(1)항 전문에 "다른 도산법원을 그룹재판적 법원으로 하여 그룹에 속한 채무자의 자산에 관해 도산절차의 개시신청이 있으면, 수소법원은 그룹재판적 법원 에 사건을 이송할 수 있다"고 규정하고 있다. 이는 그룹재판적 법원에 소속기업의

---

384) 개정법에 대한 보다 자세한 내용은 김경욱, "독일의 기업집단 도산제도에 관한 소고", 경 영법률 제29권 제3호 (2019. 4.), 한국경영법률학회, 213-249면.

도산절차 계속 중 다른 법원을 그룹재판적으로 하여 소속기업에 대한 도산절차 개시 신청을 하면 그 다른 법원은 사건을 그룹재판적 법원에 이송하여 사건을 병합할 수 있다는 취지이다.

제3a조는 우선신청주의를 취하므로 이미 성립한 그룹재판적만 유효하고 이후의 다른 법원을 그룹재판적으로 신청하는 것은 그룹재판적 신청으로서는 효력이 없다. 따라서 이 경우는 수소법원의 판단에 따라 그룹재판적 법원으로 이송할 수 있도록 한 것이다. 제3d조 제(1)항은 제3a조와는 달리 신청권자를 채무자에 한정하지 않는 다. 법원의 이송결정을 재량사항으로 하고 있기 때문에 이미 그룹재판적 법원이 존 재하는 경우에도 2개 이상이 법원에서 그룹재판적으로서 도산절차가 진행될 가능성 이 있느냐의 문제가 제기될 수 있는데, 우선신청주의의 취지상 하나의 그룹재판적만 이 인정되어야 할 것으로 보인다.

채무자는 제3a조에 의해 그룹재판적의 신청을 할 수 있지만, 현행규정 제3조에 따 른 보통재판적에 관한 규정도 여전히 유효하므로 그룹재판적이 성립한 이후에도 보 통재판적 법원에 도산절차 개시신청을 할 수 있다. 우선신청주의에 의해 일단 그룹재 판적이 성립하면 후속하는 도산절차의 채무자는 다른 법원을 그룹재판적으로 신청할 수는 없고 이미 성립한 그룹재판적 또는 보통재판적을 선택할 수 있는 것이다.

현행법상 COMI에 의한 재판적의 해석에 따라서 모기업의 주소지 관할법원이 그 룹재판적의 역할을 할 수도 있으나 개정법은 채무자가 우선신청주의에 따라 그룹재 판적을 신청할 수 있도록 하고 그룹재판적의 요건을 특별히 규정하지 않음으로써 모 기업의 재판적 또는 COMI에 의한 재판적에 한정하지 않고 있다.

이상에 개정안에 의하면 2개 이상의 소속기업에 대한 도산절차 개시신청이 있을 경우 기업집단 소속기업들이 개별적으로 도산절차를 진행하는 방안 외에 관할을 집중 하여 하나의 그룹재판적 법원에서 도산절차를 진행할 수 있는 길을 열어 둔 것이다.

③ 독일도산법상의 특별병합절차(Koordinationsverfahren)

• 병합법원(Koordinationsgericht)

그룹소속 채무자의 재산에 대해 도산절차의 개시신청이 있거나 이미 개시된 경 우, 그룹후속절차 관할법원, 소위 병합법원은 신청에 의해 병합절차를 개시할 수 있 도록 하고 있다. 신청권자는 각 그룹소속 채무자, 채권자협의회 또는 임시채권자협 의회인데, 채권자협의회 및 임시채권자협의회는 만장일치의 결정으로 신청하여야 한 다(제269d조 제(1), (2)항).

- **병합관리인(Koordinationsverwalter)**

제269d조에 의한 병합법원은 그룹소속 채무자와 채권자로부터 독립한 병합관리인을 선임하여야 하는데, 병합관리인은 도산관리인과 그룹소속 채무자의 대리인(Sachwalter)으로부터도 독립하여야 한다. 병합법원은 병합관리인 선임 전에 그룹채권자협의회에게 병합관리인에 관한 요구사항을 진술할 기회를 부여하여야 한다(제269e조 제(1), (2)항).

- **병합계획(Koordinationsplan)**

병합관리인은 그룹소속 채무자들의 재산에 대한 도산절차를 표결로 처리하기 위하여, 병합법원에 병합계획의 승인을 신청할 수 있고, 병합관리인이 선임되지 않았으면 그룹소속 도산관리인이 공동으로 신청할 수 있다. 병합계획은 그룹채권자협의회의 동의를 얻어야 한다. 법원은 병합계획의 내용인 권리에 관한 규정 또는 절차적 취급에 관한 규정을 준수하지 않은 경우 그 흠결이 보정될 수 없는 것이거나 법원이 정한 기한 내에 보정하지 않으면 직권으로 병합계획을 기각할 수 있고 기각결정에 대해서는 즉시항고 할 수 있다(제269h조 제(1), (3)항).

병합계획에는 도산절차의 표결처리를 위해 적절한 모든 조치를 기재할 수 있으며 특히, ⅰ) 각 그룹소속 채무자와 기업집단의 재정적 지급능력의 복구, ⅱ) 그룹내부의 소송의 해결, ⅲ) 도산관리인 간의 계약상의 합의(도산관리인계약)를 위한 제안을 포함할 수 있다(제269h조 제(2)항).

5. 기업집단에 대한 국제재판관할권의 확대

(1) 개관

앞서 살펴본 미국법원의 자산관리공동명령 등을 위한 절차병합은 개별 도산절차가 모두 미국 내의 법원에 계속되는 경우를 전제한다. 따라서 자회사 또는 모회사 어느 한쪽에 대해서만 미국법원이 관할권을 가지는 경우에는 외국의 모회사 또는 자회사에 대하여 'joint administration'을 통하여 미국법원에 재판관할을 발생시킬 수 없다.[385]

그런데 미국법원은 판례를 통하여 소속기업이 미국 영토의 영역 내외에 걸쳐 존재하는 역내·외 모자회사의 경우 미국법원은 외국의 기업집단 소속기업에 대해서도

---

385) 김용진, 앞의 책, 197면.

일정한 요건을 갖추면 재판관할권의 확대를 인정하고 있는데,[386] 이는 기업집단에 있어서 법인격 독립의 원칙에 의한 책임제한의 원리를 수정하는 역할을 한다.[387]

관할권 확대에 관한 미국의 판례는 기본적으로 미국 각주의 관할확대법규(long arm statutes)에 의한 것인데, 여기에는 미국 내에 소재하는 자회사에 대한 재판관할을 근거로 외국에 소재하는 모회사에 관할권을 확대하는 경우와 그 반대로 미국 내 모회사에 대한 재판관할을 외국의 자회사에 확대하는 두 가지 유형이 있다. 각 유형별로 판례의 동향을 살펴보기에 앞서 외국회사에 대한 미국법원의 인적재판관할권의 행사 요건에 대한 판례의 입장을 소개하도록 한다.

유럽연합도 경쟁법 분야에서 '경제단일체 이론(one economic theory)'에 근거하여 기업집단의 모회사와 자회사가 경제단일체를 이루는 경우에는 일정한 요건하에 자회사에 대한 재판관할을 근거로 모회사에 대하여 재판관할의 확대를 인정하고 있다.

이상의 판례 및 이론들은 도산법 영역에 관한 국한한 것은 아니지만, 외국기업에 대해 재판관할권 확대를 인정하게 되면 자국법원에 도산절차 개시신청을 할 수 있으며 당해 외국기업과 자국 소속기업에 대한 도산절차와의 절차병합이 가능하게 되므로, 이를 우리나라 기업집단 도산법제에서 수용하거나 응용할 여지가 있는지 검토해 볼 필요가 있다.

---

386) 미국의 경우 재판관할권은 국제재판관할권의 개념과 중첩되는데 독일법계와 속하는 우리나라와 같이 국제재판관할권과 이를 전제로 한 개념인 관할권을 구별하지 않고 양자를 동일시하기 때문이다. 용어자체가 'jurisdiction'을 공통적으로 사용하고 있으며 개념을 구별하지 않고 있다. 이는 서로 다른 법역으로 구성된 연방국가의 특성으로 인하여 준국제사법이 발달해 온 영향으로 국제사법 역시 'jurisdiction'의 이론을 중심으로 발전해 왔기 때문이라고 한다. 이와는 달리 독일과 오스트리아 등 대륙법계 국가들은 국제재판관할과 국내관할을 엄격히 구별한다; 이연주, "국제재판관할의 기본이념", 석사학위 논문, 중앙대학교 (2008), 45면.

387) 김용진, "자회사의 행위에 대한 모회사의 재판관할 —다국적기업의 경쟁제한금지 위반행위를 중심으로—", 충남대학교, 법학연구 제24권 제1호 (2013), 295면.

(2) 미국법원의 판례

1) 외국기업에 대한 대인관할권의 행사[388]

미국은 각 주가 독립된 재판권을 가지고 있기 때문에 여러 주가 관련되는 법률적 분쟁에 관하여 어느 주에 재판관할권이 있는지 문제되는데 이에 대해서는 '공평과 정의(fair play and substantial justice)'에 입각한 법정지의 지정이라는 원칙에 따라 재판관할권 인정 여부를 결정하고 있으며, 이러한 원칙은 미국법원에 제기되는 국제소송에도 그대로 적용된다고 한다.[389] 미국에서는 소송을 대인소송(Action in personam),[390] 대물 소송(Action in rem),[391] 준대물소송(Action in quasi in rem)으로 구분하고 관할권도 이에 대응하여 대인관할권(Jurisdiction in personam),[392] 대물관할권(Jurisdiction in rem),[393] 준대물관할권(Jurisdiction in quasi in rem)[394]으로 구분한다.

피고에 대한 대인관할권[395]이란 미국법원이 사람이나 단체에 대하여 행사하는 관할권을 의미한다. 특정한 소송물에 관하여 인정되는 '특별 대인관할권'과 소송물의 법정지와의 관련성을 불물하고 피고의 주소 또는 소재지를 매개로 인정되는 '일반 대인관할권'이 있다.[396] 대인관할권은 미국 각 주 상호 간의 재판권 분배의 문제이

---

388) 김용진, "역내·외 모자회사에 대한 미국법원의 재판관할권의 제한적 행사 경향과 그 한계", 한국비교사법학회, 비교사법 제21권 제3호, 통권 제66호 (2014. 8.), 1327면; 미국 판례의 피고에 대한 대인관할권에 관하여는, 석광현, 국제민사소송법, 박영사 (2012), 154면; 이연주, "국제재판관할의 기본이념", 석사학위 논문, 중앙대학교 (2008), 74면.

389) 사법연수원, 국제사법과 국제민사소송, (2010), 89면.

390) 피고에 대한 일반적인 청구사건으로 당사자 상호 간의 권리 및 의무의 확정을 목적으로 하는 소송.

391) 특정한 재산에 관한 권리 내지 이익을 확정하기 위한 목적으로 제기되는 소송.

392) 각 주가 그 주의 영역 내에 거주하고 있는 사람에 대하여 기속력 있는 판결을 선고할 수 있는 배타적 권한이 있음을 의미한다.

393) 각 주가 그 주의 영역 내에 소재한 모든 재산에 대해 일반적인 관할권을 행사할 수 있음을 의미한다.

394) 피고의 재산이 주의 영역 내에 소재할 경우 그 재산과 직접 관련이 없는 경우라 할지라도 원고가 그 재산을 압류함으로써 소송을 개시하면 압류된 재산을 통해 피고가 그 주 영역 내에 거주하는 것으로 보고 관할권을 인정하는 것을 의미한다.

395) 인적 재판권(Personal Jurisdiction)이라고도 한다. 인적관할은 보통재판적과 유사한 성격을 가지는 것인데 우리 법제와 같이 주소나 거소가 아니라 지속적이고 조직적인 접촉만으로도 관할이 인정된다는 점에서 차이가 있다.

396) 그 밖에도 재산에 기초한 관할권, 동의에 기초한 관할권이 있다, 연방법원의 인적 관할권에 관하여는, 정영환, "미국 연방법원의 재판권 －재판제도/재판권/연방문제재판권을 중심으로－", 한국법학원, 저스티스 통권 제157호 (2016. 12.).

기도 하지만 동시에 외국법원과의 관계에 관하여도 적용되므로 국제재판관할의 문제이기도 하다.

대인관할권의 인정 기준에 관하는 1878년 Pennoyer v. Neff 판결[397]에 의해 확립된 'Pennoyer 원칙(현존의 원칙, Presence theory)'이 미국 재판관할의 일반원칙으로 인정되고 있다. Pennoyer 원칙의 주된 내용은 "주 영역 내에 현존하는 피고에게 소장을 직접 송달함으로써 당해 주는 피고에 대해서 관할권을 가진다"는 것이다. 동 원칙은 1945년 International Shoe Co. v. Washington 판결[398]에서 법정지 내에 현존하지 않더라도 공평과 실질적 정의에 반하지 않는 최소한의 접촉(minimum contact)이 인정되면 관할권을 인정하는 것으로 완화되었다. 최소 접촉의 원칙(minimum contact theory)은 이후 재판권의 확대에 크게 영향을 미쳤다. 각 주는 동 원칙을 반영하여 당해 주에 거주하지 않는 피고에 대하여 그 주 법원의 관할권을 인정하기 위한 근거법률인 관할확대법(long arm statutes)을 제정하였다.[399]

---

397) Pennoyer v. Neff, 95 U.S. 714 (1878), 위 판결은 첫째 모든 극가는 그 영토 내에서 인적 및 물건에 대하여 배타적 관할권 및 주권을 갖는다. 둘째, 어떠한 국가도 그 영토 외의 당사자 및 물건에 대하여 관할권이나 권한을 행사할 수 없다. 셋째, 한 국가의 재판절차는 다른 국가에 들어갈 수 없고, 이러한 원칙은 그 국가에서의 송달절차에 의하여 법정지 법원의 관할권 내로 데려오거나 스스로 출석할 것을 요한다는 것으로 요약할 수 있고 이러한 이론은 관할권에 대한 영토적 제한을 지지하는 국제법에 의존한 것이라고 평가된다; 사법연수원, 앞의 책, 90면(주75).

398) International Shoe Co. v. Washington, 326 U.S. 310 (1945), 델라웨어 주에서 설립된 구두제조·판매회사인 원고가 주된 사무소를 미주리 주에 두고 각 주에서 구두를 제조·판매하였는데 워싱턴 주에서만은 아무런 사무소도 두지 아니하고 다만, 위탁판매원을 고용하여 주문을 받되 제품은 미주리 주 세인트루이스에서 고객에게 직접 우송하였는데, 판매원은 계약을 하거나 수금을 하는 권한도 없었으며 회사로부터 판매수수료만 지급받고 있었다. 워싱턴 주는 주의 실업보장법이 임금의 일정비율을 실업보장기금으로 납부하게 되어 있음을 이유로 위 회사에 실업보장기금을 청구하는 소송을 워싱턴 주 법원에 제기하자 회사는 워싱턴 주 내에서는 영업활동을 한 적이 없다는 이유로 관할권을 다투었다. 이에 대해 연방대법원은 피고가 반드시 법정지주에 소재하지 아니하더라도 그 사람에 대한 소송의 유지가 공평과 실질적 정의라는 전통적 관념에 반하지 않을 정도로 최소의 관련을 갖고 있는 경우에는 그 주에 관할권을 인정하여도 헌법상 적법한 절차조항에 위반하는 것이 아니라고 판시하였다. 또한 최소의 관련을 구체적으로 결정함에 있어서는 회사의 주내 활동이 많았는가, 적었는가 하는 양적 판단을 할 것이 아니라 공평과 정의라는 질적 판단을 할 것이며 회사가 주내에서 영업활동을 하여 그 주법의 편익과 보호를 받은 만큼 그에 따른 의무가 주내 활동과 관련이 있는 한 그 의무를 강제하기 위해 행해진 소송에 응소하는 것은 타당하다고 하였다; 사법연수원, 앞의 책, 91면.

399) 현존의 원칙이 원고에게 가혹하다는 문제의식에서 비롯된 것인데, 법정지 내에서 피고가 영업을 하고 있었다면(doing business) 관할을 발생시키기에 족하다고 판단한 판례가 판단한

위와 같은 과정을 거쳐 현재는 미국 어느 주가 인적관할권을 행사하기 위하여는 법률적 요건인 '관할확대법(long arm statutes)'에 의한 수권과 헌법적 요건인 수정헌법 제5조 내지 제14조의 적법절차조항(due process clauses)과 관련 판례에 부합하여야 한다는 두 가지 요건이 필요한 것으로 정리되었다.

최근에는 후자의 적법절차 요건과 관련하여 피고가 회사인 경우 일반적 대인관할권의 행사 요건으로서 '지속적이고 조직적인 접촉(continuous and systematic contact theory)'[400]이 제시되어 그 구체적인 기준이 무엇인가를 중심으로 한 논의가 이어지고 있는데 특히 기업집단의 경우에 크게 문제되고 있다고 한다.[401]

한편, 인적재판관할의 두 가지 요건, 즉 주(州)법에 의한 관할확대법에 의한 수권과 적법절차 요건을 충족하는 경우에도 '부적절한 법정지의 원칙(forum non conveniens)'에 의해 재판관할권의 행사가 거부되기도 하는데, 이는 지나친 관할권 확대 경향에 대한 견제로서, 법정지의 법원이 적법한 관할권을 갖더라도 당해 법원이 사건을 처리하는 것이 부적절하고 다른 주에서 재판하는 것이 더 편리하고 정의에 합당하다면 소를 이송하거나 각하할 수 있다는 것이다.[402]

부적절한 법정지의 원칙의 적용은 종래 관할확대법이나 최소관련성의 원칙에 의

판례가 등장하기 시작하였는데 대부분의 주가 이와 같은 판례법을 입법한 것이 관할확대법이다, 김용진, "자회사의 행위에 대한 모회사의 재판관할 – 다국적 기업의 경쟁제한금지 위반행위를 중심으로 –" 충남대학교 법학연구소, 법학연구 제24권 제1호(2013. 6.), 309면; 관할확대법은 1977년 Schaffer v. Heitner 판결(433 U.S. 186 (1977))에서 준대물관할권에도 확대적용되었다. Schaffer v. Heitner 판결은 준대물권관할에서 최소관련의 원칙은 명백히 채택한 것으로 평가받는 외에 준대물관할에 있어서도 현존의 원칙을 기계적으로 적용하여 피고의 존재만으로 자동적으로 재판관할권을 인정함으로써 나타나는 부당한 결과를 수정한 것으로서 방법론에 있어서 비형식적 방법론 적용을 예시한 것으로 평가받고 있다.

400) International Shoe Co. v. Washington 판결은 피고 회사가 법정지주에서 영업활동을 하고 있다면, 법정지주 내에서의 현존이 의제된다고 하였는데 법정지주 내에서의 일체의 영업활동이 모두 현존의제로 되는 것은 아니고 적법절차상 법정지와의 접촉은 피고로 된 외국회사가 법정지에서 방어할 수 있음을 합리적으로 기대할 수 있는 정도에 이르러야 한다. 이 사건에서 피고 회사의 활동은 법정지와 계속적이고 조직적인 활동으로 평가되어 적법절차 요건을 충족한 것으로 판단되었다, 김용진, "자회사의 행위에 대한 모회사의 재판관할 – 다국적 기업의 경쟁제한금지 위반행위를 중심으로 –" 충남대학교 법학연구소, 법학연구 제24권 제1호(2013. 6.), 309면.

401) 김용진, "역내·외 모자회사에 대한 미국법원의 재판관할권의 제한적 행사 경향과 그 한계", 한국비교사법학회, 비교사법 제21권 제3호, 통권 제66호 (2014. 8.), 1330면.

402) 서헌제, 국제거래법, 법문사 (2006), 698면; 동 원칙은 재판관할결정에 있어서 법원에 과도한 재량권을 부여할 뿐 아니라 외국인이 제소한 사건의 재판을 거부하는 근거가 되고 있다는 점에서 국제소송에 있어서 자국민의 보호 도구로 이용될 위험이 있다고 한다.

해 자국의 재판관할을 확장하는 입장을 고수하는 경향에서 탈피하여 국제법상의 원칙인 보편주의를 지향하여 내용상 국제법적 고려를 강조하는 방향으로 나아가는 것으로 평가할 수 있다.

2) 자회사에 대한 관할을 근거로 한 재판관할권의 확대

법정지에 자회사를 소유하고 있다는 사실만으로 법정지법원이 외국기업인 모회사에 대하여 재판권을 행사할 수 있는가의 문제에 관하여 실마리를 제공한 판결은 1925년의 Cannon Mfg. Co. v. Cudahy Packing Co. 판결이다.403) 이 판결로 성립한 캐논 독트린은 '형식적·실질적으로 자회사로부터 독립되어 있는 모회사는 자회사의 법정지법원의 재판관할권에 복종하지 않는다'는 원칙으로서 재판관할권 확대를 제한하는 법리이다.404) 이후 판례는 형식적으로 법인격이 독립되어 유지되고 있다고 하더라도 '지배이론(control approach)',405) '대리이론(영업소 이론, agency theory)'406) 및 '분신이론(alter-ego theory)' 등을 통해 모자회사의 지배관계라는 특수성을 매개

---

403) 자세한 내용은, 김용진, "자회사의 행위에 대한 모회사의 재판관할 – 다국적 기업의 경쟁제한금지 위반행위를 중심으로 – " 충남대학교 법학연구소, 법학연구 제24권 제1호 (2013. 6.), 297면.

404) Cannon Mfg. Co. v. Cudahy Packing Co., 267 U.S. 333 (1925), 원고인 캐논사가 계약 침해를 이유로 Cudahy의 본사를 상대로 손해배상청구소송을 제기하면서 자회사인 Cudahy Alabama가 법정지인 노스캐롤라이나 법원의 재판관할권에 복종해야 한다고 주장한 사안에 관한 것이다. 연방대법원은 자회사의 독립이 다소 형식적으로나마 유지되고 있으므로 실제 존재하며 단순히 허구라고 볼 수 없다고 하여 모회사에 대한 재판관할권을 부인하였다. 캐논독트린이란 '형식적·실질적으로 자회사로부터 독립되어 있는 모회사는 자회사의 법정지법원의 재판관할권에 복종하지 않는다'는 원칙이다.

405) 법정지와 최소접촉을 모회사에 귀속시키는데 필요한 법인격부인의 법리를 관철하기 위해 개발한 이론이 모회사에 의한 자회사 지배이론이다. 미국 연방대법원은 Scophony 판결 (U.S. v. Scophony Corp. of America, 333 U.S. 795 (1948))에서 형식상 법인격 독립이 유지되고 있다 할지라도 자회사가 사실상 모회사의 지배에 있다면 자회사에 대한 재판관할권으로써 모회사에 대한 재판관할권을 주장할 수 있다고 판시하였다; 김용진, "역내·외 모자회사에 대한 미국법원의 재판관할권의 제한적 행사 경향과 그 한계", 한국비교사법학회, 비교사법 제10권 제2호 통권 제21호 (2014. 8.), 298면.

406) 미국 자회사의 법정지 접촉에 의하여 독일 모회사에 대하여 캘리포니아에서의 대인관할권을 행사할 수 있다고 판시하였는데, 그 근거로 미국 자회사는 적어도 대인관할권과 관련하여 독일 모회사의 영업소(agent)로 기능하였기 때문에 모회사에 대한 대인관할권을 행사하는 것을 합리적인 것으로 볼 수 있다는 점을 들었다; 김용진, "역내·외 모자회사에 대한 미국법원의 재판관할권의 제한적 행사 경향과 그 한계", 한국비교사법학회, 비교사법 제10권 제2호 통권 제21호 (2014. 8.), 298면.

로 하여 모회사에 대한 간접적인 인적관할권을 인정하여 왔다.[407]

그런데 연방최고법원은 2014년의 Daimler AG v. Bauman 판결[408]에서 미국 캘리포니아 주에 소재한 자회사의 불법행위로 인해 발생된 손해를 독일의 모기업에 청구한 사건에 관하여, 캘리포니아 법원의 대인관할권을 인정하는 것이 헌법상 요청인 적법절차 요건이 부합하지 않는다고 보아 모기업에 대한 일반 대인관할권의 흠결을 이유로 원고의 소를 부적법 각하한 바 있다.[409]

이는 사건과 당사자 모두 내국관련성이 없는, 예컨대 외국인만이 당사자가 된 순수한 외국사건에서 미국의 실체법을 역외적용하는 것을 제한하는 최근의 경향에 따른 판결로 평가 받는다.[410] 순수 외국 사건에서 역외적용을 제한하는 최근 미국법원의 판례에 관하여는 4), 5)항에서 살펴보도록 한다.

---

407) 김용진, "역내·외 모자회사에 대한 미국법원의 재판관할권의 제한적 행사 경향과 그 한계", 한국비교사법학회, 비교사법 제10권 제2호 통권 제21호 (2014. 8.), 296면; 1967년의 Frummer 판결(Hilton Hotels(U.K.) Limited v. Frummer, 389 U.S. 923 (1967))에서는 뉴욕 주에 소재하는 자회사가 수익적 영업활동을 하지 않은 채 모회사를 위한 업무만을 수행한 경우, 모회사가 뉴욕이 있었을 경우를 가정하면 그 직원들이 당연히 하였을 영업활동을 함으로써 뉴욕에서 자신의 영업활동(doing business)을 한 것이라는 이유로 미국법원의 재판관할에 복종하여야 한다고 판시하였고, sunrise Toyota 판결(Sunrise Toyota, Ltd. v. Toyota Motor Co., 55 F.R.D. 519 (1972))에서 미국 캘리포니아 소재 하는 미국 수입업자가 일본에 소재한 모회사의 상호 앞에 'U.S.A.'만을 추가하여 사용한 경우, 미국 내 자회사를 일본의 모기의 단순한 부서로 보기는 어렵지만(mere department theory), 모회사는 그 자신의 이익을 위하여 완전지배 자회사를 만들었기 때문에 대리이론을 적용하여 일본의 모기업에 대하여 뉴욕 주가 재판관할권을 행사할 수 있다고 판시하였다.
408) Daimler AG v. Bauman, 187 L.Ed.2d 624 (2014).
409) 자세한 사실관계, 1심법원 및 항소법원의 판결 등에 관하여는, 김용진, "역내·외 모자회사에 대한 미국법원의 재판관할권의 제한적 행사 경향과 그 한계", 한국비교사법학회, 비교사법 제21권 제3호, 통권 제66호 (2014. 8.), 1332면; Daimler AG v. Bauman 판결은 원칙적으로 법인설립지와 주된 영업소재지를 관할연결점으로 하면서 예외적으로 인정하는 영업활동의 연결점은 이른바 '고향상황 기준(essentially at home)'과 같이 원칙적인 연결점에 상응하는 정도에 이를 것을 요구하여 외국기업들이 미국법원의 재판관할권에 휩싸일 위험을 줄였다. 다만 주의할 점은 위 판결은 순수하게 외국인만이 당사자로 관여한 사건, 즉 국내관련성이 없는 사건에 대한 것이다.
410) 김용진, "미국 증권법의 역외적 적용에 관한 최근 동향과 미국 증권집단 소송에 대한 국내기업의 대응 방안", 동아대학교 법학연구소, 동아법학 제52호 (2011).

3) 모회사에 대한 관할을 근거로 한 재판관할권의 확대[411]

미국법원은 모회사가 미국에 소재한다는 것을 근거로 외국에 소재하는 자회사에 대하여도 재판관할권을 인정하고 있다. 뉴욕 남부 연방지방법원은 1975년 Freeman v. Gordon & Breach, Science Publishers, Inc. 판결[412]에서 런던에 소재하는 모회사에 대하여 그 자회사의 뉴욕에서의 활동을 이유로 뉴욕 주에서의 현존을 인정하여 원고의 청구를 인용하면서 모회사가 뉴욕에 있고 자회사가 런던에 있는 경우에도 마찬가지 법리를 적용할 것이라고 판시한 이래 2012년 IBM 사건 등에서도 '단순한 부서 이론(mere department theory)', '대리이론(agency theory)' 등을 근거로 자회사도 뉴욕 주의 재판관할권에 복종하여야 한다는 태도를 견지하여 왔다.

연방최고법원은 2011년 Goodyear Dunlop Tires Operations, S.A. v. Brown 판결[413]에서 법원은 외국회사의 자회사가 고향에서와 같은 정도의 편안함을 느낄 수 있을 정도로 법정지와 '지속적이고 조직적'으로 관련되어 있는 경우에는 다른 주의 회사 및 외국국적의 회사를 포함하여 그 외국회사에 대한 일체의 재판관할권을 행사할 수 있다고 판시한 바 있다.

4) 미국 증권법의 역외적용과 국제재판관할

Morrison v. National Australia Bank Ltd. 판결[414]은 미국 증권법의 역외적용과 관련하여 소위 'foreign-cubed class action'[415]을 다룬 판결인데 종래 제2순회항소법원은 소위 'foreign-cubed class action'과 관련하여 사기행위의 대부분이 미국 내에서 발생하였다면 그 영향이 미국 밖의 투자자에게 아무리 큰 영향을 미쳤다고 하더라도 미국법원에 사물관할이 있다고 보는 '행위이론', 설사 사기가 다른 나라에서 발생되었다 하더라도 이에 의하여 미국 투자자 또는 미국 시장에 직접적이고 본질적인 영향을 미쳤다면 미국법원의 재판관할을 인정할 수 있다는 '효과이론'에 기해 미국법원에 재판권이 재판관할권이 있는지 여부를 판단하는 판결을 해왔다.[416]

---

411) 김용진, "역내·외 모자회사에 대한 미국법원의 재판관할권의 제한적 행사 경향과 그 한계", 한국비교사법학회, 비교사법 제21권 제3호, 통권 제66호 (2014. 8.), 1334면.
412) Freeman v. Gordon & Breach, Science Publishers, Inc., 398 F.Supp. 519 (1975).
413) Goodyear Dunlop Tires Operations, S.A. v. Brown, 564 U.S. 915 (2011).
414) Morrison v. National Australia Bank Ltd., 561 U.S. 247 (2010).
415) ⅰ) 미국 이외의 다른 국가에 속한 회사가 발행하고, ⅱ) 미국 외 거래소에서, ⅲ) 미국인이 아닌 자가 매입한 증권과 관련하여, 미국법원에 제소된 증권소송사건을 가리킨다.
416) Morrison v. National Australia Bank Ltd., 561 U.S. 247 (2010).

그런데 미국 연방법원은 2010년 Morrison v. National Australia Bank Ltd. 판결에서 f-cubed 사건을 미국 증권법규의 역외적용의 문제, 즉 재판관할의 문제로 파악한 것은 잘못된 것이라고 하면서 통상 의회는 외국이 아닌 국내사건을 규율할 목적으로 입법한다는 점, 국내사건인가 여부를 판단함에 있어서는 거래가 국내에서 이루어졌는가를 그 기준으로 하여야 한다는 점을 근거로 미국 증권법이 역외적으로 적용되지 않는다고 하여 상고를 기각한 바 있다.[417]

5) 미국 독점금지법의 역외적용과 국제재판관할[418]

미국 증권법의 경우와 마찬가지로 미국은 자국의 독점금지법을 역외적으로 적용하여 왔다. 국제적 차원에서 가격담합이 이루어진 경우에 카르텔에 가담한 자를 어떻게 하나의 절차에 집중시킬 것인가와 관련하여 '음모이론(conspiracy theory)'을 발전시켰는데, 이 이론에 따르면 담합가담자 모두에 대한 재판관할권을 행사할 수 있는 요건으로는, ⅰ) 피고와 1인 이상의 자가 어떤 일을 하기로 음모하였을 것, ⅱ) 음모의 결과가 특정 법정지에서 발생할 것을 합리적으로 예상할 수 있을 것, ⅲ) 음모한 행위를 공동음모자 1인이 공공연히 자행하였을 것, ⅳ) 그 행위로 인하여 비거주자에게 법정지의 long-arm statute에 의한 재판관할권이 발생할 것 등이다.

미국법원은 2004년 F. Hoffmann-La Roche Ltd. v. Empagran S.A. 판결[419]부터 독점금지법의 역외적용을 제한하기 시작하였는데 연방대법원은 순수 외국원고가 미국법원에 제소할 수 있는가의 문제에서 외국에서 자행된 반독점금지행위로 인하여 외국에서만 발생된 손해에 기하여 원고가 미국법원에 소를 제기하는 경우 미국 독점금지법을 적용시키는 것은 불합리하다고 보았다. 이 판결 이후 세계시장이론 등을 주장하며 미국법원에 제소하려는 시도는 성공을 거두지 못하고 있는데, 이와 같이 순수외국원고에 대하여 자국의 문호를 개방하지 않는 것은 과거 영향이론으로 인한 사법마찰 등에 비추어 바람직한 것으로 평가된다.

---

417) 동 판결의 자세한 내용은, 김용진, "미국 증권법의 역외적 적용에 관한 최근 동향과 미국 증권집단 소송에 대한 국내기업의 대응 방안", 동아대학교 법학연구소, 동아법학 제52호 (2011), 754면.

418) 자세한 내용은, 김용진, "자회사의 행위에 대한 모회사의 재판관할-다국적 기업의 경쟁제한금지 위반행위를 중심으로-" 충남대학교 법학연구소, 법학연구 제24권 제1호 (2013. 6.), 311면.

419) F. Hoffmann-La Roche Ltd. v. Empagran S.A., 542 U.S. 155 (2004).

(3) 유럽연합의 경제단일체 이론

경제단일체 이론(economy entity theory)은 원래 모회사 소재국가가 자신의 주권 밖에 있는 자회사에 대하여 재판관할권을 행사할 목적으로 창안된 국제법 영역에서의 이론인데 유럽연합에서는 외국의 다국적 기업이 공동체 시장 내에서 자회사를 영위하는 경우에 모회사에 대한 재판관할권을 정당화시키기 위해 변형시켜 도입한 것이다. 유럽연합은 특히 경쟁법 분야에서 모회사에 대한 관할권을 확대하기 위해 자회사가 독립적인 법인격체라는 전통적인 사고에서 벗어나 모회사와 자회사가 경제단일체를 구성한다고 파악하여 법인격 독립을 부인하는 근거로 삼고자 한 것이다.[420]

ECJ는 모기업이 카르텔에 가담한 자회사의 100% 지분을 가지고 있다면 모기업은 자회사의 일정한 영향력을 행사하고 있을 뿐 아니라 모기업이 사실상 자회사의 위반행위에 대하여서도 영향력을 행사하였다는 점에 대해 반증가능한 추정력이 생긴다고 본다. 그런데 이러한 추정은 카르텔에 가담한 특정사업영역에 한정하지 않고 기업전략, 영업정책과 같은 일반적인 형태의 영향력에 의해서도 발생하기 때문에 추정을 복멸하는 것은 쉽지 않다고 하며, 따라서 일반적인 관계에서도 의존관계가 인정되면 경제단일체로 보아 자회사의 경쟁제한 금지위반행위를 근거로 모회사에 대한 재판관할권을 행사할 수 있게 된다.[421]

(4) 우리나라 하급심 법원의 판례

우리나라 하급심 법원의 판례 중에 대한민국의 베트남전 참전군인들이 미국 법인인 제초제 제조회사들을 상대로 우리나라 법원에 제조물책임 또는 일반불법행위책임에 기한 손해의 배상을 구한 소위 '고엽제 사건'에서, 미국법원의 판례를 수용하여 자회사에 대한 재판관할을 근거로 모회사에 대한 국제재판관할을 인정할 수 있다는 논리를 편 사례가 있다.

서울고등법원[422]은 국제사법 제2조 국제재판관할의 결정에 관한 법리에 따라 민사소송법의 관할규정 가운데 민사소송법 제5조의 사무소 또는 영업소 등 소재지에 관한 규정을 근거로 피고인 미국 법인인 모회사의 국제재판관할 유무에 대해 판단하

---

420) 김용진, "자회사의 행위에 대한 모회사의 재판관할 – 다국적 기업의 경쟁제한금지 위반행위를 중심으로 –" 충남대학교 법학연구소, 법학연구 제24권 제1호 (2013. 6.), 299면.
421) 김용진, 앞의 글, 307면.
422) 서울고등법원 2006. 1. 26. 선고 2002나32662 판결.

면서 다음과 같이 판시하였다.

민사소송법 제5조는 제1항에서 "법인, 그 밖의 사단 또는 재단의 보통재판적은 이들의 주된 사무소 또는 영업소가 있는 곳에 따라 정하고, 사무소와 영업소가 없는 경우에는 주된 업무담당자의 주소에 따라 정한다"고 규정하고, 제2항에서 "제1항의 규정을 외국법인, 그 밖의 사단 또는 재단에 적용하는 경우 보통재판적은 대한민국에 있는 이들의 사무소, 영업소 또는 업무담당자의 주소에 따라 정한다"고 규정하고 있다.

살피건대, 피고들은 모두 미국법에 의하여 설립되어 그 본점 소재지를 미국에 두고 있는 법인으로서 대한민국 내에 지점, 사무소, 영업소 또는 업무담당자의 주소를 두고 있지 아니하고, (중략) 민사소송법 제5조 제2항을 참작하여 이 사건에 관한 국제재판관할의 유무를 판단한다고 하더라도 피고들이 지점, 사무소 또는 영업소를 가지고 있지 아니한 대한민국 법원에 피고들의 영업소, 사무소 등 소재지로서의 국제재판관할을 인정할 수 없고, 또한 모회사와 자회사는 별개의 법인격을 가지므로 대한민국 법원이 대한민국법에 의하여 국내에 설립된 위 자회사들에 대하여 재판관할권이 인정된다고 하여 당연히 그 모회사인 피고들에 대하여도 재판관할권을 가진다고 볼 수 없다.

다만 피고들의 위 자회사들이 피고들의 사무소, 영업소 등과 동일시할 수 있는 실질을 가지고 있어 자회사의 법인격을 부인할 수 있거나 또는 마치 위 자회사들이 모회사인 피고들의 사무소 또는 영업소인 것과 같은 권리외관을 형성하거나 대한민국 내에서 피고들의 대리인으로 활동한 경우에는 위 자회사들을 피고들의 사무소 또는 영업소로 보고, 이에 기하여 대한민국 법원에 이 사건에 관한 국제재판관할을 인정할 수도 있을 것이다.

그러므로 우선, 피고들의 위 자회사들이 피고들의 지점, 사무소, 영업소 등과 동일시할 수 있는 실질을 가지고 있어 그 자회사의 법인격을 부인할 수 있는지 여부에 관하여 살피건대, 피고들이 대한민국 내에 소재한 위 자회사들의 주식을 직접 또는 다른 자회사를 통하여 실질적으로 전부 소유하고 있고, 위 자회사들이 피고들의 업무와 일부 관련된 영업활동을 수행하고 있는 사실, 이 사건 소장이 그 소장에 기재된 피고들의 주소에 따라 피고 다우에 대하여는 그 국내의 자회사인 한국다우케미컬 주식회사의 본점 소재지로, 피고 몬산토에 대하여는 그 국내의 자회사인 몬산토코리아 주식회사의 본점 소재지로 각 송달되었음에도 피고들이 이 사건 소가 제기되었음을 알고 각 그 대리인을 선임하여 이 사건 소장을 수령한 다음 소송에 임하여 온 사실은 당사자들 사이에 다툼이 없거나 기록상 명백하나, 이러한 사정만으로는 피고들이 자신들 사업의 일부로서 위 국내의 자회사들을 운영한다고 할 수 있을 정도로 완전한 지배력을 행사하고 있고 나아가 피고들과 그 각 자회사들 간의 재산, 회계 및 업무 등이 명확히 구분되어 있지 않는 등 위 자회사들이 피고들의 지점, 사무소, 영업소 등과 동일시할 수 있는 실질을 가지고 있다고 보기에 부족하고, 달리 피고들에 의하여 국내에 설립된 위 각 자회사들의 법인격을 부인할만한 사정을 인정할 자료가 없다.

또한, 홍콩에 소재한 피고 다우의 자회사인 다우퍼시픽케미컬 코퍼레이션의 사장이 피고 다우를 대리하여 이 사건 소송에 관한 소송대리인을 선임하고, 위 피고의 국내 자회사들에 대한 주주권을 행사한 바 있는 사실은 당사자 사이에 다툼이 없으나, 다우퍼시픽케미컬 코퍼레이션은 대한민국 내에 있는 피고 다우의 자회사도 아니고, 대외적으로 피고 다우의 영업에 관한 행위를 대리한 것이 아니라 그 자회사 내부의 주주권 행사나 소송대리인 선임을 위임받은 것에 불과하여, 위와 같은 사정만으로는 재판관할을 인정하기에 충분하다고 볼 수도 없으며, 달리 피고들의 위 자회사들이 피고들의 사무소 또는 영업소인 것과 같은 권리외관을 형성하였다거나 국내에서 피고들의 대리인으로 활동하였다고 볼 증거도 없다. 따라서 대한민국 내에 설립된 피고들의 위 자회사들을 피고들이 대한민국 내에 둔 사무소 또는 영업소 등으로 볼 수 없으므로, 결국 피고들의 이 부분에 관한 주장은 이유 있다.

위 판결은 피고들의 위 자회사들이 피고들의 사무소, 영업소 등과 동일시할 수 있는 실질을 가지고 있어 자회사의 법인격을 부인할 수 있거나 또는 마치 위 자회사들이 모회사인 피고들의 사무소 또는 영업소인 것과 같은 권리외관을 형성하거나 우리나라 내에서 피고들의 대리인으로 활동한 경우에는 위 자회사들을 피고들의 사무소 또는 영업소로 보고, 이에 기하여 우리나라 법원에 이 사건에 관한 국제재판관할을 인정할 수도 있다는 논리를 전개하였다. 이는 앞서의 미국법원의 '대리이론' 내지 '영업소 이론'을 수용한 것으로 평가할 수 있을 것이다.

위 판결의 상고심판결은 자회사에 대한 재판관할을 근거로 모회사에 대한 국제재판관할을 인정한 것이 아니라, 사건과 관련한 여러 사항을 종합적으로 고려할 때 우리나라가 이 사건의 사안 또는 당사자와 실질적인 관련이 있다는 점을 들어 국제재판관할을 긍정하여 항소심 판결이 타당하다고 하였다. 즉 자회사에 대한 재판관할을 근거로 모회사에 대한 일종의 간접관할[423]을 인정한 것이 아니라 직접관할을 인정

---

423) 승인관할을 간접관할이라고도 하나 여기서는 자회사에 대한 직접적인 재판관할을 근거로

한 것이다.424)

그 밖에 대법원 2012. 5. 24. 선고 2009다22549 판결은 일제강점기에 국민징용령에 의하여 강제징용되어 일본국 회사인 미쓰비시중공업 주식회사(이하 '구 미쓰비시'라고 한다)에서 강제노동에 종사한 대한민국 국민 갑 등이 구 미쓰비시가 해산된 후 새로이 설립된 미쓰비시중공업 주식회사(이하 '미쓰비시'라고 한다)를 상대로 국제법 위반 및 불법행위를 이유로 한 손해배상과 미지급 임금의 지급을 구한 사안에서, 미쓰비시가 일본법에 의하여 설립된 일본 법인으로서 주된 사무소를 일본국 내에 두고 있으나 대한민국 내 업무 진행을 위한 연락사무소가 소 제기 당시 대한민국 내에 존재하고 있었던 점, 대한민국은 구 미쓰비시가 일본국과 함께 갑 등을 강제징용한 후 강제노동을 시킨 일련의 불법행위 중 일부가 이루어진 불법행위지인 점, 피해자인 갑 등이 모두 대한민국에 거주하고 있고 사안의 내용이 대한민국의 역사 및 정치적 변동 상황 등과 밀접한 관계가 있는 점, 갑 등의 불법행위로 인한 손해배상청구와 미지급임금 지급청구 사이에는 객관적 관련성이 인정되는 점 등에 비추어 대한민국은 사건 당사자 및 분쟁이 된 사안과 실질적 관련성이 있다는 이유로, 대한민국 법원의 국제재판관할권을 인정하였다. 대한민국 내에 연락사무소를 둔 것만을 근거

모회사에 대해 간접적으로 국제재판관할을 인정한다는 의미에서 간접관할이라고 하였다.

424) 이 판결의 상고심판결인 대법원 2013. 7. 12. 선고 2006다17539 판결은 이 사건에 대한 국제재판관할 유무에 관하여 "선정자들은 제2차 베트남전쟁(이하 '베트남전'이라 한다) 동안 우리나라 군대의 구성원으로 베트남에 파병되어 복무한 베트남전 참전군인들 또는 그 유족들로서 모두 국내에 거주하는 우리나라 국민인 점, 선정자들은 베트남전 동안 복무지역에 살포된 고엽제에 노출되어 귀국한 후 우리나라에서 질병이 발생하였다고 주장하며 그 당시 고엽제를 제조·판매한 피고들을 상대로 제조물책임을 묻는 이 사건 소를 제기한 점, 피고들은 우리나라 군인들이 베트남전에 참전하는 사실을 알고 있었으므로 베트남에서 살포된 고엽제에 노출된 우리나라 군인들이 귀국한 후 질병이 발생할 경우 우리나라에서 피고들을 상대로 제조물책임을 묻는 소를 제기할 수 있음을 충분히 예견할 수 있었던 점, 베트남전 참전군인들의 베트남전 복무 및 그 발생 질병에 관한 자료들이 모두 우리나라에 있고 피고들이 우리말로 번역하여야 한다고 주장하는 외국 자료의 분량에 비하여 월등히 많으며, 손해액 산정에 필요한 자료 또한 우리나라에서 수집하는 것이 편리한 점, 우리나라는 베트남전 참전국가로서 참전 중의 행위로 발생한 우리나라 군대 구성원의 질병에 관한 분쟁에 관하여 정당한 이익이 있는 점 등 여러 사정을 참작하여, 분쟁이 된 사안의 손해발생지 겸 당사자의 생활근거지인 우리나라는 이 사건의 사안 및 당사자와 실질적 관련성이 있으므로, 우리나라 법원은 이 사건 소에 관하여 국제재판관할권을 가진다고 판단하였다. 앞서 본 법리와 기록에 비추어 살펴보면, 원심의 위와 같은 판단은 정당하고, 거기에 상고이유에서 주장하는 바와 같은 국제재판관할에 관한 법리오해 등의 위법이 없다."고 판시하여 민사소송법 제5조는 제2항의 적용에 관하여는 언급하지 않았다.

로 국제재판관할을 인정한 것은 아니지만 국제재판관할 존부 판단에 있어서 중요한 자료가 됨을 알 수 있다.[425]

---

425) 이 판례의 평석으로는, 이헌묵, "국제재판관할의 결정에 있어서 몇 가지 문제점 — 대법원 2012. 5. 24. 선고 2009다22549 판결을 중심으로—", 한국국제사법학회, 국제사법연구, 제19권 제1호 (2013).

제6장

우리나라 법원의
국제도산사건 실무

제6장

우리나라 법원의 국제도산사건 실무*

　국제도산사건의 공조의 실무례를 보면, 미국·캐나다 및 영국 등 영미법계 국가들 간에 국제공조는 활발히 진행된 반면, 대륙법계 국가들은 상대적으로 미온적 입장이다. 우리나라도 채무자회생법에 근거조항이 신설된 후에도 상당기간 동안 외국법원과 공조한 사례가 드물었다.[1] 이러한 기조는 2017년 서울회생법원이 2017. 3. 1.자

---

* 제6장의 서울회생법원의 실무에 관한 내용의 상당 부분(사건 개요, 일람표 등)은 김영석, "우리나라의 CBI 모델법 실무 및 그 개선방안 − 서울회생법원의 국제도산실무를 포함하여−", 한국국제사법학회, 국제사법연구, 제27권 제2호 (2021), 3−38면의 내용을 인용하였다. 위 논문의 저자는 2018년 2월부터 서울회생법원에서 국제도산사건을 담당하는 판사로 재직하면서 외국법원과의 업무협약에 대한민국 대표단으로 참석하고, 도산사법네트워크(Judicial Insolvency Network, JIN)에 옵저버로 참여하는 등 국제도산실무에 적극 관여하였으며, 서울회생법원의 국제도산 실무례를 외부에 소개하는 다수의 글을 발표한 바 있다.

1) 오수근/송희종, 앞의 글, 165면; 법원이 국제도산 공조에 매우 소극적인 태도로 실무에 적극적으로 활용하지 않는 이유에 대해서는 "사법부 독립 문제도 있고 법적 근거도 없고 선례도 없고 상대국과 법적 체계가 다를 수 있고 언어의 문제도 있으므로 굳이 외국법원이나 도산절

로 출범하여 국제도산전담법원으로 운영된 이래 크게 변화하고 있다.

서울회생법원은 주로 외국도산절차의 승인 및 지원에 관한 사건들을 처리함과 아울러 국제도산의 공조전담법관을 두어 외국법원과 서울회생법원이 공조하는 데 조력자로서의 역할을 수행하도록 하고 있다. 또한 사법도산네트워크(JIN)[2]의 "국제 도산 사건에서 법원 간 교신 및 공조에 관한 가이드라인", "법원 간 교신의 세부원칙"을 실무에 활용하고 2018. 4. 23. 미국뉴욕남부연방파산법원, 2018. 5. 16. 싱가포르 대법원 등 모델법을 수용한 국가들과 업무협약을 체결하는 등 국제적 정합성을 갖추기 위한 적극적 노력을 기울여 왔다.

서울회생법원측이 밝힌 실무의 특징 및 경향을 살펴보면 다음과 같다. 채무자회생법 시행 이후 2021. 12. 현재까지 접수된 총 14건의 외국도산절차 승인신청 중 각하된 1건을 제외하고는 모두 승인결정을 하였다. 같은 기간 동안 총 16건의 지원신청이 접수되었는데 취하된 4건을 제외하고는 모두 지원결정을 하였다. 승인결정이 내려진 13건의 사례에서 대상이 된 도산법정지국은 미국 4건, 일본 3건, 홍콩 2건, 네델란드, 영국, 필리핀, 호주 등이다. 승인신청 이후 승인결정까지 소요 기간은 소수의 몇 건을 제외하고 한 달 내지 두 달 정도이며, 서울회생법원이 개원한 이후로는 3주를 초과한 적이 없다. 신청 후 승인결정이 있는 동안은 신청 직후 발령된 승인 전 명령(채무자회생법 제635조, 제636조 제1항 제2호)에 따라 외국도산절차가 임시적인 지원을 받는다. 또한 서울회생법원은 다음을 국제업무추진의 주요방향으로 정하고 있다. ⅰ) 별도의 신청 없이도 직권으로 집행중지(Stay order, 채무자회생법 제635조, 제636조 제1항 제2호)를 발령하여 승인 전 명령(Provisional relief)을 활성화한다. ⅱ) 승인 및 지원결정을 하기 앞서 진행되는 심문절차에 '국내채권자'를 참여시켜 국내 채권자를 보호하고 효율적으로 쟁점을 정리한다. ⅲ) 국제도산 관련 홈페이지를 개설하여 관련 정보(채무자회생법 제5편의 주요 내용, 모델법과의 차이점, 흐름도 등)를 국문 및 영문으로 공개함으로써 외국인들이 국제도산 사건 관련 정보에 관하여 쉽게 접근할 수 있게 한다. ⅳ) 주요국 도산법원과의 긴밀한 협조체계를 구축하여 국제도산 사건에 관한 지속적인 협력을 꾀한다.

차의 대표자와 협의를 시도하지 않았을 수 있다"고 기재하고 있다.

2) JIN은 국제적으로 국제도산사건을 담당하는 판사들의 국제적 네트워크로서, 사법적 사고를 바탕으로 한 리더쉽(JudicialThought Leadership)의 증진, 국제도산사건의 실무 최적화(BestPractices), 법원 간의 소통과 상호협력(Communication & Cooperation)을 목적으로 2016년 10월에 조직되었다. 자세한 내용은 후술한다.

이하에서는 채무자회생법이 시행되기 전, 후의 판례의 변천내용을 짚어본 뒤, 서울회생법원 개원 이후의 외국도산사건절차의 승인 및 지원결정 신청사건과 국제 공조 실무례를 소개하도록 한다.

제2절 대법원 판례

I. 속지주의를 따른 판례

아래 판결은 채무자회생법이 2006년 4월 1일 자로 시행되기 전인 2005년 5월 18일 자 미국 파산법원의 회생계획 인가결정에 따른 면책적 효력이 국내적 효력에 관하여 판단한 것으로서 속지주의적 입장을 명확히 하고 있다.[3]

대법원 2010. 3. 25. 자 2009마1600 결정은 "구 회사정리법(2005. 3. 31. 법률 제7428호 채무자 회생 및 파산에 관한 법률 부칙 제2조로 폐지) 제4조 제2항은 외국에서 개시된 정리절차의 효력에 관하여 이른바 '속지주의의 원칙'을 채택하고 있음을 명시하고 있으므로, 외국에서 정리절차가 개시되어 선임된 채무자의 관리인이 그 국가의 법률에 따라 우리나라 내에 있는 채무자의 재산에 대한 관리처분권을 취득할 수 있는지는 별론으로 하고, 개별 채권자의 권리행사 등을 금지·제한하고, 채무자 혹은 도산재단의 재산을 보전·회복하기 위하여 도산절차상 특별한 조치를 취할 수 있도록 하며, 정리계획을 통하여 채권자와 주주의 권리를 변경할 수 있도록 하는 등 채권자, 주주 등의 이해를 조정하며 사업의 유지·재건을 도모하기 위하여 부여된 외국 정리절차의 본래적 효력은 우리나라 내에 있는 재산에 대하여 미칠 수 없다.

따라서 외국에서 정리절차가 개시된 채무자의 국내 소재 재산에 대하여 채권자가 권리를 행사하거나 실현함에 있어서는, 외국 정리절차의 본래적 효력에 의한 금지·제한을 받지 아니하고 그 외국 정리절차에서의 정리계획인가결정에 따른 권리변동 내지 면책의 효력도 미치지 아니한다."고 하여 '속지주의 원칙'을 확인한 바 있다.

---

3) 미국 연방파산법 제1141조가 회생계획안이 인가되면 채무자는 회생계획이나 인가결정 등에서 달리 정한 경우를 제외하고는 인가와 동시에 인가일 전에 발생한 모든 채권에 대하여 채권신고 여부와 관계없이 면책된다는 취지를 규정하여 회생계획 인가일에 면책적 효력이 발생하였다.

그리고 미국 파산법원의 회생계획인가결정에 관해 민사소송법 제217조의 외국판결4)의 승인을 신청한 부분에 대하여 "미국 파산법원의 회생계획인가결정에 따른 면책적 효력을 국내에서 인정하는 것이 구 회사정리법(2005. 3. 31. 법률 제7428호 채무자 회생 및 파산에 관한 법률 부칙 제2조로 폐지)의 속지주의 원칙을 신뢰하여 미국 파산법원의 회생절차에 참가하지 않고 채무자 소유의 국내 소재 재산에 대한 가압류를 마치고 강제집행이나 파산절차 등을 통하여 채권을 회수하려던 국내 채권자의 권리를 현저히 부당하게 침해하게 되어 그 구체적 결과가 우리나라의 선량한 풍속이나 그 밖의 사회질서에 어긋나는 경우에 해당하므로, 위 미국 파산법원의 회생계획인가결정은 민사소송법 제217조 제3호의 요건을 충족하지 못하여 승인될 수 없다"고 판시하였다.

위 판결은 미국 파산법원의 회생계획안 인가에 따른 면책적 효력이 2005년 5월 18일 자로 발생하고, 채무자회생법 2006년 4월 1일부터 시행되면서 속지주의에 관한 규정을 폐지하는 한편 부칙에서 그에 관한 경과규정을 두지 않자, 미국의 파산법원으로부터 이미 종결된 회생절차가 채무자회생법 시행 이후에 재개결정을 받은 것을 기화로 미국법원의 회생계획인가결정에 따른 면책적 효력이 국내에 미친다고 주장하면서 국내의 자산인 상가와 공장에 대한 가압류 해방공탁금을 회수해 가려고 면책판결의 승인을 구한 사안에 관한 것이다.

회생절차는 속지주의 원칙이 유효한 기간 내에 진행된 것이므로 구 회사정리법은 속지주의를 신뢰하여 채권자들이 미국 파산법원의 회생절차에 참가하지 않은 것은 정당하고, 외국판결의 승인신청의 시점이 채무자회생법 시행 후일 지라도 외국판결의 시점이 동법 시행 전인 경우, 당해 회생절차에서의 면책판결이 민사소송법 제217조의 외국판결의 승인의 요건을 갖추었는지 판단함에 있어서 외국법원의 면책재판 등에 따른 면책적 효력을 국내에서 인정하게 되면 국내 채권자의 권리나 이익을 부당하게 침해하는 등 그 구체적 결과가 선량한 풍속이나 그 밖의 사회질서에 어긋나게 되므로 민사소송법 제217조 제3호의 요건을 충족하지 못하여 승인이 불가하다고 판시하였다.5)

---

4) 조문상으로는 외국'판결'의 승인으로 되어 있었으나, 판결 이외의 재판도 승인의 대상으로 인정하는 것이 통설이자 판례의 입장이었다. 동 조항은 2014년 5월 20일 자로 외국법원의 확정판결 외에 '이와 동일한 효력이 인정되는 재판'도 승인의 대상임을 명시하는 것으로 개정되었다.

5) 이 사건 미국법원의 회생계획인가결정은 채무자회생법 시행 이전에 존재하였기 때문에 민

이 결정은 UNCITRAL에 의하여 2012년의 Rubin & Anor. v. Eurofinance SA 사건 등 영국법원의 판례와 함께 CBI 모델법상의 국제도산체계의 불확실성 증대시킨 예시로 제시된 바 있다.[6] 위 대법원 결정이 속지주의 원칙을 천명하고 있기는 하나 이는 채무자회생법 시행 전의 구 회사정리법의 규정에 근거한 것일 뿐, 미국 파산법원의 회생절차에서의 면책판결이 민사소송법 제217조의 외국판결의 승인의 요건을 갖추었는지를 판단한 것이므로, 실질적으로는 CBI 모델법상의 외국도산절차의 승인과는 직접적인 관련이 없다. 즉, UNCITRAL이 당해 판결을 CBI 모델법상의 국제도산체계의 불확실성 증대시킨 예시로 든 것은 오류라고 할 것이다. 앞으로 국제적 정합성을 갖춘 한국법원의 국제도산사건 실무례를 적극적으로 소개할 필요가 있어 보인다.

사소송법 제217조에 의한 외국판결의 승인의 대상인 동시에, 채무자회생법 시행 이후에 미국법원에서 도산절차가 재개되었기 때문에 일응 채무자회생법 제632조의 외국도산절차의 승인의 대상도 될 수도 있다. 그런데 대법원 2010. 3 .25. 자 2009마1600 결정은 채무자회생법상 '외국도산절차의 승인결정'과 민사소송법상의 '외국판결의 승인'의 법적 성질 및 효력에 관하여 "'외국도산절차의 승인'은 민사소송법 제217조가 규정하는 '외국판결의 승인'과는 달리 외국법원의 '재판'을 승인하는 것이 아니라 당해 '외국도산절차'를 승인하는 것으로서 그 법적 효과는 외국도산절차가 지원결정을 하기 위한 적격을 갖추고 있음을 확인하는 것에 그치는 것이고, 그 승인에 의하여 외국도산절차의 효력이 직접 대한민국 내에서 확장되거나 국내에서 개시된 도산절차와 동일한 효력을 갖게 되는 것은 아니다"고 전제한 뒤, "외국법원의 면책재판 등은 실체법상의 청구권 내지 집행력의 존부에 관한 것으로서 그에 의하여 발생하는 효과는, 채무자와 개별 채권자 사이의 채무 혹은 책임의 감면이라고 하는 단순하고 일의적인 것이고, 그 면책재판 등의 승인 여부를 둘러싼 분쟁은 면책 등의 대상이 된 채권에 기하여 제기된 이행소송이나 강제집행절차 혹은 파산절차 등에서 당해 채무자와 채권자 상호간의 공격방어를 통하여 개별적으로 해결함이 타당하므로, 이 점에서 외국법원의 면책재판 등의 승인은 그 면책재판 등이 비록 외국도산절차의 일환으로 이루어진 것이라 하더라도 민사소송법 제217조가 규정하는 일반적인 외국판결의 승인과 다를 바 없다고 할 것이다"라고 판시하여 이 사건 회생계획인가결정이 채무자회생법상의 외국도산절차로서가 아니라 민사소송법의 외국판결로서 승인되어야 함을 밝힌 바 있다, 동 판결의 평석 및 민사소송법 제217조의 해석에 관하여는, 이연주, "민사소송법 제217조의 승인대상으로서 '외국재판'의 개념 − 외국법원의 면책재판 등에 관한 논의를 중심으로 −", 이화여자대학교 법학연구소, 법학논집 제21권 제2호 (2016. 12.); 외국도산절차의 승인의 대상이 외국도산절차 그 자체만인가 또는 그 절차를 구성하는 개개의 재판을 의미하는 것인가의 논의에 관하여는, 김영주, "외국도산절차의 대내적 효력에 관한 비교 고찰", 성균관대학교 법학연구소, 성균관법학 제22권 제3호 (2010. 12.), 800면.

6) https://uncitral.un.org/sites/uncitral.un.org/files/media − documents/uncitral/en/ml_rec ognition_gte_e.pdf, 11면 각주1.

Ⅱ. 완화된 속지주의를 따른 판례

판례는 채무자회생법 시행 이전에도 외국파산절차의 국내적 효력이 전면적으로 부정한 것은 아니고 외국파산선고의 효력을 '포괄집행적 효력'[7]과 '관리처분권 이전의 효력'으로 구분하여 전자의 효력은 한국 소재 재산에 대하여 미치지 않지만 후자의 효력은 국내 소재 재산에 대하여 미친다고 하여 부분적으로 그 효력을 인정하였다.

특히 문제가 되었던 것은 외국파산관재인의 당사자 적격에 관한 것인데 이에 대한 하급심 판결은 결론이 나뉘기도 하였으나 대법원 2003. 4. 25. 선고 2000다64359 판결은 속지주의를 완화하여 외국도산절차의 파산관재인에게 당사자 적격을 긍정하였다.[8]

대법원 2003. 4. 25. 선고 2000다64359 판결은 구 파산법이 적용되는 사안에 관하여 "파산법 제3조 제2항은 외국에서 선고한 파산은 한국 내에 있는 재산에 대하여는 그 효력이 없다고 규정하고 있는바, 이는 외국에서 선고된 파산은 한국 내에 있는 재산에 대하여 파산선고의 본래적 효력인 포괄집행적 효력[9]이 미치지 않는다는 것을 선언함에 그치고, 나아가 외국에서 파산선고가 내려진 사실 또는 그에 따라 파산관재인이 선임되었다는 사실 자체를 무시한다거나, 그 선고의 결과 파산선고를 한 해당 국가에서 선임된 파산관재인이 그 국가의 법률에 따라 한국 내에 있는 파산자의 재산에 대한 관리처분권을 취득하는 것까지 부정하는 것은 아니다"라고 판시하였는데 이는 속지주의를 완화한 판결로 평가된다.

이 판결에 대해서는 '포괄집행적 효력'과 '관리처분권 이전의 효력'은 파산절차가 개시되면 파산법의 규정에 의하여 발생하는 것으로서 불가분적인 것이어서 이를 구분하는 것은 무리이고 판례와 같이 해석하면 국외재산에 대한 관리처분권은 파산관

---

7) 대법원 2010. 3. 25. 자 2009마1600 결정; 판례가 가리키는 파산선고의 본래적 효력으로서의 '포괄집행적 효력'이라 함은 개별 채권자의 권리행사 등을 금지·제한하고, 채무자 혹은 도산재단의 재산을 보전·회복하기 위하여 도산절차상 특별한 조치를 취할 수 있도록 하며, 정리계획을 통하여 채권자와 주주의 권리를 변경할 수 있도록 하는 등 채권자, 주주 등의 이해를 조정하며 사업의 유지·재건을 도모하기 위하여 부여된 효력을 의미한다.
8) 임치용/박태준/이성용/김춘수, 앞의 책, 522면.
9) 도산절차는 채무자의 총채권자에 대한 평등한 변제를 그 목적으로 하는 것이고, 그 실현을 위하여 채권자의 개별적인 권리행사(집행)를 금지하는데 이를 포괄집행적 효력이라고 한다. 이러한 포괄집행적 효력은 국가권력의 발동인 강제집행과 유사한 면이 있어 외국도산절차의 효력 중 위와 같은 국가권력의 발동이라는 측면을 갖는 포괄집행적 효력은 당해 외국의 국가권력이 미치지 않는 우리나라에 대하여 특별한 입법조치 없이 당연히는 그 효력이 미치지 않는다.

재인에게 이전되나 개별채권자들은 포괄집행의 효력에 구애받지 아니한 채 관리처분권을 상실한 종전 채무자로부터 국외재산을 양수받거나 그에 대하여 집행할 수 있다는 것이 되어 모순이 발생한다는 취지의 비판적인 견해가 있었다.[10] 또한 해석상 외국파산관재인의 국내재산에 대한 관리처분권을 인정한다고 하더라도 이는 파산관재인의 선임에 관한 외국법원의 재판의 효력을 승인하는 것을 의미하는 것으로 볼 수 있는데 민사소송법상의 외국판결의 승인을 거쳐야 하는지도 논의가 분분하였다.[11]

현행 채무자회생법은 지원처분의 한 형태로 국제도산관리인 제도를 두고 국제도산관리인이 선임된 후에는 채무자의 업무의 수행 및 재산에 대한 관리처분권한을 국제도산관리인에게 전속하도록 하여 이 문제를 입법적으로 해결하였다. 국제도산관리인이 선임된 후에는 채무자의 업무의 수행 및 재산에 대한 관리처분권한은 국제도산관리인에게 전속하고 국제도산관리인은 법원의 허가를 얻어 대한민국 내에 있는 채무자의 재산을 처분 또는 국외로서의 반출, 환가·배당 그 밖에 법원이 정하는 행위를 할 수 있도록 규정하고 있으므로(제636조 제1항 제4호, 제637조), 국제도산관리인 선임 전에는 여전히 종전 채무자가 당사자 적격을 가지지만 선임 후에는 국제도산관리인이 관리처분권의 일환으로서 소송수행권을 가지므로 당사자 적격을 갖는다고 할 것이다.[12]

III. 수정된 보편주의를 따른 판례

채무자회생법 시행 후의 판례는 수정된 보편주의로 해석할 수 있다. 서울고법 2009. 8. 28. 자 2008라1524 결정은 우리나라 법원에서 외국도산절차의 승인결정을 얻은 경우 미국법원의 도산절차에서의 면책적 효과가 국내에서도 인정될 것인지에 관해 다툼이 있었던 사안에 관한 것이다.

서울고등법원은 외국도산절차의 승인결정만으로 면책의 효력을 포함한 외국도산절차의 효력이 국내에 미치는지 여부에 관하여, "채무자회생법은 외국도산절차의 승

---

10) 임치용, 파산법연구, 박영사 (2004), 561면; 석광현, 국제사법과 국제소송(제1권), 박영사 (2001), 454면.
11) 권택수, "파산법 제3조 제2항 소정의 '외국에서 선고한 파산은 한국 내에 있는 재산에 대하여는 그 효력이 없다'는 규정의 의미", 대법원판례해설 제45조(2003상반기), 대법원행정처 (2004), 504면; 임치용, 앞의 책, 566면.
12) 서울중앙지방법원 파산부 실무연구회, 회생사건실무(하), 박영사 (2014), 272면.

인결정만으로는 아무런 법률효과를 인정하지 않고 있고, 기타 제반 규정을 종합해 보더라도, 우리나라 법원의 승인결정에 의하여 외국도산절차의 효력이 일응 우리나라에 미칠 수 있도록 하되, 각국의 법체제와 파산 및 면책의 요건·절차·효과 등이 서로 상이함으로 인하여 발생할 수 있는 혼란을 최소화하기 위하여 외국의 도산법이 정한 외국도산절차의 효력이 우리나라에 그대로 유입되는 것을 차단하고, 우리나라 법원이 재량으로 개별적인 지원결정을 하도록 하는 입장을 취하고 있는 것이지, 승인결정만으로 면책의 효력을 포함한 외국도산절차의 효력이 곧바로 국내에 미치게 된다고 볼 수는 없다. 우리 채무자회생법은 구 파산법상 속지주의를 폐지하고 보편주의로 전환하는 입법적 결단을 하면서도 외국도산절차가 자동적으로 승인되도록 하는 대신, 그 승인을 위하여 법원의 결정이 필요하도록 하는 이른바 결정승인제를 채택하고, 이와 더불어 승인결정 자체에는 단순히 지원처분을 할 수 있는 기초로서의 의미만을 부여하고 있다고 봄이 상당하다 할 것인데 … 앞서 살펴본 바와 같이 이 사건 외국도산절차와 관련하여 채무자에 대하여 국내에서도 그 면책의 효력을 미치게 하는 어떠한 지원결정도 내려지지 아니한 이상, 이 사건 외국도산절차에서 채무자에 대하여 면책의 효력이 발생하였다고 하여 그 효력이 국내 채권자인 신청인에게도 그대로 미치는 것으로 볼 수는 없고, 따라서 위 국제도산 승인결정으로 인하여 이 사건 외국도산절차상 면책의 효력이 발생하여 신청인의 채권이 실효되었다는 채무자의 위 주장은 받아들일 수 없다."고 판시하였다.

채무자회생법이 속지주의를 폐지하고 보편주의를 취하였다고, 외국도산절차의 승인에 있어서 외국파산절차가 일정한 요건을 갖추는 경우 당연히 국내적 효력을 인정하는 자동승인제가 아니라 별도의 결정을 요하는 결정승인제를 채택한 것이고, 채무자회생법 제632조의 승인 요건을 충족한 경우에도 미국 도산법원의 면책적 효과가 인정되기 위해서는 채무자회생법 제636조의 지원절차를 통한 처분이 필요하다고 하였다. 이는 일본의 승인원조법에 영향을 받은 수정된 보편주의를 취한 것으로 평가할 수 있다.

IV. 보편주의적 경향을 취한 판례

2017. 3. 1. 서울회생법원의 개원 후 법원 실무는 외국도산절차의 승인신청이 있으면 별도의 신청 없이도 법원이 직권으로 집행중지(Stay order, 채무자회생법 제635

조, 제636조 제1항 제2호)를 발령하여 승인 전 명령(Provisional relief)을 발령하여 보편주의적 경향을 취하고 있다.[13] 제도상으로는 승인 전 명령을 필수적으로 발령되는 것은 아니지만 법원이 직권으로 승인 전 명령을 발령하여 실제로는 보편주의를 취한 모델법과 같이 운용되고 있는 것이다.

서울회생법원은 썬에디슨 프로덕츠 싱가포르 프라이빗 리미티드 사건(2017국승100001)에서 실무상 최초로 신청 없이 '직권으로' 승인 전 명령을 발령하였다. 외국도산절차의 승인신청을 적극적으로 지원하기 위해 승인신청이 접수된 지 하루 만에 승인 전 명령을 내림으로써 실질적으로 자동중지와 마찬가지의 효력을 부여한 것이다. 이후 에이치에이치아이씨-필 잉크 사건(2019국승100000)에서는 최초로 승인결정과 동시에 직권으로 지원처분을 발령하였는데 이것이 실무상 최초의 사례라고 한다. 서울회생법원은 2021국승100000사건에도 2021. 7. 14. 직권으로 '승인신청에 대한 결정이 있을 때까지 채무자의 업무 및 재산에 대한 강제집행, 담보권 실행을 위한 경매, 가압류·가처분 등 보전절차를 금지 또는 중지하는 내용'의 승인 전 명령을 하였고, 2021. 7. 20. 심문을 거쳐 2021. 7. 27. 위 파산절차에 대한 승인결정을 하여 실무의 태도를 그대로 유지하였다.[14]

법원은 이와 같이 외국주절차에 대한 승인결정과 동시에 지원처분이 자동적으로 발령되는 모델법의 내용과 효과상 동일하게 실무를 운용함으로써 수정된 보편주의를 취한 채무자회생법의 한계를 보완하고 있다. 서울회생법원의 개원 직후인 2017. 4. 7. 법관 워크숍에서 발표된 국제도산 업무추진방안에 따라 직권으로 집행정지를 발령하여 승인 전 명령을 활성화하는 것이 법원의 원칙적 실무운용방침임을 밝힌 바 있다.[15]

---

13) 직권으로 집행중지를 발령하는 것은 서울회생법원의 국제도산 업무추진방안에 따른 것이라고 한다.
14) 김영석, 앞의 글, 14면.
15) 김영석, 앞의 글, 15면.

제3절 │ 외국도산절차의 승인과 지원

I. 개관

외국도산절차의 승인제도는 외국법원이 재판권을 행사하고 있는 외국도산절차에 관하여 우리나라 법원에서 채무자회생법 제5편에 정한 지원처분을 하기 위한 목적으로 대내적 효력을 인정하는 것을 말한다. 채무자회생법은 외국도산절차의 대표자에게 외국도산절차의 국내 승인을 구하도록 하고, 승인신청이 있으면 그 결정이 있기 전에도 채무자의 업무 및 재산에 대한 소송 또는 행정청에 계속하는 절차의 중지, 채무자의 업무 및 재산에 대한 강제집행의 중지와 같은 지원결정(승인 전 명령)을 받을 수 있도록 하고 있다.

외국도산절차의 승인과 지원제도는 국제도산사건의 예측가능성을 높일 목적으로 2006년 채무자회생법 입법당시 UNCITRAL이 1997년 성안한 모델법을 받아들여 제5편에 신설한 것인데, 위 법이 시행된 이후 서울회생법원 설치 전에도 미국의 회생절차(Chapter 11 reorganization),[16] 일본의 회사갱생절차(回生更生節次),[17] 네덜란드의 파산절차(faillissement),[18] 홍콩의 청산절차(winding−up)[19]를 위시한 많은 외국

---

16) 주식회사 고합사건 등.

17) 일본의 선사 산코기센가부시키가이샤(三光汽船株式會社)가 2012년 7월 2일 일본국 동경지방재판소에 회사갱생절차를 신청하여 2012. 7. 23. 개시결정을 받았는데, 자사 소유 선박에 대한 압류를 막기 위해 서울중앙지방법원에 외국도산절차의 승인신청을 하여 국제도산승인결정(2012국승1)으로 인용 받았다. 또한 승인신청이 있은 후 그 결정이 있을 때까지 승인전명령으로서 강제집행, 담보권실행을 위한 경매 등 집행절차의 금지 또는 중지를 구하는 것을 내용으로 하는 국제도산지원결정을 신청함과 아울러 승인결정 후에도 동일한 내용으로 지원처분을 신청하여 국제도산지원결정(2012국지1, 2)을 인용받은 바 있다.

18) 네덜란드 법인인 LG Philips Display Holdings BV가 2006년 1월 20일 네덜란드국 파산법원 헤르토겐보쉬 법원(the court of Hertogenbosch)에 파산신청을 하여 파산절차가 개시되었는데, 서울지방법원에 국제도산승인결정(2007국승1) 및 국제도산지원결정(2007국지1)을 받았다. 특이한 사항 위 법인의 채권자가 네덜란드 법원이 파산절차르 공정하게 진행하지 않았음을 근거로 서울중앙지방법원에 파산절차를 신청하여 파산선고 결정을 받아 병행도산절차(2008하합8)가 개시되었다는 점이다. 국내파산절차는 파산재단으로써 파산절차의 비용을 충당하기에도 부족하다는 이유로 배당절차에 이르지 못하고 폐지되었다.

19) 서울지방법원은 홍콩법인인 Lehman Brothers Commercial Corporation Asia Limited사에 대하여 중화인민공화국 홍콩특별행정구역의 최고법원 1심법원(the High Court of the Hong Kong Special Administrative Region Court of First Instance)에 신청되어 계속 중

도산절차들을 승인한 바 있다.

외국법원이 진행하는 외국도산절차를 승인하고 그에 대한 지원처분을 내린다고 하여서 국내도산절차를 개시하지 못하거나 중지하여야 하는 것은 아니다.[20] 따라서 기업집단 소속기업들에 대한 국내도산절차와 외국도산절차가 병행할 수 있는데 우리나라 법원이 기업집단에 대한 도산절차를 주도하기 위해서는 소속기업에 대한 관할권이 국내법원에 있는 것을 전제로 소속기업이 속한 국가의 법원에 외국도산절차의 승인을 얻고 지원처분으로서 해당 기업의 업무·재산에 대한 소송, 강제집행 등에 대한 중지를 신청하여야 한다. 소속기업들에 대한 외국법원의 도산절차를 중지하거나 개시되지 않게 함으로써 국내법원에 기업집단에 속한 소속기업들의 도산절차가 집중되도록 하는 것이다.

한편, 서울회생법원의 출범 전 국내도산절차의 대외적 효력이 문제된 사건으로는 다음과 같은 예가 있다. ⅰ) 주식회사 온세통신에 대하여 2003년 5월 9일 회사정리절차가 개시된 후에 채권자인 주식회사 악슨텔레커뮤니케이션즈(Oxyn Telecommunications, Inc.)가 뉴욕주 남부지방법원미연방파산법 제304조[21]에 근거하여 미국 내에서 주식회사 온세통신을 상대로 판결, 행정심판, 중재 등에 기한 집행행위, 부과행위 및 미국 내에서 담보권의 설정, 대항 요건의 완성, 기타 집행의 착수 또는 속행, 주식회사 온세통신을 상대로 한 상계권을 행사하는 사법, 행정, 중재 기타 규제절차의 개시 또는 속행과 같은 절차의 진행을 영구히 금지하는 제소금지가처분명령(oder permanently enjoining)을 신청하였다. 한국에서 진행 중인 도산절차를 승인하는 문제가 대두되었는데, 미국법원은 당시 우리나라가 속지주의의 입장이었음에도 불구하고 우리나라 도산절차를 승인하였다. ⅱ) 주식회사 삼선로직스에 대한 회생절차가 2009년 3월 6일 자로 서울중앙지방법원에서 개시되었는데 관리인이 영국법원과 호주 법원에 외국도산절차의 승인신청을 하였다. 이에 대해 영국법원과 호주 법원 모두 한국의 도산절차를 주도산절차로 승인하였다. ⅲ) 주식회사 진로에 대한 회사정리절차가 개시된 후 채권자인 JS America, Inc.가 국제상업회의소(International Chamber of Commerce)에 국제중재절차를 신청하

인 회생절차를 국제도산승인결정(2009국승1)으로 승인하였고, 외국도산절차의 대표자가 신청한 채권가압류 중지와 국제도산관리인 선임에 대하여 국제도산지원결정(2010국지1, 2, 3)으로 국제도산지원결정을 하였다.

20) 채무자회생법 제633조는 외국도산절차의 승인결정은 채무자회생법에 의한 절차의 개시 또는 진행에 영향을 미치지 아니한다고 규정하고 있다.

21) 2005년 미국 연방파산법 제15장(Chapter 15, Ancillary and Other—Border Cases)의 신설로 폐지되었다.

자 관리인이 미국 파산법원(U.S. Bankruptcy Court Central District of California, LA division)에 미국 연방파산법 제304조에 의한 보조절차개시와 함께 위 중재절차의 중지 명령을 신청하였는데 모두 인용되었다. ⅳ) 주식회사 삼보컴퓨터에 대한 회사정리절차가 2005년 6월 16일 개시된 후 도산관리인이 2006년 11월 3일 미국 파산법원에 위 국내회사정리절차를 미연방파산법 제15장에 따른 외국도산절차로 승인신청하여 인용되었다. ⅴ) 비오이 하이디스 테크놀로지 주식회사에 대한 회사정리절차가 개시된 후 관리인이 미국 파산법원에 제15장의 외국도산절차로 승인신청하여 2006년 12월 7일 외국의 주절차로서 인용되었다. ⅵ) 주식회사 대우자동차에 대한 회사정리절차가 개시된 후 도산관리인이 미국법원(U.S. Court of Appeals Eleventh Circuit)에 외국도산절차로서 승인신청하였다. 채권자인 대우자동차 아메리카가 한국의 절차에 참가할 기회를 얻지 못하였다는 등의 이유로 승인에 반대하였으나 플로리다 중앙지방법원(United States District Court for the Middle District of Florida)과 항소심 법원은 승인신청을 인용하였다.22) 그 밖에도 2017년 2월 17일 자로 파산선고된 주식회사 한진해운은 미국 뉴저지주 뉴어크 파산법원에 파산보호신청을 하였는데 법원은 이를 받아들여 한진해운 채권자들이 당분간 한진해운의 미국 내 자산을 압류하지 못하며, 다른 법적 절차도 진행하지 못하도록 하는 '임시조건부명령(interim provisional order)'을 내린 바 있다.23) 외국법원들이 우리나라의 국내도산절차를 승인한 위 사례들은 모두 국내도산절차와 외국도산절차의 채무자가 동일한 경우이다. 외국법원에서 우리나라 도산절차를 외국도산절차로서 승인받기 위해서는 소속기업들에 대한 국내법원의 관할권 행사가 적법한 것으로 인정되어야 하므로, 기업집단 소속기업들에 대한 도산절차를 우리나라에서 주도적으로 진행하고자 하는 경우 국내법원에 국제재판관할권이 존재하여야 한다. 예컨대 모기업이 국내법인인 경우, 국내법원이 COMI를 가진 경우 등에는 외국법원에 적극적으로 국내도산절차의 승인 및 지원신청을 하여 국내법원이 주도산법원으로 역할을 할 수 있도록 하여야 할 것이다.

---

22) 이상의 국내도산절차의 대외적 효력이 문제된 사건의 자세한 개요에 대해서는, 김영석, "국제도산 사건의 실무와 최근 국제법적 동향", 제2기 도산법연수원Ⅱ, 서울변호사협회 (2016), 283면.

23) 중소기업신문, "美법원, 한진해운 파산보호 3일간 '한시적' 승인", (2016. 9. 7.), http://www.smedaily.co.kr/news/articleView.html?idxno=63595(2022. 7. 30. 최종확인).

Ⅱ. 주요 사례[24]

1. 그랜드벨 사건(2006국승1, 2007국승, 2008국지1)[25]

이 사건은 채무자회생법 시행 이후 한국에서 최초로 외국도산절차의 승인이 문제된 사건이다. 이 사건에서는 여러 가지 쟁점이 문제되었다. 2006국승1 사건의 신청인인 그랜드벨의 대표자 테드오는 승인신청 대상인 미국의 제11장 절차가 이미 종료(Closing)된 이후에 승인신청을 하였다. 법원은 승인신청 대상인 절차가 이미 종료되었다는 등의 이유를 들어 승인신청을 각하함으로써 종료된 사건의 승인이 불가하다는 입장을 취하였다. 테드오는 이후 위 각하결정 이후 미국법원에서 사건의 재개(Reopen) 결정을 받아 다시 승인신청(2007국승2)을 하였고 법원은 승인결정을 하였다. 그 외에 이 사건과 관련되어, 대법원은 채무자회생법상 승인결정만으로는 외국도산절차의 효력이 직접 국내에서 확장되는 등의 법률효과가 인정되지 않는 점과 외국 면책판결 등의 승인은 채무자회생법상 승인이 아닌 민사소송법상 외국판결 승인의 문제라는 점 등을 판시하였다.[26]

2. 엘지필립스 디스플레이즈 홀딩 비브이 사건(2007국승1, 2007국지1)

네덜란드에서 위 채무자에 대한 파산절차가 개시되었는데도, 이탈리아 국적의 채권자가 국내 법원에 파산절차(서울회생법원 2008하합8)를 신청하여 절차가 개시됨으로써 병행도산절차가 발생한 사례이다. 2007. 10. 18. 2007국승1 사건의 승인결정 이후 국내파산절차가 개시되었고, 2014. 8. 4. 파산재단으로써 파산절차의 비용을 충당하기에 부족하다는 이유로 폐지되었다.[27]

3. 산코기센 주식회사 사건(2012국승1, 2012국지1, 2012국지2)

2012국지1 사건은 외국관재인의 신청에 의하여 실무상 최초로 승인 전 명령(승인

---

24) 김영석, 앞의 글, 3-38면.
25) '주식회사 고합 사건' 또는 '테드오 사건'으로 알려진 사건이다. 이 사건에 관한 자세한 내용은 김영석, "국제도산에서 주된 이익의 중심지(COMI)를 둘러싼 제문제", 138면.
26) 대법원 2010. 3. 25.자 2009마1600 결정.
27) 이 사건에 관한 더욱 자세한 설명은 김영석, "국제도산에서 주된 이익의 중심지(COMI)를 둘러싼 제문제", 143면 참조.

결정이 있을 때까지 채무자의 업무 및 재산에 대한 강제집행, 가압류, 가처분 또는 담보권 실행을 위한 경매절차를 금지하는 내용)이 발령된 사건이다. 위 승인 전 명령은 승인결정이 있을 때까지만 임시적으로 효력이 있는 것이므로 외국관재인은 승인결정 발령에 대비하여 같은 내용(채무자의 업무 및 재산에 대한 강제집행, 가압류, 가처분 또는 담보권 실행을 위한 경매절차를 금지하는 내용)의 지원처분을 신청하였고(2012국지2), 신청취지에 따라 지원결정이 발령되었다.[28]

4. 강○○, 강△△ 사건(2014국승1, 2014국지1, 2014국지2)

이 사건에서 서울회생법원은 버지니아 동부지구 연방파산법원(U.S. Bankruptcy Court for the Eastern District of Virginia, 이하 'EDVA'라 한다)에 공조를 요청하여 절차를 진행하였는데, 이는 한국법원이 외국도산법원에 먼저 적극적으로 요청하여 공조를 이끌어내고 공식적으로 공조결정을 내린 최초이자 대표적인 공조 사례이다.[29][30] 공조의 목적은 자산 매각대금의 송금 전 국내 채권자들이 미국도산절차에 참여할 수 있는 기회를 충분히 부여받았는지 또는 송금 이후 미국채권자들과 공평하게 취급받을 수 있는지 등을 검토하기 위해서였다. 공조를 통해 서울회생법원은 매각대금을 미국에 송금하더라도 그로 인하여 국내 채권자들에게 불공평하다거나 한국의 공서에 반하는 결과가 발생한다고 볼만한 사정이 없다고 판단하고, 2018. 1. 18. EDVA로의 송금 신청을 허가하였다. 이는 채무자가 보유하고 있던 국내재산의 매각대금을 국외로 송금한 최초의 사례이기도 하다. 위 송금 이후 잔여 업무가 없게 되자 서울회생법원은 2018. 4. 25. 2014국지1호 국제도산지원절차를 종결하는 결정을 하였는데, 이 역시 실무상 최초의 국제도산지원절차 종결결정에 해당한다. 이 종결결정 이전에는 국제도산관리인의 사임신청을 허가하는 방법으로 국제도산지원절차를 종료하였다(2010국지2). 이후 서울회생법원은 2020. 6. 23. 2016국지100001호 리먼브라

---

28) 산코기센 주식회사 사건에 관한 자세한 설명은 김영석, "해운회사의 국제도산에 관한 연구-선박 관련 쟁점을 중심으로", 사법논집 제64집, 법원도서관 (2017), 413면 참조.

29) 한편, 실무상 최초의 공조 사례는 주식회사 한진해운에 관한 회생절차(서울회생법원 2016회합100211)에서 2017. 1. 18. 뉴저지 연방파산법원(U. S. Bankruptcy Court for the District of New Jersey)과 컨퍼런스 콜(Conference Call)을 진행하여 위 법원으로부터 한진해운의 자회사 지분의 매각대금을 송금받았던 사례이다. 자세한 내용은 이주헌, "국제도산 분야의 최근 이슈", 2016년 국제규범의 현황과 전망, 법원행정처 (2016), 98면 이하 참조.

30) 이 사건에 관한 자세한 설명은 김영석, "국제도산사건에서의 공조실무현황-서울회생법원의 최근동향", 98면 이하 참조.

더스 인터내셔널(유럽) 사건에서도 종결결정을 통해 국제도산지원절차를 종료하는 등 이 사건 이후 국제도산지원절차를 종료하기 위해 종결결정을 하는 방법이 실무상 안착되었다.31)32)

5. 썬에디슨 프로덕츠 싱가포르 프라이빗 리미티드 사건(2017국승100001)

위 사건은 실무상 최초로 신청 없이 '직권으로' 승인 전 명령(채무자의 업무 및 재산에 대한 강제집행, 가압류, 가처분, 담보권 실행을 위한 경매절차를 금지 또는 중지하는 내용)을 발령한 사안이다. 외국도산절차의 승인신청을 적극적으로 지원하기 위해 승인신청이 접수된 지 하루 만에 승인 전 명령을 내림으로써 사실상 자동중지와 마찬가지의 효력을 부여한 셈이다.33)

6. 에이치에이치아이씨-필 잉크 사건(2019국승100000)

승인결정과 동시에 직권으로 지원처분을 발령한 실무상 최초의 사례이다. 외국주절차에 대한 승인결정과 동시에 지원처분이 자동적으로 발령되는 모델법의 내용과 효과상 동일하게 실무를 운용하였다.34)

7. 양○○ 사건(2021국승100000)

채무자는 호주 국적의 개인으로서, 2018. 3. 21. 자발적인 신청에 따라 호주연방법원에서 Bankruptcy Act 1996에 근거하여 별도의 파산선고 없이 파산절차가 개시되었다. 2018. 3. 22. 파산관재인(trustee)이 선임되었고, 파산관재인이 채무자의 재산, 업무에 대한 환가업무를 진행하면서 채무자에게 수차례 협조를 요청하였으나, 채무자는 파산관재인을 만나지 않는 등 협조를 거부하였다. 이러한 협조 거부에 따

---

31) 김영석, "우리나라의 Model Law on Cross─Border Insolvency의 수용에 따른 문제점과 국제도산법제의 개선방안─서울회생법원의 국제도산실무를 포함하여", 21면.
32) 리먼브라더스 인터내셔널(유럽) 사건(2016국승100001, 2016국지100001)은 국내재산 환가 후 서울회생법원이 영국 고등법원(UK High Court)과의 공조를 통해 국내 채권자들이 영국의 관리절차(Administration) 및 조정계획(Scheme of Arrangement)에 참여할 충분한 기회를 제공받았는지 또는 위 절차가 국내 채권자들을 공정하게 대우하는지를 판단한 다음 영국에 송금을 허가한 사건으로 사건의 진행경과가 위 강○○, 강△△ 사건과 유사하다.
33) 김영석, "우리나라의 Model Law on Cross─Border Insolvency의 수용에 따른 문제점과 국제도산법제의 개선방안─서울회생법원의 국제도산실무를 포함하여", 14면.
34) 김영석, 앞의 글, 15면.

라 파산재단 중 한국에 있는 재산의 관리가 지장을 받을 것이 예상되자, 파산관재인은 2021. 7. 9. 서울회생법원에 위 파산절차에 대한 승인신청을 하였다(별도로 지원신청은 하지 않았다). 서울회생법원은 2021. 7. 14. 직권으로 '승인신청에 대한 결정이 있을 때까지 채무자의 업무 및 재산에 대한 강제집행, 담보권 실행을 위한 경매, 가압류·가처분 등 보전절차를 금지 또는 중지하는 내용'의 승인 전 명령을 하였고, 2021. 7. 20. 심문을 거쳐 2021. 7. 27. 위 파산절차에 대한 승인결정을 하였다. 승인 전 명령에 대한 신청 없이도 직권으로 조기에 승인 전 명령을 발령하는 실무의 태도가 유지된 사례이다.

8. 망 박○○의 상속재산 사건(2021국승100001, 2021국지100000)

망 박○○은 한국 국적의 재일교포로서 2015. 8. 26. 사망하였다. 피상속인 사망 전인 2013. 10. 15. 피상속인과 처 사이에 이혼 및 재산분할의 조정이 성립되었는데, 피상속인은 조정의 내용에 따라 처에게 약 100억 원 상당의 서울 강남구 소재 토지 및 건물 등을 양도하였다. 상속채권자인 금융기관은 이러한 재산분할 계약이 사해행위에 해당한다는 이유로 2016. 5. 16. 서울중앙지방법원에 그 취소 및 원상회복을 구하는 소를 제기하였다. 제1심 법원은 위 청구를 받아들이지 않았으나, 항소심 법원이 이를 받아들여 2020. 12. 10. 재산분할 계약의 취소 및 원상회복을 명하는 판결을 선고하였고, 2021. 5. 13. 대법원의 상고기각 판결로 항소심 판결이 확정되었다.

한편 상속채권자인 금융기관은 위 사해행위 취소소송이 계속 중이던 2018. 2. 23. 일본 요코하마지방재판소에 망 박○○의 상속재산에 대한 파산절차개시신청을 하였고, 위 재판소는 2019. 6. 10. 파산절차개시결정을 하면서 파산관재인을 선임하였다. 파산관재인은 위 사해행위 취소소송의 승소판결이 확정되자 2021. 10. 18 서울회생법원에 위 파선절차의 승인신청과 국제도산관리인으로서 파산관재인을 선임할 것을 요청하는 취지의 지원신청을 하였다. 승인 및 지원 신청 직후인 2021. 10. 25. 위 확정판결에 따라 원상회복이 완료되었다. 서울회생법원은 피상속인에 대한 한국 내 채권자가 없고, 일본의 채권자들은 위 파산절차의 효과로 개별적인 집행이 금지되었으며, 위 토지 및 건물은 이미 피상속인 명의로 원상회복이 완료되어 타에 처분될 우려도 없었기 때문에 승인 전 명령을 할 필요성이 없어 이를 발령하지는 않았다. 그 후 2021. 11. 1. 심문을 거쳐 2021. 11. 3. 위 파산절차에 대한 승인결정과 위 파산관재인을 국제도산관리인으로 선임하는 지원결정을 하였다. 이 사건은 4년 만에 서울회생법원에 접수된 지원신청 사건이다. 실무상 사례가 드문 상속재산에 대한 파산사건으로서 한국에서도 일본과 같이 상속재산에 대한 파산제도가 존재하였기 때문에 위 파산절차의 승인이 한국의 공서에 반하지 않음을 비교적 쉽게 인정할 수 있었다. 또한 서울회생법원 실무준칙 제502호(국제도산관리인의 선임·해임·감독 기준)을 적용하여 최초로 국제도산관리인에게 선임증을 수여하고 각서를 제출받은 사건이다.

9. 유엘 팬 퍼시픽 리미티드 사건(2021국승100002, 2021국지100001)

채무자는 홍콩에서 설립된 회사로서, 본인이 출자한 한국 법인(이하 '관계회사')에게 원금 미화 약 190만 달러를 대여하였으나 관계회사는 채무자에게 그 중 미화 18만 달러만을 반환하였을 뿐 나머지 대여금의 반환을 거부하고 있었고, 이는 채무자의 유일한 자산이었다. 채무자의 채권자들은 2019. 2. 15. 홍콩 법원에 채무자에 대한 청산절차(Winding-up)을 신청하였다. 홍콩 법원은 2019. 4. 17. 채무자에 대하여 청산을 명령하면서 임시청산인(Provisional Liquidator)들을 선임하였고, 임시청산인들은 모두 2020. 5. 13. 제1회 채권자 및 출자자 집회에서 연대 청산인(Joint and Several Liquidator)으로 선임되었다. 조사위원회(Committee of Inspection, 청산절차를 신청한 채권자 중 1인이 유일한 구성원이다)는 한국에서 관계회사를 상대로 파산신청을 하거나 소송을 제기하기 위하여 2021. 9. 16. 한국법원에 위 청산절차의 승인신청을 할 것을 결의하였다. 청산인들은 2021. 11. 5. 서울회생법원에 위 청산절차의 승인신청 및 국제도산관리인으로 청산인 중 1인을 선임할 것을 요청하는 취지의 지원신청을 하였다. 서울회생법원은 2021. 11. 10. 심문을 거쳐 2021. 11. 24. 위 청산절차에 대한 승인결정과 청산인 중 1인을 국제도산관리인으로 선임하는 지원결정을 하였다.

III. 국제도산승인신청사건 일람표

순번	사건번호	채무자	신청일	결정일	재판 결과	외국도산절차	
						국가명	절차 종류
1	2006국승1	그랜드벨 (Grand Bell Inc.)	2006. 12. 14.	2007. 1. 22.	승인 신청 각하	미국	제11장

2	2007국승1	엘지필립스 디스플레이즈 홀딩 비브이 (LG Philips Displays Holding BV)	2007. 9. 19.	2007. 10. 18.	승인 결정	네덜란드	파산절차
3	2007국승2	그랜드벨 (Grand Bell Inc.)	2007. 11. 12.	2008. 2. 12.	승인 결정	미국	제11장
4	2009국승1	리먼브라더스 커머셜 코퍼레이션 아시아 리미티드 (Lehman Brothers Commercial Corporation Asia Limited)	2009. 12. 17.	2010. 10. 8.	승인 결정	홍콩	청산절차
5	2012국승1	산코기센 주식회사 (三光汽船株式会社)	2012. 8. 3.	2012. 8. 30.	승인 결정	일본	회사갱생
6	2014국승1	강○○, 강△△	2014. 3. 7.	2014. 5. 8.	승인 결정	미국	제11장
7	2015국승 100001	다이이찌주오기센 주식회사 (第一中央汽船株式会社)	2015. 12. 3.	2015. 12. 28.	승인 결정	일본	민사재생
8	2016국승 100000	피닉스 헬리파트 (Phoenix Heliparts Inc.)	2016. 7. 5.	2016. 9. 6.	승인 결정	미국	제11장
9	2016국승 100001	리먼 브러더스 인터내셔널(유럽) {Lehman Brothers International (Europe)}	2016. 8. 31.	2016. 10. 10.	승인 결정	영국	관리절차
10	2017국승 100001	썬에디슨 프로덕츠 싱가포르 프라이빗 리미티드 (SunEdison Products Singapore Pte, Ltd.)	2017. 2. 20.	2017. 3. 10.	승인 결정	미국	제11장
11	2019국승 100000	에이치에이치아이씨-필 잉크 (HHIC-Phil Inc.)	2019. 1. 23.	2019. 1. 25.	승인 결정	필리핀	회생절차
12	2021국승 100000	양○○	2021. 7. 9.	2021. 7. 28.	승인 결정	호주	파산절차
13	2021국승 100001	피상속인 망 박○○의 상속재산	2021. 10. 18.	2021. 11. 3.	승인 결정	일본	파산절차
14	2021국승 100002	유엘 팬 퍼시픽 리미티드 (UL Pan Pacific Limited)	2021. 11. 5.	2021. 11. 24.	승인 결정	홍콩	청산절차

Ⅳ. 국제도산 지원결정 신청사건 일람표

순번	사건번호	채무자	신청일	결정일	재판 결과 등	지원 내용
1	2007국지1	엘지 필립스 디스플레이즈 홀딩 비브이 (LG Philips Displays Holding BV)	2007. 9. 19.	2007. 10. 18.	지원결정	가압류 취소
2	2008국지1	그랜드벨 (Grand Bell Inc.)	2008. 3. 11.	2010. 6. 24.	신청취하	–
3	2010국지1	리먼브라더스 커머셜 코퍼레이션 아시아 리미티드 (Lehman Brothers Commercial Corporation Asia Limited)	2010. 10. 13.	2011. 2. 7.	지원결정	가압류 중지
4	2010국지2	〃	2010. 11. 3.	불분명	지원결정	국제도산관리인 선임
5	2010국지3	〃	2010. 12. 22.	2012. 5. 23.	신청취하	가압류 취소
6	2012국지1	산코기센 주식회사 (三光汽船株式會社)	2012. 8. 3.	2012. 8. 10.	지원결정	승인 전 포괄적 금지
7	2012국지2	〃	2012. 8. 24.	2012. 8. 30.	지원결정	강제집행 등 금지
8	2014국지1	강○○, 강△△	2014. 4. 9.	2014. 5. 26.	지원결정	국제도산관리인 선임
9	2014국지2	〃	2014. 5. 14.	2016. 11. 14.	신청취하	–
10	2015국지 100001	다이이찌주오기센 주식회사 (第一中央汽船株式會社)	2015. 12. 3.	2015. 12. 28.	지원결정	강제집행 등 금지
11	2016국지 100000	피닉스 헬리파트 (Phoenix Heliparts Inc.)	2016. 8. 9.	2016. 10. 17.	지원결정	국제도산관리인 선임
12	2016국지 100001	리먼브러더스 인터내셔날(유럽) {Lehman Brothers International (Europe)}	2016. 8. 31.	2016. 11. 9.	지원결정	국제도산관리인 선임
13	2016국지 100002	피닉스 헬리파트 (Phoenix Heliparts Inc.)	2016. 10. 20.	2017. 4. 20.	지원결정	가압류 중지
14	2017국지 100001	〃	2017. 3. 14.	2017. 3. 29.	신청취하	–
15	2021국지 100000	피상속인 망 박○○의 상속재산	2021. 10. 18.	2021. 11. 3.	지원결정	국제도산관리인 선임
16	2021국지 100001	유엘 팬 퍼시픽 리미티드 (UL Pan Pacific Limited)	2021. 11. 5.	2021. 11. 24.	지원결정	국제도산관리인 선임

Ⅰ. 개관

국제도산 공조는 단순히 법원의 업무적인 편의를 위한 제도가 아니라 이를 통해 재판의 적정을 기하고 종국적으로는 재판을 받을 권리를 보장하기 위한 제도이다. 채무자회생법 제641조는 법원이 외국법원 및 외국도산절차대표자와 의견교환, 채무자의 업무 및 재산에 관한 관리 및 감독, 복수 절차의 진행에 관한 조정 외에도 '그 밖의 필요한 사항'에 관하여 공조할 수 있도록 규정하여 공조에 관한 한 법원에 광범위한 재량을 부여하고 있다. 또한 동일한 채무자뿐만 아니라 '상호 관련이 있는 채무자'에 대한 절차를 위해서도 공조할 수 있도록 함으로써 기업집단 국제도산사건과 관련한 외국도산절차와의 공조도 예정하고 있다.

2017년 개원한 서울회생법원은 국제도산사건의 전담법원으로서 국제도산의 허브코트(Hub Court)를 지향한다고 밝히고, '서울회생법원 실무준칙 제504호, JIN 가이드라인(JIN Guidelines) 및 세부원칙(Modalities) 등을 채택하였고, 이의 원활한 적용을 위해 국제도산 공조 및 조정 전담법관(Cross-Border Cooperation and Coordination Judge, 공조전담법관)을 지정하여 공조업무를 전담케 하고 있다. 공조전담법관은 2017. 5. 호주연방법원(Federal Court of Australia), 2017. 11. 버지니아 동부지구 연방파산법원(U.S. Bankruptcy Court for the Eastern District of Virginia), 2018. 6. 영국 고등법원(UK High Court)과 사이에 각각 성공적으로 공조를 수행한 바 있다.[36)

한편 서울회생법원은 2018. 4. 23. 뉴욕남부 연방파산법원과 사이에, 2018. 5. 26. 싱가포르 대법원과 사이에 각각 법원 간 국제도산 사건에 관한 양해각서를 체결하는 등, 외국 도산법원과의 공조 강화에 적극적인 노력을 기울이고 있다. 앞으로도 인적·물적 자원을 투여하여 국제적인 선례를 조사하고 매뉴얼을 작성하는 등의 국제공조의 충실화를 위해 전향적으로 대처해 나가야 할 것이다. 특히 실무상 중요성을

---

35) 서울회생법원의 국제공조에 대한 대부분의 내용은, 김영석, "우리나라의 CBI 모델법 실무 및 그 개선방안 - 서울회생법원의 국제도산실무를 포함하여 - ", 한국국제사법학회, 국제사법연구, 제27권 제2호 (2021), 3-38면을 인용하였다.
36) 호주연방법원, 버지니아 동부지구 연방파산법원과의 공조에 관하여 자세한 내용은 김영석, "국제도산사건에서의 공조실무현황 - 서울회생법원의 최근동향", 2017년 국제규범의 현황과 전망, 법원행정처 (2017), 83면 이하 참조.

고려해 표준적인 국제도산약정모델 등을 법원 홈페이지에 싣는 등 선제적으로 대응할 필요가 있다.

Ⅱ. 국제 공조 사례

리먼브러더스 인터내셔널(유럽) 사건(2016국승100001, 2016국지100001)[37]

이 사건 외국도산절차의 채무자[＝리먼브러더스 그룹의 지주회사인 리먼브러더스 홀딩스(Lehman Brothers Holdings, Inc.)의 주요 자회사로서 영국에서 설립된 법인]는 ⅰ) 2008. 9. 15. 영국의 잉글랜드 및 웨일즈 고등법원(High Court of Justice and England and Wales)에서 관리절차(Administration, No. 7942 of 2008)를 진행하여 오다가, ⅱ) 2016. 8. 31. 당시 국제도산사건을 담당하던 서울중앙지방법원에 위 영국도산절차의 승인 및 지원을 구하는 신청을 하여, 그 무렵 승인결정(2016국승100001호) 및 지원결정(2016국지100001호)을 각 받았고, ⅲ) 이후 서울회생법원은 위 사건을 담당하는 법원으로서 외국도산절차의 채무자가 대한민국 내에서 영국도산절차에 필요한 배당·변제재원을 보전·확보할 수 있도록 지속적으로 지원함으로써 영국법원과 공조하였다. 서울회생법원은 이 사건 국제도산지원절차를 통해 채무자가 대한민국 내에서 적법한 절차를 거쳐 자산을 확보하고 매각·환가하여 합계 약 297.7억 원을 송금할 수 있도록 지원하였고, 특히 심문기일 등을 통해 대한민국의 채권자들이 영국도산절차에서 외국채권자들과 동등한 취급을 받았고 그 절차에 참여할 수 있는 기회를 충분히 제공받았다는 점을 확인하였다. 서울회생법원에서 처리된 국제도산 사건 중에서도 가장 큰 규모의 자산환가 및 송금이 이루어진 건으로서 ⅰ) 대한민국의 채권자들이 영국절차에서 보호받지 못하는 경우가 발생하지 않도록 함과 동시에 ⅱ) 국제도산의 이념에 부합하게 외국채무자의 자산이 효율적으로 환가되어 관리될 수 있도록 적극적 공조를 수행하였다는 의의를 가진다.

---

37) 서울회생법원 홈페이지 보도자료 '국제도산, 리먼브러더스 인터내셔널(유럽)에 대한 국제도산지원절차 종결 — 글로벌 금융사태의 해결을 위한 서울회생법원의 국제공조 마무리' https://slb.scourt.go.kr/dcboard/new/DcNewsViewAction.work?seqnum＝2485&gubun ＝172&cbub_code＝000221&searchWord＝&pageIndex＝2

Ⅲ. 일람표

순번	사건번호	외국법원	내용
1	2014국지1	미국 버지니아 동부지구 파산법원 (U. S. Bankruptcy Court for the Eastern District of Virginia, EDVA)	서울회생법원이 2017. 10. 26. 자로 미국으로 매각대금을 송금하기 전 국내채권자 보호를 위해 EDVA에게 공조요청하여 법원 간 공조가 이루어 짐
2	2016회합 100211	뉴저지 연방파산법원 (U. S. Bankruptcy Court for the District of New Jersey)	2017. 1. 18. 뉴저지 연방파산법원과 컨스런 콜을 진행하여 위 법원으로부터 한진해운의 자회사 지분의 매각대금을 송금 받음
3	•2016국승 100001 •2016국지 100001	영국의 잉글랜드 및 웨일즈 고등법원 (High Court of Justice and England and Wales)	채무자가 대한민국 내에서 적법한 절차를 거쳐 자산을 확보하고 매각·환가하여 합계 약 297.7억 원을 송금할 수 있도록 지원. 심문기일 등을 통해 대한민국의 채권자들이 영국도산절차에서 외국채권자들과 동등한 취급을 받고 그 절차에 참여할 수 있는 기회 제공

Ⅳ. 관련 규정

1. 의의

서울회생법원은 국내도산절차와 외국도산절차 간의 원활하고 공정한 진행을 위하여 외국법원 또는 외국도산절차의 대표자와 공조할 사례가 증가할 것으로 예상하여 외국의 사례[38]와 「국제도산 사건에서의 법원 간 공조」에 관한 준칙을 서울회생법원 실무준칙(이하, '공조준칙'이라고 한다)[39](제504호)으로 신설하였다. 위 공조준칙은 국제도산 사건에서 서울회생법원이 외국법원 내지 외국도산절차의 대표자와 전화, 영상 컨퍼런스 콜 등 통신수단을 이용하여 의견을 교환할 수 있고, 국내도산 절차의 관리인 또는 파산관재인이 외국법원 등과 도산절차의 조정에 관한 '절차합의서(Protocol)'를 체결할 수 있도록 함으로써, 국제 도산 절차가 효율적이고 효과적으로

---

38) 미국 뉴욕 남부 파산법원(U.S. Bankruptcy Court for the Southern District of New York)의 국제도산사건 공조에 관한한 가이드라인(Procedure Guidelines for Coordination and Cooperation Between Courts in Cross‐Border Insolvency Matters) 등.

39) 법원에 계속 중인 사건의 실무기준과 업무처리에 필요한 사항을 규정한 것이 법원의 실무준칙인데, 서울회생법원 실무준칙 제504호로 국제도산 사건에서의 법원 간 공조에 관한 실무준칙이 제정되었다.

관리할 수 있도록 하였다. 특히, 공조준칙 제6조는 이해관계인이 외국법원의 승인을 얻어 당해 법원에 진행 중인 절차에 출석하고 참여하는 것을 허가할 수 있고, 법이 허용하는 한도에서 필요한 경우에는 외국도산절차의 이해관계인이 특정 쟁점에 관하여 국내도산절차에 출석하고 참여하도록 허가할 수 있도록 규정하고 있다.[40] 공조준칙이 제정된 뒤 도산사법네트워크(Judicial Insolvency Network, 이하 'JIN'이라고 한다)[41]에서 성안한 JIN Guidelines[42]과 세부원칙(Modalities of Court to Court Communication)을 반영하기 위하여 공조준칙 제7조를 추가하였는데, 동조는 공조준칙에서 규정하지 않은 교신 및 공조방법 등에 관하여 법원이 당사자의 신청 내지 직권에 의하여 도산사법네트워크에서 정한 가이드라인(Guidelines) 및 세부원칙(Modalities)의 내용의 전부 또는 일부를 따르기로 결정할 수 있다고 규정함으로써 공조준칙과 내용상 충돌하는 조치도 채택할 수 있도록 하였다.

---

40) 이때 그 이해관계인은 관련 쟁점을 제외한 나머지 모든 쟁점에 대해서는 국내도산절차의 관할권에 구속되지 않는다.

41) JIN은 국제적으로 국제도산사건을 담당하는 판사들의 국제적 네트워크로서, 사법적 사고를 바탕으로 한 리더쉽(Judicial Thought Leadership)의 증진, 국제도산사건의 실무 최적화 (Best Practices), 법원 간의 소통과 상호협력(Communication & Cooperation)을 목적으로 2016년 10월에 조직되었다. 현재 싱가폴 대법원, 미국(뉴욕남부 연방파산법원), 일본(동경지방법원), 영국(고등법원 형평부, High Court Chancery Division) 등 14개 법원이 회원 (Member)으로 구성되어 있으며, 우리나라는 서울회생법원이 참관인(Observer) 자격으로 참가하고 있다. 현재 JIN의 홈페이지(http://www.jin-global.org/about-us.html#)에 게시된 회원법원 및 참관법원은 the US Bankruptcy Court for the Southern District of New Yorkthe US Bankruptcy Court for the District of Delawarethe US Bankruptcy Court for the Southern District of Floridathe Superior Court of Justice (Ontario) the US Bankruptcy Court for the Southern District of Texas (observer), the Sao Paolo State Court of Justice First Bankruptcy Court of Sao Paolo, Brazil 등이다.

42) 'JIN Guidelines'란 JIN에서 채택한 법원 간 공조의 가이드라인을 말하는데, 2016년 10월에 싱가폴에서 열린 첫 번째 회의에서 'Guidelines for Communication and Cooperation between Courts in Cross-Border Insolvency Matters'로 명명되었다. JIN Guidelines은 국제도산사건을 담당하는 법원 간 소통과 협력을 위한 가이드라인의 주요원칙와 세부사항을 내용으로 하고 JIN의 초기 회원들에 의해 성안되었으며 모두 6개의 전문(Introduction), 14개의 가이드라인(Guidelines), 1개의 부속서(Annex)로 구성되어 있다. 공조준칙은 JIN Guidelines의 내용 중 일부를 참고하였으며 7개의 조문으로 구성되어 있다.

2. 공조준칙[43](제504호 국제도산 사건에서의 법원 간 공조)

제1조 (목적)

준칙 제504호는 법 제641조에서 정한 외국법원 및 외국도산절차의 대표자와의 공조에 관한 구체적인 방법과 절차를 정하여, 병행절차에서 채권자나 채무자를 포함한 이해관계인(이하 준칙 제504호에서 '이해관계인'이라 한다)들의 이익을 보호하고, 국제도산 절차가 효율적이고 효과적으로 관리되도록 하는 것을 목적으로 한다.

제2조 (법원의 공조)

① 법원은 병행절차의 공정하고 원활한 진행을 위해 외국법원 내지 외국도산절차의 대표자(이하 준칙 제504호에서 '외국법원 등'이라 한다)와 통신수단을 이용하여 의견을 교환(이하 준칙 제504호에서 '교신'이라 한다)할 수 있다.

② 법원은 외국법원 등으로부터 교신에 관한 요청을 받으면 신속히 이에 응하여야 한다.

③ 교신은 다음 각 호에 따른 방법으로 행할 수 있다.

1. 판결, 결정, 명령, 조서 등·사본의 송달 내지 전송
2. 전화, 영상 컨퍼런스 콜, 다른 전자적 수단을 통한 쌍방향 교신
3. 기타 법원이 외국법원 등과 합의한 다른 방법

제3조 (쌍방향 교신)

① 채무자와 관련된 국내도산절차를 담당하는 법관은 쌍방향 교신에 참여할 수 있고, 법원은 필요하다고 판단하는 경우 국내도산절차의 이해관계인도 쌍방향 교신에 참여시킬 수 있다.

② 법원은 외국법원 등과 협의하여 쌍방향 교신의 일시·장소를 정할 수 있고, 그 일정 조율을 위해 법관 이외의 다른 직원으로 하여금 외국법원 등의 담당자와 연락을 취하도록 할 수 있다. ③ 법원은 외국법원 등과의 쌍방향 교신을 기록할 수 있고, 외국법원 등이 동의하는 경우에는 위 쌍방향 교신의 내용을 기록한 서류(이하 준칙 제504호에서 '녹취서'라 한다)를 공식적인 문서로 취급할 수 있다.

---

43) 서울회생법원 실무준칙 제101호에 의하면, 실무준칙은 서울회생법원에 계속 중인 사건의 절차를 공정하고 신속하며 효율적으로 진행하기 위한 합리적인 실무 기준과 서울회생법원의 신뢰받는 업무처리를 위해 필요한 사항을 정함을 목적으로 한다.

④ 법원은 적절하다고 판단하는 경우에는 쌍방향 교신에 관한 기록, 녹취서 등의 기밀성이 유지되도록 명령할 수 있다.

제4조 (관리인 등의 공조)

① 국내도산절차의 관리인 또는 파산관재인(이하 준칙 제504호에서 '관리인 등'이라 한다)은 법원의 허가를 얻어 외국법원 등과 교신할 수 있다.

② 관리인 등은 외국법원 등으로부터 교신에 관한 요청을 받으면 지체없이 법원에 이를 보고하고 교신에 관한 허가를 신청하여야 한다.

③ 관리인 등이 요청하는 경우 법원은 관리인 등이 외국법원 등과 원활히 교신할 수 있도록 협조할 수 있다.

④ 관리인 등이 외국법원 등과 교신을 마친 이후에는 그 내용을 법원에 보고하여야 한다.

제5조 (절차합의서의 체결)

① 관리인 등은 법원의 허가를 얻어 외국법원 등과 도산절차의 조정에 관한 절차합의서(protocol, 이하 준칙 제504호에서 '절차합의서'라 한다)를 체결할 수 있다.

② 절차합의서는 원칙적으로 절차적인 사항만을 규정한다. 다만, 국내도산절차에 적용되는 준거법이 허용하는 한도 내에서는 실체적인 사항도 규정할 수 있다.

③ 절차합의서를 체결하였다는 것이 다음 각 호의 사항을 의미하거나 허용하는 것은 아니다.

1. 법원이나 관리인 등이 국내도산절차에 관하여 가지는 권한의 포기 또는 외국 법원 등에 대한 권한의 부여
2. 국내도산절차에 적용되는 준거법에 따라 관리인 등이 준수해야 하는 규범의 배제
3. 대한민국의 선량한 풍속 그 밖의 사회질서에 반하거나, 이해관계인들의 이익이 충분히 보호되지 않는 경우 법원이 국내도산절차에서 행사할 수 있는 권한의 포기
4. 국내도산철차에서 이해관계인들이 보유한 권리의 실체적 변경

제6조 (참여)

① 법원은 이해관계인이 외국법원의 승인을 얻어 당해 법원에 진행 중인 절차에 출석하고 참여하는 것을 허가할 수 있다.

② 법원은 법이 허용하는 한도 내에서 필요한 경우에는 외국도산절차의 이해관계인이 특정 쟁점에 관하여 국내도산절차에 출석하고 참여하도록 허가할 수 있다. 이때 그 이해관계인은 관련 쟁점을 제외한 나머지 모든 쟁점에 대해서는 국내도산절차의 관할권에 구속되지 않는다.

제7조 (기타)

준칙 제504호에서 규정하지 않은 교신 및 공조방법 등에 관하여는 법원이 당사자의 신청 내지 직권에 의하여 도산사법네트워크(Judicial Insolvency Network)에서 정한 [별지 1] 가이드라인(Guidelines) 및 [별지 2] 세부원칙(Modalities)의 내용의 전부 또는 일부를 따르기로 결정할 수 있다.

3. JIN 가이드라인(JIN Guidelines) 및 세부원칙(Modalities)[44]

(1) 국제도산사건에서 법원 간 교신 및 공조에 관한 가이드라인

전 문

A. 본 가이드라인의 전반적인 목적은 둘 이상의 국가에서 개시된 도산 내지 채무조정과 관련된 국제적 절차("병행절차")에서 그 법원들 간의 조정과 공조를 증진함으로써 모든 이해관계인을 위하여 그 절차의 효율성과 효과를 향상시키는 데 있다. 본 가이드라인은 병행절차를 처리함에 있어 최선의 실무를 제시한다.

B. 모든 병행절차에 있어 본 가이드라인은 가능한 한 초기 단계에서 고려되어야 한다.

C. 특히 본 가이드라인은 다음과 같은 사항을 장려하는 것을 목표로 한다.

(i) 병행 절차의 효율적이고 시의적절한 공조와 처리

---

44) 서울회생법원 실무준칙(https://slb.scourt.go.kr/rel/information/qna/index.jsp), 274면 이하 번역을 참고하였다.

(ii) 관련 이해관계인의 이익이 존중받을 수 있도록 배려한다는 관점에서의 병행절차 처리

(iii) 채무자의 사업을 포함한 채무자 자산 가치의 인식, 보존 및 극대화

(iv) 관련 자금의 액수, 사건의 특성, 쟁점들의 복잡성, 채권자의 수, 병행 절차가 진행되는 국가의 수 등에 상응한 도산재단의 관리

(v) 비용 절감을 위한 정보의 공유

(vi) 병행절차에서의 소송, 비용, 당사자들[45]이 겪는 불편함의 회피 내지 최소화

D. 본 가이드라인은 각 국가에서 적절하다고 생각되는 방식으로 수행되어야 한다.[46]

E. 본 가이드라인은 절대적인 것이 아니고, 개별 사건에서는 그 사안의 특수한 상황이 고려되어야 한다.

F. 법원은 병행절차에 관한 모든 사안에서 본 가이드라인의 수행 여부 및 그 방법을 검토하여야 한다. 법원은 본 가이드라인에서 파생되는 프로토콜이나 명령에 의하여 본 가이드라인이 수행되도록 장려하기 위하여 당사자들로 하여금 법원에 필요한 신청을 하도록 권고하고, 권한이 있다면 필요한 경우 이를 명령하여야 하며, 당사자들이 언제나 본 가이드라인의 목적과 목표를 증대하는 방향으로 행동하도록 권고하여야 한다.

채택 및 해석

가이드라인 1: 위 F항의 연장선상에서, 법원은 (a) 당해 절차에 영향을 미치고, (b) 법원 간의 교신 및 조정을 통하여 해결할 수 있는 현재의 또는 잠재적인 쟁점들을 가능한 한 초기 단계에서 법원에 알려야 할 필요성을 포함하여, 병행절차의 관리인들이 사건의 모든 측면에서 공조하도록 장려하여야 한다. 본 가이드라인의 목적상, "관리인"에는 청산인, 파산관재인, 도산관리관, 관리절차에서의 관리자, 회생절차나 자율협약절차에서의 법률상관리인(DIP), 도산재단의 수탁자, 기타 법원이 임명한 개인이 포함된다.

가이드라인 2: 특정 병행절차에서 (전체 내지 일부든, 수정 사항이 있든 없든) 당사자들의 신청 또는 법원이 권한이 있는 경우 직권으로 본 가이드라인을 적용하려 하

---

45) 본 가이드라인에서 "당사자들"이란 용어는 광의로 이해되어야 한다.
46) 본 가이드라인의 수행을 위하여 가능한 방식으로는 실무지침이나 상사안내서와 같은 것이 있다.

는 경우에는, 프로토콜 내지 명령[47])에 의하여 할 필요가 있다.

가이드라인 3: 이와 같은 프로토콜이나 명령은 병행절차가 효율적이고 시의적절하게 처리될 수 있도록 하여야 한다. 필요한 경우 관련 결정이나 소송에 관한 법원의 승인에 관한 조정, 채권자 및 기타 당사자들과의 교신에 관한 사항도 포함되어야 한다. 불필요하고 비용이 많이 드는 법원의 심리 기타 절차를 피하기 위하여 시간을 절약할 수 있는 절차에 관한 사항도 가능한 범위 내에서 포함되어야 한다.

가이드라인 4: 본 가이드라인의 이행이 다음 사항을 의도하는 것은 아니다.
 (i) 당해 절차에 관한 법원의 관할권이나 그 행사(관리인에 대한 권한이나 감독권 행사 등)에 간섭하거나 이를 손상시키는 것
 (ii) 준거법이나 전문가 규칙에 따라 관리인이 따라야 하는 규정 내지 윤리원칙에 간섭하거나 이를 손상시키는 것
 (iii) 법원으로 하여금 당해 국가의 공공질서에 명백히 반하는 행위를 하는 것을 거부하지 못하도록 하는 것
 (iv) 관할권의 부여나 이전, 실체적 권리의 변경, 준거법으로부터 도출되는 모든 기능 내지 의무에 간섭하거나 준거법을 침해하는 것

가이드라인 5: 의문의 여지를 없애기 위하여, 본 가이드라인에 따른 프로토콜이나 명령은 본질적으로 절차적 성격을 가지고 있음을 밝혀둔다. 법원의 권능, 책임 내지 권한이 제한되거나 당해 법원 또는 다른 법원에서 문제되는 쟁점에 대하여 실체적인 결정이 내려져서는 안 되고, 당사자들의 실체적 권리와 채권을 포기하는 것과 같은 사항이 규율되어서도 안 된다.

가이드라인 6: 본 가이드라인 또는 본 가이드라인에 따른 프로토콜 내지 명령을 해석함에 있어, 이들의 국제적 연원과 위 가이드라인을 적용하는 과정에서 선의와 통일성이 증대되어야 한다는 점이 적절히 고려되어야 한다.

---

47) 통상의 사건에서 당사자들은 본 가이드라인으로부터 파생된 프로토콜에 동의하고 프로토콜이 적용될 개별 법원의 승인을 얻게 될 것이다.

법원 간 교신

가이드라인 7: 법원은 외국 법원으로부터 교신을 받고 직접 회신할 수 있다. 이와 같은 교신은 서면 제출과 법원 결정의 발령을 원활히 하고, 별첨 A가 적용되는 경우에는 해당 공동심리와 관련된 절차적, 행정적, 예비적 쟁점을 공조하고 해결하기 위한 목적에서 행하여질 수 있다. 그러한 교신은 다음의 방법 또는 개별 사건에서 법원이 합의한 다른 방법으로 이루어질 수 있다.

(i) 공식적인 명령, 판결, 의견, 결정의 이유, 승인, 녹취서, 기타 서류의 사본을 직접 다른 법원에 송달하거나 전송하고, 해당 법원이 적절하다고 생각하는 방법에 의하여 이해당사자의 대리인에게 사전통지를 하는 것

(ii) 법원에 제출되었거나 제출될 서류, 변론서, 진술서, 요약서 기타 서류를 대리인으로 하여금 적절한 방법으로 다른 법원에 제공하도록 하고 해당 법원이 적절하다고 생각하는 방법에 의하여 이해 당사자의 대리인에게 사전통지를 하는 것

(iii) 전화, 영상 컨퍼런스 콜, 다른 전자적 수단을 통하여 다른 법원과의 쌍방향 교신에 참여하는 것. 이 경우에는 가이드라인 8이 검토되어야 함.

가이드라인 8: 법원 간 교신을 하는 경우에는 그 교신이 일방적 진행에 의한 것인지 프로토콜에 의한 것인지 관계없이, 일방 법원이 특별히 다른 명령을 하는 경우가 아닌 한, 다음 사항이 적용된다.

(i) 일반적 사건의 경우 당사자들이 출석할 수 있다.

(ii) 그 당사자들이 출석할 권리가 있다면, 당해 교신과 관련된 각 법원의 절차 규칙에 따라 위 당사자들에게 대하여 교신에 대한 사전 통지가 이루어져야 하고, 법원 간 교신은 기록되고 녹취되어야 한다. 속기록은 교신 기록에 기초하여 작성될 수 있는데, 관련 법원의 승인을 얻는 경우에는 공식적인 기록으로 취급될 수 있다.

(iii) 교신에 관한 기록이나 법원의 명령을 따라 준비된 교신 관련 녹취서 또는 공식적인 녹취서의 각 사본은 해당 절차에서 기록의 일부로 제출될 수 있고 당사자들이 이에 접근할 수도 있으나, 법원은 적절하다고 판단하는 경우 그 기밀성을 유지하도록 명령하여 이를 제한할 수 있다.

(iv) 법원 간 교신의 일시 및 장소는 법원들이 결정한다. 법관이 아닌 각 법원의

직원들은 교신을 조율하기 위하여 당사자들의 참여 없이도 그 의견을 주고받을 수 있다.

가이드라인 9: 법원은 절차에 관한 통지가 다른 국가에서 진행되는 절차의 당사자들에게 이루어질 수 있도록 명령할 수 있다. 해당 법원의 절차에서 송달된 모든 통지, 신청, 발의, 기타 서류들은 공개적으로 접근 가능한 시스템을 통하여 해당 서류들이 전자적으로 접근될 수 있도록 하거나 팩시밀리, 인증 내지 등록된 우편, 배달원의 송달 기타 그 법원에 적용되는 절차규칙에 따라 법원이 명령하는 방법을 통하여 다른 당사자들에게 제공될 수 있다.

법원에의 출석
가이드라인 10: 법원은 당사자 또는 적절한 사람이 외국 법원의 승인을 얻어 당해 법원에 진행 중인 절차에 출석하고 참여하는 것을 허가할 수 있다.

가이드라인 11: 법원은 법에 의하여 허용되거나 적절한 경우 외국도산절차의 당사자 또는 적절한 사람이 해당법원의 절차에 출석하고 참여하는 것을 허가할 수 있다. 다만, 그러한 경우에도 외국도산절차의 당사자가 해당 법원의 관할권에 구속되는 것은 아니다.

결과적 규정
가이드라인 12: 법원은, 타당한 근거에 기한 적절한 이의가 제기되는 경우 그러한 이의에 따라 배제되는 범위를 제외하고는, 다른 국가의 절차에 적용되는 법령, 행정적 규정, 법원규칙을 추가적 증명 없이도 진정한 것으로 승인하고 받아들여야 한다. 의문의 여지를 없애기 위하여, 그러한 승인과 수용이 이들의 법적 효과 내지 효력의 승인 또는 수용을 구성하는 것은 아님을 밝혀둔다.

가이드라인 13: 법원은, 타당한 근거에 기한 적절한 이의가 제기되는 경우 그러한 이의에 따라 배제되는 범위를 제외하고는, 다른 국가의 절차에서 내려진 명령들이 그 각각의 일자에 적법한 절차를 거쳐 적절하게 이루어진 점과, 그러한 명령들이 추가적 증명을 필요로 하지 않고, 그 법에 구속되며, 그 명령에 관하여 실제 진행 중인 상소 내지 재심의 방법으로 그 법원이 타당하다고 보는 유보사항에 구속된다는 점을 받아들여야 한다. 그러한 명령에 관한 수정, 정정, 연장 또는 상소심의 결정은 가능한 한 신속히 병행절차에 관련된 다른 법원들에게 통지되어야 한다.

가이드라인 14: 본 가이드라인에 따라 법원에서 이루어지는 프로토콜, 명령은 그 법원이 적절하다고 생각하는 바대로 수정, 변경, 연장될 수 있고, 병행절차에서 때로 발생하는 사정변경과 전개사항을 반영할 수 있다. 그러한 수정, 변경, 연장은 가능한 한 신속히 병행절차에 관련된 다른 법원들에게 통지되어야 한다.

별첨 A(공동심리)

본 가이드라인의 별첨 A는 공동심리의 진행에 관한 가이드라인과 관련된다. 별첨 A는 그 적용에 대한 동의를 명시적으로 표시하는 법원에 대해 적용되고 이때 본 가이드라인의 일부를 구성한다. 당사자들에게는 프로토콜이나 명령에 별첨 A에 설시된 사항을 포함할 것이 권고된다.

별첨 A: 공동심리

법원은 다른 법원과 공동심리를 진행할 수 있다. 그러한 공동심리에 관하여 다음 사항이 적용되고, 필요한 경우에는 이들이 프로토콜이나 명령에 포함되도록 고려하여야 한다.

(i) 이 별첨에 기재된 사항을 이행하는 것이 해당 절차의 대상에 관한 법원의 개별적이고 독립적인 권한을 박탈하거나 축소하는 것이어서는 안 된다. 이 별첨에 기재된 사항이 이행되더라도 이로써 법원이나 당사자들이 다른 관할권에 속하는 권한의 침해를 승인하거나 이에 관여한 것으로 간주되어서는 안 된다.

(ii) 각 법원은 해당 국가에서 진행되는 절차의 진행, 심리, 그 절차에서 발생하는 문제들의 결정에 관하여 유일하고 배타적인 관할권과 권한을 가진다.

(iii) 각 법원은 다른 법원의 절차를 실시간으로 참관할 수 있어야 한다. 가능한 최상의 음향 및 영상 접근을 제공할 수 있도록 방법을 고려하여야 한다.

(iv) 각 법원에 제출되었거나 제출될 서면과 증거의 제출과정 및 형식에 대한 공조를 고려하여야 한다.

(v) 법원은 상대국의 외국 대리인이나 당사자가 출석하여 의견을 진술하는 것을

허용하는 명령을 행할 수 있다. 그러한 명령이 행하여질 경우 외국 대리인이나 당사자가 관련 법원의 관할이나 전문가 규정에 구속되는지 여부를 고려할 필요가 있다.

(vi) 법원은 공동심리 이전에, 원활한 문건 제출과 법원의 결정 발령을 위한 절차를 모색하고, 그 공동심리와 관련된 절차적, 행정적, 예비적 쟁점들을 공조하고 해소하기 위하여 대리인의 관여 여부를 불문하고 그 다른 법원과 교신할 수 있어야 한다.

(vii) 법원은 공동심리 이후에, 드러난 쟁점들을 결정하기 위하여 대리인의 관여 여부를 불문하고 다른 법원과 교신할 수 있어야 한다. 이 쟁점들에 절차적 또는 실체적 사항들이 포함될 것인지 여부는 검토해 보아야 한다. 그러한 교신의 전부 또는 일부가 녹음되어 보존되어야 하는지 여부도 검토해 보아야 한다.

(2) JIN 가이드라인 세부원칙

법원간 교신의 세부원칙
(Modalities of Court to Court Communication)

범위와 정의

1. 이 세부원칙들은 둘 이상의 국가에서 개시된 도산 내지 채무조정과 관련된 국제적 절차("병행절차")에서 법원들간의 직접 교신(서면 또는 구두)에 적용된다. 이 문서의 어느 부분도 당사자들을 통하거나 녹취서의 교환에 의하는 것과 같은 간접적인 방법에 의한 법원간의 교신을 방해하지 아니한다. 이 문서는 준거법에 따른 제한을 받는다.

2. 이 세부원칙들은 병행절차에서 법원 간 교신의 방법에만 적용된다. 교신의 원칙(예를 들어, 법원간 교신이 당해 절차에 관한 법원의 관할권이나 그 행사에 간섭하거나 이를 손상시켜서는 안 된다는 점 등)에 관하여는 2016년 10월에 도산사법네트워크에 의하여 공표되고 별첨A로 첨부된 「국제 도산 사건에서 법원간 교신 및 공조에 관한 가이드라인」이 참조될 수 있다.

3. 이 세부원칙들은 "개시법관"(뒤에서 정의 내려짐)에 의하여 연락이 개시되는 것을 예정하고 있다. 그 법관으로부터 재판을 받는 당사자들이 그 법관에게 그와 같은 연락을 개시할 것을 요청할 수 있고, 혹은 개시법관이 스스로의 판단에 따라 그와 같은 연락을 시도할 수도 있다.

4. 이 문서에서: a. "개시법관"은 처음에 교신을 개시한 법관을 말한다. b. "수신법관"은 처음에 교신을 수신한 법관을 말한다. c. "조력자"는 개시법관이 근무하는 법원 또는 수신법관이 근무하는 법원으로부터 병행절차와 관련하여 (경우에 따라) 개시법관이나 수신법관을 위하여 교신을 개시하거나 수신하기 위하여 지정된 사람(들)을 말한다.

조력자의 지정

5. 각 법원은 1인 또는 다수의 법관 또는 행정 공무원을 조력자로 지정할 수 있다. 조력자가 법관이 아닌 경우에는 교신 과정의 초기 단계를 감독할 법관이 지정되는 것이 권고된다.

6. 법원들은 조력자의 신분 및 상세 연락처를 그들의 웹사이트와 같은 곳에 잘 알려지도록 공표하여야 한다.

7. 법원들은 최초의 교신이 이루어질 수 있는 언어(들) 및 법원간 교신을 촉진하기 위하여 사용가능한 기술(예를 들어, 전화 또는 화상 회의 가능 여부, 보안 채널 이메일 가능 여부 등을 잘 알려지도록 열거하여야 한다. 교신의 개시

8. 처음에 교신을 개시하기 위하여 개시법관은 그가 관할권을 행사하고 있는 당사자들에게 병행절차가 진행되는 다른 법원의 조력자의 신분과 상세 연락처를 입수할 것을 요구할 수 있으나, 개시법관이 그 정보를 이미 알고 있는 경우에는 그렇지 아니하다.

9. 수신법관과의 첫 번째 연락은 개시법관의 조력자로부터 수신법관의 조력자에게 이메일을 비롯한 서면으로 이루어져야 하고, 다음과 같은 사항을 포함하여야 한다:

a. 개시법관이 있는 법원의 조력자의 이름과 상세 연락처
b. 개시법관의 이름과 직위 및 수신법관이 개시법관과 직접 의사소통하기를 원할 때에 개시법관이 그러한 연락을 받아들일 수 있는 경우에는 개시법관의 상세 연락처
c. 개시법관에게 신청되어 있는 사건의 사건번호와 사건명 그리고 병행절차에서 수신법관에게 신청되어 있는 사건의 사건번호와 사건명(알고 있는 경우. 알고 있지 않다면, 달리 식별할 수 있는 것)
d. 사건의 특성 (비밀성에 대한 우려를 감안하여)
e. 교신이 이루어지는 것에 대하여 개시법관으로부터 재판을 받는 당사자들이 동의하였는지 여부 (만일 그 사건에 관하여 법원간 교신을 위한 법원의 명령, 지시 또는 프로토콜로서 개시법관으로부터 승인받은 것이 있다면 그러한 정보도 제공되어야 한다)
f. 가능한 경우에는, 요청된 교신을 위하여 제안된 일자와 시간 (시차를 감안하여)
g. 개시법관에 의하여 교신이 구하여지는 구체적인 쟁점(들)

교신을 위한 준비

10. 개시법관이 속한 법원의 조력자와 수신법관이 속한 법원의 조력자는 그 법원들 중 하나가 다르게 정하지 아니하는 한 당사자들이나 대리인을 참여시킬 필요 없이 교신을 위한 적절한 준비를 하기 위하여 서로 충분히 연락을 주고받을 수 있다.

11. 교신의 시간, 방법 및 언어는 병행절차의 효율적인 관리가 필요함을 고려하여 개시법관과 수신법관을 만족시키는 것이어야 한다.

12. 번역이나 통역 서비스가 필요한 경우에는 법원들에 의하여 합의된 바에 따라 적절한 준비가 이루어져야 한다. 서면으로 된 교신이 통역되어 제공되는 경우에는 원래 형태의 교신도 제공되어야 한다.

13. 비밀인 정보가 교신될 필요가 있는 경우에는 가능하다면 교신을 위하여 안전한 수단이 이용되어야 한다.

14. 교신을 위한 준비가 이루어진 후, 개시법관에 의하여 교신이 구하여지는 구체적인 쟁점(들)에 대한 논의 및 그와 관련된 그 이후의 교신은 가능한 한 개시법관과 수신법관 사이에서 병행절차에 있어 교신 및 공조를 위한 프로토콜이나 명령에 따라 수행되어야 한다.

15. 만일 수신법관이 조력자의 사용을 피하기를 원하고 개시법관이 이를 받아들일 것을 나타내었다면, 그 법관들은 당사자들이나 대리인을 참여시킬 필요 없이 교신을 위한 준비에 관하여 서로 연락을 주고받을 수 있다.

16. 이 문서의 어느 부분도 예외적인 상황에서 개시법관이 수신법관에게 의사소통할 재량을 제한하지는 아니한다.

4. 공조준칙의 검토[48)]

(1) 목적과 근거 규정

공조준칙 제1조가 밝히고 있는 바와 같이 동 준칙의 법률적 근거는 채무자회생 및 파산에 관한 법률 제641조인데, 동 조항에서 동일한 채무자뿐만 아니라 '상호 관련 있는 채무자'에 관해 진행 중인 도산 절차에 관하여서도 공조할 수 있고 법원으로서는 '외국법원' '외국도산절차의 대표자'와 직접 공조할 수 있기 때문이다. 공조준칙 제1조는 동 준칙이 병행절차에서 우리법원과 외국법원 또는 외국도산절차 대표자와의 공조를 관리하기 위한 단순한 업무지침의 성격을 넘어, 병행절차의 채권자나 채무자를 포함한 이해관계인의 이익보호와 관련이 있음을 나타내고 있다.

JIN Guidelines의 목적은 공조준칙에 비해 보다 광범위하게 제시되어 있는데 그 내용은 아래와 같다.

  (i) 병행 절차의 효율적이고 시의적절한 공조와 처리

  (ii) 관련 이해관계인의 이익이 존중받을 수 있도록 배려한다는 관점에서의 병행

---

48) 보다 자세한 내용은 이연주, JIN Guidelines 및 서울회생법원 공조준칙에 비추어 본 국제민사 사법공조의 개선 방향, 민사소송 제25권 제1호, 민사소송법학회 (2021.), 227－253면 참조.

절차 처리

(iii) 채무자의 사업을 포함한 채무자 자산 가치의 인식, 보존 및 극대화

(iv) 관련 자금의 액수, 사건의 특성, 쟁점들의 복잡성, 채권자의 수, 병행 절차가 진행되는 국가의 수 등에 상응한 도산재단[49]의 관리

(v) 비용 절감을 위한 정보의 공유

(vi) 병행절차에서의 소송, 비용, 당사자들이 겪는 불편함의 회피 내지 최소화

국제도산사건은 채무자와 국제적으로 분포하는 다수의 채권자들 및 이해관계자들이 존재하기 때문에 이해관계의 충돌이 첨예하다. 특히 채권자들 사이의 형평성, 채무자의 회생 등이 중시되며, 지역적 및 국제적으로 파레토 최적을 목적으로 한 병행절차의 처리가 요청된다. 그에 따라 일반적인 공조의 경제적이고 효율적인 절차진행이라는 기본적 기능에 추가하여 채무자의 사업을 포함한 채무자 자산 가치의 보존 및 극대화, 관련 자금의 액수 사건의 특성 쟁점들의 복잡성 채권자의 수 병행 절차가 진행되는 국가의 수 등에 상응한 도산재단의 관리 등도 공조 업무를 행함에 있어서 배려하여야 하는 요소가 되는 것이다. 이는 공조업무가 부적절하게 수행되었을 경우, 관계자의 이익이 직접적으로 침해될 수도 있음을 나타낸다.

(2) 외국법원 등과의 교신

제2조는 공조의 주요한 방법으로서 법원 및 법원의 허가를 받은 관리인, 파산관재인이 외국법원 등과 '통신수단을 이용한 의견의 교환' 즉, 교신을 할 수 있는 근거와 수단 등에 관하여 규정하고 있다. 방법적으로는 일방적인 재판상 서류의 송달 및 전송 외에 전자적 수단을 통한 쌍방향 교신(two ways-communication)수단으로서 '전화 영상 콘퍼런스 콜(telephonic or/and video conference call)'을 예시하고 있다. 이는 JIN Guidelines의 구체적 실행을 위해 별도로 마련한 세부원칙 제7조를 반영한 것으로 보인다. 위와 같은 준칙을 충실히 따르기 위해 법원은 전화방식 및 영상방식의 콘퍼런스 콜에 대응하기 위한 설비를 구축하여야 할 것이다. 또한 JIN의 회원은 브라질, 아르헨티나, 일본 등 몇 개 국가를 제외한 대부분이 영미권 국가에 속

---

49) 가이드라인의 주석에 의하면 '당사자들'의 개념은 사건의 원고와 피고 또는 신청인과 피신청인 등에 국한되지 않으며 광의로 해석되어야 한다. '이해관계자' 정도로 해석해도 무방할 것으로 보인다.

하는데, 언어적 문제로 인해 공조에 소극적이거나 절차적 이익이 침해되지 않도록 시스템을 마련할 필요가 있다. 쌍방향 교신에서 중요한 것은, 절차에 이해관계자의 참여를 보장하는 문제이다. 공조준칙에 이에 관하여 제3조에 "채무자와 관련된 국내 도산절차를 담당하는 법관은 쌍방향 교신에 참여할 수 있고, 법원은 필요하다고 판단하는 경우 국내도산절차의 이해관계인도 쌍방향 교신에 참여시킬 수 있다"고 규정하여, 법원의 재량에 따라 이해관계자를 참여시킬 수 있도록 하고 있을 뿐이다.

이는 JIN Guidelines 제7조 내지 9조에 참여권 보장을 위해 세세한 규정을 둔 것과 대비된다. 즉 가이드라인 7조 (i), (ii)는 법원이 서류 등 송달, 전송하는 등의 절차를 거치기 전에 이해관계자 등에 해당 사실을 사전에 통지하도록 하고 있다. 또한 가이드라인 8조는 당사자 등의 출석권에 관하여 규정하고 있는데, 출석의 전제로서 법원간 교신이 기록되고 녹취되어야 하며, 그에 관하여 사전에 통지하도록 하고 있다. 즉 당사자 등의 절차에의 참여권을 실질적으로 보장하기 위해서는 어떠한 배경과 목적에서 교신이 이루어지는지, 법원 간에 사전에 어떠한 자료들을 주고 받았는지 등에 대한 정확한 정보가 제공되고 당사자들이 이를 제대로 이해하고 있어야 할 필요가 있기 때문이다. 나아가 가이드라인 9조는 다른 국가에서 진행되는 절차의 당사자들에게도 절차에 관한 통지가 이루어지도록 명령할 수 있다는 규정을 두고 있으며, 해당 법원의 절차에서 송달된 모든 서류들을 공개적으로 접근 가능한 시스템 등을 통하여 접근할 수 있도록 하는 등의 다양한 방식에 관하여서도 언급하고 있다. 가이드라인 8조 (iii)항은 법원이 필요한 경우 에는 교신에 관한 자료들의 기밀성을 유지하도록 명령할 수 있다고 규정하고 있으나, 원칙은 당사자등에 접근권을 보장하는 것이고 예외적으로 그러한 명령이 가능하다고 규정하고 있어, 공조준칙 제3조 제4항과 규정형식에서 차이를 보인다. 이러한 대비를 통해 알 수 있는 사실은 공조준칙이 JIN Guidelines를 참조하여 채택된 것은 맞지만 당사자의 출석권 등 절차적 권리에 관해서는 상당히 소극적이라는 점이다. 서울회생법원의 실무준칙의 법적 성격 자체가 법원에 계속 중인 사건의 처리를 위한 실무기준과 업무처리를위해 필요한 사항을 정하는 것을 목적으로 하고 있기 때문이라고 생각된다(서울회생법원 실무준칙 제101호 서울회생법원 실무준칙이 목적 등 제1조)[50] 공조에 있어서 절차참여권의 중요성에 비추어 근거규정은 채무자회생 및 파산에 관한 법률에 두는 것이 바람직하다고 할 것이다.

---

50) https://slb.scourt.go.kr/rel/information/qna/practice_rule.pdf, 3면.

(3) 절차합의서의 체결

공조준칙 제5조 제1항은 절차합의서28)의 체결근거에 관하여 관리인 등이 법원의 허가를 얻어 체결할 수 있다고 규정하고 있어 JIN Guidelines 제2조가 당사자들의 신청권을 언급한 것과 차이가 있다. 한편, 공조준칙 제5조 제2항은 절차합의서가 원칙적으로 절차적 사항을 규정하되 예외적으로 국내도산절차에 적용되는 준거법이 허용하는 한도 내에서 실체적인 사항을 규정할 수 있도록 하고 있어 JIN Guidelines 제5조가 "프로토콜은 본질적으로 절차적 성격을 가지며 법원의 권능, 책임 내지 권한이 제한되거나 당해 법원 또는 다른 법원에서 문제되는 쟁점에 대하여 실체적인 결정이 내려져서는 안 되고, 당사자들의 실체적 권리와 채권을 포기하는 것과 같은 사항이 규율되어서도 안 된다."고 규정한 것과 다른 태도를 보이고 있다. 공조준칙이 다른 외국법원과의 공조를 위한 규범이며 JIN Guidelines를 참고하여 제정된 것이라면 굳이 실체적 내용을 다룰 수 있도록 함으로써 국제적 정합성을 해칠 이유가 있는지 의문이 있으며, 절차합의서가 국내도산절차에서의 이해관계인들이 보유한 권리의 실체적 변경을 의미하거나 허용하는 것은 아니라는 공조준칙 제5조 제3항 제4호의 내용과도 배치되는 면이 있는 것으로 보인다.

(4) 정리

국제도산사건은 채무자와 국제적으로 분포하는 다수의 채권자들 및 이해관계자들이 존재하기 때문에 이해관계가 충돌될 가능성이 높다. 특히 채권자들 사이의 형평성, 채무자의 회생 등이 중시되며, 로컬 법원 자체의 절차의 공평성뿐만 아니라 로컬 법원과 외국법원에서의 절차가 병행되는 경우에는 각국의 실체법과 절차법의 충돌로 인해 이해관계자들의 이익을 공평하게 배려하는 것이 매우 어려운 과제가 된다. 국제도산사건의 병행절차가 진행되는 경우에는 일반사건에 있어서 공조가 1회적으로 필요함에 반해 지속적이고 광범위한 공조가 이루어져야 하기 때문에 국제도산사건에서 사법공조는 매우 중요한 이슈가 된다. 이러한 배경하에 국제도산분야는 사법공조에 관한 규정이 가장 발달할 수밖에 없는 영역에 해당되어 위에서 본 JIN Guidelines와 세부원칙(Modalities), 서울회생법원의 실무준칙 등이 선구적 규범으로 탄생한 것이다. 관계자에게 사전통지를 하여야 하며, 당사자 등이 원하는 경우 공조절차에 참여할 수 있는 권리를 보장하여야 하고, 당사자 측에서도 법원에 대하여 외국법원 등과의 공조를 요청할 적극적 권리를 보장할 필요가 있다. 공조에 있어서 당사자권을 제대로 보장하기 위해서는 공조 업무의 방식이 한 쪽 법원이 다른 법원에 대하여 일방적으로 의견을 제시하고 상대방의 정보제공 의견 등을 회신하는 방식이 아닌 쌍방향적 교신 방식으로 이루어져야 필요가 있다. JIN Guidelines의 전문 F항을 보면 당사자의 신청권을 보장한다는 전제에서 법원이 "병행절차에 관한 모든 사안에서 본 가이드라인의 수행 여부 및 그 방법을 검토하여 본 가이드라인에서 파생되는 프로토콜이나 명령에 의하여 본 가이드라인이 수행되도록 장려하기 위하여 당사자들로 하여금 법원에 필요한 신청을 하도록 권고하고, 권한이 있다면 필요한 경우 이를 명령하여 하며, 당사자들이 언제나 본 가이드라인의 목적과 목표를 증대하는 방향으로 행동하도록 권고하여야 한다."고 규정하여 법원의 후견적 역할을 강조하고 있다. 즉, 신청권만을 선언적으로 보장하는 것이 아니라 그러한 신청권을 적극적으로 행사하도록 법원이 장려하고 권고하도록 하고 있는 것이다. 물론 이러한 방식을 일반민사사건에 적용하는 것은 변론주의와 관련하여 문제가 발생할 소지가 있다. 그러나 당사자의 참여권을 보장하는 정도의 사법공조는 절차법이 추구하는 가치에도 부합하며, 현재에도 이미 실행가능한 수준이라 생각된다.

이연주

고려대학교 법학과 졸업

고려대학교 일반대학원 법학과 석사 수료

중앙대학교 일반대학원 법학과 석사 · 박사

제41회 사법시험 합격(사법연수원 31기)

독일 함부르크 막스 플랑크 연구소(MPI for Comparative and International Private Law) 장학연구원

한국민사소송법학회, 한국민사집행법학회 이사

한국국제사법학회 회원

(현) 경기대학교 법학과 교수

국제도산법

초판발행	2022년 6월 30일
지은이	이연주
펴낸이	안종만 · 안상준
편 집	양수정
기획/마케팅	정연환
표지디자인	BEN STORY
제 작	고철민 · 조영환
펴낸곳	(주) **박영시**
	서울특별시 금천구 가산디지털2로 53, 210호(가산동, 한라시그마밸리)
	등록 1959. 3. 11. 제300-1959-1호(倫)
전 화	02)733-6771
f a x	02)736-4818
e-mail	pys@pybook.co.kr
homepage	www.pybook.co.kr
ISBN	979-11-303-4303-7 93360

copyright©이연주, 2022, Printed in Korea

정 가   22,000원